Theodor Fontane

Aus England,

Studien und Briefe über Londoner Theater, Kunst und Presse

Theodor Fontane

Aus England,
Studien und Briefe über Londoner Theater, Kunst und Presse

ISBN/EAN: 9783743332867

Hergestellt in Europa, USA, Kanada, Australien, Japan

Cover: Foto ©ninafisch / pixelio.de

Manufactured and distributed by brebook publishing software
(www.brebook.com)

Theodor Fontane

Aus England,

Aus England.

Studien und Briefe

über

Londoner Theater, Kunst und Presse.

Von

Th. Fontane.

Stuttgart.
Verlag von Ebner & Seubert.
1860.

Seinem Freunde

Wilhelm Lübke.

Vorwort.

Die Aufsätze, die ich in Nachstehendem zu einem Buche zusammengestellt habe, sind Arbeiten, die während eines beinah vierjährigen Aufenthalts in England (von 1855—59) niedergeschrieben und zum allergrößten Theil unmittelbar nach ihrer Abfassung in den Beilagen und Feuilletons verschiedener Zeitungen veröffentlicht wurden. Zeitungsaufsätze führen ein kurzes Leben, das heut Erschienene macht das Gestrige vergessen, und wer den Wunsch hat, seine ehrliche Arbeit wenigstens über die nächste Stunde hinaus zu retten, wird sich gezwungen sehn, das vereinzelt Erschienene zu einem kompakteren Ganzen zusammenzustellen. Die Frage kann nur immer die sein, ob dergleichen rasch vergessene Dinge, nach Form und Inhalt eine Wiederbelebung erfahren dürfen, oder ob es heißen muß: laß die Todten ruhn.

Es kann mir nicht zukommen, in vorliegendem Falle diese Frage selbst zu entscheiden, vielleicht aber werden Publikum und Kritik durch jene für mich selber maßgebend gewesene Erwägung zu einer freundlichen Beantwortung gestimmt werden, durch die Erwägung nämlich, daß was immer die Mängel, die Einseitigkeiten und Fehler dieser Studien sein mögen, sie wenigstens das für sich in Anspruch nehmen können, über bisher wenig oder gar nicht behandelte Themata sich verbreitet zu haben.

Dem ersten Abschnitt, „die Londoner Bühnen ꝛc.," habe ich an dieser Stelle nur wenige Bemerkungen hinzuzufügen. In den betreffenden Aufsätzen selbst hab' ich mehr denn einmal mein Bedauern darüber ausgesprochen, daß ich bei der zu ziehenden Parallele einer allgemeineren Kenntniß der heimischen Bühnenzustände entbehrte und in den meisten Fällen nicht im Stande war, die Londoner Theater mit der deutschen Bühne überhaupt, sondern eigentlich nur mit einem Bruchtheil derselben — mit der Berliner zu vergleichen. Es ist sehr wahrscheinlich, daß meine Urtheile an mehr denn einer Stelle günstiger für die deutsche Heimath ausgefallen wären, wenn ich über ein größeres und vielleicht überhaupt über ein anderes Vergleichs-Material verfügt hätte. Denn ich glaube mich nicht zu irren, wenn ich das Berliner Wesen, die geistige Atmosphäre unserer Stadt, als im Allgemeinen ungünstig für die Hervorbringung oder Conservirung tüchtiger schauspielerischer Kräfte ansehe. Das Genie freilich kommt über alles hinweg; — die Ludwig Devrients aber sind allerorten dünn gesät. Viele von den Unleidlichkeiten unserer Bühne sind, meiner Meinung nach, vielweniger ein Produkt mangelnden Talents oder mangelnden Eifers, als vielmehr ein Resultat jenes berlinischen je ne sais quoi, dessen künstlerisch-nachtheiligen Einwirkungen sich wenige zu entziehn vermögen. Ganz abgesehn von dem Berliner Organ (worauf sich allenfalls erwidern ließe, daß ein Sachse ebenfalls ein bedenklicher Macbethspieler sei) drückt das Berliner Wesen, die vieljährige Berührung mit dem Berliner Geschmack — auch in Dingen und auf Gebieten, die in keiner direkten Beziehung zur Bühne stehen — dem Schauspieler einen Stempel auf, der der Lösung letzter großer Aufgaben schwerlich zu gute kommt. Die Berliner, wie sich von selbst versteht glänzende Ausnahmen im Einzelnen zugegeben, sind auf den Witz gestellte Naturen. Der Sinn für das Ganze fehlt; man läßt ein Buch, ein Stück, um eines Witzes, um einer guten Scene oder eines überraschenden Tableau's willen gelten und verwirft oder ignorirt das Tüchtige, das schmucklos seines Weges zieht. Unser großes Publikum hat nicht das Bedürfniß, sich zum Herzen sprechen, sich in Wahrheit erheben zu lassen, es hat nur das Bedürfniß des Gestreichelt- und Geprickeltwerdens, sei es durch Witz oder Rührung. So ist der vorherrschende Geschmack. Wer wäre stark genug, sich zwanzig Jahre lang (eine kurze Zeit für königliche Hofschauspieler) siegreich dagegen zu wehren? Das pointirte Wesen, das unsere Stadt so sehr charakterisirt, führt zu dem sich Vordrängen der einzelnen Persönlichkeit, zur Forcirtheit, d. h. zum Virtuosenthum des großen Talents und zur Geckenhaftigkeit des kleinen. Es ist nicht unwahrscheinlich, daß wir von letzterem mehr besitzen als andere deutschen Bühnen, und daß ich minder triftigen Grund gehabt hätte, dem Naturburschenthum der englischen Bühne relativ das Wort zu reden, wenn ich mit der Art und Weise anderer deutscher Bühnen vertrauter gewesen wäre.

Den zweiten Abschnitt des Buches bilden Briefe „aus Manchester," die, zur Zeit der dortigen großen Kunstausstellung geschrieben, die Absicht verfolgen, auf das reiche, nach Zahl und Werth gemeinhin weit unterschätzte Material hinzuweisen, das die englische Malerschule seit 120 Jahren oder, wenn wir von Hogarth absehn; seit gerade 100 Jahren geschaffen hat. Nicht die gesammten Bilderschätze der Manchester-Ausstellung — die zu mehr als zwei Dritttheilen aus alten Gemälden bestanden — sondern nur das kleinere Drittel derselben, das ausschließlich die Werke englischer Meister umfaßte, hab' ich zu beschreiben und zu gruppiren gesucht. Ich bekenne, daß ich mich dieser Arbeit, an die ich völlig als Laie, im besten Falle als Amateur herantrat, nicht ohne Bedenken unterzogen habe. Bedenken, die in verstärktem Maaße wieder lebendig wurden, als es sich jetzt darum handelte, die damals geschriebenen Briefe zu überarbeiten (einzelne Kapitel mußten, später in London gemachten Studien zu Liebe, völlig umgeschrieben werden), zu erweitern und zu einem Ganzen zusammenzustellen. Die Erwägung indeß, daß, ein paar Namen und Kupferstiche abgerechnet, englische Kunst und Malerei eine völlige terra incognita für uns sind und daß das einzige Werk, das an dieser Stelle genannt werden könnte (die Treasures of Art in Great Britain unseres hochverdienten Professor Waagen), theils überwiegend ein Bibliothek- und Nachschlagebuch bildet, theils zu neun Zehnteln seines Raums die Beschreibungen alter, d. h. nicht-englischer Gemälde bringt, — diese Erwägung war es, die für mich entscheidend wurde und mich an die oft selbst gemachte Erfahrung erinnerte, daß in einem fremden Lande jeder wohlmeinende, d. h. nicht absichtlich irre leitende Führer besser sei, als gar keiner, selbst auf die Gefahr hin, daß er gelegentlich den rechten Weg verfehle. Der diesem zweiten Abschnitt beigegebene Anhang, worin ich zu Nutz und Frommen aller derer, die nur auf kurze Zeit in London verweilen können, eine kurze Zusammenstellung des Sehenswertheften der englischen Meister seit Hogarth gegeben habe, wird sich hoffentlich als praktisch und zweckentsprechend dem Urtheil der Leser empfehlen.

Der dritte Abschnitt, richtiger der dritte und vierte zusammen, besprechen die Londoner Zeitungspresse, der dritte Abschnitt die Wochenblätter, der vierte die Tagesblätter. Der letztere Abschnitt (namentlich der Aufsatz über die Times, worin ich meine Gesammt-Erfahrungen auf diesem Gebiet noch einmal zusammenfaßt habe) muß für sich selber sprechen; ich wüßte nichts hinzuzufügen, mit Ausnahme der Bemerkung etwa, daß das „Chronicle" inzwischen erklärtes imperialistisches Organ, die „Post" aber, die bis dahin ziemlich unverhohlen ein Moniteur jenseits des Kanales war, wieder ausschließlich palmerstonisches Organ geworden zu sein scheint. Dies genüge. Nur hinsichtlich der Wochenblätter seien mir noch einige Bemerkungen erlaubt. Es war schwer, in Besprechung dieser Organe das richtige Maaß zu treffen, und ich selber muß bezweifeln, daß es mir überall geglückt sei. Ich hatte vor, diese Dinge in einer gewissen statistischen Vollständigkeit zu geben, und konnte mir doch andrerseits kaum verhehlen, daß ein längeres Verweilen bei allerhand Zeitungen, die von je hundert meiner Leser kaum einer gesehen, geschweige gelesen haben dürfte, nothwendig zur Langenweile führen müsse. Ich hatte daher zwischen Wunsch und Besorgniß beständig zu vermitteln und darf nicht annehmen, überall die rechte Mitte getroffen zu haben. So wenig ich gegeben habe, so wird man auch das Wenige an einigen Stellen noch zu viel finden und umgekehrt an anderen Stellen mit Recht den Vorwurf äußern, daß das Wenige ein zu weniges sei.

Das Gefühl begleitet mich, daß ich bei Aufzeichnung aller dieser Aufsätze nach meinem besten Wissen und Können, niemandem zu Liebe und zu Leide verfahren bin. Der Wunsch, gegen Heimath und Fremde gerecht zu sein, war jederzeit lebendig in mir und mag dem Buche, wie viel auch sonst ihm fehlen mag, zur Empfehlung und wo es Noth thut, zur Entschuldigung dienen.

Berlin im Juli 1860.

Th. Fontane.

Die Londoner Theater.

(Insonderheit mit Rücksicht auf Shakespeare.)

Erstes Kapitel.

Einleitung.

Zu unsren mannigfachen Einbildungen über England gehört auch die, daß wir den Shakespeare häufiger und besser spielten als die Engländer selbst. Was die erstere Hälfte dieser Annahme angeht, so verweis' ich auf die Thatsache, daß bis vor Kurzem in Shadwell und Whitechapel (östliche Stadttheile Londons) Penny=Theater existirten, auf denen in ununterbrochener Reihenfolge Shakespeare'sche Stücke seit Shakespeare's Zeiten gegeben wurden, und füge für diejenigen, die, nicht ganz ohne Grund, diese Penny=Theater nicht gelten lassen wollen, die vorläufige Notiz hinzu, daß Mr. Phelps, der Direktor des trefflichen Sadlers=Wells Theaters, vor einigen Monaten das **dreißigste** Shakespeare=Stück auf seiner Bühne zur Aufführung brachte. Ob wir den Shakespeare **besser** spielen, das ist die Frage, die ich mir gestellt habe und worauf dieser Aufsatz die Antwort versuchen soll. So gewiß ich dabei nach meinem besten Wissen und Gewissen verfahren bin, so bemerk' ich doch gleich im Voraus, daß ich während des Verlaufs der Arbeit oft die Unzureichendheit meiner Kräfte empfunden, und lebhaft bedauert habe, mit unseren heimischen Bühnenzuständen nicht inniger vertraut gewesen zu sein. Ich fühlte, daß die bloße Bekanntschaft mit der Berliner Bühne nicht ausreichend sei, um zwischen **englischem und deutschem Theater** überhaupt eine Parallele zu ziehen und konnte mir in vielen Fällen nicht einmal verhehlen, daß ich selbst von den Berliner Shakespeare=Vorstellungen nur die Total=Eindrücke mit nach Hause genommen und die Einzelzüge verloren hatte. Ein Eduard Devrient, der mit gründlicher literarischer Bildung und eingehender Shakespeare=Kenntniß zugleich eine Kenntniß so ziemlich aller deutschen Bühnen verbindet, wäre der

Bühne sondern, sich einer Arbeit, wie ich sie jetzt biete, mit größerem Erfolg zu unterziehen, und nur der eine Umstand mag angeführt zu meinen Gunsten sprechen, daß ein mehrjähriger Aufenthalt hie am Ort und mit dem, was Londen bietet, allerdings vertrauter gemacht hat, als das dem eifrigsten und scharfsichtigsten Beobachter, bei einem Besuche von gewöhnlicher Zeitdauer, möglich gewesen wäre.

Der Hochmuth, mindestens das Gefühl der Ueberlegenheit, mit dem man sich bei uns daran gewöhnt hat, auf die englischen Bühnenzustände herabzusehen, ist meinem Erachten nach völlig unangebracht, und hat nicht mehr Anspruch auf Geltung, als die übliche Beurtheilung der englischen Küche, deren ganzer Fehler auch darin besteht, daß sie anders kocht, als wir zu essen gewohnt sind. Die englische Bühne sollte schon um deßhalb gegen jede allzurasche Verurtheilung gesichert, vielmehr ein Gegenstand unseres aufmerksamen Studiums sein, weil es gar keine Frage ist, daß sie ihre Traditionen bis auf Shakespeare selbst zurückführen kann. Wo mögen wir nur den Muth hernehmen, über Auffassungen und Anordnungen ohne Weiteres den Stab zu brechen, die möglicherweise, unter den Augen des Meisters, sich der Zustimmung desselben zu rühmen hatten! Die bloße Möglichkeit erheischt Vorsicht.

Aber wo ist der Beweis, daß die Traditionen des englischen Theaters bis zu Shakespeare selbst zurückreichen? Ich will ihn anzutreten suchen. Niemand leugnet, daß der aufgeführte Shakespeare, wie er sich bis diesen Tag auf der modernen englischen Bühne präsentirt, im Wesentlichen in Garrick wurzelt.*) Hat nun Garrick diese Typen ge-

---

*) Das ergibt sich am besten aus folgenden Zahlen:

	Erstes Auftreten.	Letztes Auftreten.
Garrick	1741	1776
Mrs. Siddons	1775	1816
John Kemble	1783	1817
Charles Kemble	1794	1840
Edmund Kean	1806	1833
Macready	1816	1851
Charles Kean } Mr. Phelps } seit den zwanziger Jahren.		

John Kemble, wiewohl er erst 1783 in London auftrat, hatte, bevor er

schaffen? sind sie ganz und gar sein? Gab es vor ihm keinen Falstaff oder keinen Richard III., den es sich verlohnt hätte, anzusehen? entdeckte er absolut neues Land, oder eroberte er nur ein neues Terrain? Es kann kein Zweifel sein, daß er ein bloßer genialer Erweiterer war; er stand auf den Schultern Anderer so gut, wie Shakespeare selbst. Ich glaube, daß die zweideutige Wendung "Garrick, der Wiederbeleber Shakespeare's" zu der irrthümlichen Annahme geführt hat, es habe zwanzig oder fünfzig oder noch mehr Jahre vor Garrick's erstem Auftreten gar keinen Shakespeare auf der englischen Bühne gegeben. Das ist aber durchaus falsch. Auch Charles Kean, der gegenwärtige Direktor des Prinzeß-Theaters, spricht Tag um Tag, in Zeitungsannoncen und in Theaterzetteln, von seinen Wiederbelebungen Shakespeare's, aber weder er noch irgend ein Andrer versteht darunter, daß Shakespeare, wie von den Todten auferweckt, wieder unter den Lebenden erschiene, sondern Alles, was damit gesagt sein soll, ist das, daß das Interesse an Shakespeare durch seine Bemühungen einen neuen Impuls erhalten habe. Das ist die "Wiederbelebung" jetzt, und in ähnlicher Weise war es zu Garrick's Zeiten. Am 19. Oktober 1741 trat dieser zum ersten Male in London auf und zwar als Richard der III. Die ganze Stadt war wie "toll vor Entzücken;" Walpole aber konnte "nichts besonderes dran finden," und Gray war "unerschütterlich in seiner Opposition." So wird berichtet. Klingt das wie ein Urtheil, dem die Möglichkeit eines Vergleiches, eines Abwägens zwischen älterer und neuerer Auffassung fehlte? Sicherlich nicht. Walpole "fand nichts besonderes dran," weil ihm der Richard III. eines anderen und etwas älteren Künstlers jener Epoche eben so gut oder besser gefiel.

Aber es ist unnöthig, zu bloßen Schlußfolgerungen Zuflucht zu nehmen, wo Thatsachen sprechen. Das zwanzigjährige puritanische Interregnum hatte den Faden der Tradition nicht abzuschneiden vermocht. Hier und dort im Lande, auf den Edelhöfen der Cavaliere, hatten die Schauspieler, deren Jugend in die Zeit Shakespeare's zurückreichte, willige Aufnahme gefunden, und mit dem Augenblick der Restauration war auch ein

---

selber Schauspieler wurde, mannigfach Gelegenheit gehabt, Garrick zu sehn. Mrs. Siddons (die Schwester der Kemble's) wurde 1775 durch Garrick selbst nach London berufen.

Shakespeare-Theater wieder da. Das elisabethische Drama — so les' ich in Mittheilungen über die damalige englische Bühne — war nicht vergessen, gegentheils. Alle Theater füllten sich bis auf den letzten Platz, schon aus Opposition gegen den puritanischen Rigorismus, unter dem man so lange geseufzt hatte. Viele Shakespeare'sche Stücke wurden mit Meisterschaft gegeben, einzelne der besten Schauspieler waren noch aus der alten Schule, und Thomas Betterton (geb. 1635), an Bedeutung den Richard Burbage der Shakespeare'schen Zeit überragend und unzweifelhaft der Garrick seiner Epoche, begann unmittelbar nach der Restauration seine fünfzigjährige Triumph-Laufbahn. Neben ihm glänzte Joseph Harris als Romeo, Kardinal Wolsey und Sir Andrews Aguecheek (in Twelfth night) und Betterton selbst riß hin als Hamlet und Macbeth. Noch 1709, als ganz alter Herr, gab er den Hamlet, und das berühmte Wochenblatt, der „Tatler," brachte eine Kritik voll warmer Anerkennung über das Spiel des alten Mannes. Im nächsten Jahre (1710) starb er; aber schon blühten neue Kräfte, die sich nach ihm gebildet hatten, um ihn her: Rich, Steele, Dogget, vor allen Barton Booth und Colley Cibber. Barton Booth starb 1733 und es ist zweifelhaft, ob Garrick (geb. 1716) ihn sah, aber Cibber (freilich nur groß in der Komödie), der das erste Auftreten Garrick's um sechzehn Jahre überlebte, war schon eine Berühmtheit, als Letzterer zur Bühne kam. Da haben wir die Leiter, auf der Garrick stand. Von Garrick abwärts sind die Stufen aller Welt bekannt. Noch einmal: die Traditionen der englischen Shakespeare-Bühne reichen bis zu Shakespeare selbst hinauf, so durchaus unmöglich es sein mag, in diesem oder jenem Einzelfalle, den ganzen Weg schrittweise zurückzuverfolgen. Das habe Jeder im Auge, der sich an die Beurtheilung des englischen Theaters macht.

Die nennenswerthesten Theater in London sind die folgenden achtzehn:
Her Majesty's Theater in Haymarket,
Coventgarden " " Bow-Street,
Drury-Lane " " Great Russell Street,
Lyceum " " Upper Wellington Street,

Haymarket-Theater		in	Haymarket,
Prinzeß	„	„	Orford Street,
Adelphi	„	am	Strand,
Olympic	„	in	Wych Street,
Strand	„	„	Strand,
Sadlers Wells	„	„	Islington,
Soho	„	„	Dean-Street,
Marylebone	„	„	Church Street, Paddington,
St. James	„	„	King Street, St. James,
Surrey	„	„	Blackfriars Road,
Astley	„	„	Bridge Road, Lambeth,
Victoria	„	„	New Cut, Lambeth,
Standard	„	„	Shoreditch,
Pavilion	„	„	Whitechapel.

Zwei derselben, das Coventgarden- und das Pavilion-Theater, brannten im Winter 1856 nieder und das letztere ist noch nicht wieder aufgebaut. Her Majesty's Theater ist ausschließlich Opernhaus.

Auf den übrigen fünfzehn Theatern werden Shakespeare'sche Stücke entweder wirklich gegeben, oder können wenigstens jederzeit gegeben werden. Auf folgenden neun: dem Lyceum-, Haymarket-, Prinzeß-, Sadlers Wells-, Soho-, Marylebone-, Surrey-, Astley- und Standard-Theater kamen im Lauf der letzten zwei Jahre mehr oder weniger Shakespeare'sche Stücke zur Aufführung; auf dem Drury Lane-, St. James-,*) Adelphi-, Olympic-, Strand- und Victoria-Theater dagegen keins. Dieser Zustand der Dinge aber ist keineswegs konstant und kann täglich eine Aenderung erfahren. Drurylane (neben Coventgarden) war vor zwanzig Jahren noch die eigentliche Shakespeare-Bühne, und wiewohl in diesem Augenblick Kunstreiter ihr Wesen darin treiben, so liegt nicht der geringste Grund vor, warum nicht nach drei oder sechs Monaten wiederum Macbeth oder Hamlet darin heimisch sein sollten. Das Victoria-Theater steht auf gleicher Stufe wie das Standard-Theater in Shoreditch und

---

*) Das St. James-Theater ist kaum unter den englischen Bühnen aufzuzählen; während der Saison pflegt eine französische Truppe darin zu spielen, dann und wann auch eine deutsche. Emil Devrient spielte hier 1852 und 53.

kann sich wie dieses jeden Augenblick gemüßigt sehen, „Antonius und Cleopatra" zu den versammelten Theerjacken sprechen zu lassen. Adelphi, Olympic- und Strand-Theater bringen nur Lustspiele, aber das gilt vom Haymarket-Theater auch, und doch war „Twelfth Night" während der vorigen Saison ein oft wiederholtes Kassenstück des letzteren. „Viel Lärm um Nichts," die „Komödie der Irrungen," die „bezähmte Widerspenstige," alle drei könnten jeden Augenblick im Adelphi- oder Olympic-Theater gegeben werden und es ist rein zufällig, daß die letzten Jahre solche Shakespeare-Aufführungen auf diesen Bühnen nicht gebracht haben. Was ich damit gesagt haben möchte ist das, daß Shakespeare auf allen londoner Theatern zu finden ist, daß keins ihn geflissentlich vermeidet, und daß da, wo er eine oder zwei Saisons hindurch gefehlt hat, die Chance um so größer ist, ihn in der dritten erscheinen zu sehn.

Zweites Kapitel.

Adler. Soho. Standard. Surrey. Lyceum. Haymarket.

Diese verbleibenden sechs Theater sind nicht eigentliche Shakespeare-Bühnen; Shakespeare kommt auf ihnen vor, bereits vorübergehend, aber er prädominirt nicht überhaupt. Ihrer ganzen Weise, ihrem Werth und ihrem Publikum nach sind diese sechs Theater so verschieden unter einander wie nur möglich. Keines derselben, mit Ausnahme des vortrefflichen Haymarket-Theaters, möchte ich meinen Lesern zu besonderer Aufmerksamkeit empfehlen, aber andererseits bieten auch des seltneren unter ihnen manchen Stoff zur Betrachtung, namentlich in Bezug auf die Haltung des Publikums und weil Züge und Erscheinungen aus der vermischten Prüfung verkommen. Ich verweise besonders auf die Aufführung Richard's III. im Soho-Theater.

Das Adler-Theater. Wenn ein Berliner Kritiker beim Eintreten oder Eröffnen-Besprechung bei zu dem bedenklichen Ausdruck kommt: „So muß Goethe," so darf es mich um so unbedenklicher lieben lassen.

daß im Astley-Theater der Shakespeare geritten wird. Das ist nicht bildlich gesprochen, sondern die nackte Wahrheit. Das Astley-Theater ist ein Circus, und seine Bühnen-Aufführungen gehen immer Hand in Hand mit allerhand Scenen zu Pferde. Jetzt wird Il Trovatore in dieser Weise gegeben; während des letzten Winters aber waren (neben Rob Roy) Richard III. und Macbeth die Kassenstücke. Von solchen Aufführungen à cheval ist freilich in direkter Weise nichts zu lernen, aber sie zeigen die stoffliche Gewalt und das durch und durch dramatische Leben der Shakespeare'schen Stücke.

Ein solcher gerittener Shakespeare ist übrigens ganz englisch und gar nicht so schlimm, wie es auf den ersten Blick erscheint. Es gab eine Zeit bei uns, wo man Alles in's Ballet transponirte und sich wenig den Kopf darüber zerbrach, ob das Profanation einer Dichtung war oder nicht. So ist es hier mit dem Shakespeare zu Pferde. Es spricht sich ein nationaler Zug darin aus. Und man denke sich, wie es wirken muß, wenn Richard III. „ein Pferd, ein Pferd" schreit — „ein Königreich für ein Pferd" und in demselben Augenblick auch schon im Sattel eines pech-schwarzen Hengstes sitzt, verfolgt von Richmond auf einer Schimmelstute. Die Sache hat natürlich ihr Lächerliches, aber es gewährt einem eine gewisse Befriedigung, daß auf die Weise alle jene Schlachtscenen, die man in der Heimath so lange als traurige Schatten hat einherschleichen sehen, zu wirklichem Leben erwachen und nachträglich die Schulden bezahlen, die königliche Hofbühnen jahrelang bei dem kampflustigen Shakespeare gemacht haben. — Das Astley-Theater, in Soutwark, dem Südtheil der Stadt, gelegen, existirt seit 1774 und war immer ein Circus. Philipp Astley, ein Dragoner, der in General Elliotts (des Vertheidigers von Gibraltar) Regiment gedient hatte, erhielt bei seiner Rückkehr die Conzession. Der jetzige Direktor ist William Cooke.

Das Soho-Theater.

Dean-Street ist eine Querstraße von Orford-Street und gehört dem ehemaligen Quartier latin, dem Studenten= und Künstler=Viertel von London, an. Ob alle diese Straßen, deren Mittelpunkt der Soho-Square ist, noch jetzt Anspruch auf diesen auszeichnenden Namen haben, möcht' ich bezweifeln; wenigstens wies das Publikum keinen einzigen Kopf auf, den ich als das wahrscheinliche Besitzthum eines Malers hätte bezeichnen können. Nur an Modellen war kein Mangel. Aber eben die Untergeordnetheit, respektive die „Zweifelhaftigkeit" des Publikums gab dieser Aufführung (Richard III.) einen besonderen Reiz. Vielleicht ist dieser Theil der Gesellschaft für jeden Fremden der interessanteste und lehrreichste. Der Adel gleicht sich überall; dasselbe gilt vom Pöbel; nur in der mittleren Schicht der Gesellschaft, und zwar da, wo eine starke Neigung nach unten anfängt, treten die Unterschiede der Nationalität in aller Frische und Lebendigkeit zu Tage.

Es mochte 7 Uhr sein, als ich im ersten Rang, zu einem äußerst civilen Preise, meinen Platz einnahm. Mir blieb noch eine volle halbe Stunde, um Haus und Zuhörerschaft zu mustern. Die Damentoiletten um mich her bestanden, von Kopf zu Fuß, aus dem hier unvermeidlichen schwarzen Kamelot und machten mich lachen darüber, daß wenige Minuten zuvor die Aufschrift „dress-boxes" (Logen, in denen man in Staatskleidern erscheinen muß) ein lebhaftes Bedenken hinsichtlich meiner eigenen Garderobe in mir angeregt hatte. Die Damenhände lagen in ihrer natürlichen Hülle, zum Theil mit etwas dunklem Farbenton, auf dem Rand des Ballons. Im Orchester war alles leer. Wenige Minuten vor halb acht nahm ein Klavierspieler Platz, und unter Begleitung von einem Baß, einem Cello und einer Geige zur Rechten und von Pauke, Trompete und türkischer Trommel zur Linken begann der Abend mit der Ouvertüre aus Tancred.

Laß ich jetzt den Scherz, zu dem diese Aeußerlichkeiten unwiderstehlich anregen, und versuch' ich es vielmehr, Ihnen eine Art Scenarium zu geben, aus dem Sie einmal den Unterschied zwischen einer kontinentalen und einer Londoner Vorstellung Richards III., dann aber überhaupt ersehen mögen, wie ungenirt man hier den Shakespeare zuzuschneiden versteht:[*]

---

[*] Diese Ungenirtheit ist übrigens in England von altem Datum. Früherer Shakespeare-Verunglimpfungen unter Karl II. und Jacob II. ganz zu geschweigen, darf man jedenfalls nicht vergessen, daß Garrick die Shakespeare'schen Stücke (so viel ich weiß ausnahmelos) in seiner Bearbeitung vorführte.

Ouvertüre aus Tancred.

Erster Akt.

Scene I. Im Tower. Ein Zwiegespräch zwischen Lord Stanley und Sir Richard Ratcliffe gibt in wenigen Worten die Situation. Der gefangene Heinrich VI. tritt hinzu; ihm folgt alsbald Graf Oxford und berichtet über den unglücklichen Ausgang der Schlacht bei Tewksbury, endlich auch über die schnöde Ermordung des Prinzen von Wales durch die drei Yorks: König Edward, Clarence und Gloster. (Die ganze Scene ist ein Machwerk der Soho=Theater=Direction.)

Scene II. Glosters berühmter Monolog:

> Now is the winter of our discontent
> Made glorious summer by this sun of York etc.

Scene III. Im Tower. Gloster ermordet Heinrich VI. (Diese Scene ist dem dritten Theil von Shakespeare's Heinrich VI. — fünfter Akt, vorletzte Scene — entlehnt und hier eingelegt.)

Im Zwischenakt: Rattenfänger=Polka.*)

Zweiter Akt.

Scene I. Gloster und Anna am Sarkophage Heinrichs VI. (Die Scene mit der alten Königin Margarethe, ferner die Ermordung des Clarence im Tower und die Sterbescene Eduards fallen fort.)

Scene II. Dem Gloster wird gemeldet, daß König Eduard todt sei.

Scene III. Klage Elisabeths und der alten Herzogin von York über den Tod des Königs.

Scene IV. Gloster und Buckingham beschließen, sich der Söhne Eduards zu versichern.

Scene V. Königin Elisabeth (die Gemahlin Eduards IV.) und die Herzogin von York. Zu ihnen gesellt sich der kleine Richard von York und spöttelt über seinen Onkel Gloster. (Eine prächtige Scene; sie fällt zwar, glaub' ich, bei uns nicht weg, allein es wird dieser reizenden Knabenrolle nicht Genüge gethan.)

Im Zwischen=Akt: Alma=Quadrille.

---

*) Auf dem Theaterzettel sind die Tänze, die die Zwischenakte ausfüllen, sämmtlich namhaft gemacht.

hin. — Dann tritt Tyrrel auf und meldet einfach die vollbrachte Unthat.

Scene V. Meldung vom Abfall Buckinghams und von der Landung Richmonds.

Scene VI. Elisabeth und die Herzogin von York treten dem König in den Weg, als er sich anschickt, in den Kampf zu ziehen. — Richards Werben um Elisabeths Tochter.

Im Zwischenakt: Freischütz („Kartenspiel und Würfelluſt").

Fünfter Akt.

Scene I. Richmond tritt auf.

Scene II. König Richard mit Truppen.

Scene III. Richmond empfängt den Lord Stanley; entläßt die Seinen zur Nacht; er betet.

Scene IV. König Richard, nachdem er, wie geistesgestört, mit seinem Schwerte allerhand Kreise auf der Bühne beschrieben hat, theilt Befehle aus. Dann tritt er in sein Zelt. Ehe er sich zum Schlaf niederlegt, spricht er die bekannten, aus Heinrich IV. entlehnten und für die Situation Richards etwas zugeſtutzten Worte: How many thousand of my poorest subjects, Are at this hour asleep. Während seines Traumes sprechen die Geister (und zwar hinter der Scene) nur zu ihm. Die an Richmond gerichteten Worte fallen fort.

Scene V. Kampf. Beide Gegner fechten lange Zeit vor den Augen des Publikums. Dann wenige Worte Stanley's und rascher Schluß.

Ich fürchte nicht, daß der Abdruck dieses Scenariums Ihren Lesern als überflüssig erscheinen wird. Zunächst läßt sich auf's Bestimmteste daraus erkennen, daß der Richard III. auf der Berliner Bühne dem Richard III. auf dem Soho=Theater kaum ähnlich sieht.

Das Hineinziehen der Gestalt Heinrichs VI. ist nicht verwerflich und vielleicht nachahmenswerth. Ganz abgesehen davon, daß die Scene zwischen Richard Gloster und dem gefangenen Lancaster=König besondere Schönheiten aufweist, ist diese Art der Exposition zu leidlichem Verſtändniß des ganzen Stücks und seiner Vorgänge sogar nothwendig. Es iſt seiner Zeit (bei den in Berlin wieder aufgenommenen Vorstellungen Richards III.) mit Recht bemerkt worden, daß das ganze Stück eigentlich nur ein fünfaktiger Abschluß und ohne Kenntniß alles dessen, was vor=

hergeht, kaum zu verstehen, sicherlich aber nicht ausreichend zu würdigen sei. Diesem Uebelstande wird durch Hineinziehen Heinrichs VI. und durch eine Schilderung der Vorgänge bei Tewksbury allerdings so viel wie möglich abgeholfen, und es empfiehlt sich ein gleiches oder doch verwandtes Verfahren um so mehr, als wir im fünften Akt die Geistererscheinung Heinrichs VI. haben, die bei uns jeden in der englischen Geschichte schlecht Bewanderten — da die Scene am Sarge des Königs ihm so gut wie keinen Aufschluß darüber gibt — nicht wenig in Verlegenheit setzen muß.

In ähnlicher Weise ist ein stärkeres Gewichtlegen auf die Rollen der beiden Prinzen, die zu allen Zeiten ein Gegenstand besonderer Sympathie gewesen und von Shakespeare keineswegs so kärglich bedacht worden sind, als man unseren kontinentalen Aufführungen nach schließen sollte, dringend zu empfehlen. Der junge Richard von York, gut gespielt, muß jede Zuhörerschaft fortreißen.

Im vierten Akt ist so eigentlich kein Stein auf dem andern geblieben. Dennoch ist diese Umarbeitung von höchstem Interesse, weil sie im Guten und Schlechten aufs Evidenteste zeigt, was der Geschmack des heutigen Publikums (ich meine jene Mittelschicht, von der ich oben sprach) erheischt. — Catesby bedauert, die Ladies nicht einlassen zu dürfen; — ein solcher Dialog wäre interesselos. Was macht man daraus? Die beiden Prinzen bleiben nicht hinter der Scene, sondern hängen weinend am Halse der Königin, und der arme Catesby, der schon eine traurige Figur spielt, hat auch noch die neue, harte Verpflichtung, die hübschen Jungen aus der Umarmung ihrer Mutter zu reißen. Das beizt die Augen wie Senf. Dreadful! shame! murmelt Alles.

Die nächste Scene ist noch charakteristischer. Richard Gloster ist ein Monster nach allen Seiten hin, selbst als Sohn ist er entartet und hat nur Hohn und Spott für die eigene Mutter. Nur als „Haustyrannen" hat Shakespeare verabsäumt, ihn zu zeichnen. Das muß nachgeholt werden. Das englische Publikum will ihn auch im „Familienzirkel" als einen Quäler, als einen villain und rascal sehen, der sein Weib schlägt, und die wenigen Worte, die Shakespeare der unglücklichen Anna (im Gespräch mit der Elisabeth) in den Mund legt: „for never yet one hour in his bed etc." sind dem dramatischen Zuschneider des Soho-Theaters hinreichend, um dem tiefgefühlten Bedürfniß des Publikums durch eine entsprechende Scene zu genügen. Hierher gehört auch der Coup, die Ermorbung der Söhne Eduards das Publikum nicht bloß erfahren, sondern vielmehr mit erleben zu lassen. Man kann wenigstens daraus ersehen, daß das englische Volk einen ausgebildeten dramatischen Sinn bewahrt, dem die Erzählung nie genügt, der nicht hören will, sondern sehen.

Ich füge noch einige Worte über die Schauspieler hinzu. Auch hier erwies sich nicht Alles verwerflich, wiewohl das Soho=Theater kaum prätendiren mag, den Theatern zweiten Ranges zugezählt zu werden. — Die verschiedenen Lords waren entsetzlich; aber mit Trauer sprech' ich es aus: wo wären sie's nicht? Am schlechtesten wurde die Titelrolle gespielt. Vom Könige kein Zoll, aber sechs Fuß Metzgergeselle. Nichtsdestoweniger hatte sein Spiel gelungene Momente; der Humor schlug mitunter durch, und sein geistiges Gestörtsein im 5ten Akte war sogar von bedeutender Wirkung. Wieviel hiervon ihm selber gehört, laß ich dahin gestellt sein; jede bedeutende Rolle hat ihre Tradition und so zu sagen ihr Rezept. — Der Buckingham war tüchtiger, als wir ihn daheim, trotz eines ungleich besseren Pelzmantels, zu sehen gewohnt sind. — Die Zierde des Abends waren die Damen. Sie schienen einer ganz anderen Truppe anzugehören. Wie sich ihre eleganten Kostüme aufs Vortheilhafteste von der Dürftigkeit der männlichen Theater=Garderobe unterschieden, so unterschied sich auch ihr Spiel. Die Elisabeth war gut und die Königin Anna über allen Vergleich besser als Fräulein Fuhr, die diese Rolle zu geben pflegte. Ihr liebenswürdiges Talent ist dieser Aufgabe nicht gewachsen. — Die beiden Prinzen wurden von Damen repräsentirt, und die Vortrefflichkeit ihres Spiels, vereint mit der Lieblichkeit ihrer Erscheinung, mag mit ein Grund gewesen sein, daß gerade die entsprechenden Scenen zu so außerordentlicher Geltung kamen.

Natürlich können wir, wie bereits hervorgehoben, aus einer solchen Soho=Aufführung nicht direkt etwas lernen. Es ist keiner deutschen Regie zuzumuthen, nach einer ähnlichen Vorschrift Richard III. zuzuschneiden (wiewohl sich, Einzelnes ins Auge gefaßt, auch darüber rechten ließe); aber mittelbar ist solcher Aufführung viel zu entnehmen. Vor Allem lernen wir kennen, was wirkt, was das Volk und sein natürlicher Sinn fordern, und wenn wir solcher Forderung auch nicht ohne Weiteres Koncessionen machen sollen, so soll sie uns doch zum Nachdenken, zur Prüfung anregen. Was ich meinerseits aus dieser Vorstellung mit heimnahm, war die Ueberzeugung von der Shakespeare'schen Popularität gerade bei den unteren Schichten der Gesellschaft.

Das Standard-Theater. Es liegt im Ostheil der Stadt (Shoreditch, gegenüber dem Eastern Counties Bahnhof) und steht, seinem Publikum wie seinen Bühnenkräften nach, unter allen Theatern, die ich hier zu besprechen gedenke, auf der niedrigsten Stufe. Taschenspieler, indische Jongleurs, Ballettkräfte dritten Ranges und ähnliche Elemente sind, neben einem Dutzend Spießgesellen, die sich Schauspieler nennen, auf dieser Bühne gewöhnlich zu Hause, und nur von Zeit zu Zeit unterbricht das Gastspiel einer Celebrität die regelmäßige Aufführung von Farcen und Schauerstücken. Dann ist das Theater bis auf den letzten Platz gefüllt und führt dem Unternehmer den Beweis, daß Shakespeare auch in Kassenfüllungs-Sachen den Wettlauf mit allermodernstem französischen Fabrikat nicht zu scheuen braucht. Gewöhnlich im April und Mai pflegt Mr. Phelps mit den besten Mitgliedern seiner Truppe im Standard-Theater zu spielen. Dann hört es natürlich auf, das eigentliche Standard-Theater zu sein, und ist vielmehr das Sadlers-Wells-Theater unter einem andern Namen. Gewöhnlich indeß ist es nur eine einzelne Größe, die sich zum Gastspiel meldet, oder, wie man hier sagt, starring geht (d. h. „als Stern leuchtend," von star, der Stern).

Ich sah „Antonius und Cleopatra" in diesem Theater. Mr. Marston (Antonius) und Miß Glyn (Cleopatra) waren Gäste; jener schlecht, diese vortrefflich. Das Stück hielt sich durch sich selbst;*) wenn außerdem noch etwas zum Erfolge beitrug (immer mit Ausnahme der Miß Glyn, die eben eine bedeutende Künstlerin ist), so war es die völlig kunstlose Derbheit, die nichts Böses ahnende Dreistigkeit, das äußerste Naturburschenthum, womit die Schauspieler an ihre Arbeit gingen. Man schrie und tobte prächtig drauf los, und ein Kind hinter den Cou-

---

*) Ich kann mir nicht versagen, an dieser Stelle die treffenden Worte zu citiren, die bei Gelegenheit der Berliner Cymbeline-Aufführung von kompetenter Seite geschrieben wurde: „Wir möchten nicht benjenigen unbedingt beistimmen, die Shakespeare am liebsten gar nicht vorgestellt als entstellt sehen möchten. Ein siebenmal um die Mauern Troja's geschleifter Hektor ist noch immer kein Theresites. Der Zipfel von Sauls Mantel, in Davids Hand, wird immer ein Stück vom Königspurpur des Gesalbten bleiben."

lissen, das den Keuchhusten hatte, accompagnirte alle fünf Akte hindurch. Nur an den Effektstellen wurde sein Keuchen überschrieen, und ich konnte zuletzt den Verdacht nicht unterdrücken, daß man es wie eine Art Stimm=messer hinter die Coulisse postirt habe, um die Mitspielenden nolons volens auf einer gewissen Stimmhöhe zu erhalten. Das Ganze war nichts. Dennoch muß ich auf die Bemerkungen zurückkommen, womit ich meine Besprechung Richards III. im Soho=Theater geschlossen habe. Kann einem Arbeitsmann von den Werften und einem Grenadier von der schottischen Füsilir=Garde (zwischen beiden saß ich) irgend etwas auf der Gottes Welt fremder und gleichgültiger sein, als das Schicksal des An=tonius und der Cleopatra? Sicherlich nicht. Und doch enthält das Stück die Elemente, die, bei richtiger Benutzung, zunächst in alleräußer=lichster Weise den Arbeiter oder den Soldaten damit befreunden müssen. Die Sphinxe (die, beiläufig bemerkt, überall umherlagen wie Kiesel oder Hausgeräth) beschäftigen entweder seine Einbildungskraft oder sind ihm liebe Bekannte vom Sydenham=Palast oder dem brittischen Museum her; die Trinkscene, wo er die Großwürdenträger Roms wie englische Ma=trosen umherstolpern und unter den Tisch fallen sieht, erinnert ihn an seine eigene Gebrechlichkeit und führt ihm die alten Triumvirn „mensch=lich näher;" die Koketterie Cleopatra's, die den zürnenden Geliebten ge=fügig macht, mahnt ihn an die verschiedenen Niederlagen seiner eigenen Konsequenz und Mannhaftigkeit, und das Körbchen züngelnder Schlangen im 5ten Akt, endlich der Giftwurm an der weißen Brust Cleopatra's, geben ihm ein Bild, das er so bald nicht wieder los wird und das, wenn irgend was von geistigem Leben in ihm steckt, ihn andern Tages treibt, nach dem „wie" und „wo" zu fragen. So ist die Brücke für ihn ge=schlagen, die ihn zur Kenntniß und (wenn die Götter ihm wohlwollen) zur Erkenntniß führt. Warum also ein solches Stück nicht aufführen? warum sich damit entschuldigen, daß die große Menge keinen Sinn und kein Verständniß dafür habe? Es ist Aufgabe des Theaters, diesen Sinn zu wecken; das Verständniß wird dann folgen und mit dem Ver=ständniß wiederum ein feinerer Sinn. Die Schwierigkeit ist nur die, nicht fehl zu greifen, wenn es sich um die Erweckung jenes Sinnes handelt. Was noth thut, das ist ein kühner Griff. Wer ängst=lich und zaghaft verfährt, macht sich und die Sache lächerlich, wer tapfer zufaßt, der hat's. Es ist deßhalb sehr wohl möglich, daß Shakespeare noch mehr auf die Vorstadt-Bühnen, als auf die königlichen Theater gehört. Dreist gespielt, mag er gelegentlich zu derb sein für Plüschsitze und hundertarmige Kronleuchter, und an unrechter Stelle mag komisch wirken, was auf Tragik berechnet ist; aber unter natürlichen Menschen schweigt wie von selbst ein überfeinerter Geschmack, und wir lernen Theil nehmen an einer Freude, die uns an andrem Orte und unter andrer Umgebung versagt geblieben wäre.

Man spricht immer von einem „Volkstheater" und bildet sich ein, ein solches geschaffen zu haben, wenn man allerhand trivialen Unflath, scheußliche französische Marquis und edle Droschkenkutscher auf die Bühne bringt. Das aber ist so wenig ein Volkstheater, wie die Kavallerie-Poesieen eines alten Rittmeisters aus der Scherenberg-Schule ein Volkslied sind. Der echte Volksdichter ist zugleich ein Lehrer des Volks, und seine beste Kunst ist die, daß er lehrt ohne die Miene des Lehrers, daß er zu spielen und leicht zu unterhalten scheint, wo er bildet und die Samenkörner guter Gedanken und guter Thaten streut. Das sind bekannte Sätze. Niemand bestreitet, daß Schiller in diesem Sinne ein echter Volksdichter gewesen sei; aber Shakespeare gilt noch immer als etwas Apartes bei uns, als caviar for the people. Ein Häuflein Gebildeter bildet sich ein, einzig und allein im Schooß des allein-seligmachenden Shakespeare Platz zu haben. Bei uns haben sie Recht; aber auch nur bei uns. Woran liegt das? Es liegt daran, daß man bei uns den Shakespeare nur für die Gebildeten spielt. Das klingt sonderbar und ist dennoch klar und verständlich für Jeden, der Gelegenheit gehabt hat, eine deutsche Aufführung des Shakespeare mit einer englischen zu vergleichen. Wir sind beständig darauf aus, abzutönen, die krassen Stellen wegzuschneiden, nirgends Anstoß zu geben, weder durch die äußersten Schrecken, noch durch den äußersten Humor; wir sind in beständiger Furcht, was unsere Neunmalklugen dazu sagen werden, wir finden die Kampf- und Schlachtscenen und vieles Andere noch absolut lächerlich, und Schauspieler und Zuschauer gratuliren sich gegenseitig, wenn der Waffen- und Trommellärm vorüber ist. Ich will nicht vom Standard-Theater sprechen, aber man muß im Charles Kean'schen Prinzeß-Theater gewesen sein, um eine Vorstellung davon zu haben, was man hier aus dem Material zu machen versteht, das uns eine Last ist. Wir wissen alle, daß namentlich die historischen Stücke reich sind an Scenen, die unsere Directionen in Verlegenheit und hinterher die Zuschauer in Langeweile versetzen. Dieselben Scenen sind hier das Gaudium des Publikums. Diesen Zustand der Dinge muß man, so weit er berechtigt ist, bei uns wieder herzustellen suchen. Wir sind zu fein und haben nichts Anderes von dieser Feinheit, als Einbuße an künstlerischem Genuß. Shakespeare ist ein Volksdichter, ein Dichter für alle Schichten des Volks. Verlieren wir das nicht aus dem Auge und sorgen wir dafür, daß unsere Hamlets nicht nur ihre Monologe deklamiren, sondern im fünften Akt mit dem französischen Rappier auch fechten können.

Das Surrey-Theater liegt, wie Astley's, im Südtheil der Stadt; daher sein Name. (Der Südtheil von London nämlich, oder, was dasselbe sagt, das London jenseits der Themse, liegt in der Grafschaft Surrey). Dies unter Direction der Herren Shepherd und Creswick stehende Vorstadttheater zählt mit zu den besten Bühnen Londons. Es befriedigt namentlich dadurch, daß es mit kluger Geflissentlichkeit den bloßen Ruf eines Volkstheaters aufrecht erhält und hinterher mehr bietet, als man erwarten konnte. Es ist groß, geräumig und zum Theil mit einer Pracht und einem Geschmack ausgestattet, zu dem das Publikum paßt wie ein Thranstiefel auf einen Plüschsopha. Die Direction indeß scheint das Prinzip gescheidter Gastwirthe zu befolgen, die da sagen: „immer vom besten," und sich nicht darum kümmern, ob die Majorität ihrer Gäste allenfalls auch mit Schlechterem zufrieden sein würde. Im Allgemeinen führt sie krasse Produkte der französischen Schule (die auch hier vertreten ist) auf, und wenn diese Wahl auch unbestritten ihr Mißliches hat, so muß doch geltend gemacht werden, daß einmal das Neuigkeitsbedürfniß des Publikums durchaus befriedigt sein will, und daß unter allen Umständen die Aufführungen selbst mit Aufwand von vielem und großem Talent geschehen. Dann und wann erscheint auch ein Shakespeare'sches Stück, um drei- oder sechsmal im Zeitraum von ein oder zwei Wochen gegeben zu werden, und verschwindet dann wieder auf Monate. Othello, Macbeth, Hamlet und Heinrich IV. pflegen sich in dieser Weise abzulösen. Ich sah Othello und Heinrich IV. (erster Theil). In beiden Fällen wurde nicht das Höchste, aber sehr Gutes geleistet.

Zunächst ein paar Worte über Heinrich IV. Die scenische Einrichtung war genau dieselbe wie im Sadlers-Wells Theater (siehe daselbst). Nur die erste Scene im dritten Akt (der Streit zwischen Percy und dem renommirenden Glendower), die in Sadlers-Wells fortfällt, kam im Surrey-Theater zur Aufführung und bildete den Glanzpunkt des Abends. Mr. Creswick, ein ganz ausgezeichneter Schauspieler, gab den Percy, und ich habe diese Rolle niemals auch nur annähernd mit gleicher Vortrefflichkeit durchführen sehen. Herr Dessoir, wie das im Wesen dieses sonst trefflichen Künstlers liegt, gibt einen malkontenten Percy, einen Percy, der von Anfang bis Ende an der Leber leidet. Ja, er sieht schon so aus. Es ist ein Mißgriff, daß Herr Dessoir diese Rolle spielt; seine Natur verbietet sie ihm, und die Kunst kann nicht Alles. Grämliches, malkontentes Wesen ist aber keineswegs der Charakter Percy's. Percy hat vielmehr alle die Züge des Prinzen Heinrich selbst; er ist nur, nach außen hin, ehrgeiziger, weil er zufällig nicht Prinz ist; im Uebrigen, an Muth, Beweglichkeit, ritterlichem Sinn, Gefühl der Ueberlegenheit, ja selbst an Witz und Humor ist er ihm theils völlig, theils annähernd gleich. Auch das „sich gehen lassen" hat er mit ihm gemein; nur ist es beim Percy das Aufbrausen des Sanguinikers, beim Prinzen hingegen die Sorglosigkeit des Genies. In diesem Sinne gab Mr. Creswick den Heißsporn, heftig und ungeduldig zwar, aber doch immer ein Seitenstück zum Prinzen. Beide sind Aepfel mit rothen Backen, nicht der eine ein Gallapfel. Der Falstaff wurde gut gegeben, aber gewöhnlich. Von der Feinheit der Phelps'schen Auffassung, wonach der „Kavalier" nie ganz außer Acht gelassen wird, keine Spur. Nur der Falstaff als Vielfraß, als Feigling und Mann der unerschöpflichen Ausflüchte, der Falstaff, der so verlogen wie dick ist und umgekehrt, dieser Falstaff kam zur Erscheinung, nichts weiter. Er war ein dicker Clown, der sich vorgesetzt hat, sein Publikum zum Lachen zu bringen, und diese Aufgabe löste er vollkommen. (Der Leser wird ersucht, hiermit die später folgende Besprechung desselben Stücks in Sadlers-Wells zu vergleichen.).

Die Aufführung des „Othello" im Surrey-Theater war ebenfalls eine sehr lobenswerthe. Unter allen Shakespeare'schen Dramen ist dies in England das populärste; es wird hier überall gegeben und häufig. Daher mag es kommen, daß die Aufführungen desselben sich durch ganz

besondere Abgerundetheit auszeichnen und selbst da mit einer gewissen
Tabellosigkeit vorübergehen, wo man sonst nur gewohnt ist, Halbes und
Mittelmäßiges zu sehen. Die heranwachsenden Schauspieler haben es
bei diesem Stücke doppelt leicht, gute Vorbilder auf sich wirken zu lassen
und ihr Spiel darnach zu modeln. Beiläufig sei es bemerkt, daß das
Auftreten des Ira Aldridge auf die Ausbildung jener Type, die jetzt
für den Othello gilt, nicht ohne Einfluß geblieben zu sein scheint.
Mr. Creswick gab die Titelrolle und hob die Gegensätze zwischen dem
harmlosen und dem tigerhaften Naturmenschen, die hinschmelzende Weich=
heit und die afrikanische Wuth, das noble Vertrauen und den rasch
wachsenden Verdacht, in einer Weise hervor, wie sich's von einem Künst=
ler seines Ranges erwarten ließ. Ein paar Worte hab' ich auch über
die Emilia zu sagen. Bei uns ist das eine Nebenrolle; hier aber, auf
den verschiedenen Bühnen, wo ich den Othello gesehen, wird überall,
während des vierten und fünften Aktes, diese Rolle zur Hauptsache.
Im Surrey=Theater war es ganz gewiß so. Eine Miß Marriott, vom
Theater in Exeter, gastirte als Emilia, auch schon ein Beweis, wie
hoch man die Rolle stellt. Miß Marriott war eine große, starke Dame
mit blendend weißem Nacken und einer wohltönenden, mächtigen Alt=
stimme. Alles, was sie in den letzten zwei Akten sprach, war wie ein
Sturmläuten gegen hereinbrechenden Verrath. Die bloße Wirkung der
Stimme war außerordentlich. Ich sah nun erst klar in dieser Partie;
Emilia ist nicht die zufällige Gesellschafterin Desdemona's, sie ist viel=
mehr deren Gegenstück, ihre Ergänzung. Sie hat den Muth der
Treue und geht unter in diesem Kampf, wie eine noble Dogge, die
ihren Herrn schützt. (Die Vertretung dieser Rolle bei uns, wenn sie
nicht neuerdings in andere Hände übergegangen ist, ist das Schwächste,
was man sehen kann.)

Das Lyceum=Theater ist ein ziemlich stattliches Gebäude, mit
einem säulengetragenen Portikus, an der Ecke von Strand und Welling=
ton=Street. Der Strand, annähernd wie Leicester=Square und Hay=
market, ist Fremdenquartier und weist um deßhalb mehr oder minder
jenen kosmopolitischen Charakter auf, der überall da herrscht, wo Fremde
aus allen Himmelsgegenden auf länger oder kürzer sich niederlassen.
Diesen Charakter trägt keine Lokalität am Strand entschiedener zur
Schau, als das Lyceum=Theater; es ist durchaus unenglisch.

Während der Saison (wie jetzt) fällt das nicht auf. Um diese Zeit singen die Italiener ihre Trovatore's und Traviata's in dem hübsch dekorirten Hause mit dem sauber gemalten Vorhang, und Jeder, der sich verführen läßt, für passable Musik einen ungeheuren Preis bei ungeheurer Hitze zu bezahlen, wird Haus, Musik, Künstler und Publikum — Alles im schönsten Einklang finden. Anders ist es im Winter, wenigstens an den Abenden, wo Shakespeare gegeben wird. Da will Alles nicht recht passen, und allerhand Theaterplunder, Beaureste von Ballet- und Opern-Aufzügen, goldbesetzte Sammtmäntel, kokette Frauenzimmer, die laut kichern und zu glauben scheinen, die Bühne sei nichts wie ein Sockel zur besseren Schaustellung aller ihrer Reize, — all dieser Jammer, sag' ich, macht sich alsdann in störender Weise breit und widert denjenigen an, der um Hamlets und nicht um der ersten besten Blondine willen sein Billet gelöst hat.

Ich habe Othello und Hamlet in diesem Theater gesehen, vom Hamlet nur den ersten Akt, weil ich es vor Verstimmung und selbst vor Langerweile nicht länger aushalten konnte. Der Genuß, den ich diesen beiden Vorstellungen verdanke, ist begreiflicherweise gering gewesen, aber lehrreich waren sie mir im höchsten Grade. Sie gaben mir nämlich Gelegenheit, die Probe zu machen auf eine wenigstens subjektive Richtigkeit der Urtheile, die ich bis dahin, zwischen kontinentalen und englischen Shakespeare-Aufführungen gewissenhaft abwägend, gefällt hatte. Ich leugne nämlich nicht, daß ich allmälig mißtrauisch gegen mein eigenes Urtheil geworden war und anfing, die Befriedigung, ja zum Theil die Begeisterung, mit der ich den Vorstellungen im Sadlers-Wells Theater folgte, aus anderen Ursachen herzuleiten als aus dem Werth derselben. Von der Stunde an, wo ich im Lyceum-Theater gewesen war, wußt' ich, daß ich Recht hatte, daß es nicht der Reiz des Fremdartigen und Abweichenden, oder die Unvertrautheit mit den Schwächen und Manierirtheiten der Schauspieler gewesen war, was mich im Sadlers-Wells Theater so sehr zu Gunsten der ganzen Truppe gestimmt hatte, sondern daß diese kleine Musterbühne in der That über all das verfügte, was unsern Hoftheatern im Großen und Ganzen fehlt, und (noch wichtiger als das) daß sie denselben negativ überlegen sei durch Nichtbesitz all der großen und kleinen Unausstehlichkeiten, die theils der Affectation entsprießen, theils einem mangelnden Verständniß von dem, worauf es eigentlich ankommt. Mit jeder neuen Scene fühlt' ich mehr und mehr: „Das ist gerade so wie bei uns daheim," und die Schwächen, an denen wir laboriren, wurden mir niemals klarer aufgedeckt. Es wäre unbillig, wenn ich verschweigen wollte, daß das Lyceum-Theater diese Schwächen in einem Grade zur Schau stellte, wie es bei uns nicht wohl möglich ist; aber wenn uns die Häßlichkeit und Verwerflichkeit eines Fehlers gezeigt werden soll, eines Fehlers, der sich so eingebürgert hat, daß wir fast die Wahrnehmungsgabe dafür verloren haben, so kann nur noch die Steigerung, die Uebertreibung desselben uns fühlbar machen, daß es überhaupt ein Fehler ist. Theaterfigur, Theaterstimme, Theater „r" — das alles sind schlimme Dinge, wenn sie mehr sein wollen, als sie sind. Woran wir kranken, vor Allem in den Mittel- und Nebenrollen, das ist die eitle Geltendmachung der Person und als Folge davon eine total mangelnde Hingebung an die Sache. Jeder ist selbst die Hauptsache und kennt weder Bescheidung noch Unterordnung. Ich dank' es dem Lyceum-Theater, mir mit einem Schlage klar gemacht zu haben, warum die Schlichtheit, ja die Unzulänglichkeit einer kleinen Bühne (Sadlers-Wells) mich befriedigen und mir mehr werth sein konnte, als die Schaustellung von Glanz und Pracht und selbst von Talent.

Die Aufführung des Othello war keine ganz mißlungene, konnte es nicht sein, aus Gründen, die ich, bei Besprechung desselben Stücks im Surrey-Theater, bereits hervorgehoben habe. Einzelne Arrangements z. B. in der Trink- und Streitscene, dann das Dazwischentreten Othello's u. dgl. m. war alles untadelhaft. Im fünften Akt befand sich neben der Vertiefung der Nische, in der man das Lager Desdemona's sah, und zwar nur durch einen Wandpfeiler davon geschieden, ein hohes breites Balkonfenster, durch das der Vollmond sein helles, ruhiges Licht goß. Dieser Gegensatz zwischen dem Frieden der Natur da draußen und dem wilden Sturm innerhalb des Gemachs kam zu voller Wirkung. Der Othello (Mr. Dillon) wurde brav gespielt. Desdemona (Mrs. Dillon) gab ihre Rolle in einer Weise, daß ich den Othello hätte sehen mögen, der nicht eifersüchtig geworden wäre. Sie lieh ihrer Rolle nichts Ordinaires, auch nichts Unweibliches, aber sehr viel schwach-Weibliches, etwas bedenklich Putzmacherinnenhaftes. Ihr Benehmen und ihre Worte, namentlich im letzten Akt, schienen sagen zu wollen; „allerdings bin ich es gewesen, aber sei vernünftig und verlange nicht, daß ich's bekennen soll." Der Rodrigo wird hier auf allen Bühnen gleich gegeben, er ist die komische Figur, und der Kavalier geht im Narren völlig unter. Die Emilia ähnlich wie im Surrey=Theater, nur nicht so gut. Was den Jago angeht und alle Jago's, die ich hier und anderwärts gesehen, so bin ich unserem viel geschmähten Döring (viel geschmäht namentlich auch um dieser Rolle willen) die Er= klärung schuldig, daß sein Jago unter allen bei Weitem der beste ist. Er hat sich doch wenigstens ein bestimmtes Bild von diesem Monster= Charakter gemacht und führt es konsequent durch. Auch der Jago (Mr. Stuart) im Lyceum=Theater gab nur den ganz trivialen Theater=Böse= wicht, hier und da passend, im Allgemeinen aber unpassend, plump, unwahr und ohne alle Durchdringung des Charakters.

Den „Hamlet," den ich einige Wochen später sah, konnt' ich nicht ertragen und mußte nach dem ersten Akt das Haus verlassen. Das Er= scheinen des Geistes, auch sein Sprechen, war nicht schlecht, aber doch gar nicht zu vergleichen mit dem, was das Sablers=Wells Theater leistet. Der Hamlet hatte jedenfalls nicht in Wittenberg studirt und war von keines Gedankens Blässe angekränkelt; wär' er ganz dumm gewesen, so hätt' ich ihn vielleicht tolerirt, aber in seiner schnöden Mittelmäßigkeit konnt' ich ihn nicht aushalten. Dazu all der sich breitmachende Theater= plunder: blonde Pagen mit Ringellöckchen, rechts und links in's Par= terre hineinkichernd, viel Gold= und Silberborten und all der Schaum= schlag, der Ballet=Abhub, den ich weiter oben beschrieben habe. Das Tollste aber war Ophelia. Miß Woolgar, der Liebling des Publikums, maltraitirte diese Rolle. Nach dem Hamlet wurde noch, laut Theater= zettel, ein Kassenstück gegeben, eine Farce in der Miß Woolgar, wie ich weiß, die Hauptrolle spielt. Dagegen wäre nichts einzuwenden; aber wenn solche Publikums=Favoritin so weit geht, daß sie lacht und durch die Nase gähnt, während ihr Polonius Vorhaltungen macht, und dabei in's Parterre hineinsieht, als wollte sie sagen: „haltet nur aus, ich muß es ja auch aushalten, in zwei Stunden ist alles vorbei, und dann sollt ihr mich sehen, mit Silberflügeln und in Gaze; und ich sag' euch, ein wahrer Engel von Kopf bis zu Fuß," so ist das wirklich mehr, als Jemand ertragen kann, der bis dahin gewohnt war, die Ophe= lia's wenigstens anständig erscheinen zu sehen.

Das Haymarket-Theater. Es steht unter Leitung des vortrefflichen Schauspielers Buckstone und ist in gewissem Sinne die gute Kehrseite vom Lyceum-Theater. Noch entschiedener im Fremdenviertel gelegen, als das letztere, und ganz unbestreitbar ein Fremdentheater, zählt es doch anerkanntermaßen zu den besten Bühnen Londons. Das darf nicht Wunder nehmen. Es kann mir nicht in den Sinn gekommen sein, zu behaupten, daß die Berührung mit dem Fremden und das Acceptiren kontinentaler Abweichungen und Eigenthümlichkeiten nothwendig zur Verschlechterung und Oberflächlichkeit führen muß; es beschwört nur die Gefahr herauf und schafft Klippen, die in der Regel nicht vermieden werden. Es ist damit wie mit dem Reisen: die meisten werden durch eine Reihe von Eindrücken mehr verwirrt als gebildet, aber es wird dadurch die alte Erfahrung nicht erschüttert, daß es unter Umständen gar kein besseres Bildungsmittel gibt. Die Berührung mit dem Fremden (und das Haymarket-Theater übernimmt den Beweis dafür) kann eben so zum Wetteifer anspornen, wie es in anderen, leider häufigeren Fällen alle Selbstständigkeit und Tüchtigkeit untergräbt und die bis dahin angespannten Kräfte lax und schlaff macht. Mr. Buckstone hat sich zu helfen gewußt; er hat eine Art getheilter Wirthschaft eingeführt, und während er den guten Elementen, die z. B. von Paris aus herüberkamen, Einfluß auf die künstlerische Seite seiner Bestrebungen gestattete, hat er spanische Tänzer, Gliederverrenker und Wunderkinder, und wie sie alle heißen mögen, die heutzutage ihr Unwesen auf der Bühne treiben, in die Zwischenakte eingepfercht, oder ihnen eine Nachspiels-Halbestunde angewiesen.

Man kann nichts Abgerundeteres sehen, als Sheridan'sche Komödien (wie die „Lästerschule" oder „die Nebenbuhler") im Haymarket-Theater. Shakespeare ist nicht heimisch auf dieser Bühne, gastirt aber von Zeit zu Zeit. Das Talent und die Neigung Mr. Buckstones, so wie die Zusammensetzung der ganzen Truppe bringt es mit sich, daß man sich bei Auswahl unter den Shakespeare'schen Stücken auf die Lustspiele beschränkt. Im vorigen Sommer wurde „Twelfth Night" gegeben; ich sah es zwei Mal, weil ich das erste Mal einen schlechten Platz hatte und nur mangelhaft folgen konnte. Da man das Stück bei uns nicht gibt, so verbietet sich ein Vergleich und, über die Dichtung selbst zu sprechen, ist hier, wie überhaupt, nicht Zweck dieses Aufsatzes.

Nur wie ich weiterhin, bei Besprechung des „Sturmes" und der „beiden Edlen von Verona," nicht umhin gekonnt habe, auszurufen: warum gibt man es nicht? so frag' ich dasselbe auch schon hier. Jede Bühne, die über drei, vier gute Komiker (dieß ist unerläßliche Bedingung) Verfügung hat, sollte sich an dies Stück machen. Ob die zum Grunde liegende Geschichte, die Schürzung und Lösung des Knotens besonders ansprechen würde, weiß ich nicht, fast möcht' ich es bezweifeln, wenngleich die Fabel nicht ohne Reiz und Lieblichkeit ist. Aber der Faden, der sich hindurchzieht, ist verhältnißmäßig ohne Bedeutung und die komischen Scenen, die wie Schmucksteine demselben angereiht sind, erscheinen (versteht sich neben der Charakterzeichnung, ohne welche jene Scenen nicht wären, was sie sind) entschieden als die Hauptsache. Der Malvolio, dieser ernste Narr, übergeschnappt vor Eitelkeit, ist eine Figur ganz einzig in seiner Art und, wie mir's schien, durchaus populär beim englischen Volk. Wie viel Leute haben wir, die diese Rolle kennen? Die drei anderen komischen Figuren des Stücks bleiben kaum hinter dem Malvolio zurück. Der Gegensatz zwischen dem derb-martialischen, flaschenfreundlichen Onkel Toby und dem feigen, weichlich-flachshaarigen Sir Andrew Ague-cheek, ferner das sich Unterordnen beider unter die superiore Narrheit des Narren von Fach, und schließlich die alle drei als Freundschaftsband umschließende Lust am Spaß, ihr gemeinschaftlicher ungeheurer Jubel bei jedem guten Witz, das alles kam trefflich zur Erscheinung und riß den Zuschauer mit in den Strom beständiger guter Laune hinein. Die ausübenden Künstler waren: Mr. Chippendale (Malvolio), Mr. Rogers (Onkel Toby), Mr. Buckstone (Sir Andrew Ague-cheek) und Mr. Compton (Narr). Alle vier ganz vorzüglich.

Drittes Kapitel.

Das Prinzeß-Theater.

Wir nähern uns nun dem eigentlich Shakespeare'schen Grund und Boden immer mehr, ja wir sind hier bereits auf seinem eigentlichsten Terrain, wenn wir diese Bezeichnung und das Lob, das darin liegt, von der bloßen Zahl der Aufführungen abhängig machen wollen. Das möcht' ich aber nicht gern, aus Gründen, die sich sehr bald herausstellen werden, und so betracht' ich denn das Prinzeß-Theater als eine Uebergangsstufe zum Sablers-Wells-Theater, worin ich, im Einklang mit der öffentlichen Meinung, die eigentliche Shakespeare-Bühne erblicke. Im Sablers-Wells-Theater ist nämlich der ganze Shakespeare zu Haus, und wiewohl es nicht selten vorkommt, daß acht oder vierzehn Tage lang ausschließlich Sheridan'sche Komödien oder französische Lustspiele gegeben werden, so darf man doch annehmen, daß im Verlauf der sechs Wintermonate wenigstens zwölf bis fünfzehn Shakespeare'sche Stücke daselbst zur Aufführung kommen. Diese Mannigfaltigkeit, diesen Reichthum in der Zahl der Stücke (im Gegensatz zu der Zahl der Aufführungen) finden wir auf dem Prinzeß-Theater nicht. Es bietet uns den Shakespeare beinahe ohne jegliche Unterbrechung, aber viele Monate lang immer dasselbe Stück, so daß Heinrich VIII. z. B. hundert und fünfzig Vorstellungen hintereinander erlebte. Dies hängt genau mit den Prinzipien zusammen, nach denen Charles Kean, der Direktor des Prinzeß-Theaters, die Shakespeare-Aufführungen („Wiederbelebungen" wie er sich auszudrücken liebt) leitet. Er verfährt dabei mit einem Aufwand von Pracht und Wissenschaftlichkeit, wie er vielleicht nie der Darstellung irgend welchen Stückes zu gute gekommen ist. Dies Studium aber und die Fülle komplizirtester Vorbereitungen lassen es für jeden, der solcher Aufführung einmal beiwohnte, als selbstverständ-

lich erscheinen, daß mit Rücksicht auf die Zeit sowohl, wie auf die
Kosten, die von solcher Inscenirung unzertrennlich sind, die monatelange
Wiederholung eines und desselben Stückes gar nicht vermieden werden
kann. So kommt es, daß während Mr. Phelps vom Sadlers-Wells-
Theater bereits die Darstellung des dreißigsten Shakespeare-Stückes
angekündigt hat, Mr. Charles Kean vom Prinzeß-Theater, während
ziemlich derselben Zeitdauer, nicht über einen Kreis von fünf oder sieben
Shakespeare-Stücken hinausgekommen ist. Diese Stücke sind die folgenden: König Johann, Heinrich VIII., Richard II., Sommernachtstraum
und Wintermährchen. Auch Hamlet, Macbeth und Richard III. gehören
hierher; doch sind dieselben innerhalb der letzten zwei Jahre, so viel
ich weiß, im Prinzeß-Theater nicht gegeben worden.

Bevor ich nun in meiner Besprechung dieses letztgenannten Theaters
weitergehe, sei es mir gestattet, eine völlig-unkritisch gehaltene, blos die
äußeren Lebensfakten gebende Biographie Mr. Charles Kean's hier
einzuschalten, bei deren Aufzeichnung ich einfach einem englischen Original-
Aufsatz folge. Es steht diese Biographie, wie sich von selbst versteht, in
keiner direkten Beziehung zu den Shakespeare-Aufführungen der Londoner
Theater, wird aber dafür desto mehr geeignet sein, auf manche Eigenthümlichkeiten dieser Theater überhaupt ein scharfes Licht
zu werfen. „Hofbühnen," „königliche Theater" fehlen in England, das
ist eins; von Engagements auf Lebenszeit ist keine Rede und alle jene
humanen Vorkehrungen existiren nicht, die den Schauspieler zu einer
Art „Beamten" machen, den man, einmal angestellt, hinnehmen muß,
so lang er nur ein braver Mann bleibt. Diese humanen Vorkehrungen,
sag ich, existiren in England nicht und wer sich in seinen alten Tagen
der Segnungen einer Pension erfreuen will, muß Sorge dafür tragen,
daß er diese Pension, in Gestalt von Zinsen, von seinem eignen, er-
übrigten Vermögen bezieht. Das Ansammeln eines solchen Vermögens
wird denn auch von jedem erstrebt und durch die hohen Honorare allerdings ermöglicht.

Charles Kean wurde am 18. Januar 1811 zu Waterford (Irland)
geboren. Sein Vater, damals selbst erst 23 Jahr alt, war der berühmte
Tragöde Edmund Kean. Dieser, einer jener sittlich-verkommnen Künstler-
genies, wie sie jetzt, zum Besten der Gesellschaft aber auf Kosten der
Kunst, immer seltner werden, hatte, bei Geburt seines Sohnes Charles,

wenig Ursach, diesen Zuwachs der Familie willkommen zu heißen, da Noth und Elend im Hause herrschte und das tägliche Brod nur mit Aufwand aller Kräfte gewonnen wurde. Edmund Kean fungirte gerade damals in Waterford als das, was man in England einen „Schauspieler für alles" (actor-of-all-work) nennt und sah sich genöthigt, für ein Wochenhonorar von etwa 8 Rthlr. Richard III. und Harlequin an einem und demselben Abend zu spielen, nachdem er bereits im Lauf des Tages Unterricht im Boxen, Fechten, Tanzen und Reiten ertheilt hatte. Erst drei Jahre später (1814) kam er nach London. In einem kümmerlichen Planwagen hielt er seinen Einzug; nach acht Tagen schon war er berühmt und auf dem Wege ein reicher Mann zu werden. Charles Kean wuchs in London unter den Augen seines Vaters heran und besuchte von 1824—1827 die berühmte Schule zu Eton (Eton College), wo er, jährlich 2000 Rthlr. Pension zahlend, neben den Söhnen der englischen Aristokratie erzogen wurde. Zart und schwächlich wie er war, zeichnete er sich doch in allen Leibesübungen aus und handhabte Ruder und Rappier mit gleichem Geschick. Damals für die juristische Carrière bestimmt, hatte er keine Ahnung davon, daß ihm sein Fechter=Geschick dermaleinst als „Macbeth" und „Hamlet" zu statten kommen werde. 1827 empfing er unerwartet einige Zeilen von seiner Mutter, die ihm in kurzen Worten die zerrüttete finanzielle Lage der Familie darlegte und ihn zurückrief. Edmund Kean, trotz der glänzendsten Erfolge und trotz Einnahmen, wie sie seit Garrick's Zeiten kein andrer Künstler gehabt hatte, war durch schlechte Wirthschaft dem Bankrotte nahe gebracht. Verschwendungssucht und eine ausgeprägte Passion für liederliche Gesellschaft, hatten ihn seiner Familie entfremdet; wüstes Leben zehrte an seiner Gesundheit, mit seiner Gesundheit sank seine Kunst und mit seiner Kunst endlich auch — seine Popularität. Moralisch und physisch ein Wrack, so stand er mit 36 Jahren da. 1824 noch fähig 2000 Rthlr. Pension für seinen 13jährigen Sohn zu zahlen, war er 1827 wenig besser als ein Bettler, so rasch hatte er alles verbraucht, was er an äußrem Reichthum und an innren Mitteln besaß. So waren die Verhältnisse, in die Charles Kean bei seiner Rückkehr von Eton eintrat. Als ein besonderes Glück mußt' er das Anerbieten des Direktors vom Drury=Lane Theater ansehn, der durch Rücksicht oder alte Freundschaft bestimmt, dem jungen Kean ein Offizierspatent im Dienst der Ostindischen Compagnie offerirte.

bald gefaßt: der ältere Kean war ihm entgangen, so galt es denn, es mit dem jüngeren zu versuchen; war es doch auch ein „Kean" und wenn die Person nicht ausreichte, so mußte der Name für alles Fehlende eintreten. Es kam zu einem Engagement auf drei Jahre und dem 16jährigen Charles Kean, der nie die Bretter betreten, nie ein Zeugniß seines Talents abgelegt hatte, wurden ohne weiteres 12 Pstr. wöchentliche Gage, also über 600 Pstr. (4000 Rthlr.) Jahresgehalt geboten. An solchem Beispiel kann man am besten die Unterschiede erkennen, die nach dieser Seite hin, zwischen englischem und continentalem Leben existiren. Am 1. Oktober 1837 sollte Charles Kean zum ersten Male auftreten und zwar als Norwal in dem Home'schen Trauerspiel „Douglas." Seine äußere Erscheinung war noch so knabenhaft, daß man schwankte, ob man ihn auf dem Theaterzettel als Mister oder Master Kean ankündigen sollte.*) Er selbst indeß wies die letztere Bezeichnung mit so viel Verachtung zurück, daß man nachgab und ihn ohne Weiteres als Mister Kean jun. auf den Zettel setzte. Das Publikum, das aus doppelten Gründen ihm wohlwollte, einmal weil er der Sohn seines berühmten Vaters war und dann wiederum weil dieser berühmte Vater so unverantwortlich gegen ihn und die Seinen überhaupt gehandelt hatte, nahm ihn mit Beifall auf; die Zeitungskritik aber fiel anderen Tags in schonungsloser Weise über ihn her und verbat sich in ziemlich dürren Worten das fernere Auftreten von „Schulknaben." Charles Kean war auf's Tiefste niedergedrückt und erklärte dem Mr. Price, daß er (Kean)

---

*) „Master" ist ein vieldeutiges, meist nur zu umschreibendes, selten direkt zu übersetzendes Wort. Unsere Roman-Ueberseher sündigen viel nach dieser Seite hin. Es gibt drei Arten von „Masters." Nehmen wir an, daß Mister Huskinson drei Söhne hat: William 16 Jahr alt, John 12 und Richard 6. Will ich nun den Vater, den Mister Huskinson, besuchen, so frag' ich: is master at home (ist der Herr zu Hause), denn Mister Huskinson ist „Master" (Herr) in seinem eigenem Hause. Gilt mein Besuch dem William, der mit seinen 16 Jahren an der Grenze zwischen einem Herrn und einem Knaben steht, so frag' ich: ist „Master Huskinson" zu Haus, und will ich einen der jüngeren Söhne sprechen, die beide noch Knaben sind, so frag' ich nach Master John oder Master Richard. Also „Master" allein ist der Hausherr; Master vor dem Familiennamen bezeichnet den halberwachsenen ältesten Sohn; Master vor dem Taufnamen einen der jüngeren Söhne, auch wenn er noch in der Wiege liegt.

auf die Ansprüche, die ihm sein Contrakt gebe, gern Verzicht leiste, da er nicht wolle, daß Mr. Price seine freundliche Gesinnung mit allzugroßen Opfern zu erkaufen habe. Mr. Price indeß lehnte dies wohlgemeinte Anerbieten ab und Charles Kean fuhr fort, vor dem Londoner Publikum zu erscheinen. Die Presse blieb einig in ihrer Verurtheilung und Kean, unfähig ihre Bitterkeiten länger zu ertragen, gab nach einem halben Jahre sein Engagement beim Drury-Lane Theater auf und ging in die Provinzen. Sein Gastspiel führte ihn auch nach Glasgow. Nachdem er einige Male daselbst aufgetreten und günstig beurtheilt worden war, beschloß er, seinen Vater zu besuchen, der damals in der Nähe von Glasgow auf der schönen Insel Bute wohnte, wo er sich von dem geringen Vermögen, das ihm geblieben war, ein Landhaus nach seinem Geschmack errichtet hatte. Der Vater nahm ihn herzlicher auf als nach der heftigen Scene des vorigen Jahres zu gewärtigen stand. Edmund Kean versprach nach Glasgow zu kommen und am Benefiz-Abend seines Sohnes mit diesem gemeinschaftlich aufzutreten. Man wählte Howard Payne's Tragödie „Brutus." Edmund Kean gab die Titelrolle (in der er, beiläufig bemerkt, auch in London schon ganz besonders geglänzt hatte), Charles den Titus. Das Haus war überfüllt; die Einnahme überstieg 300 Lstr. (2000 Rthlr.). 1829 kehrte Charles Kean nach London zurück, die Kritik aber immer noch unerbittlich findend, gab er die Hauptstadt rasch wieder auf und versuchte abermals sein Glück auf den Provinzial-Bühnen; Bassanio, Jago und Macduff waren unter seinen besten Rollen. 1830 abermals ein Versuch in London. Diesmal drang er durch. Wie er selbst sich ausdrückt: „das süße Gefühl eines Erfolges kam zum ersten Male über mich." Auch der Widerstand der Presse war jetzt gebrochen. Ermuthigt und gehoben, beschloß er einen Besuch in den Vereinigten Staaten. Sein Empfang und seine Einnahmen waren glänzend. Er gastirte in allen großen Städten der Republik und kehrte erst 1833 nach London zurück. Hier begann er einen Cyclus von Vorstellungen am Covent-Garden Theater. Aber der Geschmack des Publikums schien sich in drei Jahren verändert oder sein Interesse für den Künstler nachgelassen zu haben. Man tadelte viel und war selten hingerissen. Um diese Zeit war es auch, daß er seinen Vater noch einmal wieder sah und am 10. Mai, gemeinschaftlich mit ihm, vor dem Londoner Publikum erschien. Wieder wurde „Brutus" gegeben. Edmund Kean, nicht älter als 46 Jahr, war inzwischen völlig zusammengebrochen und betrat die Bretter nur in der Hoffnung, daß ihm der Anblick eines vollen Hauses alle Lebensgeister auf einmal zurückgeben werde. Aber vergeblich. Die Flamme war im Erlöschen; er starb fast während des Spiels. Ein wunderliches Seitenstück zum älteren Pitt (Lord Chatham), der sterbend aus dem Sitzungssaale der Lords getragen wurde, trug man hier den sterbenden Tragöden von den Brettern. Und wohin? in eine benachbarte Taverne; in eines jener Bier= und Weinhäuser, drin er die Nächte verzecht und Genie und Gesundheit vergeudet hatte. Anderen Tages brachte man ihn nach Richmond, wo er am 15. Mai starb, nachdem es seinem Sohne noch geglückt war, eine völlige Versöhnung zwischen den beiden Eltern zu Stande zu bringen.

Edmund Kean war zur Ruh und das Gastspiel des Sohnes auf dem Covent=Garden Theater hatte seinen Fortgang. Man ließ ihn gelten, aber er war noch immer weitab davon, ein Liebling des Publikums, eine Notabilität zu sein. Sein Gastspiel am Covent=Garden Theater ging zu Ende und der Schatzmeister des rivalisirenden Drury=Lane Theaters trat in Unterhandlungen mit unsrem Künstler. Seine Angebote waren aber viel zu gering und Charles Kean erwiederte nicht ohne Selbstgefühl (ein Selbstgefühl, das damals fast als Anmaßung erscheinen mußte), daß er nicht eher wieder in London auftreten werde, als bis ihm, von der einen oder andern Theater=Direktion, 50 Lstr. (330 Rthlr.) per Abend bewilligt würden. Mr. Dunn, der Schatzmeister, erwiederte lächelnd: „da wird London muthmaßlich lange auf das Vergnügen Verzicht leisten müssen, Sie wiederzusehn." Charles Kean replicirte „wer weiß." So trennte man sich, übrigens in bestem Einvernehmen.

Ein neuer Zug in die Provinzen (zunächst nach Hamburg, der aber bald an einem Verbot der Stadtbehörden scheiterte) begann und dehnte sich diesmal über eine Reihe von Jahren aus. Alle drei Königreiche wurden bereist; Edinburg und Dublin zeigten sich ihm besonders gewogen, nächstdem Manchester, Bath, Exeter und Waterford. Fast fünf Jahre dauerten diese Provinzial=Engagements, die ihm die enorme Summe von zusammen 20,000 Lstr. eintrugen.

1838 kehrte Charles Kean nach London zurück. Am Tage nach seiner Ankunft fuhr er in eigner glänzender Equipage vor dem Drury=Lane Theater vor, um dem Schatzmeister Mr. Dunn seine Antritts=Visite zu machen. In seinem Notizbuch führte er bereits einen Contrakt mit sich, der da lautete: „Mr. Charles Kean verpflichtet sich für die Dauer von drei Monaten zu 40 Vorstellungen im Drury=Lane Theater und empfängt per Abend 50 Lstr. Spielhonorar;" nur die Na=mensunterschrift Mr. Dunns fehlte noch. In zehn Minuten war man einig und Kean überreichte lachend den im Voraus geschriebenen Con=trakt, der seine Bedingungen enthielt.

Der erst 27jährige Kean war nun eine fest etablirte Größe. Na=türlich hatte er Gegner, besonders die Macready'sche, später die Phelps'sche Partei, aber das große Publikum hielt treulich bei ihm aus und die salonfähige Presse, die ihm zehn Jahre früher so hart zugesetzt hatte, wurde mehr und mehr seine Stütze. Sie ist es jetzt bis zu einem Grade, der nur allzu oft zur Ungerechtigkeit gegen die Leistungen anderer Künstler, besonders rivalisirender Shakespeare=Spieler, wird.

1842 erfolgte seine Vermählung mit Miß Ellen Tree vom Hay=market=Theater, einem entschiednen Liebling des Londoner Publikums. Unmittelbar nach der Hochzeit trat das junge Paar, an dem die ganze Stadt den regsten Antheil nahm, in einem oft wiederholten Lustspiel auf, das den Titel führte: „die Flitterwochen." So brachten sie ihre eignen Flitterwochen hin, unter dem Jubel und Beifall des Publikums.

Nun folgten wieder Kunstreisen über den Ocean, das erstemal nach Havannah, das anderemal nach Boston und New=York, endlich 1850 trat er als Direktor an die Spitze des Prinzeß=Theaters, das bis dahin ein bloßes Nichts gewesen war und nun plötzlich zur fashionablen Bühne par excellence wurde. Charles Kean empfing die mannigfach=sten Huldbeweise von Seiten des Hofes. Die Königin nahm eine Loge in seinem Theater und ernannte ihn zum Intendanten und leitenden Direktor für jene Privat=Vorstellungen, die damals anfingen in Windsor=Castle gegeben zu werden. Am Prinzeß=Theater begann nun, unter Mitwirkung von Mrs. Kean, seine aufreibende, aber in jeder Be=ziehung mit Erfolg gekrönte Doppelthätigkeit als Direktor und erster Akteur. Was er sonst nur zersplittert hatte bieten können, das war er nun in der Lage, als ein Ganzes vorführen zu können. Nicht in einzelnen Shakespeare'schen Parthieen (wie früher am Drury=Lane= und Covent=Garden=Theater), sondern in fast allen hervorragenden Rollen erschien er jetzt vor dem Publikum und jene reichausgestatteten, gelegentlich allzu pomphaften „Wiederbelebungen" des großen nationalen Dichters begannen, deren ich bereits flüchtig erwähnt habe und auf die ich nunmehr ausführlicher zurückkomme.

Was nun diesen mit Ballet= und Opernpracht hergerichteten, diesen verkeanisirten Shakespeare angeht, so ist derselbe, wie sich von selbst versteht, sehr verschieden beurtheilt worden. Bei Hofe, wie bereits erwähnt, schätzt man Kean außerordentlich, aber es fehlt auch nicht an solchen, die ihn wie einen Baumbeschädiger oder Palastbeschmutzer in Anklagezustand versetzen möchten.*)

Was mich anbetrifft, so hab' ich mich zu einer Würdigung des Mannes allmälig durchgearbeitet. Sein Heinrich VIII., überhaupt alle von ihm in Scene gesetzten historischen Stücke, sind meisterhaft arrangirt und müssen selbst den mäklichsten Shakespeare=Puristen befriedigen. Aber dies selbige Prinzip peinlich historischer Treue, hat Kean auf Stücke übertragen, auf die es, milde gesprochen, nicht recht paßt und die dadurch aus dem Leichten und Phantastischen in's einigermaßen Philisterhafte und aus dem Innerlichen in's Aeußerliche gezogen worden sind. Dies gilt namentlich von seiner Inscenesetzung des „Wintermährchens," bei dem noch hinzukommt, daß er sich erst eine historische Basis willkürlich schuf (indem er aus Bohemien Bithynien machte), um hinterher historisch=gewissenhaft sein zu können. Nichtsdestoweniger

---

*) Es ist übrigens noch sehr die Frage, ob sich das „elisabethische Drama" in jeglicher Beziehung durch Einfachheit ausgezeichnet hat. Das Gegentheil ist sehr wahrscheinlich. In einem zu Anfang dieses Jahrhunderts geschriebenen Buche über englisches Theater find' ich die Bemerkung: „In Kleidung und überhaupt in allen Aeußerlichkeiten (versteht sich mit Ausnahme der Decorationen) scheint die Shakespeare=Bühne reich genug gewesen zu sein, um den Vergleich mit der Gegenwart nicht scheuen zu brauchen" und aus dem Jahre 1672 berichtet ein Tagebuch, daß bei Aufführung von Lord Orrery's (nicht von Shakespeare's) Heinrich V., die Schauspieler Harris, Betterton und Smith, die wirklichen Staatsroben und den Krönungsschmuck Karls II., des Herzogs von York und des Grafen von Oxford trugen.

stehe ich jetzt, nachdem ich mich lange dagegen gesträubt habe, entschie=
den auf Seiten der Kean'schen Partei und rechtfertige, auch was die
nichthistorischen Stücke angeht, durchaus ein Prinzip, das neben dem
Streben, zu fesseln und die Sinne zu bestechen, darauf aus ist, zu
belehren. Halb Staatsdame, halb Gouvernante, so wird uns die Shake=
speare'sche Muse vorgeführt. Mißbillige das, wer mag, ich habe nicht
den Muth dazu. Alle Versuche englischer Dramatiker, sich **neben**
Shakespeare zu behaupten, sind mit Ausnahme von einem halben Dutzend
Stücken, total gescheitert; so blieb denn für alle diejenigen, die des
Shakespeare satt waren, nichts übrig, als das französische Machwerk.
Gerade die Gebildeten, wie überall, griffen nach diesem Marzipan.
Eine Reaction dagegen zu schaffen, war unmöglich, wenn es nicht
glückte, den Shakespeare oder richtiger, das Interesse, die Begeisterung
an ihm wieder zu beleben. Diesem unterzog sich Kean und er hat
seine Aufgabe glänzend gelöst. Der Shakespeare, den er gibt, ist ein
neuer Shakespeare; Großes und Kleines muß ihm dienen: Archäo=
logen und Theater-Schneider; britisches Museum und Feuerwerker; He=
raldik, Numismatik und die neuen Gesetze über Farbenzusammenstellung
Alles wird herangezogen, um die Apathie der Gebildeten zu über=
winden und den Shakespeare, auch in den höheren Kreisen der Gesell=
schaft, auf's Neue zu popularisiren. Es ist geglückt. Wie verändert er
sich auch den Zuhörern präsentiren mag, es ist **immer noch Shake=**
speare, immer noch das Beste, was die moderne englische Bühne hat,
und jedenfalls schon dadurch ein Gewinn, daß es das englische Theater
national erhält und es vor der totalen Ueberschwemmung durch franzö=
sische Pointirtheiten, oder gar noch Schlimmeres, schützt.

Bevor ich zu einer Besprechung der einzelnen Shakespeare-Stücke
übergehe, die auf dem Prinzeß-Theater heimisch sind, will ich mir noch
einzelne Bemerkungen über die hervorragendsten Mitglieder dieser Bühne
erlauben.

Zunächst **Charles Kean** selbst. Den biographischen Notizen über
ihn lasse ich hier einige kritische Bemerkungen folgen. Ich halt' ihn mehr
für einen klugen, erfahrenen und wohlunterrichteten Mann, als für einen
großen Künstler. Zweierlei hat ihm die Natur unbedingt versagt: Figur und
Stimme; der Bruchtheil, den er davon hat, kommt ihm gelegentlich
zu Statten, wo zumahl die Unzureichendheit beider die Treue des Cha=

rakterbildes unterstützt (z. B. als Ludwig XI.), aber im Allgemeinen liegen „die Helden und Könige" jenseits seiner Mittel. Sein Spiel reißt selten und immer nur in solchen Partieen, die ihm einigermaßen passen, den Zuschauer mit fort; aber noch seltener macht er Fehler oder bietet dem Tadel eine Blöße. Er gleicht darin völlig jener ganzen Klasse von Künstlern, die viel Verstand, Ernst und Eifer, aber wenig eigentliches Talent haben. Ihre Gaben befähigen sie in der Regel mehr zum Theater-Direktor, als zum ausübenden Künstler. So ist es auch bei Kean, sein Bestes sind nicht seine Rollen, sondern die Leitung des ganzen Instituts. Am entschiedensten zeigt er sein dirigirendes Talent als „Direktor von Ihrer Majestät Privat-Theater." Dies ist ein ganz besonderes Amt, das er bekleidet, und völlig unabhängig von der Leitung seines Theaters, des Prinzeß-Theaters. Die Königin nämlich, wenn sie in Windsor residirt, wünscht von Zeit zu Zeit dies oder jenes Stück, alt oder modern, in Windsor-Castle aufgeführt zu sehen und erläßt in solchen Fällen eine entsprechende Ordre an Charles Kean. Dieser geht alsdann an's Werk und rekrutirt die Truppe, mit deren Hülfe er dem königlichen Befehl nachzukommen vorhat, nicht blos aus Mitgliedern des Prinzeß-Theaters, sondern unter Heranziehung aller Künstlerkräfte, die die Londoner Theater überhaupt besitzen. Er tritt dann an die Spitze einer derartig gemischten Gesellschaft, und wenn es bekanntlich schwer hält, eine eigne Truppe in Ordnung zu halten, so mag man sich vorstellen, wie viel Gewandtheit, Menschenkenntniß und Autorität dazu gehört, einen solchen „Conflurus unabhängiger Künstler" zu dirigiren.

Es geht denn auch nicht immer ohne Conflikte ab und mittelbar gehört dahin ein Streit, der vor ungefähr drei Monaten zwischen Charles Kean einerseits und Mr. Rogers vom Olympic-Theater andrerseits in den öffentlichen Blättern ausgefochten wurde. Mr. Rogers hatte in Windsor nicht gespielt, fand aber seine Abfindungssumme (der nähere Zusammenhang wird sich gleich herausstellen) zu gering und griff Kean deßhalb an. Dieser antwortete darauf in einer Weise, die den ganzen Mann charakterisirt: fein, scharf, geschäftsmäßig und etwas maliziös. Ich lasse hier den Brief folgen, der die Leser auch anderweitig interessiren wird. Kean schreibt: „Nach langem begreiflichen Zögern seh ich mich endlich genöthigt, auf die Auslassungen zu antworten, die Mr.

Rogers vom Olympic-Theater in verschiedenen Blättern veröffentlicht hat. Die Sache ist einfach die. Wenn künstlerische Kräfte behufs einer Vorstellung in Windsor engagirt werden, so erfolgen die Honorarzahlungen nach einem feststehenden Satze, gegen den niemals eine Klage laut geworden ist. Trifft es sich, daß jene künstlerischen Kräfte überwiegend einem Theater entlehnt werden und sieht sich der Eigenthümer und Direktor desselben in Folge davon veranlaßt, an dem betreffenden Abend überhaupt keine Theatervorstellung zu geben, so erhält er eine bestimmte Summe Geldes, die ausreicht, ihn und seine Truppe für den Ausfall eines Spielabends in der Stadt (London) zu entschädigen. Jeder Schauspieler erhält alsdann so viel, wie er erhalten haben würde, wenn die übliche Theatervorstellung stattgefunden hätte, während diejenigen Kräfte der Bühne, die in Windsor vor der Königin zur Verwendung kamen, zu ihrer gewöhnlichen Gage noch ein Extra-Honorar empfangen. Mr. Rogers war nicht unter den letztern, weßhalb sich seine Ansprüche nicht über die gewöhnliche Gage erheben konnten. Der Direktor des Olympic-Theaters, Mr. Wigan, hat ihm (nach Empfang einer Totalsumme für alle Mitglieder seiner Bühne, ob beschäftigt gewesen oder nicht) die Summe von 13 Shilling 4 Pence*) (4 Thlr. 12$^{1/2}$ Sgr.) ausgezahlt. Erst aus den öffentlichen Auslassungen Mr. Rogers hab' ich ersehen, was ich bisher nicht wußte, daß sich seine Abend-Einnahme so hoch beläuft."

Vor Kurzem hieß es, daß Charles Kean zum Baronet erhoben werden würde; andre lachten darüber. Ich halte solche Ernennung für sehr wahrscheinlich, wenn seine guten Beziehungen zum Hofe dieselben bleiben. Die englische Schauspielkunst steht seit lange ebenbürtig unter den andern Künsten da und ihre Jünger haben unter dem Nasenrümpfen ehrbarer Philister und dem stillen Vorwurf der „Komödiantenschaft" vielleicht weniger zu leiden, als in irgend einem andern Lande der Welt. Als General York außer sich darüber war (1810), im weißen Saale „Iffland, dem Komödianten," zu begegnen, der, gleich ihm, den Rothen Adler-Orden erhalten hatte, erhob sich bereits das Denkmal Garricks in der großen Ruhmeshalle von Westminster und zwei andere Namen:

---

*) Dies ist nach englischen Begriffen eine sehr geringe Summe Geldes.

John Kemble und die Sibbons, haben sich seitdem hinzugesellt. In keinem andern Lande vielleicht, hat eine von Frauenreiz und Schönheit getragene Kunst so oft die tiefe Kluft übersprungen, die zwischen dem Hoch und Niedrig der Gesellschaft liegt und der Schritt von den Brettern bis in die höchsten Kreise der Aristokratie scheint nirgends leichter zu sein als hier. Ich will nicht an Nell Gwyn zweideutigen Angedenkens erinnern, nur dies Jahrhundert soll ein paar Beispiele für die Wahrheit meines Ausspruchs geben. Miß Harriet Mellon — Herzogin von St. Albans; Miß Stephens — Gräfin von Esser; Miß O'Neill — Lady Beecher; Miß Fenton — Herzogin von Bolton; Miß Farren — Gräfin von Derby; Miß Paton — Lady W. Lennor; Miß Foote — Gräfin von Harrington ꝛc. Wo das Theater seit lange eine solche Position, wie sie aus dem Vorstehenden erhellt, in der Gesellschaft eingenommen hat, würde die plötzliche Baronetschaft Charles Keans schwerlich überraschen. Auch glaub' ich in der That, daß der Zweifel und das Lächeln, dessen ich erwähnte, mehr dem nicht ausreichenden Maß seiner Schauspielerschaft, als dem Schauspielerthum überhaupt gegolten hat.

Frau Charles Kean (früher Miß Ellen Tree) ist jedenfalls bedeutender als ihr Mann, wiewohl sie nicht mehr ist was sie war. Eine lebensgefährliche Krankheit, die sie vor ungefähr zwei Jahren durchzumachen hatte, hat ihre Kraft gebrochen. Zudem ist ein gut Theil Manier an die Stelle frischer, immer neu gestaltender Künstlerschaft getreten, eine Erscheinung, die, um billig zu sein, kaum ausbleiben kann, wenn man die Königin Katharine (in Heinrich VIII.) hundertfünfzigmal hintereinander spielen muß. Sie hat, wohin die Manier leicht führt, eine Vorliebe für die Extreme und thut als Constanze im König Johann gerade so des Guten zu viel, wie als Katharina in Heinrich VIII., als Constanze in schreiender Verzweiflung, als Katharina in lautlos hinsterbender Ergebung. Sie spielt die letztgenannte Partie fast durchweg im Flüsterton.

Unter den Damen des Prinzeß-Theaters sind noch Miß Heath und Miß Carlotta Leclercq zu nennen, die letztere ein Prachtstück von einer blonden Soubrette, jene schon von einer mehr tragischen Weihe und wie geschaffen zur Darstellung einer Anna Bulen. Ueberhaupt zeichnet sich das ganze Damenpersonal dieser Bühne durch Schönheit und eine aristokratisch-vornehme Haltung aus. Man merkt ihnen an, daß sie oft vor Hof und Königin spielen.

Von Männern wäre noch Mr. Ryder und Mr. Walter Lacy hervorzuheben. Ich komme bei Besprechung „König Johann's" auf Beide zurück.

Ich gehe nun zu den einzelnen Aufführungen über, denen ich auf dieser Bühne beiwohnte. Zuerst

König Johann. Viele Ihrer Leser werden sich noch des jetzt in Wien engagirten Herrn Wagner in dieser Rolle entsinnen. Es hieß damals, der alte Tieck habe sich geäußert: das sei der Nonpareil, dieser sei der ächte, dramatisch beglaubigte König Johann. Es ist bekannt, daß alte, berühmte Herren die allerschnurrigsten Einfälle zu haben pflegen. Unter den jungen Poeten, die sich des Tieck'schen Patronats erfreuten, hat, so viel ich weiß, auch kein einziger was getaugt. Das ist ganz natürlich. Große Männer haben ihre Zeit; schließlich überleben sie sich und diese, und man liest von ihnen und ihren Jugendthaten in der Literaturgeschichte bereits, während sie selber noch als Schatten umherschwanken, berühmt, geehrt vielleicht, aber ohne allen Einfluß auf das neue, junge Leben um sie her. Viele haben Weisheit genug, sich in diesen immer wiederkehrenden Lauf der Dinge ruhig und lächelnd selbst zu finden, andere werden bitter, absprechend und sitzen mit dem Bewußtsein in ihrem Lehnstuhl, daß mit ihnen ein für allemal das heilige Feuer erlischt. Klopft in solcher Stunde ein schüchterner Poet an ihre Thür und überreicht dem greisen Dichter ein handliches Manuskript, das im Wesentlichen aus Variationen über die Themata des Herrn und Meisters besteht, so ist dem bewundernden Jünger eine Vorrede sicher, worin er dem armen deutschen Volk als dessen letzte Hoffnung warm und dringend an's Herz gelegt wird. Ist der Jünger ein Schauspieler, der um den Rath, selbst um den Tadel des alten Meisters bittet, so ist die Sache dieselbe. Ich glaube, daß Herr Wagner (der, wenn man von seinem wunderlichen Organ absah, ein guter Max Piccolomini, überhaupt ein jugendlicher Held war) auf ähnliche Weise das Testimonium erwirkt hat, das ihn als ächten König Johann beglaubigen sollte.

Charles Kean ist ein ächter König Johann. Aus der Einleitung zu diesem Kapitel wird der Leser ersehen haben, daß ich durchaus kein unbedingter Verehrer Kean's bin, gegentheils, daß ich ihm nur eine sehr bedingte Bedeutung zuschreibe, aber in dieser Partie ist er vortrefflich. Die Mängel seiner Figur und Stimme kommen ihm hier zu Statten und vervollständigen das Charakterbild einer kleinen und furchtsamen und zugleich tückischen und rücksichtslosen Natur. Die berühmte Scene im dritten Akt zwischen Hubert und dem König kam zu vollendeter Wirkung. Ich gebe hier, aus Gründen, die gleich erhellen werden, die Schlußworte englisch.

> King. ... Dost thou understand me?
> Thou art his keeper.
> Hubert. And I will keep him so,
> That he shall not offend your Majesty.
> King. Death.
> Hubert. My Lord?
> King. A grave.
> Hubert. He shall not live.
> King. Enough. — I could be merry now.

Es läßt sich an dem Vorstehenden trefflich wahrnehmen, welche Macht unter Umständen in dem zufälligen K l a n g e eines Wortes liegen kann, ganz abgesehen von seiner Bedeutung. Die beste Uebersetzung dieser Scene kann den Effekt des Originals nicht haben. Wenn im Deutschen der König ausruft: „Tod;" „ein Grab," so hat das nicht annähernd die Wirkung von „Death;" „a grave." Tod und Grab sind noble Wörter, kurz, ernst, sie haben ihre Bedeutung und damit gut. Das e n g l i s c h e th aber in Death klingt an dieser Stelle wie das Z i s c h e n e i n e r S c h l a n g e, die nach Arthur's Ferse sticht, und bei dem lang ausgezogenen „a" in grave sieht man sich ein sechs Fuß tiefes d e u t s c h e s Grab bis auf die vorschriftsmäßigen vierzehn Fuß eines englischen grave vertiefen.

Frau Charles Kean als Constanze, wie schon oben hervorgehoben, outrirte etwas. Die Scene, wo sie den Erzherzog verhöhnt, vortrefflich.

Prinz Arthur wurde von einem halberwachsenen Mädchen (Miß Kate Terry) gegeben. Das scheint mir das Richtige. Frau Hoppé, selbst als sie noch die jugendliche Clara Stich war, brachte doch zu viel weibliche Formen für diese Rolle mit: Je mehr wir bei Darstellung dieser schönen Partie den Eindruck des Knabenhaften, d. h. des noch halb=Kind=seins haben, desto größer wird die Wirkung sein. Ein erwachsenes Mädchen, eine Jungfrau, kann kindlich sein, aber sie ist trotzdem kein Kind mehr.

Vortrefflich waren Hubert (Mr. Ryder) und der Bastard (Mr. Walter Lacy). Ueber Beide ein paar Worte.

Mr. Ryder, in jeder Partie, worin er auftritt, hat im ersten Augenblick etwas Ungeschlachtes. Ich hatte immer das Gefühl: was will der Mann auf der Bühne? aber durch sein schlichtes Spiel und Wesen immer mehr Terrain in mir gewinnend, mußt' ich schließlich jedesmal einräumen, daß ich mit meinem: „was will dieser Mann auf der Bühne?" eigentlich das höchste Lob ausgesprochen hatte. Er ist keine Theaterfigur, er ist ein wirklicher Mensch; vielleicht daß ihm ein bischen mehr Idealität zu wünschen wäre.

Der Bastard (Mr. Walter Lacy) war ein Prachtstück. Wenn ich mir den Faulconbridge des guten Rott, vergleichshalber, ins Gedächtniß zurückrufe, so muß ich lachen. Rott gab nicht den Sohn des Löwenherz, sondern die stehende Figur des humoristischen Polterers, in eine Rüstung gesteckt; einen Renommisten, einen Löwen ohne Zähne. Das soll kein großer Vorwurf sein; der Bastard ist eine so durch und durch englische Figur, daß ihn nur ein Engländer vollkommen darstellen kann. Es gibt Muth überall, aber der deutsche Muth hat etwas kritisch=bescheidenes und der französische etwas schwunghaft=eitles. Nur in England gedeiht diese Mischung von Muth, Unverschämtheit und breitestem Behagen, ein Muth, der alle Kennzeichen der Renommage trägt, aber doch keine Renommage ist, sondern einsteht für die Situation, die er geschaffen. In diesen Worten hab' ich zugleich eine Kritik des Walter Lacy'schen Bastards gegeben. Er war „der Bastard." Ich werde das berühmte: „häng' dir ein Kalbfell um die schnöden Glieder" niemals ähnlich wieder hören.

Heinrich VIII. Es war die hundertste Aufführung, der ich beiwohnte. Der drei oder vier Seiten füllende Theaterzettel (nicht ein einfaches Blatt, wie bei uns) verbreitet sich in einer Art Rechenschaftsbericht über die Intentionen und Anstrengungen Mr. Keans wie folgt:

„Dem noblen Stücke, das wir diesmal dem Publikum bieten, auch die vollste Wirkung möglich zu machen, sind wir bemüht gewesen, alles in Erfahrung zu bringen, was geeignet sein möchte, über die Sitten des englischen Hofes vor 300 Jahren, Licht und Aufklärung zu geben. In vielen Scenen ist Shakespeare so ganz den Angaben des Cavendish gefolgt, daß es nur nöthig war, das interessanteste Werk dieses ächtesten Wolsey-Biographen zur Hand zu haben. Die große Festlichkeit im Palast des Kardinals von York (I. Akt, letzte Scene), die Shakespeare als eine der glänzendsten Scenen seinem Stücke einverleibt hat, ist vor allem hierher zu zählen. Auch die Unterbrechung der Festlichkeit durch den König und seine Hofleute — die als Schäfer verkleidet, unter Voraufmarsch von sechszehn Fackelträgern und eben so vielen Trommlern und Pfeifern in den Saal treten — fand damals wirklich statt, und die minutiöse Schilderung derselben in dem Cavendish'schen Werke hat uns das Arrangement dieser Scene verhältnißmäßig leicht gemacht. Auch bei Herrichtung der Bühne für den Prozeß der Königin Katharina in Blackfriars, sind wir den Angaben des alten Biographen gefolgt und haben nur die korrespondirenden Mittheilungen d'Aubigné's in seiner „Geschichte der Reformation" benutzt. — Die Taufe des königlichen Kindes, der späteren Königin Elisabeth, fand in der Kirche der grauen Brüder (Grey Friars) zu Greenwich statt, und der historisch verbürgte Umstand, daß der Lordmayor und die City-Aldermen in ihren Staatsbarken die Themse hinabfuhren, um der Feierlichkeit beizuwohnen, hat uns Gelegenheit gegeben, ein Panorama von London, wie es damals war, vor den Augen der Zuschauer zu entrollen. Es schließt ab mit dem alten Palast von Greenwich, den Anne Bulen damals bewohnte. — Alle diese Bilder sind mit gewissenhafter Benutzung einer Zeichnung von Anton van den Wynrede hergestellt worden, eines werthvollen Blattes, das sich in der Sutherland-Sammlung zu Oxford vorfindet und in der That die einzige Autorität bildet, die wir über diesen Gegenstand haben. — Die Vision im Zimmer der sterbenden Königin, zu Schloß Kimbolton, ist von uns an Stelle des sonst üblichen Gesangstückes (von Händel) eingelegt worden, und man wird diese Aenderung um so freudiger begrüßen, als sie in demselben Maße der Situation wie den eigentlichen Intentionen Shakespeare's entspricht. — Strutt in seinen „Sitten und Gewohnheiten der Engländer" macht die Bemerkung, daß das ganze Leben Heinrichs VIII. (besonders aber zu Lebzeiten Kardinals Wolsey) von Aufzügen und glänzenden Schaustellungen aller Art gestrotzt habe. Dies bloße Gepränge hat Shakespeare durch die Macht seines poetischen Genius zu beleben und auf die Weise ein Stück zu produziren gewußt, das Coleridge mit vielem Recht einen „historischen Maskenball" genannt hat.

„Insoweit es möglich war, musikalische Compositionen ausfindig zu machen, die der Regierungszeit Heinrich's VIII. angehören, sind dieselben diesem Stücke einverleibt worden. Die Arie, die den Tanz des Königs bei der großen Festlichkeit in York-Palast begleitet, und damals „Wolsey's-Feger" *) genannt wurde, haben wir aus William Ballet's Lauten- oder Zither-Buch genommen, einem Manuscript, das sich in der Bibliothek von Trinity-College in Dublin vorfindet. Die Melodien, die darin vorkommen, lassen keinen Zweifel darüber, daß sie zu Zeiten Maria Tudor's gesammelt worden sind, und mithin aller Wahrscheinlichkeit nach bis zu Lebzeiten ihres Vaters, Heinrich's VIII., zurückgehen. Der Fackelträgertanz (den wir nach einem französischen Kupferstich, der einen Maskenball aus der Zeit Franz I. darstellt, arrangirt haben) wird in unserem Stück von der Melodie des ältesten aller in England bekannten Morris-Tänze begleitet. Die Arie, die im vierten Akt dem Traum der Königin Katharina vorangeht und folgt, ist die von „Lightie Love Ladies," von der es heißt, daß sie die Lieblings-Melodie Shakespeare's gewesen sei.

„Sei es mir an dieser Stelle noch gestattet, die Namen einzelner Gentlemen anzuführen, die mich zu besonderem Danke verpflichtet haben. Es sind dies: Hamilton Smith, der Verfasser von „Alte Trachten in Großbritannien und Irland;" Henry Shaw, Verfasser von „Kostüme, Schmuck und Putz im Mittelalter" und Sir Charles Young vom College of Arms. Für alles Architektonische bin ich dem Rath und Beistand Godwin's aufs Lebhafteste verbunden.

„Auch bei Inscenirung Heinrich's VIII. wiederum, ebenso wie bei Aufführung andrer Shakespeare'scher Stücke, ist es — soweit es der Theater-Effekt irgend gestattete, — unser Bestreben gewesen, im Einklang mit den Rathschlägen unseres berühmten Alterthumsforschers Francis Douce zu handeln, um auf diese Weise die Bühne zu dem zu machen, was sie sein soll — ein treuer und vollkommener Spiegel der Geschichte und der Sitten eines Volks.

„Ich kann diese Mittheilungen nicht abbrechen, ohne schließlich noch

---

*) „Wolsey's Wild" steht im Original, und ich glaube, das von mir gewählte vulgaire Wort ist die zutreffendste Uebersetzung.

des Wiederauftretens von Mistreß Charles Kean (nach langer, schwerer Krankheit) mit einigen Worten gedacht zu haben. Nur der Freude hierüber kann ich es zuschreiben, daß die anderweitig in diesem Stücke unbeschäftigten Damen unsrer Gesellschaft sich meine Zustimmung erbaten, als die Kammerfrauen der Königin (Akt III. und IV.) erscheinen zu dürfen. Solch ein Anerbieten ist um so werthvoller, als es neben einem liebenswürdigen Ausdruck persönlicher Hochachtung auch das eifrige Bestreben an den Tag legt, die Interessen des Theaters nach Kräften aufrecht zu erhalten."

Es kann nicht ausbleiben, daß sich einem bei Durchsicht dieses interessanten Komödienzettels und im gleichzeitigen Hinblick auf unsre heimischen Theaterzustände allerhand Wünsche und Fragen aufdrängen. Wo haben wir Schauspielerinnen, die, wenn Frau Crelinger nach langer Krankheit wieder die Bühne beträte, bereit wären, die stummen Rollen pflegender, aufwartender Dienerinnen eine ganze Saison hindurch in hundert aufeinander folgenden Vorstellungen zu übernehmen? Und doch sind diese Dinge von Wichtigkeit. Spiele man den Shakespeare in einer Scheune, und lasse man die Gentlewomen der Königin Katharina durch eben so viele Heu- und Strohbündel vertreten sein, — ich habe nichts dagegen; es ist dann eine Art Rückkehr zur epischen Kunst; wir haben die Worte des Dichters und unsre eigne Phantasie. Will man aber umgekehrt durch die handgreifliche Wahrheit der Darstellung wirken, will man die Phantasie in Ruhestand versetzen, sollen die Sinne unmittelbar zu Gericht sitzen, so kann man nicht peinlich genug verfahren, und an dem Ungeschick einer dürftig ausgestatteten Choristin kann die Wirkung einer ganzen Scene scheitern.*) — Eine andere Frage, die sich mir aufdrängt, will mir noch wichtiger erscheinen. Sind selbst unsere Hofbühnen im Stande, einen ähnlichen Rechenschaftsbericht abzulegen und dem Publikum, gestützt auf ein gutes Gewissen, zu sagen: kein Bild, kein Buch, kein Kenner ist

---

*) Ich verweise hier auf das, was ich bei Gelegenheit von „Antonius und Cleopatra" im Standard-Theater gesagt habe. Man bringt unwillkürlich mit in Anschlag, wo man sitzt und mißt die Dinge selbstverständlich mit der Elle, mit der sie ausdrücklich gemessen sein wollen. So kann es kommen, daß eine anspruchslos-schlechte Vorstellung mehr befriedigt, als eine anspruchsvoll-bessere.

unbefragt geblieben, als es sich darum handelte, dies Stück in Scene zu setzen?*) Ich wage nicht, die Frage, die ich aufwerfe, mir selbst zu beantworten. Nur kann ich nicht leugnen, daß, abgesehen von einzelnen, in die Augen springenden Fehlern, derartige Aufführungen bei uns zu Lande nur allzuoft den Charakter der blassen Allgemeinheit tragen. Man hat gewisse Vorschriften, nach denen man verfährt; man kennt die Röcke und Mäntel der Reformationszeit, die Tracht Philipps II. und die Kostüme des dreißigjährigen Krieges, aber man gibt sich wenig Mühe, den Rock und Mantel der einzelnen Persönlichkeit ausfindig zu machen. In dieser Wahrhaftigkeit waltet aber ein ganz besonderer Zauber, vielleicht um deshalb, weil das Gefühl instinktmäßig die interesselose Schablone von der reizvollen Besonderheit zu unterscheiden weiß.**)

Dies führt mich nun auf das Stück selbst, das, so viel ich weiß, (wenigstens seit mehreren Jahrzehnden) in Deutschland keine Aufführung erlebt hat. Es ist auch gewiß wenig daran verloren. Wenn der feingeistige Coleridge das Ganze einen „historischen Maskenball" genannt hat, so hat er sicherlich kein besonderes Lob damit aussprechen wollen. Das Stück trägt zu entschieden den Charakter des Gelegenheitlichen und zu sehr den Stempel einer gewissen Unfreiheit in der Bewegung, als daß es mit den besten historischen Stücken Shakespeare's in Vergleich gestellt werden könnte. Es war der Stoff zu einem Drama ersten Ranges unter dem Titel „Wolsey;" wie es da liegt, ist es nicht Fleisch, nicht Fisch; als Drama ist es eine Skizze geblieben, als dramatisirte Geschichte aber entbehrt es des nothwendigen Reichthums an fesselnden Charakteren; der Wolsey selbst ist eins und alles.

Sehen wir aber davon ab, daß es vielleicht rathsam gewesen wäre, unter den historischen Stücken Shakespeare's anderes zu wählen, lassen wir diese Wahl einmal gelten, so können wir nicht umhin, das zu be-

---

*) Bei Gelegenheit des „Macbeth" in Sablers Wells (siehe weiter unten) habe ich mich ausführlicher über diesen Punkt verbreitet.

**) In einer Nummer von Blackwoods Magazin find' ich, bei Besprechung der neuesten historischen Romane, folgende hierher gehörige Worte: „Das äußere Kleid und Wesen dieser Welt ist etwas mehr als bloße Hülse und das geheimnißvolle Innere, das in uns wirkt und schafft, nimmt oftmals seine Farbe und seinen Impuls von der Stoffwelt draußen, die auch ein Geschöpf Gottes ist und gewiß ein minder vulgäres, als wir anzunehmen gewohnt sind."

wundern, was kritischer Takt, seines Gefühl für theatralische Wirkung und historisches Studium daraus gemacht haben. Zunächst möcht' ich es loben, daß die beiden letzten Akte, nach der Anordnung Keans nichts sind wie lebende Bilder. Das eigentliche Stück schließt mit dem dritten Akt und der Beginn eines neuen ist sicherlich nicht das, was man wünscht. In richtiger Erkenntniß hiervon rollen die beiden letzten Akte überwiegend wie ein Panorama an einem vorbei, man sieht den Triumphzug der schönen Anna, man sieht die Traumerscheinungen und den Tod der Königin, man sieht die Citymänner in ihren Staatsbarken dem Palast von Greenwich entgegenschwimmen und endlich die schöne, von vielen hundert Lichtern schimmernde Kirche, darin, unter Pracht und Glanz des Hofes, Elisabeth, das königliche Kind, die Taufe empfängt. Alles ein Bild nur, oder doch wenig mehr.

Es spricht sich hierin der Geschmack unsrer Zeit, ein Hang zum Ballet- und Opernhaften aus; aber diesem Hange zu genügen, ist nicht immer und nicht absolut verwerflich; es kommt darauf an, ob man einen Bilderbogen oder ein historisches Bild gibt.

Die ganze Vorstellung übte eine ähnliche Wirkung auf mich aus, wie meine ersten Besuche in der künstlerisch-mittelmäßigen, aber historisch unvergleichlichen Bilder-Gallerie zu Hampten-Court. Ich fühlte mich damals in eine wie durch Zauber wiederbelebte Zeit mitten hineinversetzt, und die Gestalten um mich her, Leben gewinnend, berührten mich mit einer unwiderstehlich poetischen Gewalt. Ein Drama soll freilich mehr sein als ein bloßer Gemäldesaal; aber die Aufführung dramatischer Anhängsel, in diesem Falle also des vierten und fünften Aktes, leistet immerhin das Mögliche, wenn sie Empfindungen in uns lebendig macht, die ein gutes historisches Bild in uns wachzurufen pflegt.

Noch einiges über das Spiel der einzelnen Mitglieder. Das ganze Stück hat nur drei Scenen, wo es dem Schauspieler möglich wird, sich der Herzen der Zuschauer zu bemächtigen. Das ist die Rede Buckinghams (zu Anfang des zweiten Akts), in der er, auf seinem Todesgange, von dem versammelten Volke Abschied nimmt: dann der Prozeß der Königin in Blackfriars und schließlich der Sturz Wolsey's, am Schluß des dritten Aktes.

Der Buckingham wurde gut gespielt und die Wirkung auf das Publikum war ersichtlich. Ich, für mein Theil, wäre befriedigter gewesen, wenn Se. Lordschaft etwas mehr den Eindruck der Noblesse auf mich hätte machen können. Die englische Zuhörerschaft schien das nicht zu fühlen, und da dieselbe eine sehr gewählte war, so bin ich geneigt, zu glauben, daß ich mich im Unrecht befinde und ein äußerstes Maß von Schlichtheit, Einfachheit und Anspruchslosigkeit für weniger vornehm hingenommen habe, als es in der That ist. Ich habe mich schon bei Besprechung von „König Johann" über diesen Punkt geäußert. In der That spielt uns die Macht der Gewohnheit schlimmere Streiche, als wir glauben. Ich mag nicht Namen nennen, aber es ist keine Frage, daß man, in Berlin z. B., derartige Rollen gelegentlich mit Tanzmeister=Anstand vollführen sieht. Wenn man nun auch ein Auge dafür hat und solche Ziererei verwirft, so gewinnt dieselbe dennoch, wenn sie nur stereotyp ist und immer wiederkehrt, Gewalt über uns und raubt uns das unbefangene Urtheil über eine bessere Leistung. Es bedarf einer eminenten Künstlerschaft, um uns mit einem Schlage der Macht der Gewohnheit zu entziehen.

Mrß. Charles Kean gab die Königin Katharine. Bei vielem Vortrefflichen kam ihr Spiel doch nicht zu rechter Wirkung. Die Prozeß=Scene hat, zum Theil in Folge der Pracht, mit der sie aufgeführt wird, zu viel von einer Staatsaction an sich, um anders, als wie ein interessantes und belebtes Bild wirken zu können. Die rührende Klage der Königin (Mrß. Kean) verklang darin halb ungehört. —

Dagegen war das Spiel ihres Mannes (Wolsey) mehrfach vom glänzendsten Erfolge gekrönt, gleich zu Anfang z. B. wo er und der am Wege stehende Buckingham Blicke des Zorns und der Verachtung wechseln. Die Krone des Ganzen ist die Schlußscene des dritten Akts. Der bis dahin stolze, ungebeugte Greis ist plötzlich alt geworden; die aufgehende Sonne Anne Bulen's hat ihm das Mark seiner Kraft genommen. Sein Geist ist nicht mehr frei und klar und die Ahnung einer Niederlage wirft zum ersten Male ihre Schatten in seine Seele. Noch einmal will er durch kluge Rechnung die klugen Augen Annen's zu Schanden machen und er murmelt vor sich hin:

Anne Bullen! No! I'll no Anne Bullen's for him:
There is more in it than fair visage. — Bullen!
No, we'll no Bullen's .....
The late Queen's gentlewoman! a knight's daughter

> To be her mistress' mistress! the queen's queen!
> This candle burns not clear, 't is J must snuff it;
> Then, out it goes. *)

Der Vortrag dieser Stelle, langsam, mit vielen Pausen des Nachdenkens, spöttisch, zornig und bang zugleich, war unvergleichlich schön und wurde im weitern Verlauf der Scene nur noch zweimal erreicht, einmal, wo er nach langem Ansichhalten und leisem, ruhigen Sprechen plötzlich, schreiend beinah, in die Worte ausbricht: „proud lord thou liest," und zweitens zum Schluß, wo er mit einem Ausdruck tiefster Wehmuth und unter mühvoll zurückgehaltenen Thränen die historisch berühmten Worte spricht:

> O Cromwell, Cromwell, hätt' ich Gott gedient
> Mit halb dem Eifer nur, wie meinem König,
> Er gäbe nicht, in meinem Alter noch,
> Mich nackend meinen zorn'gen Feinden preis.

Und nun noch ein Wort über die schöne Anne: Miß Heath. Ihre Rolle ist nichts weiter als ein kurzer Dialog mit einer befreundeten, älteren Hofdame — im Uebrigen wirkt sie nur als Bild. Aber wer so schön ist, braucht nicht viel zu sprechen. Es sah prächtig aus, wie sie strahlenden Gesichts zur Krönung schritt. — Gestern Abend las ich, daß die wirkliche Anne Bulen auf dem Schaffott nicht zu bewegen war, sich die Augen verbinden zu lassen. Sie legte ihr Haupt auf den Block, seitwärts und sah den Henker mit ihren großen Augen an. Er konnt's nicht thun und Minuten vergingen; endlich half ihm eine List. Ich mag nicht erzählen welche, es ist häßlich; aber wenn Anne Bulen nur halb so schön war, wie Miß Heath, und ihre Locken nur halb so blond, so begreif' ich die Henker-Verlegenheiten.

Sommernachtstraum. Akt für Akt durchnehmend, will ich

---

*) Anna Bulen! — Nein! keine Anna Bulens will ich für ihn! —
Ein schön Gesicht reicht hier nicht hin. — Wie! Bulen!
Wir wollen keine Bulen! — — — —
Der Königin Fräulein! Eines Ritters Tochter!
Der Herrin Herrin! Ihrer Königin Königin!
Dies Licht brennt trüb; an mir ist, es zu schneuzen;
So, dann geht's aus.

Kleid, mit blutrothem Moos und Flechten garnirt; einen eben solchen Kranz im blonden, etwas wirr herabhängenden Haar. Dazu dünne nackte Arme und so lang, als gehöre das Mädchen zum Clan der Campbels, deren Arme bis zum Kniegelenk reichen. Im Princip bin ich mit dieser Art, den Puck darzustellen, durchaus einverstanden; aber die Ausführung wird immer auf große Schwierigkeiten stoßen. Diese zehnjährige Miß Ellen Terry war eigentlich unausstehlich, ein frühreifes, echt englisch verzogenes unkindliches Kind. Dennoch war der Eindruck der bloßen Erscheinung so bedeutend, daß ich mir einen erwachsenen Puck, mit vollem Nacken und runden Armen, gar nicht mehr denken kann. Noch will ich die Art und Weise bemerken, wie Puck an zwei Stellen (wo er eilen soll und zu eilen verspricht) verschwand. Das erste Mal schien er auf einem Brett zu stehen, das ihn mit einem einzigen Ruck hinter die Coulissen schnellte; das zweite Mal flog er faktisch wie ein Pfeil durch die Luft. Beides war von Wirkung. — Zweite Scene. Nach der prachtvollen Begegnung Oberons und Titanias und dem Aufbruch der letzteren stellt sich Oberon an den Rand des Waldes und beginnt mit seinem goldenen Speer, wie mit einem Zauberstabe, Figuren in die Luft zu zeichnen. Alsbald beginnt der Wald zu tanzen, Baumgruppen nähern sich einander, scheinen sich zu begrüßen und ziehen an einander vorüber; was rechts war, wird links und umgekehrt, und dann und wann bricht Mondlicht durch die lichten Stellen des Waldes. Endlich schweigen die Klänge und die Tänzer stehen still. Ein Waldrain, eingefaßt von Bäumen, durch die der Zuschauer hindurchsieht, liegt vor unseren Blicken, und auf der mondhellen, beinahe silberweißen Wiesenfläche spielt und tanzt Titania mit dreien ihrer Elfen. Das Licht (wahrscheinlich elektrisch) ist so hell, daß die Tänzerinnen Schatten werfen und nun mit ihren Schattenbildern die neckischsten Spiele aufführen. Endlich ist Titania ermattet und sie streckt sich auf ihr Blumenbett. Der Waldrain wird jetzt dunkel und das Silberlicht fällt nur auf das Lager der Feenkönigin und diese selbst. Der Elfengesang beginnt, während das Gesicht der Schläferin noch leis geröthet ist vom Tanz und die Brust athmet und wogt. Endlich ist Alles regungslos und still; immer blasser werdend, schläft Titania ein und liegt nun da wie ein Silberbild auf ihrem eigenen Grabe. Das Ganze gehört zu dem Lieblichsten, das ich je gesehen. Wenn das Poesie ist, was poetisch auf uns wirkt, so war es Poesie.

Der dritte Akt hat eine Scene, die mit der eben beschriebenen allenfalls rivalisiren möchte; aber sie bleibt dahinter zurück. Dies ist der Tanz des Elfengefolges des Oberon, während die beiden athenischen Liebespaare im Schlummer liegen. Diese Scene versucht durch Goldglanz zu wirken, wie jene erste durch Silberschimmer. Aber Mond und Silber behalten den Preis. Das Arrangement ist nichtsdestoweniger eigenthümlich. Eine riesige Flechte fast wie eine Agave mit fleischigen bis zum Boden herabhängenden Blättern steht in der Mitte der Waldwiese. Plötzlich wächst dieselbe zu einem Baum an, ein hoher Schaft steht inmitten der Bühne, und aus der Krone des Baumes fallen endlos weiße und rothe Rosenketten herab. Jede der Elfen ergreift eine derselben, und nun beginnt ein phantastischer Tanz um den Baum. — Der dritte Akt enthält bekanntlich auch die Scene, wo Lysander und Demetrius sich suchen, sich Feigheit vorwerfen und sich nicht finden können. Man hat diese Scene gern als einen Beweis citirt, daß ohne Wiederherstellung der alten Shakespeare'schen Bühneneinrichtung die Shakespeare'schen Stücke nicht ordentlich, nicht mit dem nöthigen Grade von Wahrscheinlichkeit gegeben werden könnten. Gerade diese Scene indeß scheint mir *nichts weniger* als einen Beweis dafür zu enthalten. Shakespeare läßt den Oberon zum Puck sagen, „daß er Nebel, schwarz wie Acheron, auf den Wald herniedersenken möge," und Puck gehorcht diesem Gebot. Wir sehen hier (im Prinzeß-Theater) Schleier auf Schleier, Wolke auf Wolke fallen, und jeder Zuschauer wird es nicht mehr als in der Ordnung finden, daß sich die beiden schimpfenden Nebenbuhler in diesem Nebel nicht finden können. Das Versteckspiel hinter dem grünen Kasten ist gar nicht nöthig.

Ueber den fünften Akt noch weniges Worte. Die Rüpelkomödie vor dem fürstlichen Paar weist hier in der Art, wie sie dargestellt wird, eine Menge kleiner Züge auf, die wohl angethan sind, die komische Wirkung zu unterstützen. Ich beschreibe aber lieber die letzte Scene, den Feenumzug durch das hochzeitliche Haus. Es ist ein Pallasthof gedacht, dessen vierte Seite, nach den Zuschauern hin, offen ist und diesen gestattet, den Hof und die Marmorgebäude, die ihn bilden, zu überblicken. Von oben leuchtet der dunkelblaue südliche Nachthimmel hinein; Elfen schweben in der Luft. Die langen Seitenflügel, die in ihrer obern Hälfte aus einem mächtigen Säulengange bestehen, flachen sich nach dem Hof hin in zwei Marmortreppen ab, die selbst wieder von treppenartigen Bauten, zumal im Vordergrunde der Bühne, vielfach unterbrochen sind. Auf diesen Treppen nun, mit leuchtenden Blumen in der Hand, gleiten die Feen unhörbar auf und ab. Das Ohr vernimmt nichts, nur das Auge folgt einem endlosen Strom von Licht. Dazu die Klänge der Musik. Das Ganze ist wie Zauber und zieht die nüchternste Seele mit in seinen Bann.

Das Wintermärchen. Dies Stück, wie es im Princeß-Theater gegeben wird, befriedigt nicht. Es ist nicht leicht, sich über das „warum" klar zu werden. Ich glaube, es liegt allerdings an der Aufführung, aber es liegt auch am Stück. Dinge, die bei der Lectüre nicht stören, können bei der Darstellung unüberwindliche Schwierigkeiten bieten. Das Wickelkind, das der eifersüchtige, irregeleitete Leontes als die muthmaßlich illegitime Frucht Hermionens und des Polirenes aussetzen läßt, tritt zu sehr in die Erscheinung, um anders als komisch zu wirken. Diese Riesenpuppe, die wir bald auf dem Arm der Wärterin, dann zu den Füßen des Leontes mitten auf der Bühne, endlich unter Donner und Blitz in den Händen des alten Antigonus sehen, stimmt durchaus zur Heiterkeit und wir lachen nur um so mehr, je pathetischer der zürnende Leontes sich geberdet. Dabei ist es nicht mal ein herzliches Lachen; das Gefühl der Störung, der Einbuße an künstlerischem Genuß, wird man nicht los und man ist verstimmt, während man lacht. Ueber den Bären am Schluß des dritten Akts, der sich mit furchtbarer Natürlichkeit über die Bühne wälzt, verlohnt es sich nicht zu sprechen; es ist weder grausig noch komisch und steigert nur das Unbehagen, das die ersten drei Akte so mannigfach angeregt haben.

So weit erstrecken sich meine Bedenken gegen jede Aufführung des Wintermärchens und in der That möcht' ich kaum rathen, auf unseren deutschen Bühnen einen Versuch damit zu machen. Es versteht sich andererseits von selbst, daß die Kean'sche Aufführung des Stücks, in ihrer düstelnden, des Guten leicht zu viel thuenden Weise noch besondere Bedenken neben den allgemeinen hervorgerufen hat. Die beiden letzten Akte sind unbestreitbar vortrefflich arrangirt; man kann nichts Lieblicheres, Sinnigeres sehn als das Schäferspiel im vierten Akt und nichts Zauberhafteres, als (in der Schlußscene) das Herabsteigen der marmorweißen, allgemach vom Roth des Lebens wieder angeflogenen

Hermione von ihrem Piedestal; aber so reich an Schönheit diese letzten Akte sind, so haben sie doch nicht rückwirkende Kraft genug, um uns vergessen zu lassen, was wir während der größeren Hälfte des Stücks gelitten haben. Man sieht im Verlauf der ersten drei Akte überall die Schweißtropfen des Kean'schen Studiums, und diese Schwere und Absichtlichkeit, ja ich muß hinzusetzen: diese Prätension, die Allem anhaftet, peinigt den Zuschauer geradezu und erzeugt in ihm ein Kribbeln der Ungeduld. Gleich der erste Eindruck ist ein entschieden ungünstiger. Der Vorhang geht auf, und wir sehen eine Halle, zum Festmahl hergerichtet. Während Polirenes spricht und ein Dialog sich entspinnt, dem wir lauschen wollen, wird im Vordergrunde der Bühne in goldenen Schalen Wein gemischt. Dagegen ließe sich nichts sagen; aber diese Weinmischung geschieht in einer Weise, wie sie gewiß nie und nimmer auf irgend welcher Bühne stattgefunden hat. Knaben kommen mit Terracotta-Vasen auf ihren Schultern und, mit ausgestreckten Armen die Krüge hoch in die Luft haltend, gießen sie den Wein in zwei Ellen langen, rothblinkenden Strahlen in die Mischgefäße. Diese Weinmischung dauert mindestens fünf Minuten, und man ist während der ganzen Zeit geradezu gezwungen, auf die Weinstrahlen zu achten, statt auf den Gang des Gesprächs. Von solchen Ungeschicklichkeiten wimmelt die Aufführung. Der kleine Mamilius ist eine peinliche Erscheinung und ruinirt durch seine Ziererei eine ganze Scene. England ist überhaupt das Land der gezierten Kinder, und das Großgezogenwerden hinter der Coulisse ist am wenigsten geeignet, aller Affectation ein Ende zu machen. „Spiele Kind!" ruft der eifersüchtige, vor Bewegung zitternde Leontes seinem Knaben zu und Mamilius läßt sich das nicht zweimal sagen. Neben dem Thron seines Vaters, mit dem linken Arm auf die Lehne gestützt, steht er da und zieht mit der Rechten ein Wägelchen (eine Duodezausgabe von einem Siegeswagen) auf und ab, Dutzende von Malen, wie die kleinen Eichkätzchen, die man abgerichtet hat, sich ihren Futtervorrath selbst heranzuziehen. Das sind Kleinigkeiten, aber wenn sie nicht abreißen, reichen sie völlig aus, einem die Freude an der ganzen Darstellung zu verderben. Ob diese Freude, unter Fortfall solcher Störungen, wie ich sie geschildert habe, eine wesentlich größere gewesen sein würde, muß ich dahin gestellt sein lassen. Ich bezweifle es aber. Nirgends wollt' es mir glücken, in eine herzliche Beziehung zur Dichtung selber zu kommen; so viele Schönheiten im Detail sich bieten, das Ganze blieb mir fremd. Erst mit dem Auftreten Perditas und Florizels begann meine Theilnahme, aber das ist wie eine Liebe in der Scheidestunde. Die drei ersten Akte haben nur eine Oase, das ist die große Gerichtsscene, wo der Ausspruch des delphischen Orakels die Unschuld Hermionens verkündet. Diese Scene war voll dramatischer Gewalt.

Gespielt wurde von keiner Seite besonders. Perdita und Florizel wirkten überwiegend durch die Situation und den Reiz ihrer Erscheinung. — Vortrefflich war nur Autolykus. In komischen Partieen excelliren nun mal die Engländer.

Mein Nachbar im Theater faßte sein Urtheil in die Worte zusammen: „it is to heavy" (es ist zu schwer). Da hat er den Nagel auf den Kopf getroffen. Alles an dieser Aufführung ist überladen und vielleicht hat kein anderes Stück berechtigteren Anspruch auf „Leicht Gepäck," als eben dieses. Die Dichtung bricht zusammen unter der Last des ihr aufgebürdeten Apparates.

Richard II. Dies ist das neueste der „Wiederbelebungen," Innerhalb weniger Tage indeß wird der „Sturm" folgen; er ist bereits angekündigt. *)

Wie immer ist der Dialog (in Richard II.) gekürzt und beschnitten. Von sonstigen Aenderungen sind die folgenden hervorzuheben.

Erster Akt. Die vierte Scene fällt weg. Sie ist nicht unwichtig, in so weit sie bereits des beabsichtigten Zuges nach Irland Erwähnung thut und ganz besonders ein klares Licht wirft auf das sonst etwas räthselhafte Verhältniß zwischen König Richard und Bolingbroke.

Zweiter Akt. In der ersten Scene fehlt die Königin am Sterbebette Johann von Gaunts. — Die vierte Scene fällt fort.

Dritter Akt. Die erste Scene (die Verurtheilung der Günstlinge) fällt fort. — Die vierte Scene (die Königin in Langley-Gardens) bildet die erste Scene des vierten Akts.

---

*) Vielfache Aufführungen des „Sturm" haben seitdem stattgefunden; ich habe keiner beigewohnt. Was ich darüber vernommen, klingt den Bedenken sehr ähnlich, die ich gegen die Darstellung des „Wintermärchens" geäußert habe. Ich glaube indeß, daß der „Sturm" einen ungleich schwereren Apparat tragen kann, ohne zusammenzubrechen. Ich verweise auf die Besprechung dieses Stücks im Sablers-Wells-Theater.

Zwischen dem dritten und vierten Akt ein von Kean arrangirtes Zwischenspiel; der Einzug des vergötterten Bolingbroke in London; hinter ihm her der zuerst mit Schweigen, dann mit Murren und Flüchen vom Volk empfangene König Richard. — Kean hat dazu die Schilderung benutzt, die der Herzog von York (in der zweiten Scene des fünften Akts), seiner Frau gegenüber, von diesem Einzug entwirft. Ob solche Kean'schen Zwischenspiele gut zu heißen sind, laß ich dahin gestellt; ich glaube übrigens nicht, daß sich viel dagegen sagen läßt. Jedenfalls ist die Darstellung (ob berechtigt oder nicht) ein Meisterstück. Ich sage nicht zu viel, wenn ich das Ganze ein auf die Bühne gestelltes Stück Straße nenne, mit einem wirklichen Londoner Leben und Treiben darin. Ich stehe ungern davon ab, eine Beschreibung zu geben; nur Kean ist der Beobachtung und der Wiedergabe solcher Details fähig.

Vierter Akt. In der großen Abdankungs=Scene fällt das Auftreten des Bischofs von Carlisle und seine berühmte Rede zu Gunsten Richard's fort. Natürlich fehlt auch im fünften Akt die entsprechende Begnadigung des Bischofs.

Fünfter Akt. Der intendirte Verrath des Herzogs von Aumerle (Sohn des Herzogs von York) und alle Scenen, die damit zusammenhängen, fallen fort.

Wenn ich diesem Richard den Zweiten unter den fünf Shakespeare=Aufführungen, denen ich im Prinzeß=Theater beigewohnt habe, einen bestimmten Rang anweisen soll, so steht er obenan oder doch unmittelbar neben König Johann. Was der Aufführung dieser beiden Stücke einen so großen Reiz gibt, das ist das schöne Verhältniß zwischen Dichtung und Apparat. Die Menge des Aeußerlichen ist enorm und jedenfalls nicht geringer, als bei den drei andern Stücken. Aber während in Heinrich VIII. Pracht und Poesie sich unter einander ablösen; während das Wintermärchen (wie hervorgehoben) zusammenbricht unter der unverhältnißmäßigen Wucht des äußerlichen Apparats; und während der Sommernachtstraum zu einer Art Ballet wird, das sich nur hinterher gegen die mal vorhandene, überall eindringende Macht der Dichtung selbst nicht wehren kann, begegnen wir in König Johann und Richard II. einer ununterbrochenen, immer den Mittelpunkt des Interesses bildenden lyrischen Kraft, die groß genug ist, den auferlegten Reichthum zu tragen. Die Aufführung selbst gab mir Gelegenheit, die Probe auf die Richtig=

keit dieser meiner Ansicht zu machen. Während der ersten Akte, wo die lyrische Kraft geringer und die auferlegte Last von Pomp und Glanz, wie z. B. beim Tournier, größer ist als im Verlauf der Dichtung, fürchtete ich mit jedem Augenblick ein ähnliches Resultat wie im Wintermärchen hereinbrechen zu sehen; das richtige Verhältniß zwischen Aeußerlichem und Innerlichem war nicht da und die Dichtung drohte zu sinken. Aber das schönste Gleichgewicht stellte sich alsbald her. Als Richard, unmittelbar vor seiner Unterwerfung unter die Macht des siegreichen Bolinbroke, die berühmten Worte von der Gottgeschütztheit königlicher Gewalt sprach, war (trotz aller Mängel der Kean'schen Declamation) sicherlich Niemand unter den Zuhörern, dem das Küstenschloß Flint-Castle zu malerisch, das brandende Meer zu blau und die niederrasselnde Zugbrücke zu natürlich gewesen wäre. Darum handelt es sich, dies Gleichmaß zu wahren und dem Inhalt nicht mehr aufzuladen, als er sich zu nutze machen kann. Was er dann trägt, ist zugleich seine Zierde.

Es ist mir ziemlich unzweifelhaft, daß sich die Aufführung Richard's II. noch wirksamer erwiesen und selbst die von König Johann überflügelt hätte, wenn nicht die Persönlichkeit Charles Kean's eben so sehr für die letztere Rolle befähigt, als wie unfähig zur Darstellung Richard's II. wäre. In seiner direktorlichen Machtvollkommenheit geht er mitunter zu weit, findet es selbstverständlich, daß ihm und seiner Frau alle Hauptrollen zufallen und scheint sich durchaus nicht die Frage vorzulegen, ob er zu dieser Rolle auch paßt oder nicht. Es ist eben die Hauptrolle, das genügt.

Der historische Richard II. hat viel Analoges mit dem drei hundert Jahre später lebenden Karl II. Jener war blond und dieser schwarz, das ist vielleicht der größte Unterschied. Sie waren beide sinnlich, von Günstlingen und schönen Weibern umgeben, nicht fromm, aber der Kirche zugethan; leichtfertig, dem rauhen Kriegsleben abhold; aber kunstsinnig, poetisch, geistreich und bei manchem Versteckten dennoch voll Freimuth und königlicher Würde. Die Shakespeare'sche Zeichnung Richard's II. stimmt hiermit überein. In Dresden gab Emil Devrient vor Zeiten die Titelrolle. Ich wüßte keine Partie, die mehr dazu geeignet gewesen wäre, von ihm gespielt zu werden, als eben diese. Jugend, Schönheit, Schwung (oder doch die Fähigkeit, diese Dreiheit im besten Sinne zu erkünsteln)

Wohlklang der Stimme, und Aug.n, aus denen der Glaube an sich selber leuchtet, gehören zu einem Darsteller Richards II.

Von alledem hat Kean absolut nichts, so daß sein Richard in der Schauspielkunst ohngefähr dieselbe Position einnimmt, wie der Goethe'sche Egmont in der Dichtkunst — beide kümmern sich nicht um die Geschichte. Der Unterschied ist nur der: Goethe gab was er **wollte**, Kean gibt was er **kann**. Ich bezweifle nicht, daß er ihn gern anders gäbe, aber er kann nicht. Man mißverstehe mich übrigens nicht. Wenn ich auch zu denen gehöre, die das Recht der Historie so viel wie möglich gewahrt sehen wollen, so bin ich doch nicht peinlich und kleinlich darin. Kean mit seinem Stubbsnäschen hat von dem historischen Kardinal Wolsey, der stattlich war und eine Habichtsnase hatte, gerade so viel und so wenig an sich wie von Richard II.; aber diese körperlichen Unzulänglichkeiten sind in der Wolsey-Darstellung von gar keinem Belang. Wer von dem historischen Wolsey nichts weiß (und warum sollte man viel von ihm wissen), der wird den Kean'schen Wolsey und den Wolsey der Dichtung nicht in Widerspruch mit einander erblicken; **die Worte und die Charakterzeichnung widerlegen nicht die Erscheinung**. Das aber ist der Fall in Richard II. Wenn der Kean'sche Richard (Akt V. Scene 1) im Towerhof von seiner Königin Abschied nimmt und Worte jugendlicher Zärtlichkeit zwischen den Gatten gewechselt, Kuß und Thränen getauscht werden, so hat man nur das Gefühl: „wie glücklich wird diese Wittwe in ihrer Einsamkeit leben," und wenn er vorher, am Todtenbette Johann von Gaunts, das Vermögen und Silbergeschirr seines Onkels einzuziehen befiehlt, so ist das nicht die Ordre eines Lebemannes, der kein Geld hat, sondern eines Geizhalses, der **mehr** haben will. In der Abdankungs-Scene vor den Lords in Westminster-Hall präsentirt er sich nicht wie ein entthronter Fürst, sondern etwa wie der berüchtigte Titus Oates, oder wie ein kleiner, fanatischer Pfaff aus der spanischen Schule, der königsmörderische Plakate vertheilt hat und dabei ertappt worden ist.

Der Shakespeare'sche König Richard ist vor allem ein **König** und gleich hinterher ein **Poet**. Der wahre Darsteller dieser Rolle wird **beides** zur Anschauung bringen; aber auf das eine oder das andere wenigstens muß ich bestehen. Der Kean'sche König Richard ist keins von beiden. Er ist ein König ohne den Königsstempel, ja er glaubt nicht einmal an sich aus der Fülle eines poetischen Herzens heraus, sondern er hat sich diesen Glauben nur zurecht gemacht. Diesem zurecht gemachten Glauben fehlt es nicht an Intensität, ja er hat etwas von Fanatischem, aber der Eindruck wird dadurch zum Theil nur verstärkt, daß wir es mit einem Verstandesmenschen, einem Doktrinair zu thun haben, mit einem Pfaffenkönig, dem man seine königliche Gewalt bewiesen und durch Sprüche belegt hat. Sein Königthum ist eine bloße fixe Idee. Im fünften Akt (im Gefängniß zu Pomfret, unmittelbar vor der Ermordung*) erlaubt dies die Dichtung und an dieser einzigen Stelle traf das Kean'sche Spiel das Richtige. Hier haben wir in der That einen König Richard, der, unter dem Einfluß tiefen Gemüthsleidens, die poetischen Reflexionen zu Grübeleien ausgebildet hat, die an Wahnsinn streifen. Und hier war dies Grübelspiel am Platz.

Ich brauche wohl kaum hinzuzusetzen, daß ein solcher Richard wie der Kean'sche, trotz seiner falschen Anlage von Grund aus, durchaus nicht unwirksam ist. Es ist eine Darstellung ganz aus einem Guß: ein kleiner, heiserer, tyrannischer und jähzorniger Mann, ein fanatischer Anhänger seiner selbst. Das ist ein Charakter, der seines Erfolges gewiß ist, und alles, was sich dagegen sagen läßt, ist eben das, daß es weder der Richard der Geschichte noch der Dichtung ist. Er ist ein entthronter Ludwig XI. oder König Johann.

Mr. Ryder als Bolingbroke war wieder ganz vortrefflich. Ich fand diesmal weniger jene leisen Anflüge von Gewöhnlichem an ihm, über die ich bei anderer Gelegenheit gesprochen habe.

Von ganz besonderem Zauber war die dritte Scene im zweiten Akt (Wildniß in Gloucestershire), wo sich der junge Percy, noch halb ein Knabe, zum Heere Bolingbroke's gesellt. Er spricht nur wenige Worte, naiv, bescheiden und keck zugleich; ganz die Worte eines Knaben, aber eines

---

*) Diese Kampf- und Mordscene war wieder ein Meisterstück. Die Kreaturen Extons trugen Helm und Harnisch; und die Axt, die Kean dem einen entriß, war muthmaßlich von Holz. Daraus ergab sich eine Art Möglichkeit, auf dem halbdunkeln durch dicke Pfeiler vielfach unterbrochenen Bühnenraum eine wirkliche Kampfscene aufzuführen und vier der unglücklichen Statisten faktisch niederzuschlagen. Die Täuschung ist vollkommen und man glaubt den Ernst eines wirklichen Kampfes vor sich zu haben. Von Lächerlichkeit ist keine Rede mehr; und das ist sehr viel.

Knaben, der eben Heinrich Percy ist. Wir haben hier den Helden noch in der Schale, der zehn Jahre später der Neid jedes Vaters in England und vor allem des Königs selber war. Ein bildschönes Mädchen (Miß Dufton) gab die Partie; ich weiß nun für alle Zeit, wie der junge Percy ausgesehen hat.

Viertes Kapitel.
Das Sadlers-Wells Theater.

Hier haben wir die eigentliche Shakespeare-Bühne, den Platz, wo wir ihm am ächtesten begegnen. Das Theater selbst ist seinen Baulichkeiten wie seiner ganzen Lage nach höchstens zweiten Ranges, und auch die Mitglieder der Bühne, mit Ausnahme von Mr. Phelps, Miß Atkinson und den Komikern, stehen auf keiner höheren Stufe. Dennoch paßt und klappt hier Alles; man merkt die geschickte Hand, die das Ganze leitet und durch kluge Benutzung untergeordneter Kräfte zu verdecken weiß, daß sie untergeordnet sind. Die Rollen von Bedeutung sind immer in besten, wenigstens in ausreichenden Händen, und die Nebenpartieen werden in einer schlichten, anspruchslosen Weise gegeben, die oft kaum irgendwelche „Kunst" verräth, aber in ihrer Kunstlosigkeit wohlthuender wirkt, als eine prätentiöse, am rechten Ziel noch weiter vorbeischießende Gekünsteltheit.

Im Großen und Ganzen ist „Sadlers Wells" (wie man der Kürze wegen gemeinhin zu sagen pflegt) eine Volksbühne, etwa wie das Surrey-Theater, und das keineswegs elegante Publikum von Islington, das am Ende eben so gern ein französisches Melodram wie den Hamlet sehen würde, muß den Unternehmer auf seine Kosten bringen. In den Logen des ersten Ranges indeß sieht man auch Köpfe und Toiletten, die Islington nicht ihre Heimath nennen, und diese sind es, die den Ruf des Theaters über ganz England verbreiten oder aber, herbeigelockt von diesem Ruf, eine zweifelhafte Gesellschaft nicht gescheut haben, um einen unzweifelhaften Genuß an derselben Stelle zu finden.

Mr. Phelps gilt jetzt als der beste Shakespearespieler. Er ist dem Charles Kean eben so gewiß an Talent überlegen, wie dieser ihm an Studium und Wissenschaftlichkeit. Bedeutender als Beide scheint mir Miß Atkinson zu sein, die Momente großer Künstlerschaft hat! — Ich sah zuerst Hamlet.

Hamlet. Die Unterschiede, die ich Gelegenheit nehmen werde, hervorzuheben, sind fast ausnahmslos allerfeinster Natur, und nur darin ergab sich eine auch äußerlich in die Augen springende Abweichung, daß man die vorletzte Scene des dritten Akts (der am Betpult knieende König und das im Flüsterton gehaltene Selbstgespräch Hamlet's: „Now might I do it, pat, now he is praying etc.") fortgelassen hatte. Dies ist ein großer Mangel, weil dadurch, ganz abgesehen von dem dramatisch Er= schütternden der Scene, dem Charakterbilde Hamlets ein wesentlicher Zug genommen wird. Nichtsdestoweniger ist diese Fortlassung oder, wenn man will, diese Veruntreuung jener Art von Bearbeitung vorzuziehen, die immer nur das Fesselnde der einzelnen Scenen in's Auge faßt, den Sinn für das Ganze verliert und statt eines organisch zusammenhängenden, sich in seinen Theilen gegenseitig bedingenden Kunstwerks eine Mosaik von bunten Steinen gibt. Es ist (oder war) in Berlin z. B. Sitte, die Sendung des Prinzen nach England, seine wunderbare Rettung und seine Rückkehr in einer Weise zu behandeln, die den Zuschauer völlig verwirren muß. Eine Aufführung soll nicht nur das Interessante, sondern vor allem das Nöthige geben.

Ich gehe nun zur Besprechung der einzelnen Rollen über und werde dabei hauptsächlich auf alles das Gewicht legen, was mir abweichend von der bei uns üblichen Auffassung erschienen ist. Der „König" war unbe= deutend, aber er verdarb nichts. Den Horatio spielte ein junger Mann, steif und ungelenk, aber er verhalf nichtsdestoweniger der Rolle zu einer Art Triumph. Er besaß nämlich eine so schöne, klangvolle Baßstimme, wie ich mich nicht entsinnen kann, sie vorher irgendwo gehört zu haben. Ueber der Bühne lag Nacht; im ganzen Hause kein Laut; jeder erwar= tete von Moment zu Moment die stahlblanke Gestalt des alten Königs vorüberschreiten zu sehen und durch diese, von Geisternähe durchschauerte Nacht klang wie eine Glocke tief, klar und monoton die erzählende Stimme Horatio's. Es war ganz wunderbar schön. Mir wurde heiß und kalt. — Was läßt sich an dem Sadlers=Wells'schen Horatio lernen? daß eine gute Direction die jedesmalige Situation begreifen und erfinderisch in der Wahl, wie klug in der Verwendung ihrer Mittel sein muß. Gegen diese einfache Wahrheit wird beständig verstoßen. Die Directionen haben oft mehr Kräfte, als sie wissen und glauben, sie stecken nur tief im Schlendrian, und sollten das Motto der hiesigen Administrativ=Reformer auch zu dem ihrigen machen: den rechten Mann an den rechten Platz.

Nun aber zurück zu den Personen unseres Stücks. Polonius und Ophelia sind wir gewöhnt besser zu sehen, namentlich höher gegriffen in der ganzen Auffassung. Im Polonius mischen sich bekanntlich Weisheit und Narrheit in wunderbarer Weise. Der Unterschied zwischen der englischen und deutschen Auffassung dieses Charakters liegt nun einfach darin, daß wir den weisen Polonius prävaliren lassen, während die Engländer den närrischen in den Vordergrund stellen. Seit Hoppé ist der feinere Polonius ein= für allemal bei uns eingebürgert. Dieser verschiedenen Auffassung entsprechend war auch die Haltung des Publikums. Wir pflegen auf dem Kontinent mit ganz besonderer Aufmerksamkeit den Lebens= regeln zu folgen, die Polonius dem Laërtes mit auf die Reise gibt; diese Weisheitsworte verhallten hier ohne allen Anklang. Dagegen war das Zwiegespräch zwischen Vater und Tochter, in dem er ihr befiehlt, vor Hamlet und seinen Anträgen auf der Hut zu sein, — von einem beständigen herzlichen Lachen des Publikums begleitet. Ich war überrascht und prüfte beim Nachhausekommen die betreffende Stelle auf ihren komischen Gehalt. Zwei oder drei Wendungen abgerechnet, ist nichts Komisches darin zu finden; die ganze Scene erträgt die Komik recht gut, aber hat sie nicht in sich und erfordert sie auch nicht. Die Ophelia wurde von einer ziemlich hübschen, etwas robusten Dame gespielt. Das letztere soll kein Vorwurf sein; es ist kein Zweifel, daß die Nordlandtöchter zu Zeiten des Königs Claudius noch höher und breiter waren als Miß Margaret Eburne. Fräulein Bauer in Dresden (unvergeßlichen An= denkens) war auch stattlicher noch und war doch eine Ophelia:

Schwermuth und Trauer, Leid, die Hölle selbst,
Macht' sie zur Anmuth und zur Lieblichkeit.

Man darf mit gutem Gewissen sagen, daß Miß Eburne über ihre Rolle im Unklaren war. Sie gab sie höchst anständig, — conventionelles englisches Labythum. Was alles, namentlich über die feinsinnliche Seite dieses lieblichen Frauencharakters, gesagt ist, schien ihr ein Buch mit sieben Siegeln geblieben zu sein. Auch ihre Sprache war „aus der guten Gesellschaft," aber auch nicht mehr. Eigenthümliche Kehltöne, wie das Gurren einer Taube. Dieser Vergleich klingt nun zwar schmeichelhaft genug, ist es aber keineswegs und soll es auch nicht sein. Die menschliche Stimme geht weit über alles Girren, und wenn's auch das einer Turteltaube wäre. — Die eingestreuten Volkslieder sang die junge Dame. Das war nicht wohlgethan. Shakespeare schreibt es zwar vor, aber er würde heutzutage schwerlich darauf bestehen. Die Gesangskunst, namentlich der Vortrag von Volksliedern, hat seitdem unermeßliche Fortschritte gemacht; vielleicht sind wir lange über das rechte Ziel hinaus, aber wie dem auch sein mag, eine Hamlet-Aufführung ist nicht der rechte Moment zur Umkehr. Zudem, wer diese Umkehr zum Schlichten und Einfachen hin einleiten will, muß in der Schlichtheit ein Meister sein. Jenny Lind könnte diese Volkslieder singen; da hätten wir beides. Die Ungeschmücktheit des Vortrags würde dem Volksliede sowohl, wie der Intention des Dichters entsprechen, während zugleich die Meisterschaft des Gesanges unsern gesteigerten und berechtigten Anforderungen Genüge leistete. Es bedarf durchaus dieses Zusammenwirkens, und wessen Kehle nur über die Schlichtheit eines Hausmädchens, nicht aber gleichzeitig über die einfache Sicherheit eines Meisters verfügt, der singt so zu sagen mit schlechtem Gewissen und seine zitternde, verlegene Stimme ängstigt das Ohr und das Herz des Zuhörers.

Wir kommen nun zum Hamlet selbst. Mr. Phelps gab ihn durchaus so, wie wir gewohnt sind, ihn in Deutschland von Künstlern ersten Ranges gespielt zu sehen. Ich wurde unendlich oft an Emil Devrient erinnert. Ob das Gastspiel des Letzteren hier in London (was ganz besonders in dieser Rolle von außerordentlichen Erfolgen begleitet war und zu seiner Aufnahme in den Garrick-Klub führte) auf die Phelps'sche Auffassung irgendwie influirt hat, bin ich außer Stande festzustellen. Einiges spricht dafür, anderes dagegen. Es versteht sich, daß der Phelps'sche und Devrient'sche Hamlet immer noch wesentliche Verschiedenheiten bieten. Der Hauptunterschied ist der, daß der Hamlet des Mr. Phelps älter an Jahren und reifer an Erfahrungen ist, als der Devrient'sche, und von der, bis zum Wahnsinn sich steigernden Aufgeregtheit des Prinzen keine Spur zur Schau trägt. Ich muß einräumen, daß mir die Devrient'sche

Auffassung die richtigere zu sein scheint. Die gewaltigen Ereignisse haben, um modern zu sprechen, das Nervensystem Hamlets zerrüttet, sein Geist unterliegt der Wucht dieser Erscheinungen und irrt an der Grenze des Wahnsinns umher. Das ist eins. Ebenso muß er jugendlich gespielt werden. Seine Jugend macht nicht nur seine Excentricität begreiflicher, sondern läßt auch die Liebe des Königs Claudius zu seiner Mutter natürlicher erscheinen. Der Phelps'sche Hamlet hat wenig von Jugend und Excentricität.*) Er giebt ausschließlich den Prinzen, der in Wittenberg studirt hat, der das Uebergewicht eines philosophischen Kopfes in sich fühlt und seine Umgebung geistig tyrannisirt. Der Phelps'sche Hamlet ist ein Tyrann, der seine doppelt überlegene Stellung als Prinz und als feiner Kopf dazu mißbraucht, alle Welt zu maltraitiren. Die Rolle erlaubt das; aber es ist das erste Mal, daß ich diese Seite des Charakters so bedeutsam hervorgehoben sah. Ich mag an dieser Stelle nicht über die größere oder geringere Befugniß zu dieser Auffassung rechten; doch ist kein Zweifel darüber, daß sie im höchsten Maße wirksam war.

Ich wende mich nun zu Einzelnheiten. Jene drei berühmten Monologe: „O, schmelze doch dies allzufeste Fleisch," „O, welch' ein Schurk' und niederer Sklav' bin ich!" und schließlich: „Sein oder Nichtsein, das ist die Frage!" sprach er schlicht, beinah zu schlicht, ohne allen Lärm und Affekt.**) Man findet sich solchen Stellen gegenüber fast immer

---

*) An keiner Stelle tritt das deutlicher hervor, als am Schluß des ersten Akts, wo er den Horatio schwören läßt, über den Vorfall zu schweigen. Die Stimme des Geistes klingt von unten herauf: „schwört!" und Hamlet mit einem „brav alter Maulwurf" wechselt den Platz u. s. w. Es ist kein Zweifel, daß sich Hamlet dabei in einer Aufregung befindet, die von Wahnsinn wenig verschieden ist. Mr. Phelps spielt das völlig abweichend davon. Bei ihm ist es der Ausdruck eines tiefen, unendlichen Weh's, das keine entsprechenden Worte finden kann und deßhalb zu dem letzten Mittel, zu einem stillen, resignirenden Humor greift.

**) Ich habe hier, als besonders charakteristisch, auch den Moment zu erwähnen, wo Horatio und die Uebrigen ihn zurückhalten wollen, als er vorhat, dem Geist zu folgen. By heaven, I'll make a gohst of him etc. „Den mach' ich zum Gespenst, der mich zurückhält!" — Diese Worte sprach er rasch, halblaut, kaum verständlich. Seine Intention ist fein genug. Ihm erscheint diese plötzlich aufgethane Geisterwelt so groß und gewaltig, daß selbst das Niederstoßen eines Freundes wie eine Bagatelle dagegen erscheint und nicht Anspruch darauf hat, mit besonderer Emphase annoncirt zu werden.

enttäuscht. Man verlangt thörichter Weise, daß der Schauspieler aus ihnen etwas Besonderes machen und seine Kunst mit der des Dichters zu einer Art Wettlauf anstacheln soll. In der That ist das nur allzuhäufig geschehen und hat nicht nur den Geschmack verbildet, sondern auch den lächerlichen Wunsch erzeugt, diese berühmten Monologe von jedem berühmten Darsteller anders aufgefaßt und gesprochen zu sehen. Glücklicherweise ist, wie durch stillschweigende Uebereinkunft unter den guten Schauspielern, eine Reaction dagegen eingetreten. Dawison hatte den Muth, in dieser Weise das Publikum zu enttäuschen, und an Mr. Phelps erkenne ich dasselbe Bestreben.*) Ich wiederhole, er ging darin zu weit, und am Schlusse des zweiten Aktes, wo er die heftigsten Schmähworte gegen den König ausstößt und dann kaum minder heftig sich gegen sich selbst und seine keifende Zunge wendet, hätte sein Vortrag stärkere Farben vertragen können. Uebrigens war auch diese Stelle nicht ohne Feinheit, und die Worte: Why, what an ass am I. etc. sprach er total ermattet und zusammenbrechend, wie Jemand, der nicht nur Worte, sondern seine ganze Kraft aus sich heraus geschimpft hat.

Die Scene im dritten Akt, wo vor versammeltem Hof die „Mausefalle" aufgeführt wird, unterschied sich nur quantitativ von der Art, wie wir sie auf dem Kontinent zu sehen gewohnt sind. Das will freilich auch etwas bedeuten. Ja, die Scene gewann dadurch eine Macht über mich, daß ich mich, wenn auch irrthümlich, versucht halten könnte, sie als eine neue und verschiedene anzusehen. Bis zu diesem Mittelpunkte des Stücks hatte Mr. Phelps alle Kraft seiner Stimme und alle Energie seines Geistes aufgespart, und dieser wilde Siegesjubel, der plötzlich und immer wachsend aus ihm hervorbrach, war von einer Wirkung auf mich, daß ich das Theater vergaß und auf die ganze Scene starrte, wie auf eine Naturerscheinung.

Noch ein Paar Kleinigkeiten. In dem Zwiegespräch mit Ophelia (zu Anfang des dritten Akts „geh in ein Kloster") verläßt Hamlet mehrmals die Bühne und kehrt rasch zurück. Immer nach dem Wort

---

*) Freilich gestattet er sich auch Ausnahmen. Ich sah ihn später als Macbeth (siehe daselbst), wo er, dem Publikum zu Gefallen, einige Lieblingsstellen donnert, die in aller Schlichtheit gesprochen werden sollten.

„Leb wohl" verschwindet er, ist aber plötzlich wieder da, um seine Bitten zu wiederholen. Es ist nicht ohne Wirkung. Ich entsinne mich nicht, die Scene bei uns in gleicher Weise dargestellt gesehn zu haben. In Shakspeare steht weder exit noch reentern. — Der ermordete Polonius blieb hinter der Tapete, während er nach Anordnung des Stücks hervorgezogen und am Schluß der Scene von Hamlet fortgeschleppt wird. — Die Verwechslung der Rapiere im fünften Akt geschah in einer geschickteren Weise, als ich es bisher gesehen habe. Hamlet wird so bedeutend getroffen, daß ihm das Rapier entsinkt. Laertes hebt es auf. In demselben Augenblick ermannt sich Hamlet, dringt auf Laertes, der jetzt mit zwei Rapieren vor ihm steht, ein und entreißt ihm das eine mit Gewalt. Es ist das vergiftete. Man muß einräumen, daß hier die so oft citirte Unwahrscheinlichkeit der Scene völlig fortfällt.

Und nun zum Schluß, der „Geist" und sein Erscheinen im ersten und dritten Akt.

Beide Scenen waren vortrefflich arrangirt und erschütterten mich in einer Weise, wie ich nicht wüßte (vielleicht mit Ausnahme der Gretchen-Scenen im Faust) jemals im Theater erschüttert worden zu sein. Ich käme in Verlegenheit, wenn ich sagen sollte, wem das Verdienst davon in specie anzurechnen sei. Es war das abgerundete, an keiner Stelle den Zauber unterbrechende Ensemble, was so mächtig wirkte, nicht das Hervorragende einer einzelnen Leistung. Der „Geist" blieb sogar hinter den Darstellern, die ich früher in dieser Rolle gesehn (z. B. Franz in Berlin, jetzt in Wien), um ein gut Theil zurück und verfehlte es namentlich im Tempo. Er sprach zu langsam. — Nichtsdestoweniger war die Wirkung da, die, um nichts zu verschweigen, theilweis auf rein äußerliche Anordnungen zurückzuführen ist. Versuch' ich es, eine Beschreibung davon zu geben. In dem Moment, wo Hamlet dem Geiste folgt und beide zur rechten Seite des Theaters verschwinden, verändert sich die Scene wie auf Zauberschlag, und der äußerste Rand der Bastei, mit einem hochaufragenden Klippen-Vorsprung, der einem finsteren Felsenthore gleicht, liegt vor uns. Der Geist stellt sich in den Schatten dieses Thores und steht in seiner silberschimmernden Rüstung da, wie ein Lichtstreifen auf dunklem Grund. Hamlet, aus der Tiefe heraufsteigend und die letzten Stufen (die unterhalb der Bühne gedacht sind) erklimmend, erklärt jetzt, nicht weiter folgen zu wollen. Der Geist spricht. Während seiner letzten Worte breitet sich ein graues Dämmerlicht über die Bühne und nur in dem Felseneingang bleibt es dunkele Nacht. Der Geist steht jetzt, wenige Schritte vor demselben, auf einem verschiebbaren Rollenbrett, und während seines dreimaligen: „Leb' wohl, gedenke mein," verschwindet er in dem Felsenthor, unhörbar und regungslos wie ein fallender Stern. In demselben Augenblick, wo der letzte Schimmer seiner Rüstung erlischt, wird der erste Streifen der aufgehenden Sonne über den Klippen sichtbar und vor uns erblicken wir Hamlet und — das Meer; Beide stumm. — Ich glaube, daß diese Art der Inscenesetzung von der bei uns üblichen nicht unwesentlich abweicht.

Die betreffende Scene des dritten Akts ist noch bedeutender. Wir sind im Gemach der Königin. An den Wänden entlang, in derselben Höhe, wie sonst die Holzpaneele laufen, erblicken wir die Bildnisse der dänischen Könige, Rahmen neben Rahmen, eine Art Gallerie. Hamlet's Mutter (vortrefflich gespielt) gleicht einer Zigeunerkönigin; ihr Gesicht und ihr faltiges Gewand haben dieselbe dunkelgelbe Farbe; ihre Augen leuchten vor Erregung, vor Furcht, vor Zorn; ein weißes Tuch, bis zum Nacken herabfallend, verhüllt ihren Kopf, und ist nur über der Stirn durch einen Goldreifen festgehalten. Wenn sie sich im Affekt bewegt, wogt dies weiße Tuch um sie her. Es ist durchaus nicht lächerlich, sondern nur abnorm und läßt einen Sturm ahnen, wie der Flügelschlag eines weißen Seevogels. Die Scene spielt in der gewohnten Weise, bis wir plötzlich durch einen lauten Schlag geradezu entsetzt werden und den Geist, jetzt in königlicher Pracht, aus einem der Rahmen heraussteigen sehen. In dem nächsten Augenblick steht er in der Mitte der Bühne. Ein einziges, flackerndes Licht brennt; aber wir erkennen ihn ganz genau. Sein Gewand ist reich, von schwarzem Sammet, handbreit mit Gold und Purpur besetzt. Er trägt eine Krone und wir blicken in sein blasses, abgezehrtes Gesicht. Hamlet, die Hände weit vorgestreckt, den Körper zurückgebogen, steht neben seiner Mutter und spricht leise und bittend. Endlich schreitet der Geist an ihm vorbei und, in diesem Moment voll wachsenden Entsetzens, den Arm seiner Mutter ergreifend, drückt er diesen mit übernatürlicher Gewalt. Die Königin schreit laut[*]) auf vor Schmerz und Grauen und sinkt in die Arme ihres

---

[*]) In diesem Aufschrei sind die englischen Schauspielerinnen Meister. Die

Sehnes. In demselben Augenblick verschwindet der Geist und — Licht ist wieder ringsum.

Die Darstellung solcher Scenen zählt bekanntlich zu den schwierigsten Aufgaben: die Klippe der Lächerlichkeit droht von Minute zu Minute. Ich bin der Phelps'schen Bühne die Erklärung schuldig, daß sie den Gespenster-Apparat in einer Weise gehandhabt hat, die alles bei weitem übertrifft, was ich bis dato davon kennen gelernt habe.

Der Sturm. Lassen Sie mich mit einer Frage beginnen: warum haben wir dies Stück nicht seit lange auf unseren Bühnen? warum ist man bei unseren Shakespeare-Erweckungen gerade an dieser Arbeit vorbeigegangen? Es sind Schwierigkeiten da, aber ich denke, nicht unüberwindliche. Auf der englischen Bühne war dies Stück zu allen Zeiten und in allen Formen heimisch. Mr. Shadwell (unter Karl II.) hatte eine Oper daraus gemacht, die 1673 im Dorset-Gardens-Theater aufgeführt wurde.

Ueber die hiesige Darstellung des Stücks zu schreiben ist insoweit schwer, als für die Mehrheit Ihrer Leser die Möglichkeit des Vergleiches fehlt. Unter allen deutschen Bühnen hat neuerdings keine den „Sturm" zur Aufführung gebracht.*)

Ich helfe mir, so gut ich kann. Die Aufführung blieb unzweifelhaft hinter der des „Hamlet" zurück. Nur zwei besondere Mitglieder der Bühne feierten auch heute wieder Triumphe — der Dekorationsmaler und der Maschinist. Die Darstellung des Schiffbruchs (womit das Stück anfängt) war ganz vortrefflich. Die Bühne ist als Schiffsdeck gedacht, auf der wir nun die bunte Bemannung hin und her stolpern und in dem vollen Graus einer Sturmnacht sehen. Im Hintergrunde nimmt der elegante, reichvergoldete Kajüten-Ueberbau die ganze Breite der Bühne ein. Aus ihm heraus treten die fürstlichen Personen, aufgeschreckt durch die drohende Gefahr. Das Schwanken des Schiffs wird durch eine sehr einfache Vorrichtung hervorgebracht. Zu beiden Seiten der Bühne und zwar bis ganz in den Hintergrund, zieht sich,

---

unsrigen schreien kaum je, und wenn es geschieht, mit Anstand, mit Maß. Trotz Lessing geb' ich in Scenen, wie die obige, dem englischen Naturschrei unbedingt den Vorzug.

*) Mit Ausnahme Münchens; siehe darüber am Schluß des Aufsatzes.

in Mannshöhe, eine elastische Stange, an der rechts wie links eine
graue Leinwand hängt. Dies gleicht täuschend der Holzverkleidung, die
sich bekanntlich auf dem Deck jedes Schiffs um dasselbe herumzieht.
Durch Auf= und Niederdrücken der elastischen Stange, mal hinten, mal
vorn, werden die Schiffsschwankungen hervorgebracht und das Ganze ist
so täuschend, daß man mitten darunter zu sein glaubt. — Der Effekt
der unmittelbar folgenden Scene ist fast noch größer. Die Insel ist ge=
dacht; auf der Bühne liegt Graus und Nacht und immer schwärzere
Schleier fallen. Endlich schweigt der Sturm und ein schmaler Streifen
Land wird im Vordergrunde sichtbar. Prospero und Miranda erscheinen,
und das halb weiße, halb rosafarbene Gewand der letzteren hebt sich in
malerischer Weise von dem dunklen Hintergrunde ab. Nun aber, in
rascher Folge, rollen die schwarzen Schleier wieder auf und das sonnen=
beschienene Meer, hohe Klippen ringsum, liegt glitzernd vor dem Auge
des Publikums.

Wenn anderes hier und da nicht genügte, so hat das seinen Grund
darin, daß alles das, was Sadlers Wells besitzt, sich wenig geltend
machen konnte, und alles das, was es nicht besitzt, dringend erheischt
wurde. Prospero (Mr. Phelps) ist keine Rolle, in der man sein Pub=
likum mit fortreißen kann. Es sind drei Dinge, worauf sich alle Theil=
nahme konzentrirt: das Liebesverhältniß zwischen Fernando und
Miranda; das Grotesk=Komische in den Scenen zwischen Trinculo,
Stephano und Caliban und das Phantastische in den Zauberkünsten
und Geistererscheinungen, vor allem die Gestalt Ariels. Das Liebes=
verhältniß, lieblich wie es ist, wurde auch demgemäß gegeben; nirgends
lächerlich, nirgends langweilig; — mir erschienen diese Scenen wie ein
heiteres Seitenstück zu Romeo und Julia. — Ueber die komischen Par=
thieen sprech' ich weiter unten. — An dem phantastischen Theil des
Stückes scheiterte die Aufführung in einem gewissen Grade. Kleine
Theater können gelegentlich nicht dem Drange widerstehen, ein Dutzend
Tricots anzuschaffen und auch eine „große Oper" haben zu wollen.
Diese kleine, liebenswürdige Schwäche hat schon viel Unheil angerichtet.
Auch die Aufführung, von der ich spreche, hatte darunter zu leiden.
Ueber alle Kirchthürme des Decorations= und Maschinenwesens war Mr.
Phelps, wie ein Mann, der sein Steeple=Chase versteht, glücklich hin=
weggeritten, aber die Kehlen seiner Johanna Wagners und die Fuß=

spitzen seiner Taglioni's ließen ihn im Stich. Der ganze vierte Akt (die Erscheinung der Iris, Ceres und Juno) kam dadurch um seine Bedeutung.*) Der Ariel that sein Möglichstes und sang die Schluß=Arie mit dem immer wiederkehrenden „merrily, merrily" in allenfalls genügender Weise; überzeugte mich aber zu gleicher Zeit, daß diese Par=thie, von einer wirklichen, graziösen Sängerin vorgetragen (etwa wie die Sonntag in den zwanziger Jahren war), einen unglaublichen Effekt her=vorbringen und die Gestalt des Puck im Sommernachtstraum durchaus in den Schatten stellen müsse.

Was mir noch übrig bleibt, das ist die Aufforderung an unsere Bühnen, den hoffentlich nicht geschlossenen Kreis ihrer Shakespeare=Vor=stellungen durch die Aufführung des Sturms zu erweitern.

Dieser Hinweis geschieht freilich nicht ganz ohne Bedenken. Zwei Bursche, die fünf Akte lang betrunken sind, und als Dritter im Bunde ein rothbraunes, haariges Scheusal, ein Monstre=Ideal, das einem der beiden Trunkenbolde zu verschiedenen Malen die Füße leckt — das ist freilich mehr, als wir auf unserem heutigen Theater zu sehen gewohnt sind. Wir haben keinen Dichter, der solche Scene schreiben kann, aber wir haben auch keinen, der sie schreiben darf. Nichtsdestoweniger bin ich der Meinung, daß wir die Vorführung dieser Scenen wagen müssen. Was mich diesen Ausspruch thun läßt, ist noch etwas Anderes als die bloße Pietät gegen Shakespeare, und ist jedenfalls mehr als die oberflächliche Neugier, die theils das Repertoir durch ein neues Stück bereichert sehen, theils eine Probe auf den Geschmack des Publi=kums machen will. Nein, was mich trotz aller Bedenken diese Forderung

---

*) Ich muß hier auf das hinverweisen' was ich bei Besprechung des Hamlet über den Gesang der Ophelia gesagt habe. Wir könen unsere Ansprüche nicht mit Gewalt zurückschrauben und können es am wenigsten da, wo alles an=dere die höchsten Ansprüche, wenn auch nicht herausfordert, so doch erträgt. Neben einen Phelps'schen Hamlet gehört eine Ophelia, die, wenn sie singen will, auch singen kann, und wenn eine Juno auf ihrem Pfauenwagen aus den Wolken steigt und einen Königsmantel trägt comme il faut, so verlangen wir mit Recht, daß ihre Stimme nicht hinter ihrem Mantel zurückbleibt. Es wird dadurch das, was ich andrerseits über die Brauchbarkeit Shakespeare's für die eigentliche Volksbühne (bei Gelegenheit des Standard=Theaters) gesagt habe, durchaus nicht aufgehoben.

stellen läßt, das ist der Glaube an die wirkliche Autorität Shakespeare's und die Besorgniß, daß wir mit unserem Raffinement auf falschen Wegen des Geschmackes sind. Mal prüde, mal frivol, haben wir den Sinn für das Humoristisch=derbe verloren, das wie ein gesundes Stück Schwarzbrod zwischen jenen Extremen liegt. Auch Shakespeare ist kein Gott und war ein Kind seiner Zeit. Es mag eine Zeit kommen, die größer ist als das Jahrhundert der Reformation, als das Jahrhundert Luthers und Shakespeare's; aber es wäre Verblendung anzunehmen: unsere Zeit sei diese Zeit. Beugen wir uns vor dem Größeren und respektiren wir seine Gesetze.

Vielleicht bin ich bedenklicher als nöthig. Wir haben die Rüpel=scenen im Sommernachtstraum nicht nur ertragen, sondern belacht und beklatscht.

Wohlan denn, machen wir den Versuch! Ich fürchte nicht, daß er scheitern wird, und wenn unsere Directionen sicher gehen wollen, so seien sie weise bei Besetzung der Caliban=Parthie und verabsäumen es nicht, die Rolle an einen jener Auserwählten zu geben, die, statt den „Herodes zu über=herodessen," die schwierigere Kunst des Mäßigens gelernt haben.

Nachschrift. Ich hatte diese Bemerkungen bereits niedergeschrieben, ehe ich auch nur die Dingelstedt'sche Intention kannte, den „Sturm" aufzuführen, geschweige einer Aufführung desselben in München beigewohnt hatte. Ich sah das Stück daselbst im vorigen Herbst. Der nicht unbedeutende Erfolg, der jene Aufführungen begleitet hat, unterstützt nur meine Anempfehlung und beseitigt im Wesentlichen meine Bedenken. Auf der andern Seite kann ich nicht leugnen, daß die Münchener mehr einen Dingelstedt'schen als einen Shakespeare'schen „Sturm" kennen gelernt haben. Einzelnes war vortrefflich; im großen Ganzen aber blieb die Vorstellung und ihre Wirkung auf mich (trotz aller Prachtentfaltung eines Hoftheaters) weit hinter der Aufführung in Sablers Wells zurück. Hier, um eins hervorzuheben, wird dem Zuschauer, wie ich das oben zu schildern versucht habe, das chaotische Getriebe auf dem Deck eines untergehenden Schiffes mit wunderbarer Anschaulichkeit vorgeführt, während in München die ganze erste Scene fortfiel und wir nichts sahen, als das übliche Theatermeer, über das am Horizont eine Galeone hingleitet und versinkt.

Heinrich IV. (Erster Theil.) Wie bei uns, fallen einige Scenen fort, doch trifft man eine andere Auswahl. Die berühmte vierte Scene des zweiten Aktes zerfällt bekanntlich in drei Unterabtheilungen. Zuerst die Scene mit Franz und seinem „gleich, gleich Herr;" dann die Entlarvung Fallstaff's, seiner Feigheit und seiner Lügen; drittens die Scene, wo Fallstaff und Prinz Heinrich wechselweis den erzürnten König spielen. Dieser dritte, vielleicht brillanteste Theil der Scene fällt fort. Die Gründe kenn ich nicht. Es ist wahr, diese ganze vierte Scene mit allen ihren Unter=Abtheilungen ist lang, aber das gibt kein triftiges Motiv. Eben so hat man die famose erste Scene des dritten Akts (die Verschworenen, den Streit zwischen Glendower und Percy und den Hohn des letzteren) gestrichen. Im letzten Akt fällt der Kampf zwischen Douglas und dem König und die Rettung des letztern durch Prinz Heinrich fort. An Stelle dieser Scenen treten andere ein, die bei uns gestrichen werden. Zunächst, bei Beginn des zweiten Akts, die Scene zwischen den Fuhrleuten (ganz vortrefflich), dann das drollige hin und her mit Franz und seinem „gleich, gleich!" Der dritte Akt beginnt mit der wunderschönen Scene zwischen König Heinrich und dem Prinzen, die bei uns, der Scene zwischen Percy und Glendower zu Liebe, fortfällt. Die beiden letzten Akte, wenn auch sehr gekürzt, zerschneiden wenigstens nicht den Faden der Entwickelung, wie das bei uns geschieht oder wenigstens geschah, wo man zu Anfang des fünften Akts (aus dem Munde Worcesters und Vernon's) etwas von Versöhnungs=Vorschlägen des Königs vernahm, die man denselben gar nicht hatte machen hören. Abgesehen von diesem letzteren, leicht zu vermeidenden Fehler, mag ich nicht behaupten, daß die hier stattfindende Scenen=Auswahl besser sei als bei uns; nur ist das Beibehalten (Akt III.) der eigentlich unerläßlichen Scene zwischen dem König und Prinz Heinrich ein abermaliger Beweis, daß man hier bei der Zurechtschneidung der Stücke zunächst die Verständlichkeit und Folgerichtigkeit des Ganzen in's Auge faßt und dem klaren Zusammenhang lieber eine an sich kostbare, aber nicht absolut nöthige Scene opfert. Von Einzelheiten, die mir aufgefallen sind, heb' ich noch folgende hervor.

Akt I. Scene 2. Prinz Heinrich sagt zum Fallstaff: da thatest Du recht; „denn Weisheit predigt jetzt in den Straßen und niemand achtet ihrer." Diese mit Anführungsstrichen gegebenen Worte sprach der Schauspieler, indem er die Näseltöne eines frömmelnden Puritaners imitirte.

Akt II. Scene 2. Während der Beraubung der Kaufleute bleibt Fallstaff im Hintergrunde, schreit nur und haut mit seinem Schwerte durch die Luft. Dies ist gut. Tadelnswerth aber scheint es mir, daß er, nachdem ihn der Prinz und Poins bereits wacker durchgebläut, im Fliehen schließlich den Degen zieht und vor sich her fechtend hinter der Coulisse verschwindet. Im Fliehen zieht man nicht mehr den Degen, man sei denn gewillt, kehrt zu machen und Widerstand zu versuchen.

Akt II. Scene 4. Die Wildschweins-Taverne in East-cheap. Die Decoration und das scenische Arrangement ist nachahmenswerth. Man hat ein großes Zimmer vor sich, rings mit hohen Holzpaneelen eingefaßt. Das hintere Drittheil des Zimmers ist durch eine beinah mannshohe Gardine, die sich nach rechts und links hin zurückschieben läßt, von dem Vorderraum, der eigentlichen Schenkstube, abgetrennt; da die Gardine indeß mehr denn thürbreit geöffnet ist, so kann man den Raum hinter derselben einigermaßen übersehen. Dies Arrangement ist nicht nur malerisch und charakteristisch, es unterstützt auch die folgenden Scenen wesentlich. Hinter dieser Gardine schläft Fallstaff, und während ihm Poins die Taschen leert, bleibt uns die halbe Gestalt des letztern (mit Hülfe der thürbreiten Oeffnung) sichtbar. Dies belebt den Vorgang. Ungleich mehr noch ist dies der Fall mit dem Kellner. Poins postirt sich hinter die Gardine, und wenn er sein „Franz" ruft, so hebt er entweder seinen Kopf über die Gardine hinaus und duckt dann wieder nieder, oder er streckt sein Gesicht durch die Quasi-Thür und zieht schnell wieder zurück. Dies macht sich außerordentlich gut.

Akt III. Letzte Scene. Unmittelbar nachdem der Prinz, Poins und Bardolph die Taverne verlassen haben, hört man Trommelschlag, wenn draußen bereits ein Trupp Soldaten ihrer gewartet hätte. Nun erst sagt Fallstaff: „Ich wollt, dies Wirthshaus wäre meine

Akt V. Die Kampfscenen sind gut arrangirt und zwar Weise. Die große Front- oder Hintergrund-Decoration Theilen und zwar aus drei riesigen Pappwänden, von etwa 6 Fuß von der andern entfernt ist. Nur die eine eigentliche Decoration, eine bemalte Fläche, deren Wände jenen bunten Papierbogen gleichen,

einen Wald mit Reh und Jägern auszuschneiden pflegt. Vermittelst der dadurch entstehenden Oeffnungen wird es möglich, bis zur letzten eigentlichen Decoration hindurchzusehen und alles wahrzunehmen, was in den verschiedenen Verschlingungen des Waldes vor sich geht. Etwas Thal und Hügel ist ebenfalls angebracht, so daß man in der That zwischen den Pappwänden dieser dreifachen Decoration ein buntes, vielbewegtes Kampfbild sich entrollen sieht, das verhältnißmäßig wenig stört, und die Hauptfiguren, des Percy und Prinzen von Wales (die natürlich vor dieser Walddecoration sprechen und kämpfen), als das bestehen läßt, was sie sind, die Hauptsache. Was das Spiel angeht, so wird dasselbe hier so wenig wie bei uns jemals genügen, wenn man sich nicht entschließt, der historischen, der ritterlichen Seite des Stücks dasselbe Maß von Talent und Vorliebe zuzuwenden, welches man für die humoristischen Parthien so reichlich hat. Wer wollte leugnen, daß Falstaff eine schwere Rolle sei! aber in gewissem Sinne ist es eine leichte. Es ist damit, wie man vom alten Fritz gesagt hat: kein Meister trifft ihn g a n z, aber jeder Sudler trifft ihn wenigstens. Kein Schauspieler kann den Falstaff so verderben, daß dieser aufhörte, uns zu amüsiren. Dasselbe gilt von den humoristischen Scenen des Stücks überhaupt. Aber Percy und Glendower, Worcester und Vernon, Northumberland und Douglas sind (mit Ausnahme der Percy-Parthie, die aber andre große Schwierigkeiten hat) von ihrer Rolle nicht in dieser Weise getragen, und der Schauspieler, der ihnen nicht gewachsen ist, stempelt sie sofort zu langweiligen Figuren, die wir lieber verschwinden als erscheinen sehen. Dies Stück, mit durchweg ausreichender Besetzung gespielt, müßte den größten Genuß gewähren; er ist mir bisher nicht zu Theil geworden. Entweder fassen die Directionen den waffenklirrenden Theil des Stücks wirklich nur als ein unbequemes Anhängsel auf, das mit durchgeschleppt werden muß, weil es mal dasteht (und in solchem Fall ist natürlich von einer wählerischen Besetzung der Rollen keine Rede), oder aber sie thun das Möglichste, scheitern indeß an der Unzulänglichkeit ihrer Kräfte. Hierher gehört das Sadlers-Wells-Theater. Mr. Marston (Percy) ist au fond nur ein Coulissenreißer und die andern sind gar nichts. Einzelnes gelang, z. B. die Streitscene zwischen Douglas und Vernon im letzten Akt.

Die humoristische Hälfte des Stücks kam völlig zu ihrem Recht. Selbst die Nebenrollen (die beiden Fuhrleute, Bardolph, Franz, Poins) wurden trefflich gespielt. Es scheint, daß die englische Nation in der That Recht hat, auf eine natürliche humoristische Begabung stolz zu sein. Einem schlechten Clown bin ich noch auf keiner englischen Bühne begegnet.

Mr. Phelps gab den Falstaff. Vielleicht ist dies seine bedeutendste Rolle. Zunächst ein paar Worte über seine Erscheinung. Der Phelps'sche Falstaff ist ein dicker Elegant, ein Gentleman. Das krause Haar, der Schnauz- und Backenbart, alles üppig und in bester Ordnung, aber schneeweiß. Das Gesicht natürlich weinroth. Sein Kostüm, ein weißes Wamms von üblichem Schnitt, mit vielen Taschen und bunt eingefaßt; erst im vierten Akt erscheint er in rothem Kriegsrock. Was das Spiel betrifft, so erinnerte es mich vielfach an den Falstaff unseres Döring; doch kann ich nicht umhin, da, wo beide von einander abweichen, der Phelps'schen Auffassung den Vorzug zu geben. Der Leser möge selbst urtheilen. Döring gibt einen Falstaff, der eine Art Schauspieler ist, der da weiß, daß ihm Witz, Humor und gute Einfälle zur Verfügung stehen und der in bewußter Weise mit diesen Gottesgaben operirt; der schnell ein Scenchen aufführt, wenn er sich ertappt sieht, oder wenn er fühlt: jetzt ist es Zeit, den Prinzen durch eine Schnurre, einen guten oder schlechten Einfall zu versöhnen. Der Phelps'sche Falstaff weicht hiervon wesentlich ab. Er thut nicht nur ernst, sondern es ist ihm Ernst mit den Dingen. Er will gar nicht humoristisch sein, aber er ist es. Sein Humor ist nicht ein Schild, den er in Bereitschaft hat, um sich in aller Ruhe und mit vollem Bewußtsein dahinter zu decken, sondern sein Humor ist völlig unbeabsichtigt und gleicht darin jener unwillkürlichen Handbewegung, die wir machen, wenn Jemand nach uns schlägt oder stößt. Wenn der Prinz ihn auf immer neuen Lügen oder Unverschämtheiten ertappt, so kommt er momentan in eine wirkliche Verlegenheit, aus der er sich allen Ernstes so gut wie möglich herauszuziehen trachtet und hinterher erst merkt (an dem Lachen der Anderen), wie komisch er gewesen. Dies mag genügen. Es liegt auf der Hand, daß diese Auffassung feiner und zugleich wirksamer ist. Der widerwärtigen Murkelei (ich habe kein anderes Wort) mit der Leiche Percy's enthielt er sich, so viel wie möglich. Der Janhagel will nun einmal lachen und etwas muß ihm geboten werden. Im Surrey-Theater (siehe daselbst) wohnt' ich einer Vorstellung bei, die durch diese häßlichen Manipulationen halb ruinirt wurde.

Es war um so schnöder, als der Percy von einem Schauspieler gegeben wurde (Mr. Creswick), der in hervorragender Weise dieser prächtigen Rolle ein Genüge that.

Die lustigen Weiber von Windsor. Auch hier wieder die Frage: Was ist Schuld, daß wir dies liebenswürdige Stück auf unserem Repertoir nicht haben? Hat Nicolai's gleichnamige Oper (allen Respekt vor ihr) die originalen „lustigen Weiber" verdrängt, oder sind unsere Bühnen-Direktoren der Ansicht, daß unter den drei Falstaff-Stücken dies das schwächste sei? Es ist wahr, der „Falstaff der „lustigen Weiber" ist (wenigstens bei uns) zu keiner rechten Popularität gelangt und man hört selten eine Zeile aus ihm citiren; aber es fragt sich, ob diese relative Theilnahmlosigkeit wirklich die Ursache oder nicht vielmehr die Folge seines Nicht-Aufgeführt-werdens ist. Man gebe das Stück, und die beredten Worte, mit denen der unglückliche Liebhaber die Schrecken seines Aufenthalts im Waschkorb, begraben unter schmutziger Wäsche, schildert, werden bald eben so viele Freunde finden, wie: „Heinz, Du kennst meine alte Auslage", oder „elf in Steifleinen ꝛc." Eins haben die lustigen Weiber unbedingt voraus: sie sind aus einem Guß. Es fehlt ihnen jene Gedoppeltheit, die ich an Heinrich dem Vierten nicht tadeln mag (gegentheils), die aber eine nach allen Seiten hin abgerundete Aufführung desselben so sehr erschwert, wo nicht unmöglich macht. Hier sind keine Northumberlands, Worcesters und Vernons, die man lieber gehen, wie kommen sieht, sondern Spielrollen sammt und sonders, Rollen, wie sie Jedem passen und selbst von mittelmäßigen Kräften kaum verdorben werden können. Im Sadlers-Wells-Theater zählen „die lustigen Weiber" mit zu den allerpopulärsten Stücken und werden bejubelt und beklatscht von Anfang bis Ende. Parallelen kann ich nicht ziehen, da man, wie gesagt, das Stück bei uns nicht gibt. So sei denn nur hervorgehoben, daß die beiden Scenen Falstaffs mit der an ihn abgesandten Frau Hurtig, dann seine erste mit der Retirade in den Waschkorb endende Liebesaventüre, und endlich die Scene, wo er dem Mr. Ford die Schrecknisse des Aufenthalts im Waschkorb erzählt, zu ganz besonderer Wirkung kamen. Die Clowns (Bardolph, Pistol, Nym und der Garter-Wirth) waren vortrefflich wie immer; vor allem Phelps als Falstaff. Ueber diesen Falstaff noch ein paar Worte. Die äußere Erscheinung ist dieselbe wie in Heinrich dem Vierten, aber seine ganze Haltung ist ziemlich verschieden davon. Wenn er dem Prinzen gegenüber (unbeschadet der eigenthümlichen Phelps'schen Auffassung, die ich geschildert habe) im Wesentlichen doch immer das joviale Laster repräsentirt, so haben wir hier das ehrwürdige Laster. In Heinrich IV. ist er der Anhängsel eines Prinzen, verachtet, wenn auch belacht; so recht eigentlich, was wir mit „unter durch" bezeichnen. Das fühlt er und nimmt sich danach. In den „lustigen Weibern" hingegen ist er vor allen Dingen Sir John Falstaff, ein Baronet, ein Kavalier, der die Dinge, selbst die Gemeinheiten, mit Decenz betreibt und sehr ruhig dabei bleibt, theils weil ihm solche Affairen nichts Neues sind, theils weil er wirklich an die „Ehre" glaubt, die er gesonnen sei den Bürgerfrauen anzuthun. Es ist alles chevaleres̀kes Geschäft und natürlich — kaufmännisches Geschäft nebenher. Das Geld des vorgeblichen Mr. Brookes bleibt au fond die Hauptsache. Die unerschütterliche Seelenruhe eines schamlosen Cynismus, der längst die Vorstellung von Recht und Unrecht verloren und dafür die Sicherheit und Würde eines weißbärtigen Lasters eingetauscht hat, wurde vortrefflich gegeben. Keine komische Figur dieser Falstaff, sondern ein Charakterbild. Lebenswahr durch und durch.

Die Komödie der Irrungen. Es schlug nicht recht ein. Man gab zwei Lustspiele an dem Abend, erst Sheridan's Nebenbuhler" (fünf tüchtige Akte), dann die Komödie der Irrungen mit wieder fünf; das war selbst für englische Nerven etwas zu viel und das Shakespeare'sche Stück zog ziemlich gleichgültig an einem ermüdeten Publikum vorüber. Zur Wirkung kam nur die Scene im vierten Akt, wo der Zauberer Pinch erscheint, um den von einer Partei für betrügerisch, von der andern für wahnsinnig gehaltenen Antipholus von Ephesus durch Beschwörungen zu heilen. Das bunte Durcheinander dieser Scene: die Wuth des Antipholus, die Angst und Sorge seiner Gattin, das Pathos des Zauberers und die nüchterne Entschiedenheit derer, die ihr Geld haben wollen, das alles wirkte sehr komisch. Aber nichts anderes kam zur Geltung. Zum Theil glaub' ich es auf die Schauspieler schieben zu müssen; sie spielten nicht schlecht, aber schlaff und selbst ermüdet, so recht wie Leute die wissen: es hört kaum irgend wer noch deutlich hin, und wir müssen rasch durch, es sei wie es sei. Auf dem Berliner Theater (so viel ich weiß) haben die Darstellungen des Stücks guten Erfolg gehabt. Leider war ich bei keiner derselben zugegen und kann mithin nicht vergleichen. Unter allen Shakespeare-Aufführungen, denen ich in Sadlers-Wells beigewohnt habe, war dies bei weitem die schwächste.

Die beiden Edelleute von Verona. Während man sich in Deutschland darum gezankt hat, ob das Stück ächt sei oder nicht, hat man es hier gegeben und sich seiner gefreut. Daran hat man Recht gethan. Ich hab' es neuerdings gesehen und bin unter Lachen und Rührung dieser überaus lieblichen Dichtung gefolgt. Es soll nicht von Shakespeare sein. Thorheit! von wem denn? Wenn von zwei Zwillingsschwestern die eine ihren Taufschein verliert und ihn nicht vorzeigen kann, hört sie vor den Sinnen und vor dem Glauben der Menschen um deßhalb auf, die Schwester zu sein! Wenn der Beweis fehlt, daß dies Stück von Shakespeare sei, so beweist dieser Mangel in meinen Augen nichts. Es muß umgekehrt bewiesen werden, daß das Stück nicht von Shakespeare sei. Die Liebesscenen (besonders die reizende Rolle der Julia) sind von einer Innigkeit der Empfindung und einem Zauber der Sprache, daß sie sich dem besten an die Seite stellen können, was Shakespeare geschrieben hat, und die komischen Parthieen haben mich beinahe herzlicher lachen machen, als der Humor des Falstaff in allen drei Stücken, in denen er auftritt. Damit behaupt' ich nicht, daß der „Launce" (einer der Hanswurste des Stücks) an den Falstaff heranreicht. Das herzlichste Lachen ist kein Maßstab für den Werth einer humoristischen Figur, aber es ist immer etwas, und wir haben nicht viele Stücke auf unserer Bühne, die den Adel der Dichtung wahren und uns zu gleicher Zeit das Herz mit Heiterkeit füllen. Dieser Launce erscheint bekanntlich immer in Begleitung seiner Bulldogge,*) die der Gegenstand seiner Liebe und Sorgen ist. Es ist nicht möglich, daran in mißverstandener Weise das Goethe'sche Wort zu knüpfen: daß die Bühne für Menschen und nicht für Hunde ist. Wenn der Hund zum Helden des Stückes wird, hat er Recht; in dem vorliegenden Fall aber ist der

---

*) Aus einer Cruikshank'schen Federzeichnung ersah ich, daß man vor 30 Jahren (auf dem Coventgarden-Theater) einen Neufundländer statt der Bulldogge nahm. Das ist viel passender und das treue, verlegene Neufundländer Gesicht viel komischer. Die dickköpfige Bulldogge, die vor Verlegenheit sich kratzt, hat eine Beimischung von Gemeinem.

Hund nicht Subjekt, sondern nur Objekt, nur Gegenstand für den Humor des Clown, wie etwa Bardolph's rothe Nase für den Falstaff-Humor. Aus einem alten Theaterbuch, das mir vorliegt, erseh ich, daß man zu den Zeiten der Kemble's und Kean's „die beiden Edelleute ꝛc." sehr in Ehren gehalten und namentlich an die Darstellung der beiden komischen Figuren Speed*) und Launce die höchsten Anforderungen gestellt zu haben scheint. Der jüngere Kemble (1808) spielte damals den Valentin, den Geliebten der schönen Silvia, zu großer Befriedigung; von dem berühmten Komiker Liston aber heißt es: sein Launce war keine Shakespeare'sche Figur; so unvergleichlich Mr. Liston in der modernen Posse ist, so entschieden müssen wir es ihm absprechen, daß seine Komik an den Humor eines Shakespeare'schen Clown hinanreicht."

An Unterhaltungsfähigkeit und Brauchbarkeit für die moderne Bühne möcht' ich den „beiden Edelleuten" beinah den Vorzug vor dem „Sturm" einräumen, der freilich seinerseits wieder tiefer und poetischer angelegt und durchweg eine reifere Frucht ist. Die Schwäche des Stücks („der beiden Edelleute") ist der Charakter des Proteus, dessen äußerste Wetterwendischheit durch nichts Anderes motivirt wird, als durch seinen Namen und die Versicherung am Schlusse des Stücks, „daß der Mensch höchst herrlich sei, wenn er nur auch beständig wäre." Die übrigen eklatanten Vorzüge indeß, besonders die Rollen der Julia und des Launce, helfen über diesen Mangel hinweg.

Coriolan. Wie sich von selbst versteht, ist stark gestrichen. Die Ineinanderschiebung indeß ist sehr geschickt gemacht, so daß die 28 Scenenwechsel, die Shakespeare vorschreibt, auf 13 gebracht sind und zwar ohne dem Stück irgendwo Zwang anzuthun. Nirgends macht sich eine Lücke fühlbar und jeder Mensch von gesunden Sinnen wird sich, ohne alle vorhergängige Kenntniß des Stücks und der Geschichte, durchaus in dem Gegebenen zurecht finden. Ich schreibe es, neben manchem Anderen, besonders auch dieser zugleich klaren und gedrungenen Anordnung zu, daß das Stück hier auf einem im Grunde ärmlichen Privattheater einen so entschieden besseren Eindruck auf mich machte, als in Berlin.

---

*) Speed ist der Mann des pun, des quibble (Wortspiel), Launce aber des ächten, vollen Humors; sie ergänzen sich gleichsam.

Bekanntlich wurde es durch Herrn Dessoir bei uns eingeführt, der die Titelrolle spielte. Offen gesagt, es langweilte mich; ich sah und hörte beständig Herrn Rott und Herrn Dessoir, aber keinen Tribun und keinen Coriolan, und ohne Frau Crelinger hätt' ich's geradezu nicht ausgehalten. Es war alles steif, gezwungen, ich vergaß keinen Moment, daß ich im Theater war. Wenn ich sagen sollte, daß die Coriolan-Aufführung in Sadlers-Wells mich in's alte Rom versetzt hätte, so müßt' ich lügen, — es war alles so unrömisch wie möglich, aber es war englisch. Da liegt's. Es war gerade so durchweg englisch, wie jede Zeile des Stücks es ist, und wenn ich auch nirgends dem antiken Gegensatz zwischen Patriziat und Plebejerthum begegnete, so hatte ich wenigstens überall den Gegensatz zwischen englischer Aristokratie und englischem mob. Diese Kerle mit ihren Knitteln waren wie von der Straße genommen, und wenn das Ganze kein geschichtlich wahres Bild war, so war es wenigstens ein lebenswahres. Das war der Reiz der Darstellung.

Phelps ist nicht immer gleich bedeutend und ließ als Coriolan zu wünschen übrig. Miß Atkinson (Volumnia) ist ungleich bedeutender und von wirklich dramatischer Gewalt.

Die dreizehn Scenen, aus denen diese Phelps'sche Arrangirung des Coriolan besteht, vertheilen sich wie folgt:

Erster Akt. (Zehn Scenen bei Shakespeare.) **Erste Scene** (Straße). Aufrührisches Volk. Die berühmte Beruhigungs-Geschichte des Menenius. Coriolan's Auftreten und seine Verhöhnung des Volks. Kriegsbotschaft, Aufbruch gegen die Volsker.

Zweite Scene. Die drei Frauen im Hause des Cajus Marcius.

Zweiter Akt. (Drei Scenen bei Shakespeare.) **Erste Scene.** Kampf um Corioli, Sieg des Marcius; der eifersüchtige Groll des besiegten Aufidius.

Zweite Scene. Coriolan als Sieger in Rom einziehend; Jubel des Volks; Neid und Besorgniß der Tribunen.

Dritte Scene. Coriolan auf dem Kapitol, vom Senat zum Konsul gewählt.

Dritter Akt. (Drei Scenen bei Shakespeare.) **Erste Scene.** (Forum und Straße abwechselnd.) Schwatzendes Volk. Coriolan „im Gewande der Niedrigkeit" um Stimmen bettelnd. Ueberwirft sich mit den Tribunen (exit). Die beleidigten Tribunen wiegeln das Volk auf. Das Volk fühlt, daß es von Coriolan nur verhöhnt worden sei. Coriolan erscheint unter ihnen. Das „Du sollst" der Tribunen macht ihn rasend. Das Volk, angestachelt durch die Tribunen, bringt auf ihn ein. Er zieht sich endlich zurück. Menenius verspricht, ihn zu einer Art Abbitte zu veranlassen.

Zweite Scene. (Haus des Coriolan.) Volumnia und Menenius bestimmen ihn endlich nachzugeben und sich dem Volk und dem Gesetz zu unterwerfen.

Dritte Scene. (Forum.) Die Tribunen klagen ihn an auf Hochverrath. Er rast und schmäht und wird verbannt. Jubel des Volks.

Vierter Akt. (Sieben Scenen bei Shakespeare.) Erste Scene. (Antium. Nacht.) Coriolan vor dem Hause des Aufidius. Wenige Worte mit den Dienern.

Zweite Scene. (Große Halle im Hause des Aufidius. Coriolan starrt in den Kamin.) Erkennungs=Scene und Dialog mit Aufidius. Intendirter Zug gegen Rom.

Dritte Scene. (Lager vor Rom.) Aufidius und sein Kriegs=hauptmann. Wachsende Eifersucht des Aufidius.

Fünfter Akt. (Fünf Scenen bei Shakespeare.) Erste Scene. Aufregung, Furcht, Rathlosigkeit in Rom. Erfolglosigkeit der Gesandt=schaften an Coriolan. Wuth des Volkes gegen die Tribunen. Menenius und die Frauen sollen den letzten Versöhnungs=Versuch machen.

Zweite Scene. (Lager vor Rom.) Volumnia ꝛc. erscheinen in Trauer. Coriolan erweicht. Folgt seiner Mutter nach Rom, um einen ehrenvollen Frieden zu machen. In seiner Abwesenheit Verschwörung der Partei des Aufidius gegen ihn. Bei seiner Rückkehr Anklage, Streit, Ermordung.

Wer ein Interesse daran nimmt, mag diese Art der Inscenirung mit dem Original vergleichen. Er wird nicht leugnen können (da nun einmal das Ganze nicht aufzuführen ist), daß eine geschickte Hand die Bearbeitung geleitet hat.

Macbeth. Macbeth, neben Othello, ist das Lieblingsstück des englischen Volkes; es ist populärer als Hamlet. Diese Vertrautheit mit der Sache ist hübsch zu beobachten. Man merkt, wie das Publikum auf

gewisse Lieblingsstellen wartet, um dann mit donnerndem Applause ein=
zufallen. Dies hat freilich auch Nachtheile im Gefolge. Es verleitet
den Schauspieler nicht nur, es zwingt ihn fast, die schönsten Stellen
in einer Weise vorzutragen, die blos auf die Ohren der Gallerie, aber
nicht auf das Verständniß einer feinfühligeren Minorität berechnet ist.
Das berühmte:
> I dare do all that may become a man, Who dares do
> more, is none

wurde von Macbeth=Phelps geschrieen, und Macduff (Akt V. Scene 1.)
folgte später mit einem donnernden:
> I shall do so;
> But I must also feel it as a man

dem gegebenen Beispiel seines Direktors.

Im Text ist wenig geändert; nur einiges gekürzt.

Unmittelbar nach der Besiegung Macbeths fällt der Vorhang.

Die Scene mit dem Pförtner nach Ermordung König Duncans
fällt fort; eben so die Scene zwischen Rosse und dem alten Manne,
am Schluß des zweiten Akts.

Lady Macduff tritt nicht auf; ihre Ermordung wird nur berichtet
(Schluß des vierten Akts).

Alle Aeußerlichkeiten: Arrangements, Kostüme, Decorationen, ganz
vortrefflich. Keine Entfaltung bloßer Pracht, sondern Wahrheit, oder
wenigstens das, was unserer gegenwärtigen Kenntniß als Wahrheit gilt.
Alle Räume und Baulichkeiten im Normannen=Styl, dessen Ernst
und Schwere zu dem ganzen Stücke stimmt und dessen erste Anwen=
dung in England (nach 1066) ungefähr in die Macbeth'sche Regierungs=
zeit fällt.

Noch ein paar Nebensächlichkeiten möcht' ich hervorheben, wenn es
bei einer Macbeth=Aufführung Nebensächlichkeiten gibt. Nie hab' ich das
Rollen des Donners und das Klatschen des Regens so naturwahr nach=
ahmen hören. Wir hatten den Donner direkt über unsren Köpfen.
Im zweiten Akt, während der Ermordung Duncans, werden die
Schrecken des Moments durch diese klein erscheinende Aeußerlichkeit nicht
wenig gesteigert.

Von kaum mindrem Belang ist die häufige Anwendung einer Art
schottischer Kriegsmusik. So oft Truppen angekündigt werden, oder aber

faktisch vorübermarschiren, eben so beim Einzug König Duncans in Macbeths Schloß — immer hört man eine aus Trommel und Violine (wohl anstatt des Dudelsacks) zusammengesetzte Musik, die trefflich zu dem Ganzen paßt.

Geh' ich nun zu den einzelnen Scenen über.

Zuerst die Hexenscenen. Ihr Werth ist sehr ungleich; die betreffenden Scenen im ersten Akt sind geradezu unübertrefflich. Die drei Hexen werden von den drei Komikern der Bühne dargestellt. Ihr erstes Erscheinen ist wirklich nur eine Erscheinung; Alles bleibt in Dunkel und Unbestimmtheit; man hat nichts deutlich erkannt, dunkle Gestalten auf dunklem Hintergrund, nur ein paar graue Locken wehen im Winde. Eh' man sich auch nur annähernd orientirt, ist Alles vorbei. Das Ganze ist wie eine Ouvertüre des Schreckens. Man ahnt, daß etwas Entsetzliches folgen muß. Bei ihrem zweiten Auftreten (Akt I.), wo sie dem Macbeth auf der Haide begegnen, erkennt man sie deutlicher. Die Decoration ist sehr gut; eine kahle, triste Landschaft, wie sie den schottischen Hochlanden eigenthümlich ist, schimmert durch die Dämmerung. Auf einem Erdhügel, unter zwei alten Fichten, die die ganze Vegetation der Haide bilden, stehn die drei Hexen. Der Mißklang ihrer heiseren Stimmen ist zu einer Art Melodie gestimmt und ergänzt sich wie das Geschrei alter und junger Raben. Der Zuruf jeder einzelnen: „all hail Macbeth etc." ist von höchstem Effekt, der sich bis zum Schauerlichen steigert, wenn sie unerwartet (es ist nicht vorgeschrieben) die Worte: „that shalt be king here after" zusammensprechen. Nach dem Verschwinden der Hexen wird es hell, alle Nebel sinken und man übersieht die schottische Landschaft in aller Klarheit. Truppen, im Sonnenschein, rücken an, während man die oben beschriebene wundersame Musik vernimmt. Die Hexenscene im vierten Akt ist verhältnißmäßig schlecht. Hecate, eine wohlgenährte stattliche Dame mit einem Maria Stuart=Hut und einer blinkenden Agraffe dran, macht nichts weniger als einen dämonischen Eindruck, und ihr Gesang, der von unsichtbaren Geistern erwiedert wird, streift an's Lächerliche. Die ganze Scene — verfehlt.

Zweitens: Das Auftreten der Lady Macbeth mit dem Brief in der Hand. Ich werde diesen Moment so leicht nicht vergessen. Nicht sinnend, tief innerlich über einem Mordgedanken brütend, sondern furienhaft, zur That bereits entschlossen, und in einer Weise, als schwänge sie bereits den Dolch, um die That zu vollführen, so stürzt die englische Lady Macbeth auf die Bühne. Die diesem Spiel zu Grunde liegende Auffassung ist meiner Meinung nach falsch. Aber es ist das Wesen eines bedeutenden Künstlerthums, von der ihm innewohnenden Gewalt auch seinen Irrthümern ein gut Theil zu leihen, und diesen Irrthümern eben so sehr den Stempel des Genies aufzudrücken, wie seinen vollendeten Schöpfungen. Der Irrthum hört dadurch nicht auf ein Irrthum zu sein, und wenn er uns dennoch bezwingt, so ist er es nicht eigentlich, sondern nur die Genialität, die ihn begleitet. Dies Auftreten Lady Macbeths ist ein Fehlgriff, aber ein genialer Fehlgriff, so daß man das Bild nicht wieder los werden kann und ohne in seinen Ansichten erschüttert zu werden, bezwungen von der Macht der Erscheinung, zugibt: „nun ja, man kann es allenfalls auch so spielen." Wie muß dies dämonische Auftreten der Lady Macbeth erst gewirkt haben, als Mrs. Siddons, die Schöpferin dieser Lady Macbeth, auch zugleich darstellte, was sie im Geist geboren hatte! Miß Atkinson ist selbst eine ausgezeichnete Darstellerin, aber in dieser Partie doch nur die Trägerin einer Type- und Gesetz-gewordenen Auffassung. Sie kopirt nicht sklavisch, sie ist mit Leib und Seele dabei, aber dennoch spielt sie im Wesentlichen nach der Tradition. Solche Tradition gilt hier so lange als heilig, bis ein neuer Genius kommt und eine neue Type schafft. Da Miß Atkinson ein solcher Genius nicht ist, so bleibt sie der herrschenden Auffassung treu. Das ist recht, daß sie das thut. Da sie an Mrs. Siddons nicht hinanreicht, so geziemt ihr Unterordnung und um den Preis kleiner Fehler bleiben uns die großen und genialen Züge*)

---

*) Die Siddons (eine Schwester der Kemble's) war ein ächtes Genie, denn sie schuf diese große Rolle lediglich nach einem dunklen Drange, nach Instinkt, und war unfähig, sich Rechenschaft darüber abzulegen. Sie war völlig naiv und durchaus nicht klug oder gar geistreich. Eine Nichte von ihr, auch eine Kemble, die ich vor Jahren kennen lernte, sagte mir, Angesichts eines, wenn ich nicht irre, von Sir Joshua Reynold's gemalten, prächtigen Bildes dieser großen Künstlerin: she was profoundly dull. Dies ist eben so wahr, wie schwer zu übersetzen. Es drückt aus, sie war eigentlich langweilig und apathisch, aber dahinter steckte eine Propheten-Natur.

des Vorbilds erhalten, die mit verloren gehen würden, wenn es einmal erst an das Aendern und selbstständige Gestalten ginge.*)

Drittens: Die Ermordung König Ducans ꝛc. Die Scene bietet manches, was von dem bei uns Ueblichen abweicht. Wir sehen eine weite Halle; nicht im Hintergrunde derselben ge= schieht der Mord, sondern in unsrer allernächsten Nähe. Die Halle hat Gemächer zu beiden Seiten; wir sehen einzelne Thüren halb offen stehend. Links, hart am Orchester (aus dem übrigens die paar Fiedler jedesmal verschwinden und nicht störend wirken durch ihre fatiguirten Gesichter), ist das Schlafgemach Macbeths und seiner Lady; gegenüber in derselben unmittelbaren Nähe des Publikums das Schlafgemach König Duncans. Nachdem Macbeth die kleine Thür geöffnet und in das Gemach des Königs getreten, bleibt die Bühne wohl eine halbe Minute lang leer. Dann endlich huscht Lady Macbeth aus ihrem Gemach. Nach den ersten zwei Zeilen (wie übrigens vom Dichter vorgeschrieben) unterbricht sie sich mit einem: „Horch, still!" und schreitet dann auf die Thür zu, durch die Macbeth eine Minute vorher verschwunden ist. Sie öffnet sie ein wenig und durch die schmale Spalte fällt ein trüber Lichtschein auf die Bühne. In diesem Augenblick flüstert sie die furchtbaren Worte: „He is about it" (er ist

---

*) Ich habe, seitdem ich diese Zeilen schrieb, Madame Ristori als Lady Macbeth gesehn. Die Leistung ist in ihrer Art so ausgezeichnet, daß es mir hinterher nicht leid thun konnte, 27 Sh. (9 Thlr.) für mein Billet gezahlt zu haben. Aber ebenso genial wie die Lady Macbeth der Ristori unzweifelhaft ist, ebenso verfehlt und un=ladymacbethhaft scheint sie mir zu sein. Das Ganze ist, in Erscheinung, Stimme und Mienenspiel, die Transponirung einer Tragödie des Ehrgeizes in eine Tragödie südlich=sinnlich=verbrecherischer Liebe. Wenn ich Macbeth nicht gekannt und statt der Worte nur das Spiel der Ristori zum Leitfaden und Verständniß gehabt hätte, so würd' ich sie für eine junge Frau gehalten haben, die, an den alten König Duncan verheirathet, sehr unbefriedigt und voll glühender Leidenschaft zu Macbeth ist. Sie kommt mit ihrem Buhlen überein, den Alten aus dem Wege zu räumen und dadurch ihre Vereinigung möglich zu machen. Die Krone ist ein zufälliges Nebengeschenk. Die Ristori scheint in alten und neuen italienischen Trauerspielen, in denen durchaus haar= sträubend geliebt oder gehaßt werden muß, so vorzugsweise zu Hause zu sein, daß ihr ganzes Spiel bereits eine entsprechende Type angenommen und sie zur Darstellung einer Lady Macbeth verhältnißmäßig unfähig gemacht hat.

früher her). Alles wirkt zusammen, um die Seele bis auf die Höhe des Schreckens zu heben. Kunst und Bühne können darüber nicht mehr hinaus. Die That ist endlich gethan, das markerschütternde Klopfen wiederholt sich (Ein Pförtner tritt auf). Macduff erscheint, eilt in das Gemach des Königs und findet ihn ermordet. Er stürzt auf die Bühne, ganz Entsetzen. Dies wird (von einem sonst mittelmäßigen Schauspieler) ganz vortrefflich gespielt. Es ist nämlich kein Theaterentsetzen, kein Theaterlärm, den er macht, es ist ein Lärm, wie Philoktet auf der griechischen Bühne nicht gewaltiger geschrieen haben kann. Das Geschrei ist breiter wie die That. Er rüttelt und schüttelt an dem alten Mauerwerk, reißt an Glockensträngen und fährt mit dem Schwert um sich her, während er unaufhörlich die Schläfer aus ihrer Ruhe schreit. In wenig Augenblicken hat sich die Halle gefüllt, alles blaß und voll Schrecken. Im Vordergrunde, den bleichen Kopf in die entblößten Schultern gesenkt, steht regungslos Lady Macbeth, überwältigt von der eignen That, alt geworden in einer einzigen Stunde.

Viertens: Die Schmausscene im dritten Akt. Die Art der Erscheinung Banquo's weicht in Einzelheiten von dem bei uns Üblichen ab. Das neue Königspaar hat, auf erhöhten Plätzen, zur großen der Bühne Platz genommen und übersieht die Gäste, die an hohen oder auch gepolsterten Sitzen sitzen, von denen immer zwei eine in der Mitte unterbrochene gerade Linie bilden. Die ganze Bühne ist gefüllt und man hat bei dem Eindruck eines mächtigen Gelmahls, eines wirklichen Gelehrtenes fröhender Thane. Zwischen der ersten und zweiten Tischreihe, gegenüber dem Königsthrone und genau inmitten der Bühne, steht ein zweiter Sitz, der Ehrenplatz für den erwarteten Banquo. An dieser Stelle erscheint er in voller Figur, deren er sich in der Stadt entledigt. Das Gesicht ist röthlich, aber materiell. Den zweiten Erschienen machen auch einen mächtigen Eindruck auf uns. Macbeth, um sich zu vergewissern, ob ihr Sinn Sinne getäuscht oder nicht, läßt jetzt neben dem erblickten Sessel Banquo's Stuhl zusammen und die Leiche krampfhaft rüttelt, heißt er zum zweiten Male den Namen des Ermordeten. Statt abermals aus der Tiefe emporzusteigen, wie dieser hohe, erst wie aus der Gruppe heraus und nehmen sie vor der ersten Tische in unnatürlicher Ruhe der Todten. Jetzt erst erkennt man die nun Hundertste. Anticle

tretend verschwindet er, wie er gekommen. (Ich habe seitdem gesehen, daß das zweite Erscheinen Banquo's auf der Berliner Bühne in sehr ähnlicher Weise dargestellt wird, wie ich es in Vorstehendem geschildert habe.) Das Spiel Macbeths sowohl wie der Lady Macbeth ist in dieser ganzen Scene vortrefflich. Schon hier empfinden wir ein tiefes Mitgefühl mit Beiden. Die blassen, rasch gealterten Gesichter Beider sagen uns, wie theuer sie diese Krone und diesen Königsmantel erkauft. Wenn Lady Macbeth von den „Anfällen" des Königs spricht, so glauben wir daran. Seine ganze Erscheinung ist die eines Schwerkranken, den nur ein mächtiger Wille aufrecht erhält. Die Morde, die er auf einander häuft, erfüllen uns nicht mehr mit Abscheu, sondern nur noch mit Trauer um den, der sie begeht; sie erscheinen uns wie die Strohhalme, nach denen ein Ertrinkender greift. Der Phelps'sche Macbeth ist von Anfang an eben so sehr eine Gestalt der Schwermuth, als ein Träger dämonischen Ehrgeizes. Dies gibt der Rolle einen eigenthümlichen Reiz. — Die Lady Macbeth war auch an dieser Stelle bedeutend. Das Fliegen ihrer Glieder, während sie auf dem Throne sitzt und Macbeth zum Banquo spricht, ihr Aufstehn, ihr Schreiten von Tisch zu Tisch, ihre Beschwichtigungs=Versuche, endlich die grandiose Art, wie sie die Gäste entläßt — alles vortrefflich. In allem eine wunderbare Mischung von Angst und Majestät.

Fünftens: die Nachtwandelscene. Im Ganzen untadelhaft, nur durch zu viel Licht (das der Scene und der weißen wandelnden Gestalt das Geisterhafte nimmt) wesentlich beeinträchtigt. Der Gesichtsausdruck Lady Macbeths weniger grausig, als vielmehr unendlich elend, ohne jedoch durch einen sentimentalen Zug das Charakterbild zu verwischen. Es bleibt Lady Macbeth. Ihr Kopf ist in die Schultern gezogen, als ob sie fröre und die dunklen Schatten unterm Auge verrathen ihre schlaflosen Nächte. Das Händewaschen konnte mit mehr Maß geschehen.

Schließlich der Kampf zwischen Macbeth und Macduff brillant wie immer. Kein Geklapper mit den Blechschilden, kein Sieg hinter der Coulisse, sondern wirkliche, sichtbare Klingen=Arbeit, bis wir Macbeth unter dem Jubel der Gallerie zusammensinken und den Vorhang fallen sehen.

Wenige Tage, nachdem ich die vorstehenden Bemerkungen über den

„Macbeth in Sadler's-Wells" niedergeschrieben hatte, kehrt' ich auf einige Wochen nach Berlin zurück. Es traf sich, daß während meiner Anwesenheit daselbst „Macbeth" gegeben wurde. Ich ermangelte nicht, unter den Zuschauern zu sein und fand auf die Weise Gelegenheit, eine englische und eine deutsche Macbeth-Vorstellung unmittelbar (kaum getrennt durch vierzehn Tage) mit einander zu vergleichen. Möglich, daß seitdem (1857) sich manches verändert hat. Ich behalte, was die damalige Berliner Macbeth-Vorstellung bot, nur deßhalb im Auge, um überhaupt ein passendes Vergleichungs-Objekt behufs besserer Charakterisirung einer englischen Macbeth-Vorstellung zu haben. Ich schreibe keine Kritik der Berliner Bühne, sondern nur Studien über die Londoner Theater, das Ziehen von Parallelen aber ist freilich instruktiver, als ein bloßer Bericht.

Ich halte mich zunächst auch an Aeußerlichkeiten, ehe ich zu dem eigentlichen Spiel übergehe.

Darf ich fragen, was sich die Intendantur oder Regie dabei gedacht hat, als sie für das Zeitalter Macbeths den Tudorstyl adoptirte und sämmtliche Schlösser, Façaden und Hallen nach dem berühmten Vorbilde der Kapelle Heinrichs VII. baute? Wenn man sich solche Freiheiten erlauben und in der „Metropole der Intelligenz" aller Bau- und Kulturgeschichte in dieser Weise Hohn sprechen will, warum dann nicht lieber gleich ein Rococo-Schloß? Ja ich würde einen solchen Monsterbau mit seinen Schnörkeln und Verschlingungen vorziehen. Bei richtiger Beleuchtung hat der Rococostyl etwas Spukhaftes; es glotzt einen aus den Ecken an, wie wenn Zwerge und Kobolde darin säßen und allerhand Teufelszeug trieben. Ich könnte mir eine Lady Macbeth in solcher Umgebung schon denken, wie denn die Rococo-Schlösser in der That gelegentlich eine Geschichte haben, die an Intrigue und Graus und Mord hinter nichts zurückbleibt, was uns vom Than von Fife berichtet wird. — Die Berliner Regie kann gegen meine Anklage freilich eine doppelte Vertheidigung erheben: sie kann entweder sagen, Macbeth lebte in vorhistorischer Zeit und wir wissen nichts über den schottischen Schloßbau jener Periode; oder sie darf mit den Fingern knipsen und mich bedeuten, daß das Alles Nebensache sei und daß es nicht darauf ankomme, ob König Duncan unter einem Spitzbogen- oder Rundbogenfenster ermordet werde. Ich kann beide Antworten nicht gelten lassen. Macbeth ist kein

Sagenkönig. Er regierte um die Mitte des 11. Jahrhunderts. Wir wissen allerdings nicht genau, wie die schottischen Schlösser in der Zeit ausgesehen haben, aber wir wissen ganz bestimmt, daß sie nicht im Tudorstyl gebaut waren. Im Nordwesten Europa's herrschten damals die Normannen, und der normannische Baustyl kam nach England, wenige Jahrzehnde nach dem Tode Macbeth's. Der Normannenstyl ist ein Zeitgenoß Macbeths, und darin liegt die Berechtigung, ihn für die schottischen Schlösser jener Zeit zu acceptiren. Will die Berliner Regie das nicht gelten lassen, will sie ihren eigenen Weg gehen, gut, so baue sie dem Macbeth ein altsächsisches oder meinetwegen auch ein byzantinisches Schloß auf die Leinwand, aber ein Schloß im Tudorstyl ist und bleibt verpönt, weil wir zu genau wissen, daß es nicht so gewesen sein kann. Will man das andere Hinterpförtchen benutzen und hervorheben, daß es auf Accuratesse bei solchen Dingen nicht eben ankomme, so bestreit ich erstlich das und spreche zweitens die Ueberzeugung aus, daß die Berliner Regie das selbst nicht glaubt. Da wo die Leute naiv drauf los spielen, bin ich wahrhaftig der Letzte, der sich durch einen Decorationslappen, und wenn er wie die Faust auf's Auge paßte, in seinem Genuß und seiner freudigen Anerkennung stören läßt; wo man aber den Professor zeigen will, da zeige man auch, daß man nicht bloß ein Professor der höheren Magie ist, der den Leuten ein x für ein u zu machen versteht. Wenn einem Jemand die Elle, mit der er gemessen sein will, in die Hand zwingt, so ist es seine Schuld, wenn er zu kurz befunden wird.*)

Sei mir an dieser Stelle noch ein Wort über unsere Decorationsmalerei im Allgemeinen erlaubt. Wir malen alles auf Leinwand, während hier das eigentliche Bild, das den Bühnenraum nach hinten zu begrenzt, auf Holz gemalt wird. Die ganze Wand besteht aus zwei Hälften, die in einem Spalt des Fußbodens bequem hin und her

---

*) Wie man es drehn und wenden mag, die Benutzung des Tudorstyl in Macbeth ist ein Schnitzer und erinnert an jene Landkarte von Amerika, die man bei Aufführung des „Columbus" dem auf Entdeckung Ausziehenden bereits vorsorglich in die Kajüte gehängt hatte. Columbus war in der That dem Festlande von Amerika und sogar einer Karte desselben um mehrere Jahrhunderte näher, als Macbeth dem Tudorstyl.

gleiten können und bei jedem Scenenwechsel, wie aus der Pistole ge=
schossen, zusammenfahren. Die Farben auf dieser Holzwand zeichnen
sich durch Frische und Lebhaftigkeit aus; was aber derselben, meinem
Ermessen nach, besonders zur Empfehlung dient, das ist ihre verhältniß=
mäßige Solidität. Wenn Macbeth die endlos lange Treppe zum Schlaf=
gemach König Duncans emporklimmt und alles wackelt und zittert unter
der Wucht des stattlichen Hrn. Hendrichs, so wird es einem durch solche
scheinbare Geringfügigkeit ad oculos demonstrirt, daß die ganze Sache
ja nur Komödie ist, und wenn im fünften Akt das weiße Nachtkleid der
Lady Macbeth die sämmtlichen Säulen des Kreuzgangs in Bewegung
setzt, so stört das wirklich und wird wohl von Niemand als eine sym=
bolische Darstellung aufgefaßt werden, daß das Haus Macbeth bereits
wankt und schwankt und seinem Zusammensturze nahe ist.

Nun ein paar Worte über die sehr wesentlichen Mängel, die aus
einer unkünstlerischen Benutzung des Raums, aus einer schwer zu be=
greifenden Gleichgültigkeit gegen die Wirkungen von „nah" und „fern"
resultiren. Hofbühnen scheint es mit ihrem Raum zu gehen, wie Müßig=
gängern mit ihrer Zeit: sie wissen beide nicht, wie sie ihr Zuviel los
werden sollen. Der zweite und dritte Akt des „Macbeth" laboriren
an zu viel Raum. Ich habe bei Besprechung der Aufführung im
Sadlers=Wells=Theater mehrfach hervorgehoben, daß es die Nähe, die
Unmittelbarkeit, das sich „mitten drunter wissen" ist, was die Ermor=
dungs= und die Gastmahlscene so gewaltig, ja, ich muß es sagen, so
haarsträubend macht. Von alledem empfand ich im Schauspielhause ver=
hältnißmäßig wenig. König Ducan wird nicht nebenan, nicht Wand
an Wand mit mir ermordet, sondern weitab. Der ganze Bühnen=
raum liegt zwischen der That und mir; und nicht das allein, es ist ein
großes, weitschichtiges Gebäude, in dessen allerletztem Zimmer vielleicht
der Mord geschieht. Auch die hohe Treppe, die Macbeth erklimmt, ent=
fernt den Schauplatz der That noch mehr von mir. Dadurch geht alle
Intensität verloren; jener kleinen aber bedeutsamen Züge (wie das
Hervorschimmern des Lichts und das Lauschen der Lady Macbeth an der
verhängnißvollen Thür) zu geschweigen. Wenn sich nachher der ganze
Bühnenraum mit entsetzten Schloßbewohnern füllen soll, so thut er das
nicht, weil er nicht kann, weil dazu mehr als eine Compagnie Sol=
daten gehören würde. So bleibt denn die Bühne verhältnißmäßig leer,

was wiederum den Eindruck abschwächt. Im dritten Akt, bei der Gastmahlscene, ist dies räumliche Zuviel noch bedenklicher. Das Ganze nimmt sich überhaupt aus, als ob eine kleine Judenfamilie im Hintergrunde Schabbes feierte: weißes Tischtuch, silberne Leuchter, Lady Macbeth in Seide. Ich frage jeden Unbefangenen, ob er sich so ein königliches Festmahl denkt? Ob König Macbeth den Adel seines Landes an solche Familientafel setzen konnte? Für wen hat er denn den Hermelin angezogen und die Krone auf's Haupt gesetzt? Zur Begehung einer Festlichkeit. Von dieser Festlichkeit sehen wir nichts. Macbeth wäre nicht durch höllische Mächte, sondern durch Knickerei gestürzt worden, wenn er so „im engsten Zirkel" den schottischen Adel bewirthet hätte. Im Sablers-Wells-Theater steht die ganze Bühne voll gedeckter Tische, und es macht einen wunderbaren Eindruck, wenn die Königin in ihrem goldgestickten Scharlachmantel von Tisch zu Tisch fliegt und die Gäste zu beschwichtigen sucht. Von alledem in Berlin nichts; es sind nur fünf oder sechs Personen geladen. Vollends bedenklich wird die Sache dadurch, daß dieser einsam verlorene Tisch ganz im Hintergrunde steht, und dadurch den erscheinenden Banquo so fern von uns hält wie nur irgend möglich. Auch die Geister müssen uns mehr auf den Leib rücken; wenn eine Bühne das einzurichten versteht, wird sie nicht an der gefürchteten Superklugheit des Publikums scheitern, — es ist damit so schlimm nicht.

Uebrigens ist es nicht mehr als billig, daß ich an dieser Stelle auch einzelne Vorzüge der eben besprochenen Scenen hervorhebe, die zum Theil mit dieser Art des Arrangements zusammenhängen. Das sich Zurückziehen König Duncans in die große Halle des Macbeth'schen Schlosses, der kurze Einblick, den wir in das zum abendlichen Festmahl hergerichtete Zimmer gewinnen und dann das mälige Schließen der Thüren, wodurch das frühere Halbdunkel auf der Bühne wieder hergestellt wird, alles das ist außerordentlich wirksam und mit feinem Sinn arrangirt. In der Gastmahlscene scheint mir die Art, wie Banquo auf seinem Platz am Tisch erscheint, vor dem früher üblichen Arrangement den Vorzug zu verdienen. Das Aufsteigen aus der Versenkung hat immer etwas Mißliches, schon weil es Lärm macht, was sehr ungeisterhaft ist. Wenn ich recht gesehen habe, tritt er jetzt aus der Seitenwand einer Nische in diese Nische selbst (an der sich gerade sein oder Macbeths Platz befindet) hinein und überblickt den Tisch. Das ist gut. Ebenso gibt die große Bühnenausdehnung und das bescheidne Placement des Festtischchens in den Hintergrund eine nicht zu leugnende Gelegenheit, den Rapport über Banquo's Ermordung, der ihm von dem auf allen Vieren herangekrochenen Mörder in Gegenwart der bereits versammelten Gäste abgestattet wird, so plausibel wie irgend möglich zu machen. All dies erkenne ich bereitwilligst an; aber es reicht nicht aus, um die großen Nachtheile aufzuwiegen, die durch die räumliche Auseinandergezerrtheit von Scenen herbeigeführt werden, deren Macht sich mit der Concentration steigert.

Nun Einiges über die Herenscenen. Sie scheinen mir von Grund aus verfehlt, weil man sich über das „Was" und „Wie" dieser Heren gar nicht klar gemacht, sondern ohne viel Federlesens den ersten besten Herentypus acceptirt hat. Diese drei Karrikaturen (denn das sind sie) wirken mehr komisch als schauerlich. Sie sehen aus (und geberden sich) als seien sie durch Kreuzung der rothen Teufel im Don Juan mit der alten Here im Goethe'schen Faust rasch und kunstgerecht erzielt worden. Ich glaube aber nicht, daß Shakespeare solche Bastarde beabsichtigt hat. Die drei Macbeth-Heren sind Schicksalsschwestern, dämonische Parzen, die den Lebensfaden Macbeths für die Hölle spinnen. Sie müssen sein wie drei Raben auf dem Wetterdach, nicht wie drei bunte Papageien, deren Renommir-Gekreisch nur das Ohr ängstigt, aber nicht das Herz. Die eine Here (muthmaßlich Herr Hiltl) spielte die Rolle ganz im Einklang mit dem Herentypus, den der Schauspieler Wihl in früheren Jahren für die alte, durch den Schornstein fahrende Here im Faust geschaffen hat. Herrn Wihls Auffassung und Spiel waren gleich vortrefflich, aber es existirt kaum irgendwelche Aehnlichkeit zwischen dieser Beherrscherin der Herenküche und jenen drei Nebelgestalten auf der schottischen Haide. Wer da glaubt, daß alle Heren sich ähnlich sehen, hat wenig mit ihnen zu thun gehabt und gleicht jenen Kindern, die darauf schwören, daß alle Mohren ein und dasselbe Gesicht haben. Die betreffenden Scenen im vierten Akt waren übrigens nichtsdestoweniger besser, als in Sadlers Wells, wo Hecate mit der Agraffe Alles verdarb. Nur eins ist sicherlich nicht gut zu heißen: die Art und Weise, wie der Herenspruch (beim Hineinthun der

Raritäten in den Kessel) gesprochen wird. Das ist schlimmer wie Schul=
Declamation. Es kommt ja gar nicht darauf an, ob ich erfahre, daß
das Krötenherz und der Schlangenmagen wirklich hineingekommen ist,
oder nicht; es kommt auf die Totalwirkung an, und die geht bei
dieser breiten geflissentlichen Betonung jeder einzelnen Sylbe durchaus
verloren.

Herrn Hendrichs' Macbeth ist nicht schlecht. Es ist keine große
Leistung, die einen Eindruck für lange Jahre hinterläßt, aber es ist
alles, was man erwarten kann; der Schauspieler bleibt nicht hinter sich
und seinem Ruf zurück. Im zweiten und dritten Akt hat er sehr viele,
durchaus gelungene Momente, aber eins vermißt man freilich: eine
Grundanschauung von dem Charakter, den er repräsentirt. Er spielt
den Macbeth scenenweise, er spielt ihn nicht aus einem Guß;
wir sehen ihn dies und das und dann ein Drittes thun, aber wir haben
keine eigentliche Charakter=Entwicklung, keine Folgerichtigkeit, keine innere
Einheit im äußerlichen Wechsel vor uns. Darin bleibt der Hendrichs'sche
Macbeth weit hinter dem Phelps'schen zurück. Ich habe bei Besprechung
der Gastmahlsscene (siehe oben) anzudeuten gesucht, wie Phelps den
ganzen Macbeth faßt und durchführt.

Fräulein Heussers Lady Macbeth, mit Bedauern sprech' ich es aus,
hat ebenfalls nur Anspruch auf ein sehr bedingtes Lob. Man kann
schon zugeben, daß sie den Charakter aus einem Gusse gibt, aber der
Guß ist dünn und zerbrechlich. Es ist schwer zu sagen, ob sie die dä=
monische Tiefe der Lady Macbeth nicht ausreichend begreift, oder ob
es ihr nur an der ausreichenden Kraft fehlt, das was sie voll und
richtig erkannt hat, auch dem entsprechend darzustellen. Was es auch
sein möge, es ist jedenfalls eine schlaffe Lady Macbeth, die sie gibt,
es fehlt alle Energie und Leidenschaft, und man hat nie das Gefühl,
daß mit Blut und Mord um Kronen gewürfelt wird. Wenn sie im
zweiten Akt dem Macbeth sagt, „Du mußt es nicht so tief nehmen,"
so macht das den Eindruck, als handle es sich um unterschlagene Pu=
pillengelder; es ist kein Verhältniß zwischen der Furchtbarkeit der äußern
Vorgänge und den Vorgängen in ihrem Gemüth. Am Schluß der
Scene steht sie da (indem sie sich mit der Hand am Gitter hält), wie
eine vor Schreck halb ohnmächtig gewordene Frau, aber nicht wie Lady
Macbeth, die einen Königsmord begangen hat und der das böse Ge=

wissen zum erstenmal sein Schlangenhaupt zeigt. In der Gastmahls=
scene ist sie völlig schwach und unzureichend. Am charakteristischsten für
ihre Lady Macbeth ist jedoch die Nachtwandelscene im fünften Akt.
Sie verwechselt hier geradezu Lady Macbeth mit Gretchen; sie spielt
diese Scene, als habe sie aus Liebe gefehlt; Hingebung, Fall, Kindes=
mord, alles die Folge eines ursprünglich schönen Gefühls, das uns
rührt und die volle Zustimmung unseres Herzens hat. Auch im Cha=
rakter der Lady Macbeth sehen wir die weibliche Natur, gegen die sie
sich versündigt, schließlich triumphiren und diese Nachtwandelscene ist die
Spitze dieses Triumphs. Aber so gewiß dadurch Mitleid an die Stelle
des Entsetzens tritt, dennoch bleibt es Lady Macbeth, die vor uns
wandelt und die Hände wäscht, und das ursprünglich Dämonische dieser
Natur muß durch all' dies Weh und Elend hindurchschimmern. Sie fiel
nicht aus menschlicher Schwäche, sondern aus teuflischer Kraft,
und jede Lady Macbeth ist keine Lady Macbeth mehr, die, beabsichtigt
oder nicht, jene Schwäche dieser Kraft substituiren will.

Herrn Dessoirs Macduff ist eine gut und verständig gespielte
Parthie. Im vierten Akt, wo er durch Rosse die Ermordung von
Weib und Kind erfährt, reicht die Bezeichnung „gut und verständig"
nicht aus; diesen sehr schwierigen Theil seiner Rolle spielt er vortrefflich.
Im zweiten Akt hingegen, wo er nach der Entdeckung vom Morde König
Duncans die Schläfer weckt, läßt er zu wünschen übrig. An dieser
Stelle war Mr. Marston von Sadlers=Wells, der im Vergleich zu
Herrn Dessoir eigentlich nur ein Coulissenreißer ist, um vieles besser.
Andeuten möcht' ich bei dieser Gelegenheit, daß auch das, was wir
Coulissenreißerei nennen, gelegentlich (und versteht sich bis auf einen
gewissen Grad) am Platze sein kann. Ungefähr so wie eine gesunde
Naturburschengrobheit unter Umständen höher steht, als die maßvollste
Gentlemanschaft oder der abwehrendste Witz. Denn wohlverstanden,
Coulissenreißerei ist nicht allemal „Affectation;" sie ist „Maßlosigkeit,"
kann aber sehr ehrlich gemeint sein. Entschieden mißbilligen muß ich
Herrn Dessoirs Kostüm. Dieser schwarze Sammtrock mit dem roth=
schottischen Besatz macht den Eindruck des Gezierten und sieht aus wie
das Resultat einer mehrstündigen, ernsten Berathung mit dem Theater=
schneider. So was kann geschehn, aber man muß es hinterher nicht
merken.

Malcolm und Rosse wurden ausreichend gegeben; sie waren, was man von den Trägern solcher Parthien im Allgemeinen verlangen kann. Der Sohn der Lady Macduff sprach seine paar Worte sehr brav; nicht dasselbe kann ich von der Lady selber sagen. Sie sah so urgemüthlich aus, als käme sie eben von einer Abendgesellschaft oder Whistparthie und hätte sich bei der Wirthin mit den Worten beurlaubt: „Liebste R., auf einen Augenblick meine Karten, — Sie wissen ja — in zehn Minuten bin ich wieder da."

König Duncan wurde glücklicherweise im zweiten Akt schon ermordet. Er spielte nicht schlecht, sprach aber, namentlich das R, so äußerst schulgerecht und affektirt, daß es mich nervös machte.

So weit meine Bemerkungen über den Berliner „Macbeth." Wer an einzelnen Wendungen und Vergleichen (die ich sicherlich nicht wählte, um zu verletzen, sondern nur um möglichst scharf zu charakterisiren) nicht allzusehr Anstoß nimmt, wird mir nicht Unbilligkeit vorwerfen können. Die Haltung des übrigens sehr gewählten und feinfühligen Publikums war so kühl und nüchtern, daß ich mit der Ueberzeugung das Haus verließ, einer der am meisten Befriedigten zu sein. Ich bin im Voraus sicher, daß jeder Gebildete die Bedenken theilen wird oder schon getheilt hat, die ich gegen gewisse Aeußerlichkeiten und Arrangements, dann aber insonderheit gegen die Hexenscenen und das nicht überall ausreichende Spiel Macbeths und der Lady Macbeth geäußert habe. Irrte ich mich aber auch in dieser Voraussetzung, so wird mir doch das gute Gewissen bleiben, daß ich nicht zu denen gehöre, die in die Fremde gehn, um in der Heimath hinterher alles schlecht zu finden. Aber freilich der Wahrheit die Ehre.

Fünftes Kapitel.

Die Antwort auf die Frage.

Sollen wir uns um die Schule? Wo steht das Bessere? Wer hat zu lernen? Haben wir bei den Engländern in die Schule zu gehen oder umgekehrt? Ich will versuchen, auf diese Fragen zu antworten.

Um das zu thun, habe ich zunächst Aeußerliches und Innerliches, Sinnliches und Persönliches, Theater-Apparat und Schauspielkunst zu trennen.

Wer meinen Ausführungen bis hierher gefolgt ist, wird wahrgenommen haben, daß ich durch gewisse Bühnen-Arrangements vielfach überrascht, gemeinhin befriedigt worden bin. Ich verweise auf das, was ich bei Gelegenheit des „Hamlet" und „Macbeth" in Sadler's-Wells und vorher bei Besprechung Heinrichs VIII. und des Sommernachtstraums im Princeß-Theater gesagt habe. Ich muß auch jetzt mein vergleichendes Urtheil dahin abgeben, daß ich bis diesen Augenblick nichts prächtiger Arrangirtes, als die drei ersten Akte des Macbeth, nichts heimlich Einsamerer, als das Auftreten des Geistes im Hamlet, und nichts Reizenderes und Geschmackvolleres, als den Elfentanz im Sommernachtstraum oder den Fackeltanz in Heinrich VIII. gesehen habe. Unsere Hoftheater besitzen zwei Dinge, mit denen sie nicht recht wissen, was sie anfangen sollen: Raum und Reichthum, zwei Kräfte, die sich abwechselnd verzehren. Reichthum in zu vielem Raum hört auf, er selbst zu sein, und macht den entgegengesetzten Eindruck (ich erinnere an die Gastmahls-Scene im Macbeth); andererseits macht auch der Reichthum den Raum todt und es pflegt eine intendirte Reichthums-Entfaltung, die Vorbereitung zu einem Tableau, einem Tanz oder Festzug, den allernöthigsten Raum oft in unverantwortlicher Weise zu beschränken. Eine wichtige Scene wird auf sechs Fuß breitem Terrain, mit einer wackligen Leinwand im Hintergrund, trostlos abgehaspelt, nur damit hinterher einige Kronleuchter mehr den gothischen Dom erhellen und ein magisches Licht verbreiten können. Wo man weniger Wachslichte und eine minder prächtige Kirchen-Decoration hat, gönnt man der armen Scene vorher ihr Recht und ihren Raum. Ich glaube, daß wir nach dieser Seite hin sehr wohl von den Engländern lernen können; ihre Arrangements sind zweckentsprechender und kulturhistorisch-gewissenhafter, darüber bin ich mir völlig klar. An Pracht, Glanz und dekorativer Kunst mögen wir ihnen im Allgemeinen überlegen sein; aber an Wirkung auf Sinn und Gemüth bleibt unsere Pracht und unsere Kunst hinter dem zurück, was eine Privatbühne, wie das Prinzeß-Theater, leistet. Ich bin kein regelmäßiger Besucher unsrer Opern und Ballets gewesen; indeß ich kenne doch die Mehrzahl — nichts hab' ich in ihnen gesehen, was sich an poetischer, tief ergreifender Wirkung dem Herabschweben jener licht-umflossenen Engel vergleichen ließe, die der sterbenden Königin Katharina (in Heinrich VIII.) die Palme des Friedens bringen. Aber irrt' ich auch hierin, hätten wir wirklich Gleiches und Besseres selbst, so viel muß stehen bleiben, daß wir uns nicht in den bedenklichen Glauben des durchaus Fix- und Fertigseins hineinzuleben, vielmehr anzuerkennen haben, daß sich auch auf diesem, mit der bildenden Kunst eng zusammenhängenden Gebiete allerlei Nachahmenswerthes von jenseits des Kanales holen läßt.

Was nun die Schauspielkunst selber angeht, so ist es Pflicht und Schuldigkeit, einzuräumen, daß unsere Besten im Großen und Ganzen besser sind, als die Besten hier. Edmund Kean und die Kemble's sind todt, Macready hat sich von der Bühne zurückgezogen und Charles Kean und Mr. Phelps, diese Epigonen jener großen Epoche, bleiben (einzelne Vorzüge unbedenklich zugegeben) theils an natürlicher Begabung, theils an künstlerischer Vertiefung hinter Emil Devrient, Dawison und in einzelnen Partieen selbst hinter Dessoir zurück. Greif' ich noch um 25 Jahre weiter in unser Bühnenleben rückwärts, so stellt sich das Urtheil noch klarer und unzweifelhafter heraus: das moderne englische Theater hat keinen Ludwig Devrient und keinen Seydelman, und selbst seine Chancen sind geringer als die unsrigen, solche Männer und Kräfte neu erstehen zu sehen.

Die Gründe sind einfach die, daß erstens die in anderer Beziehung nicht genug zu preisende Macht der Tradition die eine Schattenseite hat, alles selbstständige Streben mehr oder minder im Schach zu halten, und daß zweitens die mit den englischen Lebens- und Erwerbs-Verhältnissen zusammenhängende Sucht, Theater-Unternehmer und erster Acteur zugleich zu sein, den besten Mann, das energischste Streben nothwendig halbiren muß und da zur Zersplitterung führt, wo vollste Concentration zu wünschen wäre.

So weit wären wir im Vortheil und unsere großen Künstler der Zukunft finden bei uns voraussichtlich eine bessere, ihrer Kraft-Entwicklung günstigere Rennbahn vor, als das englische Theater sie bietet. Aber die Genies sind überall dünn gesäet und Zustände, die der Entwickelung großer selbstständiger Kräfte äußerst günstig sind, können ungünstig einwirken auf die Gestaltung der großen Masse. Wir haben auf unseren Bühnen so sehr viel Leute, die Ludwig Devrients und Seydelmanns sein möchten, ja es zu sein glauben, und die im einen Fall sich himmlisch naiv einem unklaren Drange überlassen, davon ausgehend, daß es der Zug der Inspiration und des Ingeniums sei, und die im andern Falle an ihren Rollen herumklügeln und herumdüsteln, Neues entdecken und darstellen wollen und nie und nimmer zu dem Einsehen gelangen, daß es nicht blos auf das Suchen ankommt, sondern vor Allem darauf, daß auch ein Auge da ist, was etwas zu finden vermag. Sie suchen und suchen, wie alte Spittelfrauen mit dem Krückstock.

Und doch sind diese noch die besten. Alles ehrliche Streben hat etwas Respektables und Tolerables, auch wenn es irre führt und selbst der Lächerlichkeit verfällt. Das Leiden unsrer Bühnen sind die Gecken. Jeder derselben glaubt, daß es ohne ihn nicht geht und daß die ganze Vorstellung mit ihm steht oder fällt. Diese jungen Mimen haben etwas von „Ensemble" gehört und definiren das, im Einklang mit ihren Herzensgelüsten, dahin, daß es gleichgültig sei, ob man den ersten Liebhaber oder den bloßen Briefträger spielt; jeder sei gleich wichtig. Und so wünscht denn auch der Briefträger einen unverlöschlichen Eindruck auf sein Publikum zu machen. Sie erinnern sich gewisser Normal-Vorstellungen, in denen es insoweit keine Nebenrollen gab, als auch die kleinste Parthie von einem berühmten Namen gegeben wurde, aber sie vergessen dabei das Eine, daß das Spiel des berühmten Mannes gerade darin so meisterhaft war und so trefflich zur Gesammtwirkung beitrug, daß er den Bedienten als Bedienten und nicht als Dunois oder Max Piccolomini gab. Was ist die Folge dieser Eitelkeit und dieses sich Vordrängens? Affectation, Unwahrheit, Gespreiztheit. Der Wunsch des Einzelnen, an jeder Stelle ein ebenbürtiger Künstler zu sein, bringt uns zuletzt um alle Kunst und macht die Bühne zu einem Tummelplatz privilegirter Ziererei. Auch die Guten, die sich durcharbeiten, behalten davon und kommen später mit ihrem angebornen Talent nicht über die böse Angewöhnung hinweg. Das Natürliche ist ihnen verloren gegangen. Ich nenne einen Namen, der klar zeigt, was ich meine — Moritz Rott. Ein großes, aber von Jugend auf um allen Naturlaut" gekommenes Talent.

Man spricht jetzt viel von einer neuen Aera der Schauspielkunst, von dem Realismus einer neuen Schule. Auch an Gegnern fehlt es nicht. Diese haben Recht, wenn sie sich gegen die rothen Wollenfäden auflehnen, die Madame Ristori als sich verblutende Mirra aus dem Busen zupft. Aber von solchen Einzelnheiten abgesehen, denke ich, wir haben alle Ursach, diese neue Schule, die zur Zeit noch im Dunkeln tappt, freudig zu begrüßen, selbst dann noch, wenn sie hier und da über das rechte Maß hinausgehen sollte. Mit dem bloßen Daguerreotyp des Lebens ist es freilich nicht gethan, die Kunst erheischt mehr, aber das unverkennbare Streben nach Wahrheit, nach Emancipation von jenem conventionellen Plunder, der Ziererei und Idealität verwechselte, dies Streben muß nothwendig dahin führen, wieder **Menschen** auf unsrer Bühne heimisch zu machen, Menschen, aus denen sich dann der wahre Künstler entwickeln mag.

Was das englische Theater bis diesen Augenblick noch vor dem unsrigen voraus hat, das ist **seine Tradition mit Bezug auf die großen und seine Kunstlosigkeit mit Bezug auf die kleinen Rollen**. Seine Traditionen mögen gelegentlich der Entfaltung eines Talents hinderlich gewesen sein, im Großen und Ganzen haben sie das Talent vor bedenklichen Kreuz- und Quersprüngen bewahrt und ihm den Weg vorgezeichnet, auf dem es sich versuchen mag. Seine Kunstlosigkeit auf der andern Seite, das geringe Maß von Ansprüchen, das Direction und Publikum allen untergeordneten Partieen gegenüber erheben, hat wenigstens dahin gewirkt, den Menschen auf der englischen Bühne nicht aussterben zu lassen, und während wir der **Umkehr** vor allen Dingen bedürfen, genügt hier die **Fortentwickelung**.

Nachschrift.

Berlin im October 1859.

Der letzte Winter führte Mr. Phelps und seine Truppe nach Berlin und gab unserem Theaterpublikum so wie einer Anzahl von Fremden aus allen Theilen Deutschlands, eine treffliche Gelegenheit, die Licht- und Schattenseiten englischer Shakespeare-Aufführungen, so wie des englischen Theaters überhaupt durch Augenschein kennen zu lernen.

Ich will nicht leugnen, daß ich der ersten Aufführung mit einiger Sorge entgegen sah. Aus langer Erfahrung mit dem kritischen Sinn unseres Publikums, ja mit der Neigung desselben zu Tadel und Abwehr wohl vertraut, [...]

größerer Energie und furchtbarer explodiren sehn. Es ist dem trefflichen Charakteristiker als großes Verdienst und als ein Zeichen tieferer Einsicht anzurechnen, daß aus seinem wölfischen Gelüst nach Rache jener Vatergrimm hervorstach. Noch in der Gerichtsscene, auf dem Sprung den Schnitt zu thun, schärft er das Messer an der Erbitterung über seine Tochter: das menschliche Motiv blickt durch das Teuflische hindurch. Mr. Phelps ließ uns fühlen, daß Shylock ohne den Zwischenfall mit seiner Tochter, sich vielleicht zu diesem Aeußersten nicht aufgestachelt hätte. In unserer Erinnerung schwebt uns blos der Ludwig Devrient'sche Shylock als noch leuchtender im Dämonischen und kometenhafter vor. Porzia und Bassanio, mit besonderer Rücksicht gegen unsere deutschen Schauspieler sei es gesagt, haben wir niemals schöner, geistreicher und anmuthsvoller spielen sehn. Miß Atkinson ist eine Porzia, die Shakespeare selbst kaum besser wünschen könnte. Grazie, Laune, Geist, Innigkeit und eine unübertreffliche Wortbetonung zeichnen sie gleich sehr aus." Diese Aeußerungen stimmen durchaus zu den Eindrücken, die ich im Sadlers-Wells-Theater so oft empfangen hatte und die ich bemüht gewesen bin, in den vorstehenden Kapiteln auszusprechen.

Den „Lear" sah ich selbst. Die Scheere des Regisseurs war arg darüber her gewesen, aber mit demselben Geschick, das ich so oft Veranlassung genommen habe, als einen Vorzug dieser englischen Inscenirungen namhaft zu machen. Man wirft rücksichtslos halbe Dialoge, ja ganze Scenen bei Seit', aber man wahrt das Verständniß des Ganzen. Der „Narr" wurde von einem jungen Mädchen gespielt, machte also den Eindruck eines kaum 14jährigen Knaben. Dazu wollen denn freilich die Weisheits-Sprüche nicht recht passen. Keine Frage, diese Art der Besetzung (jedenfalls auch eine traditionell vorgeschriebene) ist ein Mißgriff, aber die Hand, die zuerst diesen Mißgriff that, ist nichtsdestoweniger eine sehr geschickte gewesen. Wenn ich nämlich den Grundunterschied zwischen einer deutschen und englischen Lear-Aufführung bezeichnen soll, so ist es der, daß eine englische Darstellung dieses Stücks das Element der Rührung ungleich stärker betont. Die deutsche Aufführung gibt den wahnsinnigen Lear und den König Lear, die englische vor allem den alten, verrathenen und verlassenen Mann; die deutsche betont das Resultat, das aus Kränkung und Herzeleid erwachsen ist, durch das Toben des englischen Lear aber klingt immer das Weh, das jenen Wahnsinn schuf, der Jammer eines greisen und herzgebrochenen Vaters hindurch. Dies macht eine englische Aufführung, einem Durchschnitts-Publikum gegenüber, ungleich ergreifender, wenn schon nicht geleugnet werden soll, daß die Gefahr nahe liegt, das Hochtragische und Königliche bis in's Sentimentale und Spießbürgerliche verwässert zu sehn. Zu dieser Grundauffassung des englischen „Lear" stimmt es durchaus, daß man den Narren durch ein junges Mädchen darstellen läßt. Die jugendliche Erscheinung, die Weichheit und Innigkeit der Stimme, alles schmeichelt sich in Sinn und Herz und hilft uns, wider unsern Willen, über das Bedenken hinweg, ob denn ein Knabe so gesprochen haben könne oder nicht. Hier zu Lande hat „der Narr" gewöhnlich etwas Steifleinenes und Professorenhaftes und trägt seine Sentenzen vor, als läse er sie mit zurückgeschobener Brille aus einem Collegienhefte ab. Bei solcher Wahl weiß man wahrlich nicht, wofür man sich entscheiden soll und zieht fast das entschieden Falsche dem Halb- oder scheinbar Richtigen vor. — Daß der Oswald wie ein Clown gegeben wurde, versteht sich von selbst; jedes Shakespeare'sche Stück muß wohl oder übel eine Art Bajazzo haben.

Ich verweile nicht eingehender bei der einen oder andern der hier stattgehabten Aufführungen und fasse nur abermals meine Ansichten zu dem Schlußurtheil zusammen, daß auch die Berliner Vorstellungen der Phelps'schen Truppe mich in dem Glauben bestärkt haben: 1) an das Nachahmenswerthe gewisser scenischer Einrichtungen, 2) an die Gewalt und die Berechtigung des ächten, ehrlichen (nicht des hohlen) Pathos, auch da noch, wo es entschieden fehl greift und 3) an den wenigstens relativen Vorzug des Unkünstlerischen vor dem Gekünstelten und des Naturburschenthums vor der Geckenhaftigkeit.

Was gewisse Vorzüge der scenischen Einrichtung angeht, so laß ich meinen oben citirten Gewährsmann hier noch einmal sprechen. Er schrieb nach Aufführung des Macbeth Folgendes: „Die Ausstattung und scenische Wirkung war wieder überraschend. Das Erscheinen der Heren hinter einem Flor gibt dieser Scene einen Nebelhauch und mildert zugleich die harten Umrisse der bärtigen Unholde, so daß der Behelf wohl von der deutschen Bühne dürfte aufgenommen werden. Das Schlußtableau des zweiten Akts, das Vorbeiziehn von Banquo's Geschlecht im schattenhaft gelichteten Hintergrunde, während die ganze Bühne in einem romantisch-unheimlichen Waldes- und Höhlenzwielicht dämmert, sind Muster und Studien theatralischer Anordnung und scenischer Tableaur. Von Shakespeare's Theaterwirkung und dem Zauber seiner auch für das Auge berechneten Poesie geben uns erst diese Vorstellungen einen deutlichen Begriff." Dem habe ich nur mit vollster Ueberzeugung zuzustimmen. Wenn es aber an andrer Stelle, wo die Frage nach der Totalbedeutung dieser Gastvorstellungen verhandelt wird, in nur beschränkter Anerkennung heißt: „Die Aufführung der Shakespeare'schen Lustspiele seitens der Phelps'schen Truppe wird von nachwirkenden Folgen für unser theatralisches Verständniß des Dichters bleiben," so möcht' ich hier mit der Bemerkung schließen, daß sich nach meiner Hoffnung, um nicht zu sagen nach meiner besten Ueberzeugung, der Einfluß jenes Gastspiels auf einen derartigen theilweisen Erfolg nicht beschränken wird.

Aus Manchester.

Erster Brief.

Erste Eindrücke. Die Stadt im Festkleid. Der Einzug der Königin.

Manchester, auch abgesehn von dem Festschmuck, den es heute trägt, ist nicht voll ein so trostloser Platz, wie er mir in London geschildert wurde. Der erste Eindruck freilich, den zumal die Vorstädte machen, die man passirt, ist traurig genug. Aehnlich wie beim Vorüberfahren an dem nachbarlichen Stockport, hat man eine Häusermasse unter sich, von der man nicht weiß was niederdrückender wirkt, die Unabsehbarkeit oder die Uniformität.

Einen ähnlich unerquicklichen Eindruck wie die Arbeiter-Vorstadt am Bahnhof, macht Salford, die Schwesterstadt Manchesters und überhaupt alle jene Stadttheile, drin nur der Fabrikschornstein gen Himmel zeigt und die Dissenter-Kapelle des Thurmes entbehrt. Der Irwellfluß, eine Art Halbinsel bildend, umgrenzt dies Gebiet und wenn man ihn hinab oder hinauffährt, so erscheint einem die ganze Umgebung wie ein grau und farblos gewordenes Venedig. Statt der schwarzen Gondeln gleiten Kohlenschiffe auf und ab; zahllose Brücken, die keiner Mittelpfeiler bedürfen, springen von einem Ufer zum andern und wie Paläste der Nüchternheit (mit eisernen Krahnen statt der Ballons und mit Gossen und Röhren statt jeglichen Façadenschmucks) erheben sich am Wasser entlang die fünf und sechs Stock hohen Etablissements. Der Fluß zeigt jene unaussprechliche Farbe, die ein Glas Wasser annimmt, wenn ein Knabe seinen neuen Tuschkasten durchprobirt hat. Es ist kaum noch Wasser zu nennen, es ist selbst wieder eine Farbe geworden, wenn auch eine häßliche. Aber Manchester hat auch seine hübschen Parthieen und verfuhr nicht eben allzu anmaßend, als es einzelnen seiner bessern Straßen die Namen Orford- und Regent-Street, Piccadilly und Portland-Place in der Taufe beilegte. Der hübscheste Theil der Stadt ist der, wo Market-Street und Piccadilly zusammentreffen und sich zu einem geräumigen Platz erweitern. In der Mitte erhebt sich ein neugebautes, stattliches Krankenhaus, dessen Kuppelbau dem Ganzen einen Anblick leiht, der wenigstens leise an den Invaliden-Dom oder das Greenwicher Hospital erinnert. Vor dem Hause, in weiten Zwischenräumen, sind vier Erz-bilder aufgestellt, und zwar die Statuen von Wellington, Watt, Peel und Dr. Dalton, letzterer ein berühmter praktischer Chemiker, der in Manchester geboren wurde. Zwischen dem Hospital und den Statuen befinden sich einige Springbrunnen, die noch geringeres leisten, als ihre älteren Londoner Vettern auf Trafalgar-Square. Der ganze, ziemlich große Platz ist von stattlichen, zum Theil von schönen Baulichkeiten eingefaßt, aber der Umstand, daß eben die besten unter ihnen bloße Hotels oder Waarenhäuser sind, raubt dem Ganzen den Charakter wirklicher Vornehmheit. Manchester, trotz seiner 400,000 Einwohner macht völlig den Eindruck eines Parvenus unter den Großstädten Europa's; sein Reichthum, seine hohe Bedeutung sind unbestreitbare Thatsachen, aber die vornehme Haltung fehlt selbst da, wo die unverkennbare Absicht vorwaltet, sie zu zeigen. York und Orford haben das Ansehen einer Residenz, nicht Manchester, das ihnen an Größe und Reichthum zehnfach überlegen ist.

Seit gestern nun hat Manchester ein Festkleid angezogen, um seine Königin würdig zu empfangen. In früher Morgenstunde hab' ich durch die bereits dichtbesetzten Straßen meinen Umgang gehalten, um ein Bild von all der Herrlichkeit zu gewinnen. Ich darf nicht sagen, daß ich etwas ganz Besonderem begegnet wäre; nur durft' ich auf Schritt und Tritt die Wahrnehmung machen, daß ich mich an der Quelle des Calicot befände. In den Straßen zeigte sich ein Reichthum an Flaggen und Fahnen, wie ich ihm selbst in London bei ähnlichen Gelegenheiten nicht begegnet bin, und einzelne Häuser präsentirten sich dem Auge geradezu in einer Zeug-Emballage. Dies sah zum Theil sehr reizend aus, namentlich da, wo man nicht blos lange, rothe Lappen einfach zum Fenster hinaushängen ließ, sondern wo ein feinerer Geschmack die Zeug-stücke shawlartig zusammengelegt, und alles Mauerwerk, sowohl unter wie neben den Fenstern, hinter rothe und weiße Falten versteckt hatte.

An Inschriften und Devisen herrschte wieder Mangel und doch ist ein kurzer Spruch oft besser als eine lange Fahne.

Gegen zehn nahm ich meinen Stand auf der höchsten Spitze eines Omnibus ein und hatte einen passabel guten Ueberblick über Platz und Straße. Alle Häuser mit Hunderten und Tausenden dicht besetzt und überall hochaufgethürmte Wagenburgen, die der Invention ihrer Besitzer eben so viel Ehre machten, wie dem Muthe derer, die ihre Glieder und selbst ihr Leben solchem erbärmlichen Baue anvertrauten. Am meisten amusirte mich eine reizende Gruppe von Knaben, die die Statue Wellingtons erklettert und auf dem Schoße des Mars, der eine der vier Eckfiguren bildet, Platz genommen hatten. Sie saßen zu je zwei auf seinen Schenkeln und der Erzarm des alten Kriegsgottes hielt den einen Jungen wie zum Schutze umspannt.

Ein Schreien und Hüteschwenken riß mich jetzt aus meinen Gemüthlichkeitsbetrachtungen und mahnte mich, daß es Zeit sei, meinem Auge und meiner Aufmerksamkeit eine andere Richtung zu geben. Einige Civilbeamte zu Pferde säuberten den Weg, dann kam eine Abtheilung Dragoner, endlich die Königin selbst, von den Jubelrufen des Volks empfangen und begleitet, so lange noch die weiße Feder ihres Hutes sichtbar war. In einer Minute war alles vorbei und an Stelle der Königin, die wie ein Sonnenschein gewesen war, erschien jetzt der Platzregen wie ein mürrischer rücksichtsloser Polizeibeamter und fegte den Platz. Was eben noch in beinah schwindelnder Höhe auf den Kisten und Kasten der Wagenburgen gestanden hatte, kroch jetzt zwischen die Räder und duckte sich unter den Bauch der hier wallfischartigen Omnibusse. Auch ich befand mich inmitten solcher Schutzsuchenden und während sich alles anlachte über die Ducatenmannposition, die selbst dem Kürzesten unter uns auferlegt war, sagte mir mein Nebenmann, ein schlichter alter Hausvater: „Die Königin bringt immer gutes Wetter und sie hat es auch heute gebracht. Lancashire braucht Regen und siehe da, die Königin bringt ihn uns. God bless our gracious Queen."

Zweiter Brief.

Eine Omnibusfahrt von der Stadt bis zum Ausstellungs-Gebäude. Das Ausstellungs-Gebäude selbst.

Das Ausstellungsgebäude liegt nicht in der Stadt, sondern vom Mittelpunkte derselben eine halbe deutsche Meile entfernt. Wer von London eben ankommt und nur die Ausstellung nicht aber Manchester besuchen will, der wird auf einer Verbindungsbahn direkt ans Ziel seiner Wünsche gebracht. Auch Personen, die in den angränzenden Vorstädten und nicht in dem eigentlichen Manchester wohnen, benutzen dieselbe. Die Hauptkommunikation aber zwischen Stadt und Ausstellungsgebäude wird durch die Omnibusse unterhalten, die in Market-Street, besonders aber an der Börse ihren Stand haben. Diese führen mich täglich zweimal bis an die Thore des großen englischen Kunstspeichers. Man kann sich nichts Unterhaltenderes und nichts Specifisch-Englischeres denken als diese Fahrt; selbst London bietet nur Aehnliches nichts Gleiches.

Die Omnibusse selbst sind wahre Leviathan's und ihre Londoner Collegen nehmen sich dagegen aus wie zierliche Privat-Equipagen, für einen beschränkten Familienkreis. Der hiesige Omnibus ist eine Arche Noah, und seit gestern, wo der Himmel seine Schleusen geöffnet hat, ist er in der That zu einem großen Rettungskasten geworden, in dem, unter Schreien und Winken, jeder Fußgänger, der leichtsinnig genug war, seinem Regenschirm zu vertrauen, Hülfe sucht. In der Regel vergeblich, denn wiewohl diese Omnibus-Conducteure in Häringspackereien ihr Geschäft gelernt zu haben scheinen, so scheitert dennoch schließlich an dem physikalischen Gesetz von der Undurchdringlichkeit der Körper selbst der beste Wille, einen wohlbeleibten Farmer in den Raum einer Thürklinse hineinzuzwängen.

Diese Omnibusse sind nach amerikanischem Muster für ungefähr fünfzig Passagiere gebaut, von denen die größere Hälfte außerhalb des Wagens, die kleinere drinnen ihre Plätze hat. Bei gutem Wetter geht Alles vortrefflich; so wie aber der Regen niedergießt, sind die Außenplätze natürlich werthlos, und Selbsterhaltungstrieb von Seiten der Obdachsbedürftigen und Erwerbstrieb von Seiten der Conducteure beginnen nun einen Wettlauf, dessen Resultat zu sein pflegt, daß auf zwanzig

Plätzen vierzig Personen untergebracht werden. Die englischen Damen bei dieser Gelegenheit zu beobachten, verlohnt allein eine Reise hierher.

Wäre das Wetter gleichmäßig schlecht, so wäre der Spaß nur halb oder verlöre ganz und gar seinen Charakter; die Omnibusse würden dann am Stationsplatz einfach vollgepackt werden und ohne jegliches Intermezzo ihre Fahrt machen. Die Sache ist aber die, daß wir Aprilwetter haben, daß alle Stunden die Sonne einmal zum Vorschein kommt und in Seide und Sammet herausstaffirte Ladies zu einem Spaziergange nach der Ausstellung auffordert. Die Ladies, nehmen wir an eine Alte und drei Töchter, können dem verbindlichen, einschmeichlerischen Lächeln der Sonne nicht widerstehen und machen sich, hoffnungsvoll wie Damen immer sind, auf den Weg. Alles läßt sich trefflich an; da plötzlich, halb noch aus heiterm Himmel, fallen die ersten Tropfen, und eh man noch einen Entschluß gefaßt, einen Plan gemacht, stürzt der Regen in Strömen herab. Man bindet die Batisttaschentücher über den Hut, man ficht mit Sonnenschirmen gegen Jupiter Pluvius so gut es geht, aber was sind gemalte chinesische Leinwandfestungen gegen die reellen Breitseiten eines Linienschiffes! Da endlich schnauft es hinter ihnen und rasselt und knirscht — der Omnibus kommt und trabt über das Kiespflaster hinweg. Stop! Stop! ruft die Alte und schwenkt ihr Taschentuch und ihren Sonnenschirm zugleich, wie Schiffbrüchige Alles flattern lassen, was sie um und an sich haben, sobald ein Schiff am Horizont erscheint. Der Kondukteur, der die drohenden Blicke seiner bereits hinreichend gequetschten Fahrgäste sieht, zuckt die Achseln und ruft: „no room inside M'am," doch mit einem festentschlossenen „never mind" schicken sich Mutter und Töchter zum Sturm auf den Wagen an. Die Pferde traben, aber die Damen traben besser, und im nächsten Augenblick huschen sie alle Vier in den offenen, thürlosen Omnibus hinein. Da stehen nun die drei Schwestern mit ihren lang herabhängenden blonden Locken und sehen aus wie die Meerfrauen, die eben aus dem Wasser gestiegen sind. Mit der Linken halten sie sich an der dicken Messingstange fest, die sich an der Decke des Wagens hinzieht, während sie sich mit der Rechten das Haar und die Regentropfen aus dem Gesicht streichen. Alles lacht jetzt, die Neuangekommenen mit, und ein paar junge Bursche, ihre Beine vorstreckend, so weit es die Platzlosigkeit gestattet, sprechen mit größter Seelenruhe „take seat." Es wird nicht abgeschlagen. Im nächsten Augenblick sitzen Jung und Alt, und weiter geht es, bis Neuhinzukommende dieselbe Scene wiederholen. An Unschicklichkeit wird dabei von keiner Seite gedacht. Der seine Beine vorstreckende junge Bursche beabsichtigt nichts als eine Dienstleistung, und wie es geboten wird, so wird es genommen.

Die reizendste Scene aber bleibt mir noch zu beschreiben übrig. Wenn der Omnibus ungefähr die halbe Tour gemacht hat, tritt der Konducteur in den Wagen hinein und schreit: „fares, fares!" (Geld, Geld, eigentlich Fahrgeld.) Alle Börsen werden gezogen, und das Einkassiren beginnt. Das kostet natürlich Zeit, und vielleicht fünf Minuten lang ist die Rückseite des Omnibus, die ganz mit Leitersprossen und Treppenstufen bedeckt ist, jedem Angriff bloßgestellt. Dieser Moment wird von der Straßenjugend benutzt, deren Anzahl hier, wie überall, den Beweis übernimmt, daß die angelsächsische Race noch nicht im Aussterben begriffen ist. Heimlich und leise, wie Schmuggler, die auf Augenblicke die Grenze unbewacht wissen, sind sie da, und ehe der Konducteur (der ihnen den Rücken zukehrt und mit Schnelligkeit weder vor- noch rückwärts kann) den zweiten Sixpence einkassirt hat, sitzt schon auf jeder Sprosse und Stufe so ein kleiner schlauer, barfüßiger Teufel und kichert und schneidet Grimassen und jubilirt und lugt verstohlen in den Wagen hinein, jede Bewegung des Konducteurs verfolgend. Endlich ist dieser fertig und wendet sich. Da stehen sie jetzt angesichts des Feindes, aber zur Flucht ist es noch zu früh; die ganze Länge des Wagens, eine Art bein- und schenkel- verfahrenes Defilee, ist noch zwischen ihnen. Jetzt erst beginnt das eigentliche Grinsen, das Zunge zeigen, das Schnippchen schlagen — der eigentliche Spaß. Nun will er zugreifen, da springt die ganze Schaar von ihren usurpirten Plätzen, mit einem Geschrei als ob es junge Indianer wären, in den Straßenschmutz zurück und verschwindet hinter einer Ecke, um bei dem nächstfolgenden Omnibus das Spiel zu wiederholen. Die Sache hat neben ihrer blos unterhaltenden auch noch eine ernste Seite. Der Ausspruch Nelsons ist bekannt, „daß er die großen Siege Englands mit dem Straßengesindel (rabble) von London gewonnen habe." Wer längere Zeit in großen englischen Städten gelebt hat, dem muß es sich allerdings aufgedrängt haben, daß die Art und Weise, wie die Straßenjugend, namentlich die Londoner, ihre Tage verbringt, eine praktische Vorbereitung ist, für jene fast graziöse Sicherheit auf Tau und Mast, die den englischen Seemann charakterisirt. An etwas lernen und in die Schule gehen ist nicht zu denken; statt dessen erklettern sie jede Stange und jeden Baum, stehen auf den Spitzen der überall vorhandenen Gitter, hängen minutenlang mit dem einen oder anderen Knie an den Eisenstangen, springen mit und ohne Anlauf über die Steinpfosten hinweg und schlagen halbe Viertelmeilen lang Rad auf dem Trottoir, um eines einzigen Farthings willen. Ihre ganze Jugend ist ein selbstertheilter, ununterbrochener Turnunterricht und um so praktisch verwendbarer, als er keine Künste und Regeln kennt und überall sein Terrain findet.

Auch die Omnibusjagd in den Straßen von Manchester ist eine der vielen Disciplinen zur Herstellung eines zugleich zähen und gewandten Körpers. Diese Dinge sind wichtiger als sie erscheinen.

Eh ich noch mit diesen Betrachtungen zu Ende war, hielt der Wagen vor dem Ausstellungsgebäude. Versuch' ich es, dem Leser ein Bild desselben zu geben. Die Grundform ist ein Kreuz und besteht aus einem 700 Fuß langen Hauptschiff, das durch das Querschiff in zwei ungleiche Hälften getheilt wird, so daß die Halle unterhalb des Transsepts sehr lang, der Raum oberhalb desselben (dem hohen Chor einer gothischen Kirche entsprechend) aber sehr kurz ist. Die Decke vom Haupt- und Querschiff ist gewölbt und unterscheidet sich nicht blos durch diese überall beibehaltene Bogenform von dem Sydenham-Palast, (wo, wenn ich nicht irre, der rechte Winkel vorherrscht) sondern namentlich auch dadurch, daß nur das oberste Drittel der Wölbung von Glas ist, während die beiden Seitenstücke, rechts und links, die also das oberste Drittheil tragen, von Holz sind. Die Decke des Hauptschiffs, richtiger vielleicht als Haupthalle zu bezeichnen, besteht nicht aus einem einfachen Halbbogen, sondern hat so ziemlich die Form eines griechischen Ω. Dadurch entstehen zwei Seitenschiffe, so daß die große Haupthalle in Wahrheit aus drei Schiffen besteht, von denen das Hauptschiff auf eisernen Säulen ruht, während die Decken der Seitenschiffe zur Hälfte von einer Mauerwand getragen werden. Diese Decken sind flach, mit leiser Abdachung nach der Außenseite hin. In Bezug auf Zulassung des Lichts, hat man das bei dem Hauptschiff befolgte Princip adoptirt, und das Licht fällt ebenfalls nur durch einen in der Mitte laufenden Glasstreifen, während rechts und links eine Holzbekleidung ist. Die ganze, dreigetheilte Halle besteht also aus zwei

Säulenreihen und zwei soliden Wänden rechts und links, an welchen letzteren sich die 386 Nummern starke, unvergleichliche „britische Portraitgallerie" befindet. An jeder der beiden Säulenreihen entlang zieht sich eine Doppelreihe von Statuen und Marmorgruppen, und zwar in solcher Aufstellung, daß man beim Durchschreiten des Hauptschiffs Sculpturen zu beiden Seiten, beim Durchschreiten der Nebenschiffe aber Sculpturen nach innen und die portraitbedeckten Wände nach außen hat. Ohngefähr in den Zwischenräumen, die die Säulen untereinander bilden, stehen aufbewahrt in schrankartigen Glaskästchen die Kuriositäten der Soulagesammlung. Das Transsept und überwiegend auch die beiden Flügel des Querschiffs sind mit Bänken für die Zuschauer besetzt, theils der Concerte halber, die täglich von 2 bis 7 (in den letzten zwei Stunden Orgelspiel) in dem amphitheatralisch hergerichteten hohen Chor stattfinden, theils um dem Publikum Gelegenheit zu geben, bei etwaigen Festlichkeiten, die immer im Transsept aufgeführt werden, möglichst in der Nähe sein zu können. An dem äußersten Ende des Chors und der ganzen Halle überhaupt, erhebt sich eine schöne, mächtige Orgel, zur Rechten und Linken eingefaßt von lebensgroßen Bildern der Königin und des Prinzen Albert. Dieser meist von den Musikern eingenommene Theil des Gebäudes ist vielfach mit Fahnen und Flaggen geschmückt, unter denen sich sechs befinden, die die Namen der berühmtesten Maler aller Länder (mit Ausnahme Englands) aufweisen. Diese sechs Fahnen sind folgende: Italien (gelb; mit dem ziemlich unverständlichen österreichischen Doppeladler): Giotto, Raphael, Titian, Paul Veronese und Benvenuto Cellini. Frankreich (blau, mit dem napoleonischen Adler in Gold): David, Gerard, Ingres, Delaroche und Horaz Vernet. Bayern (blau und weiß): Kaulbach, Schnorr, Schwanthaler, Heß, Müller. Preußen (weiß, mit dem schwarzen Adler): Cornelius, Veit, Overbeck, Lessing, Rauch. Spanien (gelb): Murillo, Ribera, Velasquez, Zurbaran und Al. Cano. Die Niederlande (roth, mit dem niederländischen Löwen): Quentin Messys, Rubens, Vandyck, Snyders, Teniers, Van Eyck. Oesterreich ist eben nur durch den oben angeführten Doppeladler vertreten.

Hiermit hätt' ich im Wesentlichen den Haupttheil des Gebäudes beschrieben; die bedeutendsten Schätze der Ausstellung indeß befinden sich nicht in diesem Kreuzbau, sondern in zwei ebenfalls sehr großen, aber doch wesentlich kleineren Hallen, die sich saalartig drapirt, in jene zwei rechten Winkel hineinschieben, welche durch die Haupthalle und das Querschiff gebildet werden. Sie entsprechen den Kapellen an einer gothischen Kirche. Diese zwei Hallen sind ebenfalls gewölbt, so daß wir einen Gesammtbau haben, dessen Durchschnitt etwa drei aufrechtstehenden, mit ihren Seitenwänden zusammenhängenden Hufeisen gleichen würde, von denen das mittlere wesentlich breiter und etwas höher ist, als die beiden andern. In diesen beinah selbstständigen Seitenhallen, die mit den Seitenschiffen der Haupthalle nicht zu verwechseln sind, befinden sich die größten Schätze der Ausstellung: in der links gelegenen Halle die alten italienischen, deutschen und spanischen Meister, in der rechts gelegenen Halle die modernen englischen Maler von Hogarth, West, Reynolds und Gainsborough bis zu den neuesten Kraftgenie's des Prä-Raphaelitenthums.

Die Miniaturen und Kupferstiche befinden sich auf den Gallerien des Transsepts; die berühmte Hertford-Sammlung füllt den Winkel aus, den der linke Flügel des Querschiffs und der hohe Chor bilden, und die nahe an tausend Nummern zählende Kollection von Gemälden in Wasserfarben nimmt einen schmalen Gang ein, der sich in Form eines bloßen Anbaues an die äußerste Spitze des Gebäudes lehnt.

Das wär es. Ob es möglich sein wird, sich nach dieser Beschreibung ein Bild des ganzen Baues zu entwerfen, muß ich dahin gestellt sein lassen. In meinem nächsten Briefe werd' ich mich dem überreichen Inhalt zuwenden und das Wichtigste herausgreifen.

Dritter Brief.

Ein Wolkenbruch. Ausflug nach Liverpool. Besuch auf der Fregatte "Niagara."

Wie ich Ihnen schrieb, hatt' ich vor, in diesem Briefe mit der Besprechung der Ausstellung selbst, d. h. des englischen Bruchtheils derselben, zu beginnen. Das Material ist aber so mächtig, daß ich, nach neuntägiger Arbeit, es noch immer nicht bezwungen habe, und so gönnen Sie mir wohl Raum für eine Erzählung sonstiger kleiner Erlebnisse.

Von dem furchtbaren Unwetter am letzten Sonnabend, das auf Augenblicke den ganzen Bau ertränken zu wollen schien, haben Sie bereits erfahren. Es war ein höchst interessanter Moment, ein Ausdruck, den man jetzt unbekümmert gebrauchen kann, da sich herausgestellt hat, daß der angerichtete Schaden gleich Null gewesen ist. Dennoch hat dies Unwetter und die wirkliche Gefahr, in der die ganze Sammlung minutenlang schwebte, jene als engherzig verschrieenen Familienbestimmungen zu Ehren gebracht, die testamentarisch den Verbleib der Sammlung an einem bestimmten Ort festsetzen und jedes Ausleihen, auch zu den besten und humansten Zwecken, verbieten. Ich befand mich gerade in dem Lese- und Schreibzimmer (unmittelbar neben dem Transsept) als das Gewitter begann. Ziemlich emsig mit Schreiben beschäftigt, hatt' ich nicht bemerkt, wie dunkel es um mich her geworden war, bis plötzlich rasch auseinander folgender Blitz und Donner und ein seltsames, anhaltendes Getöse über mir mich aufschreckten. Eh' ich noch die Situation recht begriffen und mir das dumpfe Rauschen und Brausen erklärt hatte, brach bereits das Wasser überall hindurch. Die Eisenpfeiler, die das Mittelschiff tragen, sind hohl und darauf berechnet, zugleich als Abzugsröhren für den Regen zu dienen, aber die niederströmende Wassermasse war viel zu mächtig, um hinreichenden Abfluß zu haben. Die Röhren waren gefüllt und der Regen stand zollhoch auf den flachen Glasdächern, die sich rechts und links zwischen dem Hauptschiff und den zwei Seitenschiffen hinziehn. Durch alle Ritzen und Spalten drang das Wasser ein und lief an den Wänden der großen Halle herab, die die britische Portrait-Gallerie tragen; wo aber wirkliche Oeffnungen waren, (wie ich vermuthe: um der Ventilation willen), brach der Regen in Strömen durch. Es war, als ob Kannen ausgegossen würden. Der kleine Buchhändler, der das Schreib- und Lesekabinet eingerichtet hat, floh mit seinem Hab' und Gut unter Tisch und Stühle, um wenigstens so viel und so lange wie möglich zu retten, und Alles drängte in die Seitenhallen, wo die Gefahr geringer schien. Einige Damen fielen in Ohnmacht, weil sie, wie sich später ergab, den Zusammensturz des ganzen Gebäudes erwartet hatten; die Mehrzahl aber stand blaß und verlegen da, und gaffte sich an, die stumme Frage im Auge: „ist das der verspätete 13. Juni vielleicht?" wo man den Untergang der Welt erwartet hatte. Andere waren ganz Dienst und Thätigkeit, und Lord Ward z. B., der sich zufällig im

Hause befand, vergaß über dem gefährdeten Werth seiner Bilder (er hat viel und treffliche Sachen beigesteuert) jede andere Gefahr. Er nahm noch ab und packte vorsichtig bei Seite, als das Unwetter bereits einem blauen Himmel Platz gemacht hatte. Während der ganzen Katastrophe (die übrigens kaum länger als fünf Minuten gedauert haben kann) bewahrte nur **einer** seine Ruhe und hielt aus wie jener römische Soldat, den man nach achtzehnhundert Jahren **auf seinem Posten** neben dem pompejanischen Schilderhäuschen vorfand. Dies war der Orgelspieler. Wie jenen die niederstiebenden Aschenflocken nicht wankend machten oder zur Flucht trieben, so ließ dieser den Regen hereinbrechen und spielte weiter. Er war gewiß ein Engländer und hatte einfach das Gefühl, daß er bezahlt werde für Orgelspiel und nicht für Schaustellung seiner Angst. So spielte er denn. Wenn der Engländer bezahlt wird, so kann man sich auf ihn verlassen, und wenn er selbst ein Künstler wäre.

Am Sonntag fuhr ich nach Liverpool. Es zog mich eigentlich nichts Besonderes hin, ich hatte nur das Gefühl: wer mal' in Manchester ist, der muß auch in Liverpool gewesen sein. Die Entfernung schätz' ich auf 8 deutsche Meilen, man fährt sie in einer, auch in zwei Stunden je nach dem. Die meisten Züge gehen langsam, weil, mit Ausnahme des Expreß-Trains, auf dieser verhältnißmäßig kurzen Strecke mehr denn zehnmal angehalten wird. Die Landschaft, die man passirt, ist reizend, wiewohl flacher als englische Landschaft in der Regel zu sein pflegt. Nur in der Ferne erblickt man Berg- und Hügelreihen. Das Ganze erinnerte mich lebhaft an unser Oberbruch, das eingeschlossen von Hügeln und künstlichen Dämmen zwischen Frankfurt und Freienwalde liegt. Dieselbe Fruchtbarkeit hier wie dort, Weizen- und Gerstenfelder, Dorf an Dorf und Gehöft an Gehöft gereiht, so daß quadratmeilengroße Flächen mehr einer von Gartenland unterbrochenen Riesenstadt, als einem freien Felde mit eingestreuten Dörfern und Wohnungen gleichen.

Die letzte Viertel- oder vielleicht halbe Meile vor Liverpool ist ein Riesentunnel, durch den man mit Hülfe einer stationären Dampfmaschine (an Stelle der Lokomotive) gezogen wird. Hat man ihn passirt, so fährt man unmittelbar in die Bahnhofshalle; nur ein offener Raum von vielleicht fünfzig Schritt Länge und Breite liegt zwischen beiden. Diese ganze Parthie ist außerordentlich malerisch und macht einen prächtigen Eindruck. Man steht unter der Halle und sieht in den dunklen Schlund des Tunnels zurück, den man eben passirt. Der Raum, der zwischen ihm und uns liegt, gleicht einem in den Fels gehauenen Becken, einem Steinbruch, dessen Wände man noch zur Rechten und Linken hat, und das Ganze gibt sich vollständig als das zu erkennen, was es sein soll, als eine Art Fensteröffnung, um von oben her Licht zu verschaffen. Der Himmel blickt in das Becken hinab, auf dessen Boden sich die Eisengeleise ziehen, und während wir nach oben schauen, um seinen Gruß zu erwiedern, gewahren wir auf der Höhe des Berges, durch den sich der Tunnel zieht, eine reizende, aus braunem Sandstein gebaute gothische Kirche, die mit ihrem Thurm und ihren Fenstern in die Tiefe und auf die Wagenzüge, die unablässig kommen und gehen, hernieder sieht. Als wir um sechs Uhr Abends zurückfuhren, läutete die Glocke zum Gebet und unter ihren feierlichen Klängen lenkten wir in die Tiefe des Tunnels ein.

Von der St. Georges-Halle (einem prächtigen, höchst noblen Gebäude), der Börse und der eleganten Lord-Straße, will ich Sie nicht unterhalten; jede große und reiche Stadt hat eine Reihe solcher Sehenswürdigkeiten, und nur das Besondere kann interessiren. Dies Besondere bietet sich erst am Liverpooler Hafen. Das Bild, das sich einem hier entrollt, erinnert an Hamburg und London, aber es übertrifft beide bis zu einem gewissen Grade. Was Hamburg bietet, ist mit Hülfe der Landschaft lieblicher, freundlicher, malerischer und London wirkt durch die endlose Häusermasse, die sich zu beiden Seiten der Themse hinzieht, durch den historischen Zauber alter Baulichkeiten, die in dem Fluß sich spiegeln und durch die Welt von Brücken, Thürmen, Kuppeln, die man märchenhaft durch den Nebel ragen sieht. Aber weder Hamburg noch London hat diese imposante Wassermasse des Mersey, der hier bereits vom Meere gespeist und zu einer länglich gezogenen Bucht gemacht wird. Zu gleicher Zeit ist diese Wassermasse belebt und zeigt einem auf Schritt und Tritt, daß es der zweite Handelsplatz der Welt ist, an dem man sich befindet.

Dennoch ist es weniger vielleicht dieser breite flaggen- und segelbedeckte Fluß, der so bedeutend wirkt, als vielmehr die endlose Reihe der Docks (Bassins mit Waarenhäusern rundum, in die die Schiffe einlaufen, um ihre Ladung zu löschen oder neue Ladung einzunehmen), die sich am Flusse entlang ziehen. In London vertheilen sich diese Docks; die einen sind in der Nähe des Towers, die anderen weit flußabwärts

bei Blackwall, noch andere jenseits der Themse in Southwark, so daß es
von keiner Stelle aus möglich ist, einen Ueberblick über das Ganze zu
gewinnen. Anders in Liverpool, hier haben wir eine unterbrochene Reihe
und während wir im Steamer den Fluß hinab gleiten, begleitet uns am
Ufer stets dasselbe Bild: ein Bollwerk mit Waarenhäusern, dahinter ein
Wald von Masten, die über die Häuser hinwegragen, und dahinter
wieder die Stadt mit ihren Thürmen, die nun das Alles zu ihren
Füßen sieht.

Unsere Fahrt flußabwärts galt nicht bloß diesem Anblick, sondern
besonders noch einem Besuche auf der amerikanischen Fregatte „Niagara."
„She is the greatest ship afloat." (Sie ist das größte Schiff, das zur
Zeit auf dem Wasser schwimmt). Ihre Länge ist 365 Fuß; ihr Tonnen=
gehalt 5700; ihre Maschine 2000 Pferde stark. Wie ich vernehme, sind
selbst die größten Linienschiffe wesentlich kleiner; nur der Great=Eastern,
der in diesem Augenblick auf den Werften von Millwall (bei London)
gebaut wird, ist von so ungeheuren Dimensionen, daß selbst der „Nia=
gara" dagegen zu einem bloßen Boot zusammenschrumpft. Nachdem wir
die Fregatte umfahren, legten wir bei und kletterten an Bord; unser
Dampfer lag wie eine Jolle neben dem eleganten, lang gestreckten Schiff.
Oben angekommen, hatten wir völlig freie Bewegung, aber auch nicht
viel mehr; Niemand kümmerte sich um uns, und was wir wissen woll=
ten, mußten wir mühsam und auf die Gefahr hin, keiner Antwort ge=
würdigt zu werden, erfragen. Ein junger Engländer, der unsere Parthie
führte, wandte sich an den wachhabenden Officier, und fragte nach dem
Maschinenraum. Der blonde Yankee ging drei Schritt weiter, ohne
Antwort zu geben, dann wandte er sich um, wie Jemand, der rasch
einen andern Entschluß gefaßt hat, und sagte kurz, auf eine Treppe
zeigend, und mit dem Ausdruck allerhöchster Ueberlegenheit: down there!
('runter da!). Wir stiegen treppab und es folgte nun eine Maschinen=
besichtigung, die mich nicht interessirte, weil ich nichts davon verstehe.
Der Maschinenmeister in seiner schwarzen Sammetkappe sprach ganz leise,
langsam und affektirt. Dasselbe Gefühl der Superiorität wie der junge
Officier auf Deck, nur die Aeußerung etwas verschieden. Aus dem Ma=
schinenraum begaben wir uns in die Officierskajüte oder ihr gemein=
schaftliches Eßzimmer. Wir fragten einen Midshipman nach der Ka=
jüte des Kapitain's, worauf dieser nicht zu antworten wußte; ein Officier

aber, der in einem offen stehenden Seitenzimmer Briefe schrieb, rief ohne vom Papier aufzusehen „is engaged." Dies schnitt weitere Versuche ab und so begnügten wir uns damit, den Blaujacken im Zwischendeck unseren Besuch zu machen. Das Ganze gewährte einen traurigen Anblick. Zwei junge Burschen standen an einer Tischklappe und schrieben Briefe in die Heimath, ein dritter las Illustrated London News, ein vierter flickte seine Jacke; alle anderen, gegen Zweihundert meiner Schätzung nach, lagen da und schliefen oder sprachen ihren Kautabak in die überall umherstehenden Holzwannen. Die Mannschaft war der Art, wie man ihr nur auf amerikanischen Schiffen zu begegnen pflegt. Neben dem zähen, hageren Yankee mit dem kleinen, verschmitzten, habichtartigaussehenden Gesicht lag ein krauskörpfiger Landsmann von Onkel Tom und zu den Mischracen jeglichen Grades und jeglicher Schattirung, gesellten sich angelsächsische Rothköpfe und deutsche Stubbsnasen. Der Koch war ein Mulatte wie gewöhnlich und trug ein Hemd, das weniger blank war als seine Kochmaschine. Nachdem wir noch in der Mitte des Schiffs den großen Raum in Augenschein genommen hatten, drin man am andern und den nächstfolgenden Tagen den vierhundert deutsche Meilen langen elektrischen Draht (submarine cable) zu placiren hatte, mit Hülfe dessen die halbe Verbindungslinie*) zwischen England und Nordamerika hergestellt werden soll, stiegen wir wieder an Deck, um daselbst die Rückkehr unseres Steamers und unsere Erlösung von der Fregatte abzuwarten. Der junge Schiffslieutenant schlenderte noch immer auf und ab, unverändert die Hand in der Tasche und unverändert die Suffisance im Gesicht. Auf dem Hinterdeck stand eine Gruppe von Officieren; ich zählte sechs oder sieben, was mir auffallend viel erschien. Inzwischen hatten meine Gefährten eine Unterhaltung mit den auf Deck befindlichen Matrosen angefangen. Das Gespräch drehte sich um den Great Eastern. Alles grinste. „Es ist Alles Schwindel" meinte der eine; „er muß entzwei

---

*) Zwei Schiffe empfangen den submarine cable, ein englisches und ein amerikanisches. Zwei Fabriken haben ihn geliefert, eine Londoner und eine Liverpooler Firma. Beide Schiffe segeln zusammen bis zur Mitte des Oceans, beginnen dort mit der Legung des Drahtes und fahren dann, in entgegengesetzter Richtung, ihren beiden Ländern zu. Auf dieser Rückfahrt legen sie den Draht. N.B. Daß das ganze Unternehmen seitdem gescheitert und vielleicht auf Jahre hinaus aufgegeben ist, ist männiglich bekannt.

brechen" rief ein zweiter; wir werden die Planken und die sieben Masten des großen Humbug-Schiffes in Gestalt von 3 Schiffen wiedersehen" schloß ein dritter; „schade um's Geld" meinte ein vierter und schob den letzten Rest seines Tabaks in den Mund. Die Eifersucht der beiden Nationen ist groß und äußert sich bei nichts so sehr als bei allen Dingen, die auf Schiffbau, Segelkraft und Marine überhaupt Bezug nehmen. Endlich war unser Steamer da. Wir umkreisten die Fregatte nochmals und fanden dabei Gelegenheit zu bewundern wie amerikanische Marinesoldaten (von Kopf bis zu Fuß hellblau uniformirte Kerle von wenig empfehlendem Äußern) abgelöst werden. Auf einem an der äußeren Schiffswand entlang laufenden breiten Brett schritt der wachhabende Posten, Gewehr im Arm, auf und ab. Plötzlich voltigirte ein anderer über den Schiffsrand, riß dem Posten das Gewehr aus der Hand, gab ihm einen Klaps, als dieser jetzt Miene machte, mit Hülfe eines ähnlichen Bocksprungs über die Wandung zu kommen und begann nun auf und ab zu laufen, ganz in der Weise seines Vorgängers. Einem so vereinfachten Verfahren war ich bis dahin noch nicht begegnet.

Die interessanteste Seite des ganzen Besuchs war die Haltung der mich begleitenden Engländer. Die amerikanische Macht imponirt ihnen als ein Ganzes und die Unverschämtheit des einzelnen Amerikaners verwirrt sie fast noch mehr. Sonst so sicher und überlegen, fühlen sie sich, den transatlantischen Vettern gegenüber, gedrückt und werden erst wieder heiter, wenn sie die unheimliche Gesellschaft hinter sich haben. Sie erkennen instinktmäßig die Gefahr, die ihnen von jenseits des Wassers droht, und wenn sie sich auch zur Stunde noch mehr denn ebenbürtig und durch den Ton Bruder Jonathans nur eben genirt fühlen, so können sie sich doch gegen die Wahrnehmung nicht verschließen, daß die junge Kraft rascher wächst als die alte, und die bange Frage drängt sich auf: was ist das Ende davon?!

―――

Vierter Brief.

„Die Gallerie englischer Portraits."

In meinem zweiten Briefe, bei Gelegenheit der Beschreibung des Ausstellungsgebäudes, hab' ich der „Gallery of british portraits" bereits Erwähnung gethan und über die Art ihrer Aufstellung (an den Wänden der großen Seitenschiffe) gesprochen.

Diese Portraitsammlung ist, meiner Kenntniß der Dinge nach, durchaus einzig in ihrer Art und selbst Paris und Versailles bieten nichts Aehnliches. An den Wänden des großen Mittelschiffs erblicken wir in ununterbrochener Reihe 386 Portraits, eine Zahl, die sich verdoppelt, wenn wir die Miniaturen und Büsten wie billig mit in Rechnung bringen.

Die Bedeutung dieser Gallerie ist eine dreifache; sie ist von historischem, von kunsthistorischem und von künstlerischem Interesse. Das historische und kunsthistorische Interesse prävalirt. Eine vollständigere Illustration der englischen Geschichte seit mehr denn 400 Jahren ist nicht denkbar und das Vorüberziehen berühmter Namen, reizvoll wie es ist, gibt uns zu gleicher Zeit Gelegenheit, das Wachsthum und das Sinken oder (wenn Reynolds und Gainsborough dem van Dyck ebenbürtig sind) die Wellenbewegungen der Kunst, ihr periodisches Fallen und Steigen zu beobachten. Das rein künstlerische Interesse der Gallerie bleibt, wie bereits angedeutet, hinter ihrer historischen und kunsthistorischen Bedeutung zurück. Wir begegnen einer langen Reihe berühmter Künstler-Namen von Holbein und van Dyck an bis herab zu Lawrence und Pickersgill, aber wir erblicken keinen auf seiner Höhe. Jeder hat Besseres gemalt. Wer von den Besuchern in die Seitenschiffe eintritt und einen raschen Blick auf die vereinzelten Portraits meist unhistorischer Personen wirft, die sich daselbst vereinzelt vorfinden, kann sich auf der Stelle überzeugen, daß z. B. van Dyck es verschmäht hat, für englische Höflinge und Familien-Gallerien seinem Pinsel das Aeußerste zuzumuthen. Nichtsdestoweniger bleiben die Holbein's und van Dyck's, eben Holbein's und van Dyck's, und wie sie da sind, ob schlechter oder besser als andre ihres Namens, haben sie Anspruch auf unsere Beachtung.

Man pflegt zu sagen: Namen sind todt. Das ist nur sehr bedingungsweise richtig. Es fragt sich, an welches Ohr der Name klingt. Ein kaschubischer Tagelöhner wird bei dem Namen Bayard's, oder Gustav Adolph's, oder Washington's gar nichts empfinden, für jeden Gebildeten aber haben die bloßen Namen dieser Männer einen Zauber, und der kleinste Zug oder Umstand, der an diese Namen anknüpft, ist ein Gegenstand der Pietät und der Verehrung, mindestens des poetischen Interesses für uns. Als ich, auf einer der Transsept-Gallerien, die Kästen mit Miniaturen in gebückter Stellung durchmusterte, fuhr plötzlich ein kleiner Zeigefinger an meinem Backenbart vorbei und eh noch die Fingerspitze das Glas über einem Frauen-Portrait mit Reithut und Halskrause berührt hatte, erklangen hinter mir in heimathlichem Berlinisch die Worte: "Ach, Mutter sieh — Maria Stuart." Es war eine komplette Scene des Wiedersehens. Ich sah mich um und gewahrte jetzt Mutter und Tochter, jene eine stattliche Frau mit energisch-aufgeworfenen Lippen, diese eine junge Landsmännin von jenem prüden Blaß, das unverkennbar auf Lesekränzchen und Schillerbegeisterung deutete. Beider Empfindungen mochten verschieden sein, aber ihre Freude war aufrichtig; ihre Augen hingen an dem Bilde. An dem Bilde? nein, sie hingen an dem Namen.

Diese Worte sollen es entschuldigen, wenn ich zunächst ein langes Namensverzeichniß folgen lasse. Es ist damit wie mit einem guten Küchenzettel; die Dinge haben, ist freilich vorzuziehen, aber sie lesen ist wenigstens wie eine Abschlagszahlung auf den größeren Genuß. Ohngefähr 120 Bilder gedenk' ich, in zwei Gruppen, aufzuzählen; diese Namen werden am ehesten angethan sein, eine Vorstellung von dem Interesse, dem Reichthum und der Vollständigkeit der Gallerie zu geben.

Zunächst Fürsten, Feldherren, Staatsmänner. Richard II., Heinrich IV., Heinrich VI. (zweimal), John Talbot, Eduard IV., Jane Shore, Richard III., Heinrich VII. (Büste und Miniatur-Bild), Heinrich VIII., Katharina von Arragonien, Anna Bulen (3 mal), Marie Bulen, Katharina Howard, Katharina Parr, Johanna Seymour, Anna von Cleve, Kardinal Wolsey, Sir Thomas More, Eduard VI. (6 mal), Lady Jane Grey, Guildford Dudley, Maria Tudor, Erzbischof Cranmer, Elisabeth (6 mal), Graf Leicester, Graf Essex, Sir Walter Raleigh, Lord Burleigh, Sir Philipp Sidney, Maria Stuart (7 mal), Lord

Darnley, Arabella Stuart, Jacob I., Anna von Dänemark, Villiers Herzog von Buckingham (3 mal), Karl Stuart (5 mal), Henriette Marie, Graf Strafford, Erzbischof Laud, Prinz Rupert, Lord Falkland, Oliver Cromwell (1 Oelbild, 2 Büsten, 3 Miniaturen), John Hampden, John Pym, Thomas Fairfax, Admiral Blake, Karl II., Nell Gwyn, General Monk, Herzog Monmouth, Lord Clarendon, Lord William Russel, Jacob II., Wilhelm III., Königin Anna, Herzog Marlborough, Georg I., Georg II., Herzog von Cumberland, der Prätendent, Rob Roy, der Kardinal von York, Henry Pelham, Georg III., Königin Charlotte, Lord Bute, Lord Chatam, Warren Hastings, William Pitt, General Wolfe, Admiral St. Vincent, Admiral Howe, General Lord Hill, Sir Colin Campbell ꝛc. (Die Neuzeit ist verhältnißmäßig schwach vertreten und mit Recht. Lord Nelson fehlt ganz; von Wellington findet sich nur ein einziges Portrait vor, ohne Bedeutung. Mit Hülfe der jährlichen Londoner Kunstausstellungen, die man füglich Portrait=Ausstellungen nennen könnte, kennt jeder Engländer die Bildnisse aller derjenigen seiner Landsleute, die sich seit 30 Jahren auf irgend einem Gebiete ausgezeichnet haben.)

Zweitens Männer der Kunst und Wissenschaft, Dichter, Schriftsteller ꝛc. Johann Wikleff, Lord Southampton, William Camden, Sir Thomas Gresham (Gründer der Londoner Börse), Shakespeare, Sir John Suckling (der erste Bewunderer Shakespeare's), Ben Jonson, John Fletcher, Richard Burbadge, Nat Field, Inigo Jones, Oberst Richard Lovelace (Dichter), John Selden, Milton, Thomas Hobbes, Samuel Butler (der Verf. des Hudibras), Dr. William Harvey, Sir Isaac Newton, John Locke, Samuel Pepys, Sir Christopher Wren, Händel, John Dryden, William Congreve, Sir Richard Steele, Joseph Addison, Alexander Pope, Swift, Lady Mary Wortley Montagu, Edward Young, James Thompson, Garrick, Samuel Johnson, Benjamin West, Edward Gibbon, Sir Joshua Reynolds, Sir Thomas Lawrence, David Hume, Adam Smith (Büste), Mrs. Siddons, John Kemble, Sir Humphrey Davy, Lord Brougham, Robert Burns, Walter Scott, Lord Byron, Crabbe, Southey, Coleridge, Samuel Rogers, John Keats.

Unter allen diesen Portraits sind die ältesten unbedingt die interessantesten; es wird sich deßhalb verlohnen, etwas näher auf dieselben

einzugehen. Sie befinden sich alle am Treppenaufgang zu der oben er=
wähnten Transept=Gallerie.

Das älteste vorhandene Portrait ist das dem Domkapitel von
Westminster=Abtey zugehörige und von demselben eingesandte Bildniß
Richard's II. Es kann kein Zweifel sein, daß es noch zu Lebzeiten des
Königs gemalt wurde. Vielleicht kam es damals schon in Besitz der
Mönche von Westminster, denn der Klerus war dem unglücklichen Fürsten
in gleichem Maße zugethan, wie Adel und Volk ihn haßten. Die Lan=
kastrier, die ihm folgten und länger als ein halbes Jahrhundert (bis
zum endlichen Ausbruch des Kampfes der beiden Rosen) siegreich re=
gierten, konnten natürlich keine Veranlassung haben, den vom Throne
gestoßenen York in lebensgroßen Bildnissen zu verewigen. Als endlich
mit Eduard IV. die Yorks wiederum zur Herrschaft kamen, hatte sich
inzwischen die Oelmalerei (Hubert und Jan van Eyck) zu einer so ver=
hältnißmäßigen Höhe entwickelt, daß es eines geflissentlichen Zurück=
gehens auf frühere Stadien der Malerei bedurft hätte, um ein steifes,
im großen Ganzen wenig individualisirtes Staatsbild mit goldenem
Hintergrund herzustellen. Es ist wahrscheinlich ums Jahr 1390 ge=
malt. Mit Rücksicht auf diese frühe Zeit ist es, trotz aller seiner Schwä=
chen, eine überraschende Leistung und namentlich in der Farbe trefflich
erhalten. Bei den zahlreichen Aufführungen Richards II. im Prinzeß=
Theater hat sich der düstelnde und etwas hyperfeine Charles Kean das
Vorhandensein dieses historischen Bildes nicht entgehen lassen und während
der ersten beiden Scenen präsentirt sich der König in einem Kostüm,
das dem beinahe 500jährigen Portrait bis auf die kleinsten Züge nach=
gebildet ist. Wie ich erst jetzt aus dem Katalog ersehe, befindet sich noch
ein zweites Portrait des Königs auf der Ausstellung, aber an ganz an=
derer Stelle. Es gehört dem Grafen von Pembroke. Ich bedaure, es
nicht gesehen zu haben.

Das zweitälteste Bild ist ein Portrait Heinrichs IV., vielleicht um
zwanzig Jahre jünger als das Bildniß Richards II. Im ersten Augen=
blick überrascht der Kopf des klugen Lankastriers blos durch seine eckige
Häßlichkeit und man fühlt sich versucht, dem auf Goldgrund gemalten
überall die Schönheitslinie innehaltenden Portrait des von ihm gestürzten
Königs den Vorzug zu geben. Je länger man aber beobachtet, desto
entschiedener fühlt man, wie irrthümlich der erste Eindruck gewesen. Kaum

zwanzig Jahre mögen zwischen diesen beiden Bildnissen liegen und doch sind dieselben gleichbedeutend mit einer Kluft; jenseits eine typisch-symbolische Malerei, diesseits die ersten rohen, aber keineswegs ganz mißlungenen Versuche, charakteristisch und individuell zu sein. Das Bild ist wahrscheinlich ums Jahr 1410 gemalt. Hubert van Eick wurde 1366 geboren, war also um diese Zeit 44 Jahre. Es wäre interessant zu verfolgen, ob der Einfluß des älteren Eick um diese Zeit bereits groß genug war, um annehmen zu dürfen, daß er reformirend bis nach England hinüber gewirkt habe.

Diesem Bilde zunächst stehen die Portraits von John Talbot, Grafen von Shrewsbury und seiner Gemahlin. Es ist derselbe John Talbot, den unser Schiller in seiner „Jungfrau von Orleans" so trefflich gezeichnet hat. Er läßt ihn nur zu früh sterben; in Wahrheit fiel er nicht in den Kämpfen gegen die Jungfrau, sondern erst im Jahre 1453 in der Schlacht von Chatillon. Er war der erste Graf v. Shrewsbury; vor einigen Monaten starb zu Paris der letzte, — der siebenzehnte Graf. An demselben Tage, wo ich zum ersten Mal vor das 400jährige Bildniß des Gründers der Familie trat, begann zehn Meilen östlich von Manchester die Auction der alten gräflichen Besitzung; Alten Towers mit seinen Kunstschätzen und Erinnerungen kam unter den Hammer. — Die Bildnisse John Talbots und seiner Gemahlin sind Eigenthum des Marquis von Northampton, der ein naher Verwandter der Shrewsbury ist. Von dem Kopfe des alten Talbot gilt dasselbe, was ich vom Portrait Heinrich IV. gesagt habe. Man sieht das unverkennbare Streben nach Individualisirung. Ein ziegelrother, mit lauter Wappengethier besetzter Mantel, der steif und hölzern den Oberleib (es ist ein Bruststück) umschließt, läßt das ganze Bild häßlicher und werthloser erscheinen, als es im Grunde ist. Der Ausdruck des Kopfes ist ebenso gelungen wie überraschend. Jeder von uns wird sich John Talbot als einen Kriegsgott denken; statt dessen haben wir hier einen hagern, blassen Mann, mit fein geschnittenem Gesicht, der seine Hände zum Gebete faltet, während die hellblauen Augen sich reuig und demuthsvoll gen Himmel richten. Kein schönes, aber ein charakteristisches Bild.

Ueber die beiden Portraits Heinrichs VI. ist nichts zu sagen; sie sind unbedeutend und lassen ahnen, daß er bestimmt war, der verbrecherischen Wildheit der Söhne Yorks zu unterliegen. Von diesen Söhnen selbst begegnen wir den Bildnissen Eduards IV. und Richards III., beide ohne künstlerischen Werth, aber in überraschender Uebereinstimmung mit der Charakterzeichnung, die Geschichte und Dichtkunst von ihnen gegeben haben. Jener schlaff, sinnlich abgespannt; dieser schlau, tückisch, verkniffen, freilich ohne den Zug von Heldenhaftem, der dem Rasenden von Bosworth-Fields nun 'mal nicht abzusprechen ist.

Ein sehr interessantes Bild ist das Portrait der Jane Shore, einer Geliebten von Eduard IV. Es ist ein Bruststück in mehr als einer Bedeutung des Worts. Der Maler hat es nämlich für gut befunden, ihr keinen andern Bekleidungsgegenstand umzuhängen als ein Halsband. Dies macht sich außerordentlich komisch. Wenn übrigens Horace Walpole in seiner Beschreibung alter Bilder von der absoluten Reizlosigkeit dieser Geliebten spricht, so glaub' ich, hat er Unrecht. Man verstand es damals noch schlecht, innerhalb des Individuellen auch schön zu sein. Nichtsdestoweniger läßt sich errathen, daß das lebendige Original von großer Schönheit gewesen sein muß. Nach den Andeutungen, die ich oben gegeben, wird es einigermaßen überraschen, in Erfahrung zu bringen, daß die mehr als nachlässig gekleidete Dame im Schulsaal zu Eton ihren gewöhnlichen Wohnsitz hat. Der Umstand erklärt sich übrigens dadurch, daß einer der alten Schulpröbste zugleich der Beichtiger Jane Shore's war, die es, wie fast alle Konkubinen, an Freigebigkeit nicht fehlen ließ.

Von Heinrich VII. ist kein Bild da, aber eine Terracotta-Büste von der Meisterhand Torreciano's. — Heinrich VIII., dem man in englischen Gallerieen auf Schritt und Tritt begegnet, fehlt natürlich ebensowenig in Manchester. Es ist selbstverständlich ein Holbein; dabei nicht besser und nicht schlechter als die unzähligen andern Portraits, zu denen der eitelste aller englischen Fürsten seinem Hofmaler gesessen. — Kardinal Wolsey ist, wie im Leben so auch hier, an der Seite seines Königs. Der Name des Malers unbekannt. Das Bild ist charakteristisch, aber grob; es gibt mehr den „Fleischerssohn von Ipswich" als den Kardinal. — Das von Holbein herrührende Portrait Wolseys, wie es sich in der großen Halle von Hampton-Court präsentirt, ist unvergleichlich feiner und besser. — Johanna Seymour (von Holbein) rechtfertigt nicht den Ruf ihrer großen Schönheit, und jener englische Historiker — ich glaube Mr. Froude — der es sich zur Aufgabe gestellt hat, den Charakter Heinrichs VIII. zu restituiren, könnte die allgemeine Annahme, daß Anna Bulen auf's Schaffot mußte, nicht weil sie schuldig, sondern nur weil sie minder schön war als Johanna Seymour, am schlagendsten dadurch widerlegen, daß er sein Geschichtsbuch durch Photographieen nach dieser Holbein'schen Johanna Seymour illustriren ließe. — Anna von Cleve sieht wenig besser aus und macht einem die Anekdote glaubhaft, daß Heinrich VIII. sie im Reisewagen gemustert, unzureichend befunden und gleich wieder heim nach Deutschland geschickt habe.

Von der Anna Bulen sind drei Bildnisse da, alle drei untereinander so unähnlich, daß man die Gewißheit erlangt, sie hat weder so noch so ausgesehen, sondern ganz anders. Das ist auch ein wahres Glück; jedes unbedeutende Mädchengesicht müßte sonst unglücklich darüber sein, nicht vor dreihundert Jahren gelebt zu haben, wo man mit Hülfe von blondem Haar und Stubsnase eine Reformation machen und Königin werden konnte. Anna Bulen-Schwärmer (wir haben deren ein gutes Theil im Lande), die etwa Lust bezeugen sollten, noch einen Ausflug nach Manchester zu machen, mach' ich im Voraus auf eine Enttäuschung aufmerksam, die ihrer harrt. Wer ein schönes und vielleicht getreueres Bild der schönen Königin mit in die Heimath nehmen will, der wohne im Prinzeß-Theater einer Vorstellung Heinrichs VIII. bei. Wenn die schöne Miß Heath, als königliche Braut und unter Glockenklang an ihm vorbeischreitet, um in der hochaufragenden Westminster-Abtei den Segen der Kirche zu empfangen, dann sag' ich, wird es ihm um's Herz sein, als habe er eine Anna Bulen gesehen.

Maria Tudor, auch die blutige Maria genannt, ist häßlich, aber vielleicht charakteristisch. Sie sieht aus wie ihr Renommée oder ihr obiger Name. Die schmalen, zugekniffenen Lippen mahnen an Smithfield und die dreihundert Scheiterhaufen. In einem der großen Seitensäle befindet sich ein anderes größeres Portrait von ihr. Der Gesichtsausdruck ist ähnlich, das Bild selbst aber so unendlich viel besser, daß die relative Meisterhaftigkeit der Auffassung und Darstellung auch dem Eindruck wiederum zu gute kommt, den die starren und strengen Züge hervorrufen.

Eduard VI., dessen zartes und freundliches Knabengesicht man immer gern sieht, präsentirt sich, als ob er's wüßte, sechsfach. Hier zum ersten Mal hat man die Garantie, einem wirklichen Portrait, einer

Aehnlichkeit mit dem lebendigen Original zu begegnen. Alle sechs Bilder gleichen sich untereinander wie eben so viele Weizenhalme, und sind außerdem in vollster Uebereinstimmung mit der zierlichen Statue, die über dem Eingang zur blue-coat-school, dieser berühmten Schöpfung des jugendlichen Königs, steht. Seine kurze Knaben=Regierung ist, durch Jahrhunderte hin, dem Lande ein Segen gewesen.

Elisabeth bleibt hinter ihrem Bruder nicht zurück und starrt ebenfalls sechsfach aus ihren goldenen Rahmen heraus. Einmal immer häßlicher als das andere Mal. Zucchero, Lucas de Heere, Mark Garrard und Holbein, alle haben sie es versucht, der königlichen Reizlosig= keit irgend einen Reiz abzugewinnen, aber sie sind gescheitert. Angesichts dieser Portraits, deren Aehnlichkeit unter einander die Zuverlässigkeit jedes einzelnen beglaubigt, wird einem die Abneigung doppelt begreiflich, die diese bedeutende, aber steife und eitle Frau gegen ihre unglückliche Neben= buhlerin unterhielt. Die Steifheit ist so vorwiegend, daß sich selbst die Würde darin verliert. Wenn kleinliche, in Eitelkeit wurzelnde Motive an dem Benehmen Elisabeths gegen Maria Antheil gehabt haben, so ist dieser Eitelkeit eine charakteristische und ausgesuchte Strafe gefolgt. Der Schwarm von Verehrern, der sich bei Lebzeiten der schottischen Königin um diese drängte, hat sich seitdem, durch alle Länder und Jahr= hunderte hin, vertausendfacht und die Gehässigkeit einer siegreichen Neben= buhlerin hat nur dazu beigetragen, die schöne Sünderin in der Liebe der Menschen doppelt wieder herzustellen und ihr doppelt gern den Preis jener Schönheit zuzuerkennen, die bestimmt war, für ihr Leben verhäng= nißvoll zu werden. Würdevoll und königlich tritt uns Elisabeth nur an einer Stelle entgegen — auf ihrem Grabmal in der Westminster= Abtei. Zur Rechten und Linken jenes wunderbaren Baues, der die Kapelle Heinrichs VII. heißt, schlummern dort die alten Feindinnen, beide in Marmor auf ihrem Grabe ruhend, die Hände gefaltet und das Antlitz still nach oben gerichtet, dem Quell aller Gnade.

Maria Stuart, wie überall siegreich, ist es auch an dieser Stelle; sie schlägt ihre Nebenbuhlerin um eine ganze Nummer — wir begegnen ihr siebenmal, meist en miniature. Wenn das Zufall ist, so hat der Zufall 'mal wieder hübsch gespielt. Die Miniaturen=Samm= lung, die vielleicht zur Hälfte aus Köpfen besteht, die sich auch als Oel= Portraits an den Wänden der Ausstellung vorfinden, gibt einem viel=

fach Gelegenheit, die Wahrnehmung zu machen, wie so sehr viel frischer, besser und gefälliger die getuschten Köpfchen als die ölgemalten Köpfe aussehn. So kommt es denn, daß man der Maria Stuart vier- und fünffach in Medaillen-Portraits begegnet, von denen eins immer reizender ist als das andere, während drei Schritt davon Elisabeth, einmal über das andere, im großen Goldrahmen hängt und ein Gesicht macht, als wisse sie ganz genau, was in dem Herzen jedes Beschauers zu lesen sei. Nichtsdestoweniger bin ich an dieser Stelle das Geständniß schuldig, daß es mit allen diesen zierlichen Köpfchen muthmaßlich wenig auf sich hat. Untereinander haben sie wenig oder keine Aehnlichkeit, was dem Glauben an sie und ihre Echtheit nicht eben zuträglich ist; außerdem aber tragen sie eine süßliche Unbedeutendheit, etwas Modekupierhaftes so entschieden zur Schau, daß man in seinen Erwartungen von der poetischen Hoheit und Apartheit dieser Frau ziemlich getäuscht wird. Das beste Bild, welches ich von der Maria Stuart kenne, befindet sich im Schlosse zu Hampton-Court. Es stellt sie in einer Art Novizentracht dar, die sie trug, als sie in einem Pariser Kloster erzogen wurde. Das Bild ist insofern verfehlt, als sie auf demselben wie eine Frau von 35 Jahren erscheint, während sie um jene Zeit kaum älter als sechszehn Jahre sein konnte. Es ist aber im Ausdruck vortrefflich. Man fragt sich nicht, ob sie so ausgesehen haben kann oder nicht, man geht über das Räthsel der fünfunddreißig Jahre gern hinweg und glaubt ohne Weiteres: das ist sie. Sie ist nicht schön, aber ein hoher Adel, Ruhe, Grazie liegen über dem Ganzen und man fühlt, daß man in eins jener Gesichter blickt, die bestimmt sind, Ungewöhnlichem zu begegnen und in die Tiefe des Leids zu schauen. Die besten Bilder der Maria Stuart befinden sich an folgenden Orten: 1 in Hampton-Court; 3 in der Portrait-Gallerie des britischen Museums (eins aus ihrem 42. Jahre); 1 in der Bodleyanischen Bibliothek zu Oxford; 1 im Audienz-Zimmer der Königin zu Windsor-Castle; 1 (Copie) im Victoria-Zimmer des House of Lords; 1 in Edinburgh Castle und 1 in Abbotsford. Die beiden letztern halt' ich nicht für ächt. — Das aber sei noch an dieser Stelle bemerkt, daß sich die Portrait-Sammlung im britischen Museum*)

---

*) Diese Sammlung befindet sich in den östlich gelegenen Sälen des zoologischen Museums, leider zu hoch aufgehängt, um wenigstens so vortheilhaft wie möglich gesehen werden zu können. Die Zahl der Portraits beläuft sich auf 118

dem Studium jedes Fremden, der an diesen Dingen ein Interesse nimmt, ganz besonders empfiehlt und im Stande ist, die Gallery of british portraits der Manchester-Ausstellung, bis auf einen gewissen Grad, zu ersetzen.

Noch zwei Bilder einer spätern Epoche möcht' ich an dieser Stelle hervorheben: die Portraits Karl Stuarts und Oliver Cromwells. Das berühmte Bildniß des erstern von van Dyck, das durch den schönen Mandelschen Stich bei uns allgemein bekannt geworden ist, befindet sich, wie sich denken läßt, auf der Manchesterschen Ausstellung. Es hängt indessen nicht in der großen Portraitgallerie, die ich eben jetzt bespreche, sondern in dem links gelegenen Seitenschiff, und zwar an jener Stelle, die die Mehrzahl der van Dyck'schen Bilder enthält. Ueber den großen Werth dieses dem Grafen von Warwick zugehörigen Bildes zu sprechen, wäre überflüssig. — Das Cromwell'sche Portrait ist unzureichend; doch befindet sich in der Nähe desselben und zum Vergleiche auffordernd, eine wohlgelungene Büste. Das beste Bildniß des Protektors findet man unter den Miniaturen. Nur der Kopf ist ausgeführt; die Kleidung blos angedeutet. Es ist dies dasjenige Portrait, das, so viel ich weiß, von allen Historienmalern, z. B. von Paul Delaroche, für ihre verschiedenen Cromwells benutzt worden ist.

Wie sich von selbst versteht, befinden sich unter den Portraits des großen Mittelschiffs noch hunderte, die, sei es um des Gegenstandes oder um des Malers Willen (in vielen Fällen auch der bloßen Geschichte des Bildes wegen) vollen Anspruch darauf hätten, ausführlicher erwähnt zu werden. Ich breche indeß hier ab, um diese Besprechung eines kleinen Theils der Ausstellung nicht unverhältnißmäßig auszudehnen. Die Lely und Knellers, die mich noch beschäftigen könnten, haben in der That nur relativen Werth: sie stehen inmitten zweier Epochen der Portraitmalerei, von denen jede, die vorhergehende und die folgende, größer war als sie selbst. Sie reichen nicht an van Dyck heran und wurden von Reynolds und Gainsborough überflügelt. Was die letztern angeht, von denen eine ziemliche Anzahl von Portraits (Garrick, Warren Hastings, Admiral Howe, Samuel Johnson, John Kemble, Mrs. Siddons 2c.) ebenfalls im Hauptschiff und zwar zur Seite der zahlreichen Lelys und Knellers aufgehängt worden ist, so werd' ich bald Gelegenheit haben, auf diese bedeutenden Namen zurückzukommen, wenn ich mich dem großen nördlichen Seitenschiff zuwende, das in circa 600 Nummern das Beste enthält, was die englische Malerkunst seit Hogarth geleistet hat. Ueber die van Dyck'schen Portraits hab' ich mich schon in der Einleitung ausgesprochen. Es sind eben immer noch van Dycks, aber insofern ohne besonderen Anspruch auf eine Besprechung, als die Südgallerie des Hauses eine Reihe Portraits desselben Meisters (z. B. ein Portrait des Peter Paul Rubens) enthält, die Alles in Schatten stellen, was das große Mittelschiff (die britische Portrait-Gallerie) von ihm aufzuweisen hat.

Fünfter Brief.

Neue Meister. Hogarth.

Die Absicht der Unternehmer ging neben manchem andern auch dahin, die Säle der Manchester-Ausstellung zu einem Musterungsplatz für die gesammte moderne Kunst, mindestens für Bilder der englischen, französischen, deutschen und belgischen Schule zu machen. Dieser Zweck ist auch nicht einmal annähernd erreicht worden. Unter 689 Bildern befinden sich: Overbeck 1, Heß 1, Tidemand 1, Rudolph Jordan 1, De Kayser 1, Calame 2, Horace Vernet 2, Paul Delaroche 2, Rosa Bonheur 2 und Ary Scheffer 9. Außer diesen ist die moderne Kunst des Kontinents höchstens noch durch ein Dutzend Bilder von geringerer Bedeutung vertreten. Die Gesammtzahl dessen, was sich von französischen, deutschen und belgischen Malern vorfindet, geht nicht über vierzig Nummern hinaus. Ary Scheffer ist vertreten, weiter Niemand. Da es sich bei der Manchester-Ausstellung nicht um Einsendungen der Maler selbst, sondern um eine Konzentrirung dessen handelte, was in englischen Privat-Gallerieen bereits vorhanden sei, so beweist diese Sammlung von Paintings by modern masters, daß uns, trotz des täglich wachsenden Verkehrs der Völker unter einander, der Austausch der Kunsterzeugnisse eben so durch seine Winzigkeit überraschen muß, wie uns der industrielle und Handelsaustausch durch seine riesigen Zahlen imponirt. Es ist hier nicht der Ort, alle die Fragen, die sich an diese Wahrnehmung knüpfen, weiter auszuspinnen. So viel drängt sich einem auf, daß die Tage eines geträumten Weltreichs, drin die Nationalitäten farblos ertrinken, noch eben so weit ab sind, wie zu irgend einer andern Zeit. Mit Eifersucht (und das ist ein Glück) wachen eben jetzt wieder die Nationen darüber, daß ihnen und ihren Enkeln das verbleibt, was der Genius ihrer großen Männer geschaffen hat, während sie andererseits den nationalen Kunstschöpfungen anderer Völker gegenüber eine Kälte und Nüchternheit zeigen, die von demjenigen, der mit seinem Herzen dabei betheiligt ist, fast wie eine Beleidigung empfunden wird. Man hält die Bilder Horace Vernet's in Frankreich fest, weil sie dem Nationalstolz schmeicheln; aber wenn man sich auch umgekehrt dazu verstehen wollte, dieselben auf einem Weltmarkt erscheinen zu lassen, so würde sich schwerlich irgend ein Deutscher oder Brite finden, der Lust hätte, das bescheidenste französische Angebot um ein wesentliches zu überbieten. Dies gilt nicht nur von Bildern, deren Stoffe der Neuzeit und ihren Kämpfen entlehnt wurden; es gilt mehr oder weniger von jedem der Spezial-Geschichte entlehnten historischen Bilde, ja von jeder Darstellung, die sich innerhalb des nationalen Lebens hält. Es ist bekannt, daß der „Punch" nur von einem Londner und der „Kladderadatsch" nur von einem Berliner verstanden werden kann. Andere verstehen diese Blätter auch, aber nie ganz. Was von der Lokalität gilt, gilt ebenso von der Nationalität; je stärker diese hervortritt, desto lauter werden Diejenigen es begrüßen, an deren Herz und Verständniß es sich wendet, und um so gleichgültiger werden alle Diejenigen sich abwenden, denen dies Gefühl etwas Fremdes ist. „Der Ueberfall von Hochkirch" unseres Menzel dürfte hier, aller Wahrscheinlichkeit nach, kein begeistertes Publikum finden, und die vollendetsten Zeichnungen zum „Käthchen von Heilbronn" oder zu des „Goldschmids Töchterlein" würde einer englischen Zuschauerschaft nur ein halbes Interesse abgewinnen, etwa wie uns die ölbildlichen Illustrationen zu den Gedichten von Alfred Tennyson. Das Verständniß der Völker untereinander (ganz abgesehen von politischem Hader und Vorurtheil) steht noch immer auf niedriger Stufe. Je nationaler eine Kunst, desto besser; aber dieser Vorzug schreibt derselben zugleich eine räumliche Begrenzung vor. Gelehrte und Kunstverständige haben zu allen Zeiten die nationale Kunst fremder

Völker zu würdigen verstanden, aber sie haben sie in den seltensten Fällen bei ihrem eigenen Volke einzubürgern vermocht. Gelehrte haben die Lusiade und die Calderon'schen Stücke übersetzt, was weiß unser Volk davon? Wir haben freilich in der ersten Hälfte des vorigen Jahrhunderts von französischer Kunst gelebt, aber einfach um deßhalb, weil es noch keine deutsche Kunst gab und kein starkes Nationalgefühl zu überwinden war. Wir können jetzt an Rußland (das noch dazu an Nationalgefühl keinen Mangel leidet) sehr Aehnliches wahrnehmen.

Diese Sätze, die, glaub' ich, von allgemeiner Gültigkeit sind, sind doppelt richtig in Bezug auf England, dessen Nationalgefühl bekanntlich am stärksten und schroffsten hervortritt. Jener Südtheil der Manchester-Ausstellung, der, ganz allgemein und umfassend, „Paintings by modern masters" zu enthalten vorgibt, ist deßhalb keine Schaustellung moderner Malerei überhaupt, sondern lediglich eine treffliche Zusammenstellung alles Dessen, was die englische Malerkunst seit etwas länger als hundert Jahren hervorgebracht hat. Von jenen britischen Hofmalern, die, wie Holbein, van Dyck, Lely und Kneller keine gebornen Engländer waren, findet sich, schon aus diesem Grunde, in dem nationalen englischen Südsaal der Ausstellung keine einzige Arbeit vor. Dieser Theil der Ausstellung beginnt, wie billig, mit William Hogarth.

Hogarth.

Wer Hogarth bewundern will, kann das am besten am heimathlichen Herde, wenn er jene Kupferstich-Sammlung vornimmt, deren Ruhm und deren Verbreitung über die Welt gegangen ist. Es gibt vielleicht keinen zweiten Maler, dem es so wenig nöthig wäre, im Original gesehen zu werden. Er besticht weder durch Farbe, noch durch Lichteffekte; er wirkt einzig und allein durch die Geschichte, die er uns erzählt. Diese Geschichte in ihrer Kürze und Energie, in der Durchsichtigkeit der Composition bei endloser Fülle von Details, diese Geschichte, sag' ich, ist es, dies Stück Leben, das uns in seiner furchtbaren Realität ergreift. Ob diese Richtung in der Kunst ihre Berechtigung hat, mag dahingestellt bleiben. Vielleicht beweist der Umstand, daß der Kupferstich das Original zu ersetzen vermag, das Gegentheil. Die Farbe gibt diesen Bildern nichts und nimmt ihnen nichts; ein Plus oder Minus an dem, was man „Schönheit" nennen könnte, ist von keinem Belang für diese Bilder;

sie wirken durch ihren Witz, ihre Einfälle, ihren Sarkasmus und vor allem durch ihren sittlichen Ernst. Sie wenden sich mit jeder andeutenden Linie an den Geist des Beschauers, nicht an seine Sinne; ihr Inhalt und ihre Idee wirkt, nicht ihre Form und ihre Farbe. Es sind Aschermittwochs-Predigten, die zufällig nicht gesprochen, sondern gemalt sind; es handelt sich nur darum, sie in jedem feinsten Zug, in jedem Wort und Komma zu verstehen, nicht darum, ob uns ihr Vortrag ein wenig bunter und schillernder entgegentritt, oder nicht. Und darum noch einmal: die Kupferstiche genügen, wenn man den Hogarth studiren will.

Irrt' ich auch in dieser Behauptung, so würd' ich doch jedenfalls darin Recht behalten, daß die Manchester-Ausstellung nicht der beste Platz ist, um Hogarth kennen zu lernen. Mit Ausnahme eines einzigen Bildes (und selbst diese Ausnahme ist noch zweifelhaft) ist nichts da, was sich, an Werth sowohl wie an Hogarthisch-charakteristischem, mit dem vergleichen ließe, was London nach dieser Seite hin aufweist. Die Vernon-Gallerie (Le mariage à la mode, 6 Bilder) und das Sir John Soane-Museum („Das Leben eines Taugenichts," 8 Bilder, und „Wahlscenen," 4 Bilder) übertreffen die Manchester-Ausstellung bei weitem; dies sind die beiden Plätze, wo man Hogarth studiren muß. Es ließe sich fragen, warum jene eben angeführten 18 Bilder in Manchester fehlen; aber sie fehlen nur in verständiger Uebereinstimmung mit jenem Prinzip, das bei Herrichtung der großen Ausstellung durchweg maßgebend gewesen ist. Es handelte sich nicht darum, das zu vereinigen, was England überhaupt an Kunstschätzen hat, sondern vielmehr darum, alles das an's Licht zu ziehen, was es an ungekannten oder schwerzugänglichen Kunstschätzen aufzuweisen habe. Die Vernon-Gallerie und das Soane-Museum stehen beinah täglich dem Besucher offen; es konnte kein Grund vorliegen, das eigens auszustellen, was bereits immer Gegenstand einer Ausstellung ist. Nach demselben Prinzip haben die königlichen Privat-Gallerieen verhältnißmäßig wenig beigesteuert und in den meisten Fällen, besonders da, wo es sich um historische Reihenfolge handelte, nur ausgeholfen. Die Gallerieen von Windsor und Hampton-Court stehen jedem offen; es hätte nutzlos den Raum beschränkt, wenn man in blindem Uebereifer alle Schätze dieser Gallerieen nach Manchester geschafft hätte. Der Zahl nach ist Hogarth völlig ausreichend vertreten; es befinden sich sechszehn Bilder von ihm auf der Ausstellung. Auch veranschaulichen sie trefflich die verschiedenen Richtungen innerhalb der Kunst, in denen er sich abwechselnd versucht hat: Portrait, architektonische Landschaft, Sittengemälde, historisches Bild. Von der Mehrzahl dieser sechszehn Bilder verlohnt es sich nicht zu sprechen; fast alle sind interessanter um der Geschichte willen, die sich daran knüpft, als um ihrer selbst willen. Von den vier oder fünf vorhandenen Portraits ist das des Capitain Thomas Coram, der das Londoner Findelhaus gründete, das beste. Im Jahr 1856 hat man nach diesem Portrait eine wohlgelungene Statue in festem Sandstein ausgeführt und dieselbe in Front des Findelhauses aufgestellt. Ein anderes gelungenes Portrait ist das von Mrs. Hogarth, einer Tochter von Sir James Thornhill. Der bekannte Demagoge John Wilkes, dessen berühmter Preßprozeß nach Ablauf eines Jahrhunderts noch immer nicht vergessen ist, sagte von diesem Bilde: „Gott sei Dank, daß es nicht das Portrait meiner Frau ist! es liegt viel Temperament und wenig Tugend in diesen Zügen. All ihr Feinde Hogarths, vergebt ihm vor diesem Bilde — seiner Frau." John Wilkes hatte einen Haß gegen Hogarth und hoffte ihn durch diese Kritik doppelt zu verletzen; man muß aber zugeben, daß er (Mrs. Hogarth war eine liebenswürdige Dame) vor diesem Bilde eine Art Recht hatte, so zu sprechen wie er sprach. Wenn, ich glaube, Horace Walpole gesagt hat, daß alle Hogarth'schen Frauenportraits etwas Straßendirnenhaftes hätten, so hat er damit einen harten, aber ziemlich zutreffenden Ausspruch gethan. Mit Rücksicht auf das Portrait der Mrs. Hogarth ist dies Urtheil kaum hart zu nennen. Hogarth hat sich gegen solche Angriffe zu verwahren gesucht, aber mit schlechtem Erfolg; Mit- und Nachwelt haben gegen ihn entschieden. Er schrieb gegen Ende seines Lebens über diesen interessanten Gegenstand wie folgt: „Das Portraitmalen begann mich anzuekeln; die Einen schalten mich unselbstständig und talentlos, die Andern meinten, daß alle meine Damen bloße Weibspersonen seien. Ich erkannte deutlich, daß man als Portraitmaler nur dann sein Glück machen könne, wenn man geneigt sei, den in Gay's Fabeln gegebenen Rath getreulich zu befolgen und lauter Götter und Göttinnen auf die Leinwand zu bringen. Ob es jemals besser werden wird, steht dahin; Alle, die es ändern wollten, haben es büßen müssen. Ehe nicht die Gesinnung der Maler anständiger und die Eitelkeit der Menschen geringer wird, glaub' ich an keine Reform." Das klingt sehr schön; er hat aber doch Unrecht. Die Kunst soll wahr sein, aber nicht ohne Idealität. Unter allen Umständen darf sie nicht aus bloßer Furcht, eine Sache schöner darzustellen, als sie ist, der Häßlichkeit geflissentlich in die Arme laufen. "Garrick als Richard III." ist halb Portrait, halb historisches Bild. Hogarth hat den Moment im Zelt, unmittelbar nach den Traumerscheinungen, gewählt, wo Richard voll Entsetzen erwacht. Wenn ich nicht gewußt hätte, daß es von Hogarth gemalt sei, so würd' ich mich schwerlich vor diesem Bilde aufgehalten haben. Der Körperhaltung fehlt es an Ungezwungenheit und der Gesichtsausdruck streift nah genug an die Karrikatur, um wenigstens aller tragischen Wirkung verlustig zu gehen. In der Farbe ist es kalt und stumpf und nichts weniger als wohlthuend. Neben diesem "Garrick als Richard III." hängt eine "Sigismunda, weinend über dem Herzen ihres Buhlen." An diesem Bilde ist nichts interessant, als seine Geschichte. 1768 wurde die Gemälde-Gallerie von Sir Lucas Schaub verkauft und eine Sigismunda (vorgeblich von Correggio, eigentlich von Furino) mit 400 Pfd. St. bezahlt. Hogarth lachte und spottete und versicherte einmal über das andere, daß der Hauptwerth dieser alten Bilder in der Dummheit der Menschen liege. Bilder würden im Laufe der Jahrhunderte nicht schöner und weicher in der Farbe, sondern bloß schwärzer und schlechter. Schließlich glaubte er selbst, was er sagte, und unternahm es, eine "Sigismunda" zu malen, die um kein Haar breit schlechter sein sollte, als die eben verkaufte des Correggio. Seine Anstrengungen schlugen völlig fehl. Horace Walpole schrieb über dies Bild: "Die Hogarth'sche Sigismunda ist der italienischen Sigismunda so ähnlich, wie ich dem Herkules. Die Farbe ist erbärmlich und das Ganze macht den Eindruck, als würde ein schmutziges Weibsbild, deren Augen roth vom Trunke sind, auf die Straße geworfen. Sie zerreißt ihre Kleider nicht vor Weh und Gram, sondern vor Wuth darüber, daß ihr Wirth sie nicht länger im Hause haben will." Diese Worte sind bitter, aber im Wesentlichen gerecht.

Der "Jahrmarkt in Southwark" ist ein echter Hogarth; hier begegnen wir all den Vorzügen, die ihm eigenthümlich sind. Wenn es sich von ähnlichen seiner Bilder unterscheidet, so ist es durch größere

Harmlosigkeit. Er schreibt hier weder eine moralische noch eine politische Satire; er greift nur hinein in's volle Menschenleben und weiß eben: „wo er es packt, da ist's interessant." Leider hat das Bild so nachgedunkelt, daß nur an hellen Tagen ein Sichzurechtfinden auf demselben möglich ist. Der „Ausmarsch der Garden nach Finchley" ist das beste, was die Manchester-Ausstellung von Hogarth aufzuweisen hat. Man könnte es in mehr als einer Beziehung ein Seitenstück zu dem vorigen Bilde nennen, es steht aber höher und hat sich in der Farbe trefflich erhalten. An Geißelung und Satire enthält es nicht mehr, als der „Jahrmarkt in Southwark" und wenn man ihm dennoch mehr davon zugeschrieben hat, so hat das nur darin seinen Grund, daß wir auf dem Jahrmarktsbilde Menschen überhaupt, und auf dem Ausmarschbilde neben den Menschen noch rothröckige Grenadiere haben. Das ist aber ein bloßer Zufall. Hogarth griff in's Leben des Tages hinein und faßte von ungefähr diesen Stoff; er suchte ihn nicht, er kam ihm. Das Tagesereigniß, das diesem Bilde zu Grunde liegt, ist das folgende. Als der Prätendent im Jahre 1745 bis Leicestershire vorgedrungen war, erhielten die Garden Ordre, ihm entgegenzurücken. Sie kamen aber nur bis Finchley, ungefähr zwei deutsche Meilen nördlich von London. Dieser Marsch nun ist dargestellt. In der Ferne sieht man, leidlich wohlgeordnet, die Kompagnien ziehn; die letzten Sectionen aber haben sich, unter dem Andrang Betheiligter und Unbetheiligter beiderlei Geschlechts, völlig gelöst und bieten ein Schauspiel ergötzlicher Verwirrung. Die Composition des Bildes und die Gruppirung seiner hundert Figuren ist meisterhaft; alles voll Leben, von scheinbar wüstem Durcheinander, aber in Wahrheit klar und übersichtlich; nirgends etwas, was als Ungehörigkeit der Ueberladung empfunden würde. Der Humor und die Charakteristik sind auf ihrer Höhe. Der baumstarke Grenadier, der von zwei Weibern, einer alten und einer jungen, in Anspruch genommen und nach rechts und links zugleich gezogen wird; der bezeichnungsvolle Hinweis, durch welchen die jüngere ihr besseres Anrecht auf ihn geltend zu machen sucht; die stupide Entschlossenheit der älteren, die auf's Aeußerste gewillt scheint, ihr Ehefrauenrecht zu vertheidigen; die verlegenen großen Augen des schmucken Kerls, der eigentlich nur einen Trost hat: Prätendent und Finchley, — all das ist unübertrefflich. Andere Einzelheiten, an Humor dem Vorstehenden ebenbürtig, sind in ihrer Derbheit unbeschreiblich; nicht jeder darf in Worte fassen, was Hogarth zu malen wagen durfte. Unter all denjenigen seiner Bilder, in denen er mehr schildert als predigt, stell' ich diesen Ausmarsch der Garden obenan. Selbst die vier „Wahlscenen," die das Soane=Museum aufbewahrt, bleiben dahinter zurück. Merk=würdigerweise war es gerade diesem Bilde vorbehalten, seinem Urheber fast ebenso viele Kränkungen einzutragen, als die Sigismunda. John Wilkes, überhaupt ein rücksichtsloser und bei einigem Talent ziemlich bornirter Mensch, griff Hogarth um dieses Bildes willen von der poli=tisch=polizeilichen Seite her an. Während der Prätendent wie Hannibal „ante portas" gewesen sei, habe Hr. Hogarth Zeit und Stimmung ge=funden, die Situation zu belächeln 2c. Die Thorheit liegt auf der Hand und die Böswilligkeit wird klar, wenn man erfährt, daß Hogarth dies Bild erst begann (1749) als die Schlacht auf Drumossie=Moor (Culloden) längst geschlagen war und die Köpfe der schottischen Lords auf Temple=Bar seit lange in der Sonne bleichten. Härter noch traf den Maler das Urtheil Georgs II. Hogarth hatte einen Stich des Bildes (vor der Schrift) dem Könige überreichen lassen und den Wunsch ausgesprochen, es ihm widmen zu dürfen. Der König musterte den Stich und fragte: „Wer ist Hogarth?" „Einer unserer besten Maler," antwortete der Kammerherr. „Ich hasse alles, was Maler und Dichter heißt, sie taugen nichts und helfen zu nichts." Der Kammerherr schwieg. „Was soll das hier? Will der Bursch meine Garden lächerlich machen?" „Ew. Majestät wollen erwägen, es ist ein Bild von augenscheinlich bur=leskem Charakter." „Nichts davon. Ein unverschämtes Bild. Nehmt es weg." Das war die erste und letzte Audienz, die Hogarth (mittelst Stellvertretung) vor König Georg hatte. Der verletzte Maler rächte sich dadurch, daß er das Blatt dem großen Friedrich von Preußen, dem „protecteur des arts" widmete, ein Umstand, der nur dazu beitragen kann, unser Interesse an dem Original zu erhöhen.

Sechster Brief.

Englische Portraitmaler. Reynolds. Gainsborough. Lawrence ꝛc.

Wir kommen nun zu den englischen Portraitmalern. Die bildende Kunst dieses Landes, wenn sie überhaupt excellirt hat, hat es unbestritten auf dem Gebiet des Portraits. Obenan steht Sir Josua Reynolds, der Vater der englischen Portraitkunst, der Portraitmaler par excellence. Die Vertretung, die er in den Ausstellungs=Sälen gefunden hat, ist im Einklang mit dem Umstand, daß sich von ihm ab erst eine englische Kunst, eine englische Malerschule, datirt. Hogarth wird mehr als genialer Zeichner, wie als großer Maler gefaßt. Während auf dem Continent Tausende leben, die mit Hogarth vertraut sind und von Reynolds nichts wissen, überflügelt hier der Reynolds'sche Ruhm den Hogarth'schen bei weitem. Es ist ein sehr ähnliches Verhältniß wie zwischen Walter Scott und Lord Byron. Jener beugte sich selbst vor dem größeren Genie des letzteren; aber die Nation ist seinem Beispiel nicht gefolgt und Sir Walter ist der Liebling geblieben. Es ist gar keine Frage, daß diese Erscheinungen großentheils in dem puritanischen Geiste der Nation wurzeln und in dem jüngsten Töchterchen desselben — der Prüderie. Kein Maler tritt dem Besucher der Ausstellung in gleicher Vollständigkeit entgegen, wie Josua Reinolds: er ist durch neunundvierzig Bilder vertreten und schlägt William Turner und Edwin Landseer, die ihm am nächsten kommen, um volle vierundzwanzig Nummern. Zehn von den neunundvierzig hängen in der großen „britischen Portrait=Gallerie" des Mittelschiffs; lauter Berühmtheiten, wie Warren Hastings, Garrick, Gibbon und Sir Josua selbst.

Die hohe Schätzung, die Reynolds in seiner Heimath genießt, überrascht den Fremden und, wenigstens theilweis, mit Recht. Ich werde weiterhin hervorheben, worin mir diese Ueberschätzung ihren Grund zu haben scheint. Niemand, der im Antwerpener Museum den Glasschrank gesehen hat, drin man den Arbeitsstuhl des Rubens wie eine Reliquie aufbewahrt, wird über diese Pietät gelächelt haben, aber die unter Glas und Rahmen gebrachte Palette Sir Josua's, die sich in einem der kleineren Ausstellungssäle befindet, begegnet schwerlich einem ähnlich ungemischten Gefühl. Nur die Engländer finden diese Auszeichnung ganz in der Ord=

nung. Er ist eine jener fest etablirten Größen geworden, über die das Publikum nicht mehr denkt, sondern an die es einfach glaubt. Erst in allerneuester Zeit, also nach Verlauf von 60 Jahren (er starb 1792) sind Zweifel gegen seine Unübertrefflichkeit laut geworden; junge künstlerische Kräfte, die sich fühlen, haben den Reynold'schen Grundsätzen und der Reynold'schen Praxis den Krieg erklärt. Es sind dies die sogenannten „Prä=Raphaeliten" (worunter man in England etwas anderes als bei uns zu verstehen hat), die ihr Fragezeichen hinter die Traditionen der Akademie und das ausschließliche Recht derselben gesetzt haben. Die Prä=Raphaeliten ihrerseits sind in die größtmöglichsten Excentricitäten verfallen und haben bis dato noch keinen Namen aufzuweisen, der es verdiente, neben Sir Josua genannt zu werden, aber der Umstand halber Erfolge und selbst augenscheinlicher Unzureichendheit darf nicht blind machen gegen die Wahrheit gewisser Grundsätze, die von ihnen vertreten werden. Sie predigen Rückkehr zur Natur, statt des beständigen und ausschließlichen Ausharrens bei italienischen Vorbildern. „Raphael ist groß, aber die Natur ist größer." Diesen Satz haben sie auf ihre Fahne geschrieben und dadurch mit allen Akademie=Größen, auch mit Sir Josua Reynolds, gebrochen, der, wenn er sich hätte entscheiden sollen, das obige Losungswort muthmaßlich umgekehrt haben würde. In seinen Akademie=Reden kommt immer wieder und wieder die Wendung vor: „Studirt die alten Meister; studirt auch die Natur, aber studirt sie in Begleitung und unter Anleitung jener." Diese Reden und Vorträge, die er ex officio zu halten hatte, führen mich auf die literarische Seite des Mannes, der er, durch Verkettung und Wechselwirkung von Umständen, vielleicht die Hälfte seines Ruhmes verdankt. Er war nicht nur ein ausgezeichneter Maler, er war ein Mann von vielseitiger Bildung und ästhetischem Sinne überhaupt. Sein Interesse an literarischen Dingen brachte ihn mit den bedeutendsten Geistern seiner Zeit in Berührung, und die Feinheit und Selbstständigkeit seines Urtheils, ebenso sehr wie die seltene Schmiegsamkeit und Umgänglichkeit seines Wesens, wurden der Grund, der diese Berührungen in Freundschaften umschuf und sie ein ganzes Leben lang unterhielt. Auf diese Weise wurden Samuel Johnson und Eduard Burke die Verbreiter seines Ruhms. Wie wichtig diese nahen persönlichen Beziehungen zu den literarischen und politischen Größen des Tages für ihn gewesen sind, läßt sich

am besten dann erkennen, wenn man einen Blick auf Gainsborough wirft. Niemand wird jetzt bezweifeln, daß dieser dem Reynolds eben=
bürtig war. Er lebte mit ihm zu gleicher Zeit und am selben Ort. Dennoch kann die Popularität seines Namens mit der von Reynolds nicht wetteifern, und was schlimmer ist als das, man weiß herzlich wenig von Gainsborough, während die Reynolds'schen Freunde durch ihre Tagebücher, Revue=Artikel, Biographieen und Nekrologe dafür gesorgt haben, daß man ihren Liebling auf Schritt und Tritt und von Tag zu Tag begleiten kann. Gainsborough hatte eine begeisterte Vorliebe für Musik und ein guter Cellospieler ging ihm weit über den Dr. Johnson und all seinen Witz. Aber diese Vorliebe hat er mit der Hälfte seines Ruhms bezahlen müssen. Cellospieler schreiben keine Bücher und finden nie Gelegenheit, ihre Freunde der Nachwelt zu empfehlen. Jede Großthat aber, gleichviel auf welchem Felde, bedarf ihres Apostels. Was nicht ge=
meldet wird, ist so gut wie nicht geschehen. Bilder sprechen zwar für sich selbst, aber sie sprechen lauter, wenn Boswell und Burke ihren Ruf mit=
einstimmen lassen. Auch Stimmen gegen Reynolds wurden laut, aber es waren die Stimmen des Neides, und anstatt ihm zu schaden, unter=
stützten sie nur seinen Ruhm und seine Herrschaft. Der Neid wurde wie immer als solcher erkannt und machte es hinterher der Wahrheit unmög=
lich, sich hören zu lassen, wenn sie sich nicht der Gefahr aussetzen wollte, auch für Neid gehalten zu werden. Gainsborough unterhielt allerlei Be=
denken, aber er hütete sich, sie anders, als im vertrauten Kreise zu äußern. Das Gros seiner Angreifer bestand aus Leuten, die ihm weni=
ger seinen Ruhm, als seine alleräußerlichsten Erfolge beneideten. Zu die=
sem Brodneid war allerdings Grund genug vorhanden. Als er, zur Zeit seiner Blüthe, einen Bedienten engagirte, sagte er zu diesem: „ich gebe nur 20 Pfd. Lohn; aber du wirst 100 Pfd. Trinkgelder erhalten, ich ga=
rantire sie dir. Er hatte ein Talent, mit allen Leuten auf einem guten Fuß zu leben; nur wo er sah, daß ein gutes Einvernehmen unmöglich war, that er seinem Benehmen nicht länger Zwang an. Seine talentlosen und brodneidischen Kollegen fertigte er öffentlich mit folgenden Worten ab: „Sie haben ein für alle Mal ein halbes Dutzend Portrait=Attitüden in Bereitschaft und in dies Prokrustes=Bett wird ihr Opfer eingespannt, es mag wollen oder nicht. Ihre Bilder sehen sich so ähnlich, wie die Robin Hoods oder die nacktbeinigen Hochländer auf unseren Wirths=

hausschildern. Wenn sie ein historisches Bild oder eine Familiengruppe zu malen haben, so schlagen sie in ihren Musterbüchern nach, nehmen heraus und stellen zusammen, aber nie und nimmer wird es ihnen einfallen, selber über die Dinge nachzudenken." Ich citire diese Worte, weil sie heute noch so gut passen wie damals. Im Allgemeinen bewahrte ihn die Feinheit seines Wesens vor einem unbilligen und absprechenden Urtheil. Er stand mit Gainsborough niemals auf dem besten Fuß, aber er war zu klug, um ihm seinen Beifall geflissentlich vorzuenthalten. Nur gegen Lely und Kneller (der in demselben Jahre starb, in dem er geboren wurde) war er ungerecht. Es erschien ihm unwürdig, daß man die Kunst dazu erniedrigt habe, jede prinzliche Maitresse mindestens als Juno oder Diana erscheinen zu lassen. Die letztere Gottheit war freilich so unpassend wie möglich gewählt. Sei dem wie ihm wolle, er übersah die großen Verdienste, die diesen Juno's und Diana's bis auf den heutigen Tag nicht abzusprechen sind. Was jene Damen im Leben gehabt haben, das haben auch diese ihre Bilder noch, — Reiz. Wer Sonntags die Gallerien von Hampton=Court durchwandert, kann sich überzeugen, wie diese reizvolle Schönheit, trotz ihrer Uniformität, immer noch ihre Wirkung übt und Hunderte von Augen zu fesseln weiß. Reynolds Abneigung gegen die beiden Maler der Restaurations=Epoche hatte in persönlichen Erlebnissen ihren Grund. Er hatte so unausgesetzt und in so stupider Weise das Lob dieser beiden Männer hören müssen, daß sein Selbstgefühl dagegen aufgestachelt und bis zur Ungerechtigkeit hingerissen wurde. Als er aus Italien zurückkehrte und sein erstes Meisterportrait auf der Staffelei hatte, trat Hudson, sein alter Lehrer in's Zimmer und rief nach langer Musterung: „Das wird nichts, das ist anders gemalt wie Sir Godfrey (Kneller) malte." „Allerdings!" antwortete Reynolds lakonisch. „Unsinn!" fuhr Hudson fort, „Shakespeare für die Poeten und Kneller für die Maler, so ist es und so soll es bleiben." Solche Scene ist freilich dazu angethan, den Widerspruch wachzurufen.

Die neunundvierzig Bilder, die die Reynold'sche Kunst in Manchester repräsentiren, sind fast sammt und sonders Portraits. Nur sechs gehören dem Genre an. Seine Portraits sind alle vortrefflich, aber für das Auge des Laien nicht von jener frappanten Vollendung, daß man sie sieht, um sie nie wieder zu vergessen. Der „blue boy" von Gainsborough und

„Master Lambton" von Thomas Lawrence sind für alle Zeit meinem Gedächtniß eingeprägt, eben so einige Reynolds'sche Portraits, denen ich früher in London begegnete (z. B. Sir William Hamilton in der National-Gallerie). Aber unter diesen vierzig und mehr Portraits in Manchester ist keins, von dem ich nicht fürchten müßte, es nach Jahr und Tag aus meiner Erinnerung verwischt zu sehen. Es ist wahrscheinlich, daß das Urtheil eines Malers sich anders stellt, doch ich kann nur sagen, was ich selbst empfinde. Wenn eine Ausnahme stattfindet, so ist diese — sein eigenes Portrait. Es versteht sich von selbst, daß Gemälde, die einer beinah 50jährigen Thätigkeit angehören, unter einander von großer Verschiedenheit sind. Nicht nur ihr Werth, der Grad ihrer Meisterschaft ist verschieden, auch die ganze Art und Weise, der Styl, in dem sie gemalt sind. Die Portraits seiner früheren Epoche zeichnen sich durch Korrektheit und sehr bestimmte Umrisse aus, während er später eine vertuschende, vaporöse Manier ausbildete, die bis zu einem gewissen Grade an Rubens erinnert. Er wendet aber auch in späteren Jahren diese Manier nicht durchgehends an, und wenn ich richtig beobachtet habe, so macht er es von der Wahl der Hintergründe abhängig, ob das Portrait in seinen Linien bestimmter oder unbestimmter hervortreten soll. Bei verschwommen landschaftlichen Hintergründen haben auch die Portraits ein gewisses vertuschtes Wesen, das übrigens von sehr angenehmer Wirkung ist; zieht er es aber vor, seinen Mann in eine Studirstube zu setzen, oder seine Dame an die bekannte unvermeidliche Säule sich lehnen zu lassen, so präsentiren sich die Portraits in durchaus scharfer und bestimmter Weise.

Reynolds hat sich auch als Historienmaler versucht, aber so entschieden ohne Erfolg, daß man es vorgezogen hat, ihn nach der Seite hin in Manchester unvertreten zu lassen. Das Bedeutendste, was die Ausstellung von ihm aufweist, ist eine Figur des „Puck." Er malte dies Bild für die Boydell'sche Shakespeare-Gallerie; aus dieser kam es in den Besitz des Poeten Rogers (der als Banquier größer war wie als Dichter), und wurde im vorigen Jahre, bei der Versteigerung der Rogers'schen Sammlung, für 980 Guineen, also für fast 7000 Thaler, an Lord Fitzwilliam verkauft. Der Katalog thut dieser ungeheuren Summe eigens Erwähnung. Im ersten Moment fühlt' ich eine starke Enttäuschung und würde das Bildchen auf keine 50 Louisd'or taxirt haben. Mit Unrecht; dieser Puck ist wirklich ein Kabinetstück. Die anfängliche Enttäuschung erklärt sich aus den Vorzügen des Bildes. Ich habe auf deutschen und eng= lischen Bühnen alle möglichen Pucks gesehen, wohlentwickelte Jungfrauen und klapperdürre Kinder, lauter theatralische Robin Good=Fellows, die nichts bestoweniger von meiner Seele Besitz nahmen und ein Puck= Bild darin zurückließen, das eigentlich eine an vier, fünf Orten zusammen= geborgte Lappenpuppe war. Wäre Reynolds dieser meiner Vorstellung einigermaßen nachgekommen, so hätte er mir eine Enttäuschung erspart, aber ein mittelmäßiges Bild geliefert. Sein Puck ist unter Anlehnung an die Volkssage und an jene prächtige Schilderung entstanden, die Shakespeare von ihm entworfen hat; Reynolds ist an die rechte Quelle gegangen und hat sich nicht Raths erholt bei der Laune und Weisheit eines Balletmeisters. Es ist ein wirkliches, ächtes Teufelchen, das er gemalt hat; ein Schalk, der mal beglückt aus Laune und weil es ihm Spaß macht; in Wahrheit aber

> Der Kleinen einer
> Vom großen Berneiner;

ein Tückebold, der an Weisheit noch hinter dem Alten zurückbleibt, aber an Spott und Schadenfreude ihm bereits gleichkommt.

Wir wenden uns nun zu Gainsborough, dem Zeitgenossen und Rivalen Josua Reynolds. Es ist sehr interessant, diese beiden Männer zu vergleichen. Charakteristisch für Reynolds ist seine allgemeine Bildung, sein weltmännisches Lächeln, sein feiner Sinn, seine brillante Technik — aber nirgends begegnen wir einem genialen Zug. Gainsborough ist ein Genie und nichts weiter. An Kenntniß, an Geschmacksbildung, an feiner Sitte dem Reynolds untergeordnet, überragt er ihn doch in allem, was den großen Künstler macht. Kleine Züge sprechen in solchen Dingen am deutlichsten. Reynolds kaufte die werthvollsten Titians, nahm die Farben= decken vorsichtig ab, prüfte und forschte, und zerstörte jene kostbaren Werke, um sich danach die Kunstrezepte zu allerprivatestem Gebrauch zu schreiben. Zu gleicher Zeit versicherte er seinen Schülern, (und zwar den talentvollsten, deren Konkurrenz er zu fürchten hatte, am meisten), daß Raphael alles sei, der Anfang und das Ende aller Kunst, und daß die Venetianer, mit Titian an der Spitze, wohl zur Bewunderung, aber nicht zum Vorbild taugten. Die Ungeschmälertheit von Ruhm und Ge= winn lag ihm beständig am Herzen. Solch' Sorgen und Bangen kam nicht in die Seele Gainsboroughs. Offen wie sein Herz, war seine Hand; er kargte nie. Oberst Hamilton, mit dem er befreundet war, war ein brillanter Violinspieler. „Spielen Sie weiter Oberst," rief er ihm einstmals zu — „ich geb' Ihnen das Bild, das Sie seit lange zu haben wünschen!" Der Oberst fuhr fort und Gainsborough nahm unter Dank und Rührung das Bild von der Wand. Eine andere Anekdote hat Sheridan aufbewahrt. Dieser traf mit Gainsborough bei Sir George Beaumont zusammen; alle drei waren Freunde. Die Unterhaltung stockte, weil Gainsborough, sonst ein witzsprudelnder Tischgenoß, einsylbig und verstimmt dasaß. Endlich nahm dieser den Sheridan bei der Hand, führte ihn in ein Nebenzimmer und sagte: „Sheridan, ich werde bald sterben. Ich habe viel Bekannte, aber wenig Freunde; ich bin nicht sicher, daß auch nur ein einziger anständiger Mensch meinem Sarge folgen wird. Wollen Sie? Versprechen Sie's mir." Sheridan, überrascht und bewegt, sagte: ja. Man kehrte zur Tischgesellschaft zurück und Gainsborough floß über von Heiterkeit und guter Laune. Das sind Einfälle und räthselhafte Stimmungen, die bei nervösen Leuten nicht viel bedeuten wollen. Man hat solche Erscheinungen nicht zu überschätzen, aber man kann andererseits nicht leugnen, daß der Alltagsmensch von Visionen der Art nicht heimgesucht zu werden pflegt. Der Gegensatz, die Kühle, die ein ganzes Leben lang zwischen Reynolds und Gainsborough herrschte, kann bei der Verschiedenheit ihres Wesens nicht überraschen. Erst das Sterbebett des Letzteren führte zu einer Versöhnung.

Gainsborough ist durch 20 Bilder in Manchester vertreten. Die Mehrzahl derselben sind Portraits; das mag es rechtfertigen, daß ich diese Seite seiner Kunst zur maßgebenden gemacht und ihm unter den britischen Portraitmalern, unmittelbar neben Reynold's seinen Platz angewiesen habe. Gemeinhin zählt man ihn unter den Landschaftsmalern auf, und sieht in ihm, im Gegensatz zu Wilson, der sich an Claude anlehnte, den Begründer einer national-englischen Schule. Ich glaube mit vollstem Recht. Auch nach dieser Seite hin, ich meine als Schöpfer einer neuen Richtung, überragt er Reynolds.*) Es will wenig bedeuten, wenn

---

*) Reynolds, der den Gainsborough nicht liebte, aber den Wilson gerathen hatte, brachte in Gegenwart des Letztern einen Toast aus: „Es lebe Gains-

man Reynolds den Vater der englischen Portraitmalerei nennt; es fehl allen seinen Schöpfungen jener Stempel des Besonderen, der allein das Recht hat, eine Schule zu bilden und ihr den Namen zu geben. Er hatte, um ein Göthe'sches Wort zu gebrauchen, „überall zu Tische gesessen." Was man die Reynolds'sche Manier nennen kann, war eine geschickte Mischung anderer Manieren. Er stand nicht selbstständig da wie Titian oder Rubens. Anders Gainsborough; selbst als Portraitmaler ist er (wenigstens in dem hervorragendsten seiner Bilder) seinen eigenen Weg gegangen; als Land=schafter ist seine Selbstständigkeit unbestritten. Zum Theil resultirt diese Selbstständigkeit aus der Wahl des Stoffes. Er holte seine Vorbilder weder aus Italien, noch entschied er sich für Landschafts=Composition; er nahm die Landschaft, wie er sie fand. Die englische Landschaft war bis dahin noch nicht auf die Leinwand gebracht worden; statt der Sonnen=Auf= und Untergänge im Style Claude's, entschied er sich für das Erlen= und Birkengebüsch seiner heimathlichen Grafschaft Suffolk, für nordische Farbentöne und einen verschleierten Himmel. Dies allein würde aus=reichen, ihm als einem Bahnbrecher eine Bedeutung beizulegen. Aber mit der Selbstständigkeit in der Wahl der Stoffe geht eine Selbst=ständigkeit in der Behandlung fast immer Hand in Hand. So auch bei Gainsborough. Ich mag seiner Art, das Baumlaub zu behandeln, und dem graublauen Ton seiner Hintergründe nicht geradezu das Wort reden, beides aber leiht seinen Bildern den Reiz der Eigenthümlichkeit und ist überhaupt nicht ohne Zauber. Selbst Reynolds konnte sich nicht dagegen verschließen. Er scheint geschwankt zu haben, ob er die Gains=borough'sche Manier als ein Resultat wohlberechneten Studiums oder blos genialer Liederlichkeit anzusehen habe. Er schreibt darüber: „Gains=boroughs Bilder zeigen uns oft ein wahres Chaos wirrer, gestaltloser Linien und Striche, die selbst der erfahrenste unter uns nicht umhin kann, als ein Produkt des Zufalls anzusehen. In gewisser Entfernung aber, wie durch plötzlichen Zauber, nehmen alle diese Linien Gestalt an und machen uns wieder glauben, daß wir die Wirkung höchsten Fleißes gerade da vor uns haben, wo wir eben noch einer hastigen Nachläßigkeit zu begegnen glaubten."

---

borough, der erste Landschaftsmaler unserer Zeit!" Wilson erhob sich und rief lakonisch: „Es lebe Gainsborough, der erste Portraitmaler unserer Zeit!" Reynolds, wie immer, suchte einzulenken.

Unter den 20 anwesenden Bildern befinden sich 7 Landschaften, keine allerersten Ranges, aber alle gut und charakteristisch. Die ihnen gemeinschaftlichen Züge glaube ich hervorgehoben zu haben; ein genaues Bild seiner Behandlungsart, besonders des Laubes, zu geben, liegt jenseits der Macht der Beschreibung. Eine unter dem Namen der „Marktkarren" angeführte Landschaft scheint mir besonders gelungen. Es ist eine vortreffliche Verschmelzung des blos Landschaftlichen mit dem Genre, worin er überhaupt Meister war. Unsere Landschafter sind oft weiter nichts als in engster Wortbedeutung — sie selbst. Zu Gainsborough's Zeiten verstand man es noch allgemeiner, sich eine menschliche Figur an den Waldabhang oder zwischen das Riedgras lagern zu lassen.

Als Portraitmaler ihn durchweg höher, vielleicht auch nur neben Reynolds zu stellen, wäre ungerecht. Sein Portrait der Mrs. Siddons ist trefflich, aber behauptet sich doch nur mühsam neben den besseren der Reynolds'schen Köpfe. Dennoch, wie bereits oben hervorgehoben, gebührt auch nach dieser Seite hin der Gainsboroug'schen Genialität der Preis. Reynolds war der bessere Schütze im Allgemeinen, und traf öfter in's Schwarze als sein Nebenbuhler; aber den eigentlichen Meisterschuß that doch Gainsborough. Das Bild, was ich dabei im Sinne habe, ist der berühmte „blue boy," für gewöhnlich eine Zierde der Gallerie des Marquis von Westminster. Gainsborough hat hier gezeigt, welcher Kraftfülle er (wenn durch eine ungewöhnliche Aufgabe angespornt) auch als Portraitmaler fähig war. Es ist eins der Kennzeichen des Genies, daß seine Kräfte mit den Schwierigkeiten wachsen. Unter gewöhnlichen Umständen ist die gewöhnliche Kraft dem Genie nicht nur ebenbürtig, sondern oft siegreich über dasselbe; aber seine Stunde kommt. Hunderte können Frühlingslieder schreiben, die um kein Haarbreit schlechter sind als ein Rückert'sches Frühlingslied; wenn aber die Aufgabe lautet, dies Frühlingslied in Form einer Siciliane zu schreiben, so würde Rückert mit einem Male sich selbst übertreffen, während seine Concurrenten zu stolpern begönnen und die ganze ungeheure Kluft plötzlich sichtbar machten zwischen der Nachtigall und einem pfeifenden Staarmatz. So Gainsborough in diesem merkwürdigen Bilde. Reynolds hatte sich dahin geäußert (und man muß bekennen, daß viele der Gainsborough'schen Bilder ihm guten Grund dazu gaben), daß das Vorherrschen von Blau mit einer guten Farbenwirkung unvereinbar sei. Gainsborough, ganz im Einklang mit seinem Wesen, nahm den Handschuh auf und versicherte das Gegentheil. Dieser „blue boy" ist die blaue Antwort auf Reynolds Behauptung. Der hübsche, frisch und blühend aussehende Knabe, ist mit Ausnahme von Gesicht und Halskragen, blau von Kopf bis zu Fuß; Seidenwamms, Beinkleid, Strümpfe, Schuhschleifen — alles blau. Die Erwiederung liegt nah: „Ja, das Bild ist ein Meisterstück, aber es würde ein größeres und gefälligeres sein, wenn Gainsborough seine Kraft an eine lohnenswerthe Aufgabe, statt an eine Laune, gesetzt hätte." Möglich, aber nicht wahrscheinlich. Das Bild ist ein so glänzender Sieg, daß einem der Gedanke fern bleibt, es habe sich dabei um nichts als eine geniale Marotte gehandelt; man bewundert einfach und findet alles natürlich. Die Schwierigkeit wirkte nicht lähmend, sondern fördernd; latente Kräfte wurden wach; die Noth wurde produktiv wie immer und schuf Momente, die eine gewöhnliche Aufgabe nie geboten hätte. Der Reim zeigt auch hier am besten, was ich meine. Wer ihn nicht beherrscht, der unterliegt; wer ihn aber bemeistert, der siegt nicht nur, der siegt doppelt und löst nicht bloß eine Aufgabe, sondern löst sie in einer so frappanten und glänzenden Weise, wie eine leichtere Aufgabe nie gelöst worden wäre. Ein Finden und Entdecken kommt hinzu, dessen Zauber den Dichter selbst und dann seine Hörer ergreift. Für Maler muß das Bild vom höchsten Interesse sein. Das Geschick, mit dem Gainsborough in scheinbar ungesuchtester Weise verstanden hat, dem Hintergrund einen wechselnden Farbenton zu geben (untergehende Sonne, also viel roth und gelb zwischen dunklem Laub), einen Farbenton, der stets zu dem Blau der Hauptfigur harmonirt und doch die Monotonie gefällig unterbricht, dies Geschick, sag' ich, ist erstaunlich. Der Südsaal der Ausstellung hat nur noch ein Portrait, das an Frappantem und nahezu auch an Berühmtheit mit diesem blue boy wetteifern kann, das ist „Master Lambton" (Familienname der Grafen von Durham) von Thomas Lawrence.

Das führt mich auf diesen talentvollsten Schüler Sir Josua's. Das Verhältniß zwischen beiden ist ein sehr ähnliches wie das zwischen Rubens und van Dyck. Im Ganzen ist der Meister eben Meister, aber im Einzelnen wird er vom Schüler übergragt. Master Lambton ist ein Portrait, das an Auffassung und Zeichnung den besten Reynolds'schen Arbeiten ge-

haben nichts verdorben, aber auch nichts gebessert. Man spricht vom Ueberhandnehmen des Conventionellen, aber dieser Tadel besagt nichts andres, als daß eine originale und reformatorische Kraft noch immer auf sich warten läßt. Der Meister schafft eine Manier; dann kommt die Schule und macht sich die Manier zu eigen; hat die Schule ein langes Leben, so spricht man zuletzt von „Conventionellem." Die Sache selbst ist aber nicht schlechter geworden; sie lebt nur zu lange und das ermüdete Auge des Publikums sehnt sich nach etwas Neuem. Die Prä-Raphaeliten würden die Leute sein, von denen gerade nach dieser Seite hin, eine heilsame Reform ausgehen könnte. Daß sie den Muth haben, ihre eignen Wege zu gehn, und, statt an hergebrachte Formen sich anzuschließen, es vorziehen, an Wahrheit und Natur, nach ihrem besten Wissen und Können, sich anzulehnen, wird selbst von ihren Feinden nicht bestritten. Eine neue Aera könnte durch sie beginnen; aber sie werden scheitern, wie Hogarth gescheitert ist, und einsehen lernen, daß die Eitelkeit der Menschen ihnen entgegensteht und entschlossen ist, ihre Bestrebungen auf keinem Gebiete mehr zu nichte zu machen, als auf dem — der Portraitmalerei. Wir wollen alle keinen Wahrheits=, sondern einen Schönheits=Spiegel.

Siebenter Brief.

Die Historienmaler. Benjamin West. Eduard Mathew Ward. Daniel Maclise. Horsley. Cope. Goodall.

Es ist ein eigen Ding mit der englischen Historienmalerei. Sie existirt ohne eigentliche Existenz; sie ist da, ohne daß man von ihr weiß. Deutsche Leser mögen die Probe an sich selber machen; sie werden, wenn von Historienmalerei gesprochen wird, der Namen und der Werke eines Vernet oder de la Roche, eines Kaulbach oder Gallait sofort eingedenk sein, aber Niemand wird sich eines Dyce oder Pickersgill entsinnen, geschweige die zahlreichen Illustrationen zur englischen Geschichte (so weit sie von englischen Malern herrühren) mit gleicher Lebendigkeit vor Augen

unserer Diener und Heizensommer in der Fabriken gereiht haben sollte, das englische Bild von der großen Illustration eines Zustandes zu unterscheiden, ist nicht recht anzunehmen. Die Punkte jenes theils neuen Genre sind sie außer außerhalb der Kunst. Der Euryrhythmus, der das Atelier mit der Kirche tauft, und nicht minder der moderne englische Baustil, der die großen Inventionen und Raumverhältnisse bevorzugt und eine unpersönlichere Behandlung als Regel eingeführt hat, haben mit zu den Hauptursachen, daß in England die historischen Bilder fehlen. Ein historisches Bild hat an dem Ort, wo im Allgemeinen gemalt es Raum. Dieser Raum fehlt, und selbst da, wo es ist, wird es gemeiniglich in kleine Bilder zergliedert, weil das Auge des Engländers für das große Leben gewöhnt ist, allgemeinhin eine Ruberts'sche Arundenaumer oder eine Paul Veronese'sche Hochzeit zu Cana vor Augen zu haben. Ebenso gewiß es ist, daß nur die Kenner historischer Bilder noch recht rares allen werden, weil sie dem Urheber zuwiderlaufen und mit einer der Unterscheidungs-Arbeit zusetzen, ebenso gewiß ist es, daß in England der entgegengesetzte Geschmack vorherrschend ist. Man hat sich von den großen Inventionen entwöhnt, und diese Entwöhnung ist dem historischen Bilde noch günstig gewesen. Große Tendenzbilder haben noch Raum in einem Atelier, und unsere deutsche Einrichtung ist nichts, die der Kunstausstellung nicht als ein historisches Ereigniß vor Augen haben will.

Lassen wir den Unterschied zwischen Historiengemälden und der kleinen Illustration geschichtlicher Vorgänge unter Gemälden, so verfügt England, noch einmal sei es gesagt, über einen namentlichen Reichthum an historischen Bildern, dem gegenüber die Frage unentschieden bleiben mag, ob Deutschland und selbst Frankreich eine zahlreichere Armee in's Feld zu stellen vermögen. Wenn sich hieran von Seiten derer, die London und einzelne seiner Gallerien kennen, die erwähnte Frage knüpfen sollte: „aber wo sind diese historischen Bilder? wo ist ihre Zahl, ihre Fülle, ganz abgesehen von ihrem Werth oder Unwerth?" so ist diese Frage berechtigt, wiewohl ihr schließlich ein Irrthum zu Grunde liegt. Die Fülle ist da; daß sie so wenig bemerkt zu werden pflegt, so wenig zur Kenntniß aller derer kommt, die England auf kürzere Zeit besuchen, hat in drei Dingen seinen Grund. Erstens in der Vielvertheiltheit dessen, was allgemein zugänglich ist; zweitens

in der Verborgenheit und Schwerzugänglichkeit dessen, was dem Privat=
besitz angehört und drittens in dem Umstand, daß das Beste und
Interessanteste, was da ist, allerdings der neuesten Zeit erst, d. h.
den letzten fünfzehn, ja man könnte sagen den letzten fünf Jahren an=
gehört.

Zunächst noch ein paar Worte über die Vielvertheiltheit der
allgemein zugänglichen, d. h. den öffentlichen Gallerieen angehörigen,
historischen Bilder. Wo einem die Sachen, wie z. B. in Paris und
Versailles, als ein einziges, nicht enden=wollendes Gastmahl vorgesetzt
werden, da bleibt unter allen Umständen ein Eindruck zurück, vielleicht
überwiegend der Eindruck des Benommenseins und der Ermüdung, doch
zu gleicher Zeit auch der Eindruck eines ungeheuren Reichthums. Nicht
so in London; das Gastmahl löst sich daselbst in 10, in 20 Gänge auf
und da die einzelnen Gerichte nicht glänzend genug sind, um durch In=
tensität des Genusses den Mangel an Fülle vergessen zu machen, so
bleiben da freilich keine Eindrücke zurück, wo das Einzelne nicht mächtig
genug ist, um auch als Einzelnes zu wirken und das Ganze viel zu
zersplittert auftritt, um wenigstens durch die Fülle der Erscheinung
imponiren zu können. So kommt es, daß man auch der bloßen Zahl
nach das unterschätzt, was da ist, und aus Greenwich, aus Windsor,
aus Hampton=Court, aus Buckingham=Palace und Marlborough=House,
aus Guildhall und Lambeth=Palace, aus Kensington=Museum und Bri=
tisch=Museum mit dem Gefühl nach Hause zurückkehrt, herzlich wenig
von englisch=historischen Bildern gesehn zu haben, während doch nur
die Vielvertheiltheit die Schuld an diesem Allem trägt und eine
durchaus glänzende und mindestens höchst interessante historische Gallerie
herzustellen wäre, wenn man sich endlich entschließen könnte, oft ange=
regten Plänen nachzugeben und an die Stelle der Zersplitterung eine
gesichtete und kritisch geleitete Concentration treten zu lassen. In Green=
wich allein, um wenigstens ein Beispiel von der Reichhaltigkeit des
Vorhandenen zu geben, befinden sich die Darstellungen von zwanzig
englischen Seeschlachten, und in einem Seitenzimmer, dem sogenannten
Nelson room, sieben kleinere Bilder, die verschiedene Momente aus dem
Leben des berühmten Admirals wiedergeben. Alle diese Bilder lassen
viel zu wünschen übrig, aber sie sind wenigstens da und tragen
mit 27 Nummern zu der langen Reihe geschichtlicher Illustrationen bei.

Ich habe zweitens die Verborgenheit und Schwerzugänglichkeit der Privat-Gallerieen als einen Grund hervorgehoben, der dem continentalen Besucher es schwer mache, sich eine richtige Vorstellung von den Leistungen der englischen Malerei, besonders auch der Historien-Malerei zu machen. Es ist wahr, daß die ältesten und berühmtesten dieser Gallerieen mehr den alten Meistern ihre Schätze verdanken und den Dominichino und Carracci, den Murillo und Velasquez glänzender vertreten als die Schöpfungen der englischen Schule; nichtsdestoweniger fehlt es an diesen nicht und die Sammlungen Lord Ellesmere's und des Marquis von Westminster, die Säle von Apsley-House und Northumberland-House, all der zahllosen Schätze zu geschweigen, die sich außerhalb Londons auf den Sitzen der reichsten Aristokratie der Erde befinden, legen genugsam Zeugniß ab, wie reichhaltig auch das englische historische Bild in diesen Privat-Gallerieen vertreten ist. Die Schlösser in den Provinzen zu besuchen, ist natürlich nur in den seltensten Fällen einem continentalen Besucher vorbehalten, selbst der Zutritt zu den Privat-Gallerieen der Hauptstadt ermöglicht sich nur unter einer Vereinigung günstiger Umstände, und so wird die Vorstellung mit heim genommen, daß das nicht existire, was sich nur vornehm und eigensinnig dem Blick des Reisenden verbarg.

In Betreff dieses zweiten Punktes wird sich auch im Laufe der Zukunft wenig ändern und wenigen England-Besuchern wird das vorbehalten sein, was dem gewissenhaften Beschreiber der englischen Privat-Gallerieen (man dürfte den Ausdruck wagen: dem Entdecker derselben), dem Professor Waagen, vorbehalten war: die enormen Kunstschätze in ihrer imposanten Ganzheit an sich vorüberziehn zu sehn. Der Reisende, selbst der ernst und geflissentlich Forschende, wird immer vorzugsweise auf das angewiesen sein, was ihm die Hauptstadt und zwar die öffentlichen Gebäude derselben bieten. Und nach dieser Seite hin werden denn allerdings drittens und letztens alle diejenigen einer Ueberraschung entgegen gehn, die, nach einer längeren Abwesenheit, England jetzt oder im Lauf der nächsten Jahre wiedersehn. Allein schon der Pallast von Westminster wird ihnen gegenüber die Beweisführung übernehmen, daß ein historisches Bild in England existirt und daß wir, die Halbheit und Unausreichendheit des bisher Geleisteten gern zugegeben, doch auf unserer Huth zu sein haben, um uns nicht eines Tages von dem halb ignorirten, halb unterschätzten Nebenbuhler übertroffen zu sehn. Im Sitzungssaal der Lords befinden sich bereits sechs große Freskobilder, theils allegorischen, theils historischen Inhalts; von den panellirten Wänden des Victoria=Zimmers herab blicken 28 historische Portraits, — das Vorzimmer und das Ankleidezimmer der Lords werden, das erstere acht, das letztere neun große Freskogemälde theils biblischen, theils allegorischen, theils englisch=historischen Inhals erhalten und von den Wänden der beiden Corridore herab, die sich zwischen dem Sitzungssaal der Lords und der Gemeinden hinziehn, wird bald eine ganze historische Gallerie zu den Vorübergehenden sprechen. Einige derselben, wie die „Hinrichtung Montroses" und eine Scene aus der Zeit des Monmouth=Aufstandes, sind bereits beendigt, und vor Ablauf einiger Jahre wird sich hier eine so stattliche Reihe historischer Bilder vereinigt finden, wie sie, vielleicht Rom und Versailles abgerechnet, nur irgend ein anderer Pallast irgend einer anderen europäischen Hauptstadt aufzuweisen hat.

Ich kehre nach dieser Abschweifung zu jenem Bruchtheil der englischen Historienmalerei zurück, den die Manchester=Ausstellung aufweist. Sie enthält vielleicht 50 Bilder; an der Spitze stehen die Arbeiten Benjamin West's.

Benjamin West (geboren 1738 zu Springfield im Staate Pennsylvanien, gestorben 1820 als Präsident der Londoner Akademie der Künste) scheint mir bisher nicht in einem Maße gewürdigt worden zu sein, das seiner Bedeutung entspricht. Unsre Zeit hätte die Pflicht, diesem Manne gegenüber eine Schuld der Dankbarkeit abzutragen. Die West'sche Zeit konnte diese Schuld nicht zahlen, weil selbst diejenigen seiner Zeitgenossen, die seinen Neuerungen zustimmten, die ganze Wichtigkeit und Tragweite derselben nicht erkennen konnten. Erst in unserer Zeit wurde, was damals ein scheues Wagniß, ein glücklicher, in seinen Konsequenzen nicht zu berechnender Zufall war, zum Prinzip erhoben, und die Realisten in der Kunst, die jetzt ihr Banner hoch tragen, sollten keinen Namen höher in Ehren halten, als den Namen Benjamin West's. Ich werde gleich zeigen, warum.

Die Manchester=Ausstellung hat sechs Bilder von ihm. Drei davon (Christus die Kinder segnend, der Abschied des Regulus und Amor und Psyche) sind gute Arbeiten, wie sie von einem gewissenhaften Künstler und einem Akademie-Direktor zu gewärtigen sind. Tüchtig, fleißig, respektabel — aber nichts mehr; man hat dergleichen hundertfach, die Louvre-Gallerie ist reich an Aehnlichem und Besserem. Diese drei Arbeiten würden keinen triftigen Grund abgegeben haben, den Namen Benjamin Wests an dieser Stelle zu erwähnen. Was ihm Bedeutung gibt und seinen Namen für alle Zeit mit der Geschichte der modernen Kunst verwebt, das sind die drei andern Bilder, die die Manchester-Ausstellung von ihm aufweist: der Tod des Generals Wolfe, die Schlacht von La Hogue und die Schlacht an der Boyne, drei im schönsten Einklang stehende, wenn auch an Werth ungleiche Arbeiten, die ein kühner Griff ins wirkliche Leben waren und dies Leben in aller Treue und Wahrheit wiedergaben, ohne klassischen Faltenwurf und ohne französische Perrücke. Dieser Umstand kann nicht laut genug hervorgehoben werden. Suum cuique. Wir pflegen ziemlich übereinstimmend die große Reform in der Kunst von den ersten siegreichen Versuchen Meister Schadows (richtiger vielleicht Chodowiecki's und Taffaert's) zu datiren und an den „alten Dessauer" des vaterländischen Meisters das hübsche Witzwort zu knüpfen, daß der Zopf seines Helden den Zopf aus der Kunst vertrieben habe. Wir haben uns, im Einklang damit, daran gewöhnt, der Skulptur unter achtungsvoller Verbeugung den Vortritt zu gönnen und anzuerkennen, daß die neue Schule, die realistische Richtung in der Kunst, von ihr ausgegangen sei. Aber wir haben dabei den pennsylvanischen Quäkerssohn nicht mit in Rechnung gestellt, auf den die Amerikaner stolzer sein dürften, als sie es sind, und im Hinblick auf dessen Revolution in der Kunst sie mit einer gewissen Berechtigung ihre Lieblingsphrase gebrauchen könnten, „daß alles Heil und alle neue Lehre von jenseits des großen Wassers komme." „Der Tod des General Wolfe" ist ums Jahr 1770 gemalt, also um wenigstens 20 Jahre früher, als Schadow den Entschluß faßte, die Gestalt des alten, populären „So leben wir" in volksthümlicher Weise wiederzugeben. Benjamin West scheint weniger sicher und mehr versuchsweise dabei vorgegangen zu sein, als Schadow zu seiner Zeit, aber das Verdienst bleibt ihm, die neue Bahn gebrochen zu haben.*)

---

*) Er selbst war in seinen späteren Lebensjahren nicht ohne Bewußtsein seiner künstlerischen Bedeutung und zeigte das gelegentlich bis zum Komischen. Seine Eitelkeit war eben so groß wie harmlos. Ein charakteristischer Zug der-

Eine Beschreibung des Bildes brauch ich um so weniger zu versuchen, als es wenige Blätter geben dürfte, die (auch bei uns) einer größeren Bekanntheit und Popularität genössen, als der Tod des Generals Wolfe." Dieser auf den ersten Blick überraschende Umstand erklärt sich einfach dadurch, daß Deutschland (vielleicht mit alleiniger Ausnahme Chodowiecki's) im letzten Drittel des vorigen Jahrhunderts noch keine bildende Kunst, weder Bild noch Kupferstich besaß, und daß jeder Gebildete, der seine Zimmer schmücken wollte, darauf angewiesen war, diesen Schmuck von außerhalb zu entlehnen. Wer, der jemals unsere östlichen Provinzen bereist und in den kleinen Gasthöfen kleiner Städte zur Nacht gegessen hat, hätte nicht, wenn er die baufällige Treppe mit Schlüssel und Nachtlicht hinauf stolperte, auf dem ersten Treppenabsatz jene drei unvermeidlichen Kupferstiche gesehen: Schwerin bei Prag, Seidlitz bei Roßbach und General Wolfe vor Quebeck, umstanden von trauernden Soldaten und neugierig angestarrt von jener kauernden Rothhaut, dem unbestreitbaren Vater aller jener Unkas und Chingachgooks, die in Bildern und Romanen seit beinah fünfzig Jahren das Entzücken unsrer europäischen Jugend gewesen sind. Dies uns Allen wohlbekannte Bild ist eine reformatorische That Benjamin West's, und was ich durch eine Besprechung dieses Mannes erreicht haben möchte, ist einfach das, daß alle diejenigen, die froh sind, den Dreimaster und den Krückstock an Stelle der Toga und des Lorbeerkranzes eingeführt zu sehen, in Zukunft mit einem Gefühl der Pietät an dem hockenden Indianer vorbeigehen und seines Urhebers gedenken mögen.

Wie sich denken läßt, war seiner Zeit nicht alle Welt mit der Neuerung einverstanden. Dieselbe scheint indessen einen rascheren Erfolg gehabt zu haben, als das gemeinhin der Fall zu sein pflegt. Interessant

---

selben ist aufbewahrt worden. Im Jahr 1802 besuchte er Paris, genau um dieselbe Zeit, wo Charles Fox, nach Abschluß des Friedens von Amiens, ebenfalls in der französischen Hauptstadt war. Eines Tages traf er mit Fox, dem Helden des Tages, im Louvre zusammen. Sie schritten auf und ab und plauderten. Aller Augen hingen natürlich an Fox. Plötzlich wandte sich West an diesen und fragte mit vielleicht nie übertroffener Naivetät: ob er nicht auch bemerkte, wie Vieler Augen ihnen folgten? „Es ist erstaunlich, fügte er hinzu, welch' lebhaftes Interesse diese Franzosen an Kunst und Künstlern nehmen!" Wie mag der heitere Fox gelacht haben.

ist die sofortige Zustimmung Josua Reynolds. Sie beweist den feinen
Sinn und die gedankliche Selbstständigkeit dieses Mannes, dessen
Schwächen ich in einem früheren Aufsatze (über die britischen Portrait=
maler) nicht verschwiegen habe. Es herrschte eine Art Rivalität zwischen
Reynolds und West, ähnlich wie zwischen Reynolds und Gainsborough.
Vielleicht war es dies eifersüchtige Gefühl, was Reynolds anfänglich
Einwendungen machen ließ, als West ihm seine Absicht mittheilte, die
Scene vor Quebeck in aller Naturwahrheit, mit Kniehosen, Gamaschen
und rothen Leibröcken darzustellen. Reynolds indessen war zu klug und
zu fein, um gegen bessere Ueberzeugung eigensinnig zu sein. Als das
Bild fertig war, betrachtete er es lange und sagte dann zu den Um=
stehenden: „Ich nehme meine Einwendungen zurück. West hat Recht.
Stoffe der Art sollten nur in dieser Weise behandelt werden. Von
diesem Bilde an wird sich eine Revolution in der Kunst
datiren." Es ist überraschend, daß diese gewichtigen Worte so wenig
zu allgemeiner Kenntniß gelangt zu sein scheinen.

West hatte vor, ein Pendant zu diesem Bilde zu malen. Der Stoff
war trefflich gewählt, wenn auch voll besonderer Schwierigkeiten. Im
Jahre 1755 war eine englische Heeres=Abtheilung des Generals Brabdock
im tiefsten Walde von unsichtbaren Feinden (Indianern im Bunde mit
Frankreich) erschlagen worden. Die Situation erinnert, beiläufig be=
merkt, im Kleinen an den Untergang der Legionen im Teutoburger
Walde. Einige Zeit darauf wurden englische Regimenter abgeordert,
um, in Verbindung mit befreundeten Rothhäuten und amerikanischen
Milizen, jenen Platz der Vernichtung aufzusuchen. West selbst, damals
18 Jahre alt, schloß sich der Expedition an. Der Führer derselben war
Sir Peter Hallett, der, angekommen an der Schreckensstätte, seinen
Vater und Bruder unter den Todten erkannte. Die sich bei Behandlung
des Stoffes darbietenden Schwierigkeiten liegen auf der Hand; auf der
andern Seite kann man nicht leugnen, daß dieser Waldkessel, angefüllt
mit Indianern, Milizen und Hochländern in ihrer schottisch=malerischen
Tracht (die Expedition bestand aus dem 42. Regiment Hochschotten),
und im Vordergrund Sir Peter Hallett selbst, an der Leiche seines
Vaters knieend, einen bedeutenden Effekt gemacht haben müßte. Lord
Grosvenor rieth dem Maler von der Behandlung dieses Stoffes ab;

vielleicht mit Recht. Die Situation ist verführerisch, aber allerdings mehr poetisch als malerisch.

West malte zwei andere Bilder, die die neue Richtung weiter verfolgten: Die Schlacht von la Hogue und die Schlacht an der Boyne. Letzteres ist ein relativ schwaches Product. Die Schlacht von la Hogue hingegen pflegt man als seine beste Arbeit anzusehen. Sie hat in der That noch besondere Vorzüge vor dem „Tode des General Wolfe" und steht unter allen Seeschlachten, die seitdem gemalt worden sind, immer noch obenan. Wer die Gallerie in Greenwich durchmustert, kann sich von der Wahrheit dieses Ausspruches überzeugen. Der Bootkampf im Vordergrunde, wo ein riesiger, englischer Capitain seinen todtblassen französischen Gegner am Zipfel des himmelblauen Seidenwammses packt, ist mit großer Meisterschaft dargestellt. Die Charakteristik der Köpfe: Kraft und Wuth auf der einen Seite, Schwäche und Entsetzen auf der anderen, ist nicht leicht zu übertreffen, und in Bezug auf Farbe und Natürlichkeit der Bewegung, zwei Punkte, worin er im Allgemeinen schwach war, hat er die Vorzüge dieses Bildes nie wieder erreicht. Auch dies Bild ist durch den Stich bekannt geworden. West malte es für Lord Grosvenor; eine gute Kopie befindet sich in der Greenwich-Gallerie.

Ein Beispiel, wie es West gab, konnte natürlich nicht ohne Nachfolge bleiben; es entstand das, was man eine West'sche Schule nennen könnte, und viele der allerpopulärsten Illustrationen zu Ereignissen der englischen Geschichte lassen sich, ihrer Behandlungsart nach, auf die Vorbilder zurückführen, die West aufgestellt hatte. „Die Nilschlacht" (Abukir) von Loutherbourgh lehnt sich an die Schlacht von la Hogue an; der Tod des Capitain Cook (von William Hodges) an den Tod des General Wolfe, und die Eroberung der Insel Jersey durch die Franzosen (von Copley) an die Schlacht an der Boyne. Das Bild Copley's indeß hat besondere Verdienste und ist besser als das Vorbild. In der Farbe übertrifft es alle West'schen Arbeiten überhaupt, und die Vorgänge selbst, der Straßenkampf und das siegreiche Vordringen der Franzosen, sind mit so viel Wahrheit und Lebendigkeit dargestellt, daß man sich für das Bild interessirt, noch ehe man weiß, um was es sich eigentlich handelt.

Nach dem Tode West's scheint, mit Ausnahme einiger allerdings

höchst anerkennenswerthen Arbeiten von Haydon, ziemlich ein Viertel=
jahrhundert lang, innerhalb der Historienmalerei, wenig producirt wor=
den zu sein. Erst die letzten 20 Jahre, zum Theil wohl in Veranlassung
des Baus der Parlamentshäuser, haben, wie bereits Eingangs hervor=
gehoben, eine große Zahl junger Talente diesem Zweige der Malerei
wieder zugeführt.

Unter diesen nimmt Edward Matthew Ward, geb. 1814 in London,
vielleicht den ersten Rang ein. Die Manchester=Ausstellung weist nur zwei
Arbeiten von diesem trefflichen Künstler (der bekannter zu sein verdiente) auf.
Es sind dies: Ludwig XVI. und Marie Antoinette im Temple und Charlotte
Corday auf ihrem letzten Gange. Ein drittes Bild desselben Meisters:
„Der letzte Abschied Marie Antoinettens von ihrem Sohne" befand sich
zu selbiger Zeit auf der Akademie=Ausstellnng in London. Schon die
Namen der Bilder deuten auf Frankreich hin. Wer seine Stoffe einem
fremden, aber an Kunst=Bildung überlegenem Volke entnimmt, wird in
den meisten Fällen auch in **ir** Behandlungsart, die er dem Stoffe
angedeihen läßt, unter dem Einfluß jenes fremden Volkes stehen. Bei
Ward ist dies entschieden der Fall, und doch fügt er seinen Bildern
wieder so viel Eignes und specifisch Englisches hinzu, daß es nicht leicht
ist, ihm eine bestimmte Stelle anzuweisen. Im Kolorit ist er West
und seiner Schule unendlich überlegen, er malt nicht grau in grau und
gleicht an Aengstlichkeit nicht jenen mittelalterlichen Damen, die sich
kaffeebraun und mausefarben kleiden, nur um niemals durch grün oder
roth die üble Nachrede der Nachbarschaft wach zu rufen. **Er hat den
Muth einer Farbe.** Er zieht der Charlotte Corday ein blutrothes
Hemd und dem Robespierre einen himmelblauen Frack an und läßt die
Welt hinterher entscheiden, ob es recht ist oder nicht. Ich wüßte (wenn
man von den Gainsborough'schen Genialitäten absieht) keinen einzigen
englischen Maler, der solche Farben gewagt hätte. Dadurch, daß ich
das Wagniß als solches lobe, will ich noch kein unbedingtes Lob der
Sache selber ausgesprochen haben. Die Farben schreien häufig mehr,
als nöthig wäre, und ein gelber Seiden=Schlafrock, in dem Ludwig XVI.
auf seinem Ruhebette liegt, gereicht mehr dem Muthe als dem Ge=
schmack des Malers zur Ehre. In Bezug auf glückliche Stoffwahl, wie
auf Einfachheit, Klarheit und Verständlichkeit der Composition, verräth
er ganz den französischen Einfluß, während er andererseits durch ein

störendes, marottenhaftes Festkleben am Genre wieder ganz den Engländer und durch eine starke Hinneigung zur Karrikatur sogar einen nachgeborenen Schüler Hogarths bekundet. Es möchte sich darüber rechten lassen, ob derartig historische Bilder (die sie sein wollen und wirklich sind) nicht unter sich selbst herabsteigen, wenn sie nebenher zum Tendenzbild, zur Satire auf eine blödsinnige Schreckenswirthschaft werden, jedenfalls aber darf das Genre, respektive die Karrikatur sich nicht bis zu solchem Grade in das historische Bild hineindrängen, daß es einem Maler, in der Fülle seiner Loyalität, freistehen könnte, den Danton wie einen Metzger aus dem Faubourg St. Antoine darzustellen. Dies stört doppelt da, wo die Technik, trotz kühner Farbenwahl, mit einer an Porzellan=Malerei erinnernden Peinlichkeit gehandhabt wird.

Seit 1855 ist Ward beinah ausschließlich mit Arbeiten beschäftigt, die bestimmt sind, die Corridore, die sogenannten „lobbies," des Parlamentshauses zu schmücken. Acht, unter den herzustellenden Freskobildern, sind ihm zugefallen; eine große Auszeichnung, die bekundet, daß man sich von ihm des Besten versieht. Drei dieser Bilder sind fertig; zwei davon, „die Hinrichtung Montrose's" und „der letzte Schlaf des Grafen von Argyle" hab' ich gesehn. Beide haben mich interessirt, aber allerdings mehr um des Gegenstandes als um der Ausführung willen. Zugegeben, daß die Composition klar, vielleicht selbst poetisch sei, jedenfalls fehlt aller Zauber der Farbe und stumpf, frostig, talkig blicken alle Figuren aus der Wand heraus. Das wird sich aber bessern, sobald man des Technischen der Freskomalerei mehr Herr geworden ist.

Nächst Edward Matthew Ward gelten John Callcott Horsley, Charles West Cope, Frederick Goodall und Daniel Maclise als die talentvollsten unter den englischen Historienmalern der Gegenwart. Des letzteren, der in Manchester nicht günstig vertreten ist („Banquos Geist vor Macbeth erscheinend" ist eine schwache und beinah lächerliche Leistung), sei hier zuerst gedacht.

Daniel Maclise (geb. 1811) ist ein Irländer, aus der Grafschaft Cork. Er hat ganz die Beweglichkeit, den Humor und Witz und vor allem die rasche, leichte Art zu schaffen, von der es heißt, daß sie dem celtischen Stamm eigenthümlich sei. Er gehört zu jenen Talenten, die alles übernehmen und alles leisten, und durch die Betrachtung nicht gestört werden, daß es der. und der vielleicht besser gemacht haben wurde. Auf einem Maskenball in Cork, der Behufs wohlthätiger Zwecke gegeben wurde, erschien der damals erst 18jährige Maclise im Kostüme eines vagirenden Portraitmalers und lieferte auf frischer That so viele Portraits, versteht sich gegen Zahlung, daß der wohlthätige Zweck auf's Glänzendste erreicht und eine große Summe Geldes dem Comité überreicht wurde. Das ist ganz im Styl von Daniel Maclise: rasch, talentvoll, gut gelaunt und guten Herzens. In ähnlicher Weise hat er all sein Lebtag producirt, wie sich von selbst versteht, das Genre zu seinem eigentlichen Fache machend. Seine Leistungen auf diesem Gebiete sind zahllos und sehr geschätzt, entbehren aber freilich jener liebevollen Vertiefung und jener Krafftheit im Technischen, die die Arbeiten Willies und Landseers so anziehend machen. Seit etwa sechs oder acht Jahren hat sich der heitere Ire, der bis dahin seine Stoffe am liebsten aus dem Don Quixote und Gil Blas genommen hatte, dem historischen Bilde zugewandt. Bilder wie „König Alfred im Dänenlager," „die Hochzeit Strongbows mit der Prinzessin Eva" u. dgl. m. entstanden rasch hintereinander und im Jahre 1856, das eigentlich einen Wendepunkt in seinem künstlerischen Schaffen bezeichnet, erschien er mit einer ganzen Gallerie ziemlich ausgeführter Skizzen (40 an der Zahl) auf der damaligen Londoner Ausstellung, 40 Bilder, die in ihrer Gesammtheit ein Seitenstück zu dem berühmten Teppich von Bayeur bilden zu wollen schienen, indem sie die Geschichte der normannischen Eroberung in ihren Hauptmomenten gaben. Vom Tode Eduards des Bekenners an, bis zum Schlacht- und Leichenfeld von Hastings, über das Editha Schwanenhals hinschreitet, bis sie vor dem erschlagenen König Harald hält, fand sich alles hier in bester Form beisammen. Keine dieser Skizzen war bedeutend und der Charakter einer bloßen Illustration trat fast zu fühlbar hervor; ebenso werden die beiden großen allegorischen Freskobilder, die sich im Sitzungssaale der Lords befinden: „die Gerechtigkeit" und „die Ritterlichkeit" schwerlich eine warme oder gar eine unbedingte Zustimmung finden. Anders aber verhält es sich mit Daniel Maclise's neuester Schöpfung, die in ganz London, besonders auch bei seinen Kunstgenossen, als ein Meisterstück moderner Historienmalerei gilt. Es ist dies ein 10 Fuß hohes und 48 Fuß langes Freskobild: „die Begegnung Blüchers und Wellingtons am Abend von Belle-Alliance" darstellend. Ich kenn' es nur aus dem Carton; London-Besucher dieses ober doch spätestens des nächsten Jahres, werden es aber bereits al fresco an den Corridorwänden des Parlamentshauses finden. Maclise hat eben die Ausführung begonnen und ist, wie das Verzeichniß seiner Werke beweisen mag, nicht der Mann der langsamen Arbeit. Die Composition ist eben so klar wie lebendig und gibt den Moment vortrefflich wieder. In der Mitte des Bildes begrüßen sich natürlich die beiden Helden des Tags; von rechts her rücken die Preußen mit fliegenden Fahnen an, begierig, den schwer errungenen Sieg zu verfolgen, links gruppiren sich die Engländer und hohe Freude fliegt über die ermatteten Gesichter. Man lobt an dem Bilde besonders diesen Gegensatz: die Frische und Freudigkeit der anrückenden Preußen und den Ausdruck des Ernstes, der Ermattung und der Dankbarkeit in den Köpfen der Engländer. Schade, daß man sich auf das Technische des Freskobildes noch durchaus nicht zur Genüge versteht, so daß der endliche bedeutende Effekt des Ganzen noch immer in Frage bleibt.

Neben Ward und Maclise sind es vorzugsweise die beiden Historienmaler Horsley und Cope, denen der ehrenvolle Auftrag zugefallen ist, die Säle und Corridore der Parlamentshäuser mit ihren Arbeiten zu schmücken.

Zunächst John Callcott Horsley, geb. zu London 1817. Gleich das erste Bild, mit dem er vor dem Publikum erschien, „ein Zinstag zu Haddon-Hall im 16. Jahrhundert" verrieth, innerhalb des Genre, eine unverkennbare Hinneigung zum Historischen. Von 1843 ab folgten in rascher Reihenfolge seine großen historischen Bilder: „Der heilige Augustin predigt vor dem Volk;" die allegorische Darstellung der „Religion" im House of Lords und „Heinrich V., seinen Vater todt glaubend, ergreift die Krone desselben" (die bekannte Scene im zweiten Theil von Shakespeare's Heinrich dem Vierten). Neuerdings hat sich Horsley wieder dem Genre zugewandt; in Manchester war er nur durch einige Genrebilder, von nicht hervorragendem Werth, vertreten.

Dem Horsley an Talent vielleicht überlegen, ist Charles West Cope. Auch er, wie alle die genannten (Ward, Maclise, Horsley) begann als Genremaler und wandte sich dem Historischen erst zu, als zu Anfang der vierziger Jahre, die Fachcommission, die mit der Ausschmückung der inneren Räume des neuen Palastes von Westminster betraut worden war, eine Concurrenz historischer Bilder ausschrieb. Sein

„Eduard der schwarze Prinz empfängt den Hosenbandorden" (im Sitzungs=
saale der Lords) erntete allgemeinen Beifall; ebenso seine zwei folgen=
den Bilder: „Die letzten Tage des Cardinal Wolsey" (für Prinz Albert
gemalt) und „Prinz Heinrich unterwirft sich dem Gesetz." Ein anderes
treffliches historisches Bild von ihm erschien auf der Ausstellung von
1857: „Abschied der Puritaner von der alten Welt;" — auch dies
wird al fresco die Wände des Parlamentshauses schmücken. In Man=
chester war Cope nicht glänzend vertreten; weder seine Genrebilder noch
sein „König Lear und Cordelia" konnten sich eine lebhafte Anerkennung
erwerben.

Frederick Goodall, geboren 1822 zu London, steht noch ent=
schiedener innerhalb des Genre, als alle die bisher genannten. So
viel ich weiß, sind ihm keine Aufträge für die Parlamentshäuser zu
Theil geworden. Die Manchester=Ausstellung wies einige treffliche
Genrebilder von ihm auf, z. B. „das Dorffest," das wohl verdient
neben dem gleichnamigen Gemälde des David Wilkie genannt zu wer=
den. Als Historienmaler aber erwähne ich seiner hier nur, weil die
Vorgänge des indischen Aufstands ihm neuerdings zu einem Bilde Ver=
anlassung gegeben haben, das an dramatischem Leben und ergreifender
Kraft von wenigen Arbeiten der modernen englischen Malerschule über=
troffen wird. Es stellt den Moment dar, wo die Besatzung von
Lucknow die Bataillone Sir Colin Campbels heraufziehen sieht und mit
dem Bewußtsein der Rettung, Dank und Rührung die Gemüther er=
greift. Andere neuere Arbeiten von ähnlichem Werth sind inzwischen
jenem schönen Bilde gefolgt.

Achter Brief.

Die Genremaler. David Wilkie. Landseer. Leslie. Mulready. Webster.

Die Genremalerei ist das jüngste und geliebteste Kind der englischen Kunst. Sie wurde erst geboren, als die Portraitmalerei, der älteste Sohn des Hauses, bereits seit 50 Jahren etablirt und eine geachtete Firma war. Ich wähle dies Bild nicht ohne Grund. Die englische Portraitkunst hatte in der That zu allen Zeiten einen kaufmännischen Charakter, sie bediente ihre Kunden prompt und gut, und war geschäfts= mäßig und nüchtern, vielleicht selbst in ihren Excentricitäten. Diese philiströse Tüchtigkeit, die Solidität des Geschäfts, schaffte demselben einen geachteten Namen, aber der Ruf und Ruhm der Firma drang nicht über die Landesgrenzen hinaus. Im Großen und Ganzen fehlte ihr jenes Etwas, das sich mit dem bloßen Respektabelsein nicht be= gnügt und mehr beansprucht, als die Schätzung der nächsten Nachbar= schaft. So stand es mit dem ältesten Sohn, als die jüngste Schwester geboren wurde. Sie war von ganz anderem Schlage, witzig und geweckt wie oft die jüngsten, auch wohl einmal übermüthig, aber immer graziös und in Wahrheit Liebling und Wunderkind zugleich. Ihr Ruf drang bald weit über die heimathlichen Grenzen, und alle jene Auszeich= nungen kamen über sie, mit denen die Götter so karg sind, wo die All= täglichkeit sich abringt, und die sie umgekehrt so freigebig und so unge= beten über ihre Lieblinge ausschütten. Meine Leser werden mir zustim= men, sobald ich ihnen Namen genannt habe. Sir Josua Reynolds ist reich geworden und geachtet dazu, seine Palette hängt reliquiengleich unter Glas und Rahmen; doch wer kennt ihn auf dem Continent, jene Wenigen ausgenommen, denen die Kunst und die Kunstgeschichte Fach ist? David Wilkie aber und Edwin Landseer sind Haushalt=Wörter geworden an jedem Punkte der Welt, wo es Wände gibt, gut und dauerhaft genug, um einen Nagel hineinzuschlagen, und in den Woh= nungen schlesischer Dorfschulmeister begegnen wir, wenn halb als Zerr= bild auch, den St. Bernhards=Hunden Landseer's und dem Wilkie'schen „blinden Fiedler."

Die englische Genremalerei gipfelt in David Wilkie, geboren 1785 in der schottischen Grafschaft Fife. Seine speziellen Landsleute,

Waldlandschaft aus dem Jahr 1822 und zwei historische Bilder aus den Jahren 1835 und 36. Auf diese, die man beliebt hat ihm wie eine gegen sich selbst begangene Untreue vorzuwerfen, komme ich später zurück.

Von eigentlichen Wilkie's, von Bildern, auf denen er ganz und gar er selber ist, enthält die Manchester-Ausstellung ein Dutzend Nummern, von denen ich die bedeutendsten aufzähle: der Zinstag, die Kartenspieler, das Innere einer Hochlandhütte, der Empfehlungsbrief, Blindekuh-Spiel (zweimal), die Auspfändung u. s. w. Alle diese Sachen sind ersten Ranges und als solche gewürdigt und — bezahlt worden, aber sie stehen im letzten doch zurück hinter jenen beiden Kabinetstücken „der blinde Fiedler" und „das Dorffest," die sich in der Vernon-Gallerie befinden und im Kupferstich, auch in schlechten Lithographieen, Verbreitung über die ganze Welt gefunden haben. Wir haben in diesen, nicht leicht zu überschätzende Arbeiten, die Wirklichkeit ohne Rohheit, wir haben den Hauch des Idealen ohne Einbuße an der Wahrheit, wir haben schlichte, leibhaftige Menschen, aber wir haben sie in Sonntagsstimmung und in verklärender Freude. Nicht die gewöhnliche häusliche Verrichtung, nicht das Gleichgültige und platt Alltägliche tritt uns entgegen, das nur durch Schärfe der Auffassung uns frappirt, sondern das innerste heiligste Leben des Volkes offenbart sich vor unseren Blicken. Eine Fülle von Gemüth erschließt sich vor uns, und die Heiterkeit, die über uns kommt, ist eine geweihte, wie die Heiterkeit des Bildes selbst. Wer je den „blinden Fiedler" gesehen, wird mir zustimmen. Wir fühlen uns beim Anblick dieses Bildes nicht nur im Kreise fröhlicher, sondern vor Allem guter Menschen, und während wir über das Glück derselben lächeln, kommt ein stilles Glück über unser eignes Herz.

Die Manchester-Ausstellung weist Nichts von Wilkie auf, was nach dieser Gemüthsseite hin dem „blinden Fiedler" gleichstände, aber sie enthält mehrere Arbeiten von wenigstens ähnlichem Werth. Unter diesen stell' ich das Blindekuh-Spiel (blindman's buff) obenan. Es ist zweimal da, als vollendetes Bild und als Skizze. Was, neben der kindlichen Heiterkeit, die über dem Ganzen liegt, diesen beiden Arbeiten noch einen besonderen Werth gibt, das ist der Ausdruck fortschreitender, andauernder Bewegung, der auf den Bildern herrscht. Ich wüßte mich nicht zu entsinnen, dieser Eigenthümlichkeit, die etwas Virtuosenhaftes hat, in ähnlicher Weise begegnet zu sein. Das Höchste, was die Kunst nach dieser Seite hin zu leisten pflegt, ist, daß sie den **Moment** festhält und wohl ein bestimmtes **Stadium innerhalb der Bewegung,** aber nicht die Bewegung selber wiedergibt. Diesem äußersten Maß der Täuschung indeß ist die Wilkie'sche Kunst gewachsen gewesen. Das Bild erinnert an jene bemalten Drehscheiben, auf denen sich ein und dieselbe Figur in sechs oder acht verschiedenen Attitüden präsentirt, von denen die folgende, immer sprungweise, die Fortsetzung der vorhergehenden ist. Dreht man nun, so füllt die eintretende Bewegung die Lücken aus, ein fortschreitendes Ganze stellt sich her, und wir glauben die Figur in aller Natürlichkeit laufen zu sehen. In ähnlicher Weise hat Wilkie zu wirken gewußt. Er hat den Spielenden die mannigfachsten Stellungen, die verschiedensten Stadien der Bewegung gegeben und dadurch eine Gesammtwirkung erzielt, die der Bewegung selber gleich kommt. Es ist, als ob er statt des einzelnen Momentes eine Reihefolge von Momenten, den Verlauf des Spieles, festgehalten hätte. Dies virtuosen= hafte Ueberwinden von scheinbar Unüberwindlichem ist ihm auf der Skizze noch glänzender gelungen, als auf dem eigentlichen Bilde, weßhalb ich nicht anstehe, jener den Vorzug einzuräumen.

Mit fünfzig Jahren war Wilkie seiner Triumphe überdrüssig und sehnte sich nach neuen Siegen. Er versuchte sich als Historienmaler. Das Publikum aber schüttelte den Kopf, verwies auf Walter Scott, der auch am Historischen gescheitert sei, und verlangte den **alten Wilkie** anstatt des neuen. Dies Geschrei wird immer laut werden, wenn ein Liebling des Publikums, ein gehätschelter aber gefangener Götze, plötzlich seine Freiheit zurückverlangt und sich kleiden will, wie's ihm gefällt. Wen das Publikum gewöhnt ist im rothen Rock zu bewundern, der mache sich darauf gefaßt, den rothen Rock zeitlebens tragen zu müssen. Wen eine Nation dreißig Jahre lang als Lyriker geliebt hat, der ist verloren, wenn er seine Laufbahn als Dramatiker beschließen will. Was er vorhat, gilt als Vertrauensbruch und Undank. „Wir waren ihm so gut, wir kauften ihn, wir sangen ihn, und — nun steht er auf dem Zettel; unerhört! Es' ist ein Verhältniß, ein Pakt wie zwischen Faust und Mephisto. Daß er ungeschrieben und stillschweigend existirt, macht ihn nur um so furchtbarer. Jeder hofft die Ausnahme zu sein, bis er der Regel als Opfer fällt. So auch Wilkie. Behaupten zu wollen, daß das Publikum immer im Unrecht sei, wäre gefehlt, nur zuweilen unterliegt es der Unzureichendheit menschlicher Dinge und — irrt. So erging es ihm, bis zu einem gewissen Grade, David Wilkie gegenüber. Dieser erschien freilich auf dem neuen Kampfplatz nicht gleich als derselbe Sanspareil, der er an alter Stelle gewesen war, aber doch immer brav genug, um unter Zustimmung aller Versammelten begrüßt werden zu können. Diese Begrüßung jedoch blieb aus. Die Lauheit des Empfanges schien ihm das Betreten einer höheren Sphäre verbieten zu wollen. Und doch hätte man umgekehrt alle Ursache gehabt, ihm mit Beifall entgegenzukommen. Das historische Bild war ohnehin die natürliche Fortsetzung des „Genre's," wie er es vertreten hatte. Gleich seine erste Arbeit „Columbus im Kloster von La Rabida" war mindestens verdienstlich; der zweite Versuch „Pius VII. und Napoleon" verrieth bereits in Einzelheiten den alten Meister. Die Figur Napoleons ist ihm freilich mißglückt, und es bedarf keiner Bekanntschaft mit der Versailler Gallerie, um diesem aschgrauen und ziemlich nichtssagenden Kaiser auf der langen Leiter der Napoleons-Bilder eine der untersten Stufen anzuweisen, aber der Papst ist im Gegensatz dazu eine vorzüglich gelungene und durchaus historische Figur. Körperhaltung und Gesichtsausdruck sind gleich trefflich wiedergegeben. Das relativ geringe Interesse, das, wenn ich richtig beobachtet habe, auch jetzt wieder diesem an Vorzügen so reichen Bilde geschenkt worden ist, hat zum Theil seinen Grund in der ziemlich allgemeinen Unkenntniß der vom Maler gewählten Situation. Ich bekenne, daß ich die Details derselben auch mehr einem glücklichen Zufall als dem Studium der Geschichte verdanke. In Ehlerts Biographie Friedrich Wilhelms III. befindet sich eine Anmerkung, die dieser Zusammenkunft zwischen Papst und Kaiser in sehr ergötzlicher Weise Erwähnung thut. Napoleon spielte mehr den Erzürnten, als er in Wahrheit entrüstet war, und hoffte durch sein Poltern und Auffahren den alten Chiaramonte endlich einzuschüchtern. Dieser aber war scharfblickend genug, um eine Komödie des Zorns von wirklichem Zorn zu unterscheiden, und murmelte beständig vor sich hin: Comediante, Comediante! Zu gleicher Zeit war er klug genug, um einzusehen, daß die erkünstelte Heftigkeit des Kaisers sehr leicht zu einem wirklichen Zornausbruch führen könnte, und diese Erwägung andererseits gab seiner Haltung und seinem Wider-

selber stellte, mit dem Augenblicke, wo die Aufgabe da war, stand auch die Art der Lösung klar vor seiner Seele. So und so, und nicht anders. Dem Lord Lyndhurst gegenüber griff er zur Thiermaske blos aus Gewohnheit, aus Laune, im Bewußtsein seiner Virtuosität; die Ueberlegung, mit der er verfuhr, hätte es ihm nicht schwer gemacht, ein Dutzend anderer Wege einzuschlagen, selbst Wege außerhalb der Thierwelt. Bei Lösung jener ernsteren Aufgabe aber überließ er sich dem Zuge seines Herzens, und dieser Zug zwang ihn, das Bild des „Krieges" sofort als ein Reiter= oder Pferdestück aufzufassen und auf dem „Friedensbilde" eine Heerde von Schafen sich lagern und weiden zu lassen, deren eines aus der Mündung einer rostigen Kanone die frischen Grashalme nagt. Mit anderen Worten, wo Landseer geist= reich auftritt, ist ihm die Thierwelt eine zufällig, wenn auch gern ge= wählte Waffe, wo er aber Poet wird, ist ihm die Thierwelt — seine Welt.

Von den symbolisirenden Bildern Landseers ist keines in Manchester („Krieg und Frieden" befinden sich in der Vernon=Gallerie), aber zwei Bilder satirischer Richtung, in denen die Satire als Thierfabel auf= tritt, sind zugegen. Es sind dies: „Alexander und Diogenes" und „Würde und Unverschämtheit." Beide sind durch den Stich weit ver= breitet. Das erstere scheint mir das genialere. Alexander ein weißer, feister Mops mit kurzem Schwanz, in dessen Prallheit sich ein unglaublich suffisantes Selbstbewußtsein ausdrückt, steht vor der Tonne des zottigen Philosophen, während, von hinten her, Dogge und Bologneser, Spitz und Windhund, als Kammerherrn und Kammerdamen, als Hofpoet und Hofkaplan, den Herrscher umdrängen. Es ist ein Bild, das sich in Humor und Satire den verwandten Arbeiten unseres Kaulbach kühnlich an die Seite stellen darf. Die Ausführung ist brillant wie immer.

Wenn diese Art von Bildern den allereigentlichsten „Landseers," d. h. seinen Thierportraits und jenen Stücken, in denen er das Thier= leben mit der Macht und Größe eines historischen Bildes vor uns ent= rollt, nachgestellt worden ist, so scheint mir darin eine Unbilligkeit zu liegen. Die Dinge stehen auf gleicher Höhe, bekunden dieselbe Meister= schaft, und das Parteinehmen von Seiten des Publikums für jene ernsten und naturwahren Darstellungen, sollte einer kritischen Abwägung nichts beweisen als den alten Satz: daß der Ernst in der Kunst den Witz überdauert. Der letztere sättigt früher, das ist alles. Von diesen der Natur, zumeist der Jagd, auf Berg und Küste abgelauschten Scenen befinden sich fünf auf der Ausstellung. Es sind dies: der gestellte Hirsch, die Bernhardshunde, Heimkehr von der Jagd, Hirsche im Nebel und „Noch lebt der alte Hund," Ueberschriften, die ich etwas frei übersetzt habe, um dem Leser irgend einen Anhaltepunkt zu geben. Die „Hirsche im Nebel" führen z. B. den poetischen Namen the children of the mist (die Kinder des Nebels), eine Bezeichnung, die eher auf Ossianische Gestalten, als auf grasendes Hochwild hingewiesen hätte. Alle fünf Bilder, mit Ausnahme „der Kinder des Nebels," sind in vortrefflichen Stichen überall verbreitet. Ich habe im Laufe dieses Aufsatzes so mannigfach Gelegenheit gefunden, meine Bewunderung für die „Landseers" auszusprechen, daß an dieser Stelle ein bloßes Aufzählen dessen genügen mag, was die Ausstellung nach dieser Seite aufweist. Uebrigens ist Landseer noch nicht am Ende seiner Laufbahn; er wird nicht mehr über sich selbst hinauswachsen, aber auf dem Felde, das seine Domaine ist, mit alter Meisterschaft weiter schaffen. Auch an Schülern und Nachahmern hat es ihm nicht gefehlt; viele haben sich einer einzelnen Thierspecies zugewandt, und es gibt Autoritäten in Hasen und Kaninchen, in Rebhühnern und selbst in Meerschweinchen. Nur Einer hat es versucht, sich dem Meister ebenbürtig an die Seite zu stellen. Dies ist R. Ansdell. Seine früheren Arbeiten sind schwer von denen Landseers zu unterscheiden, neuerdings aber scheinen die Franzosen, besonders Rosa Bonheur, Einfluß auf ihn gewonnen zu haben. Landseer selbst indeß wird schwerlich den Untergang seines Sterns erleben; steht doch jene Rivalin nur auf ihrem speziellen Gebiete neben ihm, ohne mit dem alten Sieger um jene Kränze zu ringen, die nun einmal die Kränze Landseers sind. Er ist ein Stolz seines Landes, und er verdient es zu sein.

Außer Wilkie und Landseer dürfte nur ausnahmsweise der Name eines englischen Genre-Malers in Deutschland bekannt geworden sein; es gibt aber deren in Hülle und Fülle, wie es sich auf einem Gebiete erwarten läßt, das die besonderen Sympathien des Landes besitzt. Auch nur die lange Reihe der Tüchtigeren hier besprechen zu wollen, wäre vom Uebel, und nur die besten unter den guten mögen noch eine kurze Erwähnung finden. An der Spitze stehen Charles Robert Leslie,

William Mulready und Thomas Webster, Künstler von allererstem Rang, an die sich dann die Namen derer schließen, deren ich schon in meinem vorigen Briefe, bei Gelegenheit der Historienmaler, mehr oder weniger ausführlich Erwähnung that: Ward, Maclise, Horsley, Cope und Goodall. Robert Leslie's Bild „Onkel Toby und die französische Wittwe" (gemeinhin in der Vernon-Gallerie zu sehen) ist eine künstlerische Leistung, die sich selbst neben den Arbeiten Wilkie's als ebenbürtig behauptet. William Mulready und Thomas Webster sind jeder mit neun Nummern auf der Ausstellung vertreten. So übereinstimmend wie die Zahl der Vertretung, die sie gefunden haben, ist auch der Werth ihrer Bilder. Es sind Kabinetstücke, makellos und von jener liebenswürdigen Art, wie sie in den rothtapezirten Eßzimmern reicher Banquiers sich vorfinden, die täglich drei Stunden bei Tische sitzen und von Bonmots und Trüffeln leben. Nach Tische dann, wenn ein äußerstes Behagen über der Gesellschaft liegt, führt der Wirth seine Gäste an diese goldumrahmten Kostbarkeiten, nennt ihnen zuerst den Preis, fügt einige Anekdoten bei (theure Bilder haben immer Anekdoten) und freut sich, wenn die Gäste endlich als Chorus in das Behaglichkeitslachen einstimmen, das er wie eine Solo-Parthie begonnen hat. Diese Bilder sind wie die Gläschen Anisette, die nach Aufhebung der Tafel herumgereicht werden. Ich habe nie bessere Genrebildchen gesehen. Was diesen Mulready-Webster'schen Arbeiten, innerhalb bestimmt gesteckter Grenzen, einen so hohen Werth verleiht, das ist ihre Vollendetheit in sich. Das gesteckte Ziel ist weder groß noch neu, aber es wird ganz und vollkommen erreicht. Jedes dieser Bilder ist fertig, bis auf das Pünktchen überm J. Und dabei welch feines Maßhalten nach der gedanklichen Seite hin. Nichts wird erschöpft. Beide Maler überlassen es der guten Laune des Beschauers, die heitere Scene fortzuspinnen. Unter unseren deutschen Malern stehen Knaus, Waldmüller und Tidemand der Trias: Leslie, Mulready und Webster am nächsten.

Von anderen Genremalern wären vielleicht noch Egg und Frith zu nennen. Der letztere ist der bedeutendere und hat einige reizende Sachen, z. B. „Anna Page" (aus den lustigen Weibern von Windsor) und „Le Bourgeois Gentilhomme," auf der Ausstellung.

Neben dem Portrait dürfte, unter der Beisteuer britischer Kunst, das Genre am zahlreichsten vertreten sein; auch am glänzendsten, wie ich zu Anfang dieses Aufsatzes hervorgehoben habe.

Neunter Brief.

Die Landschaftsmaler: Wilson, Stanfield, Turner.

Verschiedene Epochen in der Kunst haben auch verschieden über das gedacht, was „Landschaft" sei. Zu den Zeiten Claude's und Poussins, Zuccarelli's und Vernets (des Großvaters) wurden andere Forderungen erhoben, waren andere Regeln im Schwange, als in diesem Augenblick. Die Ansprüche, die unsre Zeit stellt, heißen: Wahrheit und Stimmung. Mit diesem Maaß gemessen, gibt es in England nur ausnahmsweise das, was man bei uns eine gute Landschaft nennt. Die Wahrheit fehlt oft, die Stimmung fast immer. Die Ansprüche, die ein deutsches Auge nach dieser Seite hin erhebt, sind freilich die höchsten. Wir sind verwöhnt. Es hängt mit der Natur unseres Volkes zusammen, daß wir da, wo es sich neben dem Technischen nur noch um Ausdruck einer Empfindung handelt, des Sieges nahezu gewiß sind. Wie unsre Lyrik eine Tiefe hat, die von den Liedern keines anderen Volkes erreicht wird, so wird auch voraussichtlich unseren Landschaften der Ruhm bleiben, eine Stimmung, ein Gefühl am wahrsten und tiefsten ausgedrückt zu haben. Viele der englischen Landschaftsmaler, und nicht die talentlosesten scheinen nicht einmal bemüht gewesen zu sein, etwas ähnlichem wie diesem deutsch-romantischen Element nachzustreben, während andere zwar darnach getrachtet, aber im Großen und Ganzen eine bloße Absonderlichkeit, etwas der Karrikatur nah Verwandtes geschaffen haben. Ich glaube, daß das Geheimniß der ächten Landschaftsmalerei in dem Zusammenklang der Stimmung der Natur mit der Stimmung des Malers liegt. Wo sich Beides deckt, da entsteht ein wahres und ge-

licher auf diese interessante Erscheinung zurück. Hier nur noch in aller Kürze ein Hinweis auf jene wenigen englischen Landschafter, deren Bildern auch in Deutschland eine ungetheilte Zustimmung zufallen dürfte. Es sind dies: John Linnel, Thomas Creswick und Richard Redgrave, die, unberührt von dem Beispiele Turners und unbestochen von seinen wenigstens theilweisen Triumphen, der Natur um dieser selbst willen nachgegangen und wenn überhaupt beeinflußt, so vorzugsweise dem Vorbilde Gainsborough's zu Dank verpflichtet sind. Wodurch sie sich von diesem, im Guten wie im Schlechten, unterscheiden, werd' ich weiter unten Gelegenheit finden, wenigstens andeutungsweise hervorzuheben. Als der bedeutendste unter den Genannten ist mir Richard Redgrave erschienen. Sein „Wald=Thor" (The Forest Portal) ist ein Bild, das frei von jeder Genialitätssucht, eben um deshalb voll jenes tiefen Zaubers ist, der überall zu wirken beginnt, wo sich durch Herz und Wald dieselbe träumerische Stimmung zieht. Ich nehme gern an, daß in den englischen Privat=Sammlungen noch manche Landschaft voll ähnlicher Schlichtheit und Tiefe der Empfindung zu finden ist, die Manchester=Ausstellung aber hat einen entschiedenen Mangel daran, und auch die Londoner Gallerieen, so weit sie mir bekannt sind, zeichnen sich eher auf jedem andren Gebiet, als nach der landschaftlichen Seite hin aus. Die englische Landschaftsmalerei ist nicht jung mehr und hat seit länger als einem Jahrhundert neben der Portraitmalerei gewissenhaft Schritt gehalten. Aber es war ein sonderbarer Wettlauf: die eine vornehm in Karossen, die andre barfuß nebenher. Wilson war ein Bettler. Nicht die Landschaftsmalerei selbst, aber das Interesse an ihr, ist noch jung in England.

Ich habe diesem Kapitel die Namen: Wilson, Stanfield und Turner vorgesetzt, davon ausgehend, daß sie die Mittelpunkte bilden, um welche sich die gesammte englische Landschaftsmalerei gruppirt. Es wird mir deshalb obliegen, auf jeden derselben etwas näher einzugehen. Gainsborough, der nicht nur als vierter, sondern in gewisser Beziehung als Meister über alle, hierher gehören würde, hat bereits in einem früheren Kapitel („die englischen Portraitmaler") eine ausführliche Besprechung gefunden, weßhalb ich nur noch flüchtig und gelegentlich auf denselben zurückkommen werde.

Richard Wilson, geb. 1713 in Montgommeryshire, ist nicht der Vater der **englischen** Landschaftsmalerei (diesen Ruhm muß er dem Gainsborough abtreten), aber er ist unbestritten der Vater der **Landschafts-Malerei in England.** Er brach der Landschaft überhaupt die Bahn, doch unter fremdländischem Einfluß zur Meisterschaft herangewachsen, versäumte oder verschmähte er es, von diesem Einfluß sich jemals frei zu machen und lieh selbst seinen englischen Landschaftsbildern einen Charakter, der dieselben wie einen Fremd=Artikel, wie eine importirte Kunst erscheinen ließ. Dieser Umstand, glaub' ich (neben persönlichen Eigenschaften), erklärt am besten die Unpopularität, die ihn von Anfang bis zu Ende seines Lebens verfolgte. Die große Masse war stumpf, die Kunstgenossenschaft parteiisch oder beleidigt und die Amateurs, auf deren Schultern wie immer die Pflicht und die einzige Möglichkeit der Hülfe lag, waren eben viel zu sehr Amateurs, um die feinen Unterschiede verstehen und würdigen zu können, die ihn, trotz Anlehnung an Claude und Poussin, von eben diesen Meistern wieder unterschieden. Die Folge war, daß man ihn wenig höher als einen bloßen Nachahmer schätzte und ihm Preise zahlte, als hab' er statt eigner Bilder bloße Kopieen geboten. Mit seiner wachsenden Armuth schwand allgemach die Möglichkeit respektabler Erscheinung, und einmal dem Bierhaus verfallen, lag Umkehr und Rettung jenseits der Wahrscheinlichkeit. Die Entbehrungen, durch die er ging, haben fast einen romanhaften Charakter, und stehen insofern vereinzelt da, als er nicht wie Chatterton eine künstlich gemachte, oder künstlich sich selber machende Größe, sondern ein wirklicher Meister und nicht wie Ottway oder Savage ein liederliches Genie, sondern ein ehrenhafter und, trotz seines Verkehrs im Bierhaus, ein mäßiger Mann war. Er malte, wie berichtet wird, ein geniales, wenn auch hingehuschtes Bild für ein Maaß Porter, und einen Stilton=Käse; wohnte in einem Zimmer, dessen Möblirung aus Bett und Staffelei bestand, und mußte endlich einem bewundernden Freunde, der ihm durch alle Phasen seines Lebens treu geblieben war, bei Gelegenheit eines neuen Auftrags die achselzuckende Antwort geben, daß er nicht Farbe noch Leinwand und noch weniger das Geld habe, um Beides zu kaufen. Das war derselbe Wilson, dessen Bilder jetzt mit hundert und selbst mit tausend Guineen bezahlt werden. Was ihn aufrecht hielt, war das Bewußtsein seines Werths. Wiewohl bescheiden, pflegte er doch von Zeit zu Zeit mit Nachdruck auszusprechen: „meine

Zeit wird kommen und sie ist nicht fern." Sein besonderer Stolz war die Art, wie er Luft und Himmel zu malen verstand. Er hatte die Ueberzeugung, daß ihm Niemand darin gleich komme. Der Ton seiner Landschaften, eine gewisse thauige Frische, die über denselben liegt, ist vortrefflich, doch mag ich nicht entscheiden, wie weit er darin einzig dasteht. Er hatte übrigens sein Farbengeheimniß in ähnlicher Weise wie Reynolds, nur war er nicht in der Lage wie dieser, werthvolle Titians zerstören zu können, blos um sich in seiner Wissenschaft zu vervollkommnen.

Die Manchester-Ausstellung hat 15 Nummern von ihm, was sehr viel ist. Mit Ausnahme Turners, ist kein Landschafter ähnlich zahlreich vertreten. Von diesen fünfzehn Bildern sind einzelne, wie das Londoner Findelhaus und das St. Georgs-Hospital, absolut uninteressant, während die englischen Landschaften (meist Gegenden aus Wales) einem anschaulich machen, daß er eigentlich nur eine Art der Darstellung kannte und über jegliche Scenerie jenen südlichen Ton ausgoß, den er wie einen Erinnerungsschatz aus Italien mitgebracht hatte. Am schönsten sind diejenigen seiner Arbeiten, die während seines Aufenthalts in Italien wenigstens in der Skizze, entstanden sind. Es sind dies „Rom und die Albanergebirge," „Rom und St. Peter," „Cicero's Villa," „Blick auf den Arno" und „Niobe und ihre Kinder." Die vier Landschaften sind untadelhaft; angreifbarer ist das Niobe-Bild, aber zugleich das charakteristischste für Wilson und so ziemlich der Inbegriff seiner Vorzüge und Fehler. Seinen eignen Worten nach hielt er das bloße Kopiren der Natur für eine untergeordnete und eines Meisters unwürdige Kunst. Ihm galt eine Gegend nur als Schauplatz einer sich vollziehenden oder einer geschehenen Großthat. Die Geschichte mußte Theil nehmen an der Landschaft. Hiernach ist dies Niobe-Bild zu beurtheilen, das eigentlich eine Landschaft mit Staffage ist. Daß wir jetzt anders über die eigentliche Aufgabe der Landschaftsmalerei denken, darf uns nicht ungerecht gegen die Vorzüge dieses Bildes machen. Wilson stand in seiner Zeit. Es scheint das einzige Bild gewesen zu sein, das unmittelbar nach seinem Erscheinen einigermaßen Epoche machte. Er kopirte es fünfmal; alle fünf Bilder existiren. Das Original wurde vom Herzog von Cumberland, dem Sieger von Culloden, erstanden. Reynolds (aber erst nach dem Tode Wilsons) äußerte sich in etwas abschmeckiger Weise über diese Niobe-Landschaft und sagte in einem seiner Akademie-Vorträge ungefähr folgendes: "auch unser Freund Wilson ist dem Beispiel jener Vorläufer in der Kunst gefolgt, die es für gut fanden, Götter und Göttinnen in eine Scenerie einzuführen, die keineswegs für so hohe Gäste hergerichtet war. Uebernatürliche Erscheinungen auf sehr natürlichem Grund und Boden. So kommt es, daß wir in einem an und für sich vortrefflichen Sturm-Bilde mehrere Personen zur Erde gestreckt sehen, von denen jedermann annehmen würde, daß sie vom Blitze erschlagen seien; aber dem ist nicht so. Unser Freund Wilson hat es für gut befunden, irgendwo in dem Bilde einen kleinen Apollo mit Pfeil und Bogen anzubringen, um uns dadurch zu insinuiren, daß die Erschlagenen die Kinder Niobes seien. Jeder Beschauer indeß wird zunächst nur empfinden, daß Apoll, so klein er sein mag, doch viel zu schwer ist, um auf einer Wolke knieen zu können." So gescheidt war Wilson auch und mit einer derartigen Abfertigung der Claude'schen Landschaftsschule ist nichts gethan. Die Besserung konnte nur von einer thatsächlichen Reformation ausgehen. Eine solche Umgestaltung hatte allerdings, um eben diese Zeit, innerhalb der englischen Landschaftsmalerei stattgefunden und es muß dem Reynolds nachgerühmt werden, daß er dieselbe mit Freudigkeit begrüßte, so wenig er dem Vertreter derselben zugethan war. Ich meine Gainsborough und seine Landschaften.

Hier ist die Stelle, wo ich desselben (Gainsborough) nochmals, wenn auch in aller Kürze, zu erwähnen habe. Viele der Gainsborough'schen Landschaften sind jetzt gegen hundert Jahre alt, aber sie sind, trotz einer tausendfachen Konkurrenz, die sie zu bestehen gehabt, unerreicht geblieben. Sie sind völlig das, was wir in Deutschland eine "Landschaft" nennen; sie haben Wahrheit und Stimmung. Reynolds, in aller seiner Eifersucht, war Künstler genug, um den Zauber zu empfinden, der in dem Träumerischen und Räthselhaften dieser Bilder liegt. Er war andererseits naiv genug, dabei an Zufall und Fernenwirkung zu glauben; aber jedenfalls gestand er die Wirkung selber zu. Im Wesentlichen hat alle Landschaftsmalerei, auch die deutsche miteingeschlossen, seit Gainsborough keinen Fortschritt mehr gemacht; nur im Technischen, in der Farbe und besonders im Farbenauftrag, scheinen mir die neuern dem alten Meister überlegen. Ich sage "scheinen"; denn wir dürfen nicht vergessen, daß er in einzelnen seiner Portraits sich auch im Aeußerlichsten durchaus als

Meister bewiesen und dadurch die Vorstellung nahe gelegt hat, daß er diesen dünnen Farbenauftrag und diese blaugrauen Hintergründe nur wählte, weil er wollte, nicht aber, weil er nicht anders gekonnt hätte. Die englische Landschaftsmalerei (wie sie faktisch Miene macht es zu thun) hat auf ihn zurückzugehen. Er brachte das rechte Auge mit für die Landschaft — das Poeten-Auge. Eine dichterische Natur durch und durch, verstand er die Sprache des Waldes. Nicht Baumkrüppel und violette Sonnenuntergänge waren das, was er suchte; die Natur war ihm ein Freund und die Plätze nur, wo sie am herzlichsten geplaudert und sich am besten verstanden hatten, wurden Erinnerungsblatt und — Bild.

Von Gainsborough bis zu Stanfield ist ein Sprung, aber ich mache ihn, weil ich es für gut finde, mit Turner (der der Zeit nach vorher gehen müßte) diesen Aufsatz zu beschließen. Clarkson Stanfield ist der englische Marine-Maler par excellence. Er bietet als solcher zu keinerlei Parallele mit Wilson oder Gainsborough Veranlassung, wohl aber mit Turner, worauf ich später zurückkomme. Stanfield ist ein Liebling der Engländer, ähnlich wie Wilkie oder Landseer, aber ich glaube mit geringerem Recht. Er malt das Meer, das eigentliche Element seines Volks; das genügt und läßt über manche Schwächen hinwegsehen. Auffallen muß es (dies sei beiläufig bemerkt), daß die Marine-Malerei zu keiner Zeit in England geblüht hat. Es ist als ob die Vertrautheit mit dem Element ihm etwas von seinem Zauber genommen hätte, ähnlich wie in der Ehe: die Liebe wächst, aber der Reiz nimmt ab. Eine Thatsache ist es, daß England, außer Stanfield, keinen nennenswerthen Marine-Maler aufweist, weder jetzt noch früher. Turner hätte es werden können, aber er verfolgte den Weg nicht weiter, den er so glänzend betrat.

Stanfield ist durch acht Seestücke, übrigens ziemlich verschiedenen Inhalts, in Manchester vertreten. Nicht seine populärsten Arbeiten: „Die Schlacht von Trafalgar" und „der Victory" *) im Schlepptau auf seinem Wege nach Gibraltar" befinden sich unter diesen Nummern, wohl aber seine zwei besten Bilder: „Der Tag nach dem Schiffbruch" und „Das verlassene Schiff." Bevor ich dieselben bespreche, einige Bemerkungen über den Maler im Allgemeinen. Er kennt das Meer und hat eine brillante

---

*) Der Name des Schiffs, auf dem Nelson befehligte und fiel.

Technik, aber er hat nie mit dem Geiste gesprochen, der über den Wassern schwebt. Die ganze Größe und Poesie des Meeres ist ihm nicht aufgegangen; es ist vielleicht charakteristisch für ihn, daß er nie versucht hat, das Meer im Sturme zu malen. Es ist, als ob sich seine Seele davor gefürchtet habe. Wie er sich zu Gudin verhält, weiß ich nicht zu sagen, ich habe von den Seestücken des Letzteren leider zu wenig gesehen; aber mit unserem Achenbach will ich ihn vergleichen. Die Arbeiten des Letztern verhalten sich zu den Arbeiten Stanfields genau so, wie sich eine deutsche Landschaft zu einer englischen verhält. Ein Achenbach'sches Seestück ist voll Stimmung und Poesie, eine Stanfield'sche Arbeit ist ein Gallerie- oder Zimmerprachtstück und weiter nichts. Man bewundert Zeichnung, Farbe, die virtuosenhafte Bemeisterung gewisser Schwierigkeiten (wie z. B. eine Kanone über Ufersand gefahren wird und die frischgezogenen Gleise sich mit Grundwasser füllen), aber ein Zug der Hausbackenheit und Prosa zieht sich durch das Ganze. Es wäre ein Wunder, wenn es anders wäre: Stanfield ist nämlich gleichzeitig ein genialer Decorationsmaler, der potenzirte Grepius von Drury-Lane. Ein solches Nebengeschäft wird in England als selbstverständlich angesehen; aber in demselben Maaße wie die Decorationsmalerei dadurch gewinnt, in demselben Maaße verliert die eigentliche Kunst. Wer beständig Hochzeitsgedichte macht, verliert zuletzt die Fähigkeit, ein Trauerspiel zu schreiben. Der Erwerbstrieb entwickelt das Talent rasch und glänzend bis zu einer gewissen Höhe, aber nie über diese Höhe hinaus. Dies ist die Licht- und die Schattenseite aller modernen englischen Kunst. Von den acht Stanfields, welche die Manchester-Ausstellung enthält, habe ich die beiden besten bereits genannt; ich füge noch die Namen dreier andrer Bilder hinzu: der St. Michelsberg, Jschia und sein Schloß, und die Schlacht von Roveredo. Von diesen Arbeiten gilt, was ich in Vorstehendem von den Vorzügen und Schwächen der Stanfield'schen Kunst gesagt habe. In den beiden früher genannten Bildern: „der Tag nach dem Schiffbruch" (ein kleines erschütterndes Bild aus der Zeit, wo er noch kein Virtuose und am wenigsten ein gut bezahlter Decorationsmaler war) und „das verlassene Schiff" hat er sich selbst übertroffen. Das letztere kenn' ich schon seit früher; es war eine Zierde der vorjährigen Londoner Ausstellung und nahm damals vor jedem andern Bilde meine Aufmerksamkeit in Anspruch. Ich fand es in Manchester wie einen lieben Bekannten wieder. Da der

Zauber desselben überwiegend in seinem poetischen Grundgedanken liegt, so zählt es mit zu jenen Bildern, die es sich zu beschreiben verlohnt. Das Meer geht hoch, aber der Himmel ist heiter; es sind die Tage nach dem Sturm. Auf der grünen, schwellenden Wasserfläche tanzt ein mastenloses Schiff, der Rumpf unbeschädigt wie ein gefeiter Leib, nur hier und da mit grünem Seetang übersponnen. Leicht zur Seite gebogen, ein Spiel von Wind und Wellen, treibt es dahin, vielleicht seit Wochen schon, um, abermals nach Wochen, zu treiben wie jetzt — auf anderen Meeren und unter anderen Zonen. Nichts Lebendes an Bord, kein Vogel in der Luft; nur Himmel und Meer und dieser Rumpf. Hundert Fragen werden wach: Woher? weß Namens? welches Landes? wer hat Dich verlassen und warum? hat der Sturm Deine Masten gebrochen und Deine Böte gekentert? haben Uebelthäter nach Mord und Raub Dich trunken verlassen? wer bist Du? So drängen sich die Fragen, aber wie ein ungelöstes Räthsel treibt das Fahrzeug weiter und nimmt seine Geschichte, Verbrechen oder Schrecken, mit in's Grab. Ein Künstler, der solchen Stoff zu wählen und zu bemeistern versteht, ist eben er selber im vollsten Sinne des Worts, aber um so bedauerlicher bleibt es, wenn er die Fülle seiner Gaben zersplittert und verblitzt, anstatt Aufgaben nachzugehen, die einzig seiner würdig sind.

Ich wende mich jetzt der hervorragendsten Erscheinung unter den englischen Landschaftsmalern dieses Jahrhunderts zu, dem Joseph Mallard William Turner, geb. um 1780, gest. 1851. Er ist der einzige englische Maler, der von jedem Londonbesucher in aller Vollständigkeit und ohne jegliche äußere Mühe einstudirt werden kann. Turner war entweder sehr reich oder begnügte sich wie Diogenes in der Tonne zu leben, gleichviel, die Thatsache bleibt, daß er nur den allerkleinsten Theil seiner großen Oelbilder verkaufte; — den Rest, etwa hundert an der Zahl (in Gemeinschaft mit vielen hunderten von Zeichnungen) vermachte er der National-Gallerie und stellte nur die eine Bedingung, daß sie in ihrer Zusammengehörigkeit erhalten und in einer Reihe geräumiger, gut erleuchteter Zimmer aufgestellt werden sollten. Dieser Bedingung ist man so weit wie möglich nachgekommen; im ersten Stock von Marlboroughouse befindet sich die sogenannte Turner-Collection, wo man nun die wunderbaren Schöpfungen eines 50jährigen Künstlerlebens beisammen hat. Um nicht in den Verdacht zu kommen, diese Schöpfungen aus persönlicher

Liebhaberei zu überschätzen, laß ich die Bemerkungen folgen, die Professor Waagen über ihn macht. Er schreibt: „Unter allen englischen Malern war mir Turner der unbekannteste geblieben, erst 1850 und 51 lernte ich seine Arbeiten kennen und schätzen. Er ist ein staunenswerthes Genie und rangirt unter den englischen Landschaftsmalern etwa wie Lord Byron unter den englischen Poeten. Die Versatilität seines Talents ist außerordentlich. Seine historischen Landschaften sind gleich ausgezeichnet durch Schönheit der Linien, wie durch Lichteffekte und jede Stimmung der Natur gibt er in wunderbarer Weise wieder: stille Größe, tiefe Melancholie, sonnige Heiterkeit, den Frieden und den Aufruhr der Elemente. Allen diesen glänzenden Vorzügen gegenüber, würd' ich nicht Anstand nehmen ihn den größten Landschaftsmaler aller Zeiten zu nennen, wenn ihm nicht eines fehlte — eine gesunde Technik. An Macht der Stimmung und an Schönheit der Gedanken schlägt er alle, aber es fehlen ihm der Himmel und die feinen Töne Claude Lorraines und es fehlt ihm ebensosehr die saftige Frische eines Ruysdael. In späteren Jahren verlor er viele seiner früheren Vorzüge und schuf Bilder, denen gegenüber nur noch von Vermuthungen die Rede sein kann; man sieht nichts mehr und ahnt nur noch." Diesem Urtheil Professor Waagens stimme ich in allem bei. Die Mängel der Turner'schen Bilder aber, besonders der allerspätesten, erklären sich einfach daraus, daß er von Jugend auf in höchstem Maaße spleenig und schrullenhaft war, ein Zustand, der durch die Verbittrung über Mangel an Anerkennung lange gesteigert, endlich in einen Zustand überging, der an Geistesgestörtheit grenzte. Viel zu seiner Absonderlichkeit trug der aufrichtige Schmerz über die Häßlichkeit und Ungeschlachtheit seiner Erscheinung bei, worüber er sich keine Illusionen machte. Es existirt (und zwar ebenfalls in der Turner-Collection) ein Portrait von ihm, das er selber in seinem 20. oder 22. Jahre anfertigte. Als er sich so in effigie auf der Leinwand hatte, empfand er mehr denn zuvor die Unschönheit seiner Züge, stellte das Bild bei Seite und verweigerte von dem Augenblick an standhaft, irgend einem Portraitmaler zu seinem Bilde zu sitzen. Als Grund gab er an, daß seine Bilder, deren Stimmung und poetischen Gehalt er stets am meisten betonte, nur dann in vollem Maaße genossen und gewürdigt werden könnten, wenn man ihn persönlich nicht kenne. Um seiner Bilder willen, vermeide er die Gesellschaft der Menschen und er wolle das, was er mühsam durch persönliche Einsamkeit erreiche, nicht durch das Erscheinen seines Portraitbildes wieder gefährdet sehen. Seine Freunde lachten über den Spleen des alten Meisters und beschlossen heimlich zu nehmen, was er gutwillig nicht geben wollte. Samuel Rogers, der einzige Bankier der Welt, der zu gleicher Zeit ein passabel guter Dichter war, lud ihn zu Tisch und mit ihm ein Dutzend andere Gäste, Künstler aller Art. Man verwickelte den durchaus unbefangenen Turner in ein lebhaftes Gespräch und der berühmte Maler Calcott benutzte die Gelegenheit, um den nichts ahnenden Turner auf seinem Daumnagel zu portraitiren. Dies Verfahren wurde so oft wiederholt, bis endlich ein wunderbar gutes, ganz frappantes Oelportrait gewonnen war, das sich jetzt in Händen eines begeisterten Turner-Verehrers befindet.

Zwei Züge, die fast immer eine ungewöhnliche Begabung zu begleiten pflegen, finden sich auch bei ihm: Frühreise und eine außerordentliche Productionskraft. Einzelne seiner vortrefflichsten Sachen sind aus dem Anfang dieses Jahrhunderts; er war damals 20 oder 21 Jahre alt. Seine produktive Kraft ergibt sich am besten aus folgenden Zahlenangaben: Die Manchester-Ausstellung enthält vierundzwanzig Oelgemälde von ihm und einige achtzig Bilder in Wasserfarben; diese Beisteuer indeß umfaßt nur einen kleinen Theil seiner Gesammtthätigkeit. In Marlborough-House (in der bereits erwähnten „Turner-Collection") befinden sich gegen 100 Oelgemälde, und allein in dem Zeitabschnitt von 1835 bis 1845 (der sogenannten dritten Periode dieses Malers) gab er 70 Ansichten von England, 66 Ansichten französischer Ströme, 26 Bibel-Illustrationen, 62 Illustrationen zu Walter Scott, 33 zu Byron, 57 zu Rogers (dessen Gedicht: Italy), 20 zu Campbell, 7 zu Milton, 4 zu Thomas Moore und außerdem 50—60 Blätter verschiedenen Inhalts heraus.

Die Auswahl, die man in Manchester unter seinen zahlreichen Arbeiten getroffen hat, ist sehr zu loben. Es scheint mir, daß er in seinen Zeichnungen sowohl wie in seinen Wasserfarben-Skizzen ungleich höher steht, denn als Oelmaler. Von derselben Annahme ist augenscheinlich das Comité der Ausstellung ausgegangen und hat von den Skizzen und Zeichnungen Turners dreifach mehr ausgestellt, als von seinen Oelbildern. Jene leichteren Arbeiten, eben so oft architektonischen wie landschaftlichen Inhalts, sind makellos, einfach, im reinsten Geschmack, und

Turner der Zeichner und Turner der Oelmaler (mit Ausnahme seiner unaffektirten Jugendarbeiten) stehen sich ähnlich einander gegenüber, wie Platen der Lieder- und Platen der Hymnenschreiber. Auch dieser sah, mit verlegenem Lächeln, auf die einfachen Weisen seiner Jugend zurück und ersann immer schwerere Formen, um daran die Macht seines Genius (wie er glaubte) zu prüfen. Die Welt aber hat anders geurtheilt; sie hat die Sprüche und Lieder des einsam gestorbenen Dichters zu den ihrigen gemacht und sich mit äußerster Entfremdung von jenen gequälten und quälerischen Herrlichkeiten abgewendet, die auf Unsterblichkeit hofften und das Nichts fanden. Es gibt Platenianer, wie es Turnerianer gibt, aber sie sind ein Völkchen, kein Volk. Was beim Volke aushalten soll, muß wahr sein, muß Natur und Kern haben, wie das Volk selbst. Nur die Kunst dauert bei ihm, nicht die Künstelei.

Die 24 Oelgemälde Turners, die sich in Manchester vorfinden, sind überwiegend seiner ersten Periode entnommen. Er selbst, wenn er lebte, würde diese Auswahl schwerlich gebilligt haben; dennoch ist sie in seinem Interesse geschehen. Der Turner dieser Periode stand noch ganz innerhalb der Kunst, seine Genialität war noch nicht zur Schrulle, sein feiner Sinn noch nicht zum Raffinement, sein Pathos noch nicht zur Phrase geworden. Der Rest seiner vorhandenen Sachen reicht nur eben aus, um den Gang seiner Entwickelung anzudeuten. Wer ihn ganz haben will, muß durchaus die Turner-Collection in Marlborough-House studiren; Manchester zeigt uns nur den jungen Turner; diesen wie ein fertiges Bild, den alten wie eine Skizze.

Die besten dieser Jugend-Arbeiten sind die folgenden: die Weinlese in Macon, Köln am Rhein, die Themsemündung, der Pas de Calais, der Rheinfall bei Schaffhausen und der Schiffbruch des Minotaurus. Dies letztere Bild (seit kurzem durch den Stich vervielfältigt) scheint mir das beste und großartigste zu sein, was er je geschaffen hat. Nicht das Urtheil der Turnerianer, aber das des Publikums steht mir dabei zur Seite. Das Bild ist jetzt über 50 Jahr alt, sehr nachgedunkelt und in vielen Stücken angreifbar, z. B. der Schaum und Gischt, der aussicht wie aufgestreuter Krümelzucker! — nichtsdestoweniger ist es eine Arbeit allererstenter Ranges. Es ist aus einem poetischen Geist herausgeboren und voll dramatischer Gewalt; man starrt nicht mehr auf Farben und Gestalten, sondern man wird Zeuge einer Tragödie, die sich vor unseren Augen vollzieht; man bewundert nicht dies oder das, man begibt sich aller Kritik und ist im Bann jener Mitleidenschaft, die das Höchste ist, was die Kunst erreichen kann. An diesem Bilde zeigt sich der ganze Unterschied zwischen Stanfield und Turner. Stanfield seinerseits darf auf das Technische dieses Bildes lächelnd herabblicken und wird vielleicht beweisen können, daß bei solchem Himmel solche Wellen nicht möglich seien und umgekehrt; welche Fehler aber auch seine größere Geschultheit und Virtuosität darin entdecken mag, immer wird er sich nicht verhehlen können, daß hier eine schöpferische Kraft thätig war, die sich seiner und jeder Rivalität überlegen zeigt. Es lebt in diesem Bilde so was wie im zweiten Akt des Macbeth. Ob dieser in affektirter Stufenleiter sich selber: Macbeth, Glamis, Cawdor nennt, ob er ein paar Wendungen gebraucht, die schwerlich je gebraucht wurden, wo ein König Duncan irgendwo im Blute lag, — was liegt daran? was frommt es, diese Dinge auszuklügeln? alle diese Klügler schreiben diesen zweiten Akt nicht wieder. Ich habe manches Seebild gesehen; keines, was sich mit diesem Turner'schen vergleichen ließe. Auf diesem Wege hätte der geniale Künstler bleiben sollen. Wer in der Malerei wirklich nur eine Poesie in Farben sieht; wer jeder überkommenen Regel, sie gelte dem Stoff oder der Ausführung, Trotz zu bieten geneigt ist und nichts will, als auf der Herzenssaite des Beschauers spielen; wen es nebensächlich dünkt, die Bäume als Bäume und die Menschen als Menschen zu malen, wenn er nur seinerseits im Stande ist, das Gefühl der Einsamkeit, des Schreckens, der Unendlichkeit, der Sehnsucht oder träumerischen Entzückens in uns hervorzubringen, der ist wie berufen, ein Seemaler zu werden. Das bewegliche, formlose und aller Formen fähige Element ist das echte Material für eine solche Künstlernatur. Turner blieb nicht dabei stehen, er eroberte sich die Landschaft, die sich ihrerseits in Form und Farbe gegen die bloße Willkühr sträubt. Sie beansprucht schon sie selbst zu sein, nicht blos Mittel zum Zweck. Turner verweigerte ihr dies Recht. Er kam in ein Stadium, wo er durch Farbe und Licht, und beinah nur durch diese, Effekte erringen wollte und sich nicht mehr darum kümmerte, ob der Gegenstand zu seiner Laune paßte oder nicht. So entstanden Themse-Bilder, auf denen es glüht, wie auf Chios oder Madeira, und so entstanden Ansichten von Venedig, auf denen der Marcus-Löwe aus einer Art Londoner Novembernebel ragt. Die Bilder wären, trotz aller ihrer Excentricitäten, um ihrer „Stimmung" willen zu preisen gewesen, wenn diese Stimmung nicht so zu sagen in der Luft geschwebt und in dem gewählten Vorwurf aller Basis und Wahrheit entbehrt hätte. Die bloße Stimmung aber thut es nicht, ebensowenig wie das bloße Gefühl; beide bedürfen eines Gegenstandes, der sie natürlich trägt, und ein Bild, aus dem ein falscher Ton oder eine falsche Stimmung klingt, berührt so unerquicklich wie — Sentimentalität. Es ist nicht möglich, die späteren Turner'schen Bilder zu mustern, ohne den Eindruck der Affektation und im günstigsten Fall genialer Verirrung zu haben. Während er immer tiefer in das Geheimniß der Farbe einzudringen glaubte, ging ihm zuletzt die Farbe selbst verloren. Wie schöne, schwindsuchtskranke Mädchen immer lichtvoller, immer durchsichtiger vor uns wandeln, so fiel zuletzt, wie ein bloßer Rest von irdischer Schwere, die Farbe von Turners Bildern ab; er schien mit Licht malen zu wollen. Das ist poetisch, aber gehört nicht in die bildende Kunst. — Der gewöhnliche Geschmack wird in Bausch und Bogen den Stab darüber brechen, und die Kritik wird gerechte Ursache zu Tadel und Warnung finden, aber der falsche Weg, den dieser wunderbare Mann einschlug, war nichtsdestoweniger der Weg des Genie's, und es gebührt ihm um seines Strebens, wenn auch nicht immer um seines Gelingens willen, der Ehrenplatz in der Krypta von St. Paul und jener schönere Platz in der Erinnerung seiner Nation.

Zehnter Brief.
Die Prä-Raphaeliten.

Die Prä=Raphaeliten! wer sind sie? was sind sie? Sie sind zunächst nicht das, als was sie sich bezeichnen, zum wenigsten nicht Prä=Raphaeliten in dem Sinne, der bei uns gang und gebe ist, und haben durch die Annahme dieses Namens, der ihnen, wenn überhaupt, nur sehr bedingungsweise zukommt, eine gewisse Confusion in ihre eigenen Angelegenheiten gebracht. Sie haben mit jenen Malern, die dem Raphael vorausgingen, weder in Stoff noch Behandlung irgend etwas gemein und sind demgemäß von Overbeck und Ary Scheffer, den wahren Prä=Rapheliten dieser Zeit, eben so weit entfernt, wie Eduard Hildebrandt vom Claude=Lorrain. Die englischen Prä=Raphaeliten sind nicht Prä=, sondern Anti=Raphaeliten. Auch dieses Wort erfordert eine Auseinandersetzung. Sie lassen Raphael gelten, aber sie machen Front gegen das Raphaelische Mal= und Kunst=Reglement, das in Akademien gelehrt wird. Sie predigen Rückkehr zur Natur. „Unmittelbarkeit! nichts aus zweiter Hand," so lautet ihr Feldgeschrei und ihre Losung. Sie betrachten die gegenwärtige Art der Kunstübung als eine conventionelle Form, die eine Herrschaft über Geschmack und Sinne errungen hat, die ihr gar nicht zukommt. Unsere gesammte Malerei erscheint ihnen als eine Hypothese, die sich nicht wundern darf, durch eine andere Hypothese, geschweige durch die Wahrheit selbst, verdrängt zu werden. Sie gleichen jungen Medizinern, die nach Arm und Bein und wirklichen Menschen verlangen, nachdem sie lange genug am Phantom ihre Künste geübt. Mit anderen Worten, die Prä=Raphaeliten sind eine Abzweigung der großen realistischen Schule, richtiger vielleicht eine Sonder=Erscheinung innerhalb derselben, die, weil selbstständig und auf eigenem Boden gewachsen, bei vielfach Uebereinstimmendem, auch ihre durchaus eigenthümlichen Merkmale hat.

Ich komme später darauf zurück. Das aber sei schon hier bemerkt, daß wir es innerhalb des Prä=Raphaelitenthums keineswegs mit jenem plumpen Realismus zu thun haben, der da glaubt, das Seine gethan zu haben, wenn sich irgend eine Apelles=Fliege auf seine Natürlichkeiten setzt, nein, es fehlt den Bestrebungen dieser Schule keineswegs an Idealität, nur fordern ihre Anhänger diese Idealität innerhalb der Wahrheit und vor allem frei von der hergebrachten Schablone.

Was sie der hergebrachten Art zu malen vorwerfen, ist zweierlei: Unwahrheit und Ungenauigkeit. Sie sagen: „eure Menschen sind unwahr und eure Staffage ist ungenau; eure Unwahrheit wurzelt in einem falschen Prinzip und eure Ungenauigkeit in mangelhafter Beobachtung. Daß ihr die Köpfe lügnerisch malt — so fahren sie fort — das wißt ihr selbst, und eure ganze Entschuldigung läuft darauf hinaus, daß ihr so malen wollt. Ihr bildet euch ein, in dieser Lüge, die ihr Idealität nennt, stecke die Kunst; dem ist aber nicht so. Wir wollen euch zeigen, daß man die Dinge geben kann, wie sie sind, ohne an Wirkung auf das Gemüth hinter euren Ideal-Schöpfungen zurück zu bleiben. Wir wollen euch ferner zeigen, das ihr ungenau malt. Jene Unwahrheit gebt ihr, unter andrem Namen, selber zu, diese Ungenauigkeit aber müssen wir euch erst beweisen. Laßt uns in den Wald gehen. Wie würdet ihr jene Bäume im Vordergrund, jene Hecke, jene Blumen, jene Grashalme malen? so und so; ich weiß vollkommen wie; ich bin in eurer Schule groß gezogen. Nun aber seht euch mal den Baum, die Hecke, die Halme mit Wahrheit an; findet ihr wirklich, daß sie eine verschwommene, unbestimmte Masse bilden? glaubt ihr wirklich, daß man dieselben durch ein bloßes Getupfe von braun oder grün in aller Naturwahrheit wiedergeben kann? seht ihr nicht vielmehr die ganz bestimmten Umrisse dieser Blätter und Blüthen? und wenn ihr sie seht, warum malt ihr sie nicht?"

So ungefähr die Prä-Raphaeliten. Man hat sie durch Vergleiche zu charakterisiren gesucht und an den Kampf erinnert, den die romantische Schule gegen die Klassiker aufnahm. Bis zu einem gewissen Grade ist diese Parallele gerechtfertigt. Die Prä-Raphaeliten haben den Haß gegen das conventionell Philiströse und das Streben nach Gefühlsvertiefung mit allen, den Realismus aber mit den späteren Romantikern, z. B. mit Achim von Arnim, gemein. Ihre große Jugendlichkeit drängte sie überall zum Extremen hin und gab ihrem Auftreten noch besondere Züge. Die Abneigung gegen die glatte, conventionelle Schönheit führte sie zum Victor Hugo'schen „le laid c'est le beau;" der Drang nach Innigkeit und die Verachtung gegen das bequem Sentimentale riß sie bis zum Ueberspannten, ja bis zum Unmöglichen fort, und ihr Realismus endlich nahm den Adalbert=Stifter=Charakter an und machte die „Studie" (wenigstens oft) zum Zweck. Hierin liegen ihre Tugenden und ihre Fehler. Sie haben der letzteren vollauf, aber das bloß Fremdartige und Ungewöhnliche, was ihre Bilder aufweisen, rechtfertigt durchaus nicht die rasche Verurtheilung, die sie gefunden. Es ist wahr, daß man bei erster Begegnung vor ihnen erschrickt, an Mystification denkt und vielleicht lachen würde, wenn einem die ganze Sache angethan erschiene, zum Gegenstand des Scherzes gemacht zu werden; aber diese ersten Eindrücke schwinden bald. Bei dritten und vierten Begegnungen hören diese buttergelben Wiesen, diese Pilze, an denen man die Lamellen zählen kann, allgemach auf, uns zu frappiren, und von dem Augenblicke an, wo wir das Fremdartige der Erscheinung überwunden haben, gehen uns die Feinheiten und Vorzüge, mindestens die nicht verächtlichen Intentionen auf, die den Pinsel des Malers geführt haben. Die Fehler bleiben und unsere Bedenken auch; aber wir scheiden von diesen Arbeiten nicht wie von bloßen Kuriositäten, oder gar von Lächerlichkeiten, sondern der Gedanke hat schließlich Macht in uns gewonnen: hier haben wir Keime für die Zukunft und, nach bestandenem Läuterungsprozeß, vielleicht einen neuen Silberblick der Kunst.

Ehe ich zu einer Besprechung oder wenigstens Aufzählung der einzelnen hierher gehörigen Maler übergehe, will ich zunächst noch die Frage beantworten, die sich nothwendig meinen Lesern bereits aufgedrängt haben muß, die Frage: auf welchem speziellen Gebiet der Malerei haben sich die Prä=Raphaeliten bisher bewegt? Die Antwort ist rund und kurz zu geben: ihr Gebiet ist das Genre. Es finden sich kaum irgend welche Ausnahmen. Vielleicht dürft' ich sagen: sie malen Romanzen, stimmungsreiche Darstellungen eines Hergangs, Episches mit stark lyrischer Färbung. Ganz in der Weise der Romanze, die das Alltäglichste nicht verschmäht, aber umgekehrt sich mit derselben Liebe dem Historischen oder Tragischen zuwendet, ganz in dieser Weise verfahren auch die Prä=Raphaeliten. Sie malen ein Schäfer=Idyll, eine Scene zwischen Hans und Grete, oder eine verstohlene Liebe am Gartenzaun; aber sie wagen sich nicht minder gern, ohne d'rum das Genrehafte aufzugeben, an „Raoul und Valentine," oder an den „Tod Chattertons," ja begeben sich mit Vorliebe auf ächt romantisches Gebiet und malen den Christophorus, der das Christkind durch die Fluthen trägt oder den talmudischen „Sündenbock" (the scapegoat), der über die salzkrustirten Ufer des todten Meeres schreitet. Dies letztgenannte, seltsame Bild (von Hunt), das vielleicht nur in einem Lande gemalt werden konnte, wo der Puritanismus immer noch in gewissen Dissenterkreisen fortlebt, hat die Grenzen des ursprünglichen Gebietes der Schule allerdings sehr erweitert und die englischen Prä-Raphaeliten in die Nachbarschaft jener continentalen Maler geführt, die diesen Namen mit größerem Rechte tragen.

Auf der Manchester-Ausstellung befinden sich 9 der jungen Schule angehörige Bilder: „Herbstblätter" von Millais, „Klostergedanken" von Charles Collins; „April-Liebe," von Hughes; „Chattertons Tod" von H. Wallis, und fünf Bilder von William Holman Hunt: Schäfer und Schäferin, das erwachende Gewissen, Valentin und Sylvia (aus den Edelleuten von Verona) Claudio und Isabella (aus Maaß für Maaß) und lagernde Schafe, eine Dünenlandschaft aus der Umgegend von Hastings.

Die beiden bedeutendsten Namen, die Träger der ganzen Schule, sind John Everett Millais (geb. 1819 zu Southampton) und William Holman Hunt, geb. zu London 1827.*) Der erstere, trotz einer sehr unvollkommenen Vertretung, die er in Manchester gefunden, hat vorzugsweise Anspruch auf eine eingehendere Besprechung. Er ist der Vater der ganzen Bewegung. Seine ungewöhnlichen Fähigkeiten verriethen sich früh; schon in seinem neunten Jahre gewann er einen Preis in der Society of arts, und elf Jahre alt, that er sich bereits unter den Schülern der Akademie hervor. Seine Opposition gegen die herrschende Routine begann er mit 18 Jahren, und seine Freunde Hunt und Rossetti für sich und sein Vorhaben gewinnend, eröffnete er nun

---

*) Nicht zu verwechseln mit William Hunt (geb. 1790 und, wenn ich nicht irre, der Vater von William Holman Hunt), dem gefeiertsten der jetzt lebenden englischen Aquarellmaler. Die Hunt's sind eine weitverzweigte Künstlerfamilie, wie bei uns etwa die Devrient's, und man muß Acht haben, um die Maler, Dichter, Journalisten ꝛc. desselben Namens nicht mit einander zu verwechseln. Der bekannteste ist Leigh Hunt, eine Art publizistischer Märtyrer, und durch seine Preßprozesse fast mehr bekannt, als durch seine Schriften.

einen energischen Kampf, zu dessen Unterstützung auch eine Zeitschrift gegründet wurde, unter dem etwas sonderbar klingenden Titel: „der Keim (the germ), oder Kunst und Dichtung." Diese literarische Waffe indeß versagte bald den Dienst und Wort und Kritik traten erst wieder für die hartgedrängte Partei ein, als Mr. Ruskin, der Kunstreferent der „Times" und ein Mann von unleugbaren Gaben, die Vertheidigung („powerful advocacy," wie die Engländer sagen) der jungen Schule übernahm. Unter der Zustimmung weniger und unter dem Gelächter der großen Masse verbrachte dieselbe ihre ersten Jahre; etablirt aber war sie von dem Augenblick an, wo die Royal Academy den klugen Einfall hatte, John Millais zum Mitglied der Akademie zu machen. Eine Art Friedensschluß erfolgte; man appellirte stillschweigend an das Publikum und überließ diesem die endliche Entscheidung. Diese Entscheidung ist bis zu einem gewissen Grade erfolgt. Jener tiefe Bruch, der sich durch die ganze englische Gesellschaft zieht, der Bruch zwischen Orthodoxie und Dissent, hat sich auch hierbei gezeigt. Die altgläubigen Tories haben in der Kunst ihren Konservatismus bewährt, während die Sektirer, das oppositionsmachende, weiterforschende Element der Gesellschaft, der jungen Schule aufmunternd entgegen gekommen sind. Ich habe keinen Dissenter gesprochen, der nicht für Millais und Hunt Partei genommen hätte.

Millais, wie schon hervorgehoben, hat nur ein einziges Bild in Manchester. Er hat bessere gemalt, z. B. „der Hugenott" und „der Freibrief" (the letter of release), beide in den Schaufenstern aller englischen Bilderläden als Kupferstich zu finden und bereits Lieblingsstücke des englischen Publikums, namentlich das zweite. Nichtsdestoweniger bekundet das in Manchester anwesende Bild „Herbstblätter" (Autumn-Leaves) eine gute, weil charakteristische, Auswahl. Wir haben hier die Vorzüge, wie die Fehler der Schule bei einander. Es ist im Herbst, ein kühler frischer Tag ist vorüber und der Sonnenuntergang ließ einen tief violetten Streifen, über den sich ein letztes dunkles Roth legt, am Horizont zurück. Eine entblätterte Pappel hebt sich wie ein schwarzes Skelett vom Abendhimmel ab. Im Vordergrund stehen drei Mädchen, Schwestern, die beiden ältesten passabel hübsch, die jüngste ein derbes Kind vom Lande, mit rothen Backen und noch rötherem Kragenband, das gekreuzt über die Brust fällt. Sie haben Laub gesammelt und die

licher zu besprechen, und schließe diesen Aufsatz lieber mit einer noch=
maligen Vorlegung und Beantwortung der Frage, was es mit dieser
neuen Schule auf sich hat und was nicht?

Ich habe von „Keimen für die Zukunft" gesprochen. Deutsche Freunde,
mit denen ich Gelegenheit fand diese Frage zu erörtern, haben meine An=
sicht nur sehr annäherungsweise getheilt. Ihre Auffassung läuft auf den
alten Satz hinaus: Das Gute ist nicht neu und das Neue ist nicht gut.
Ich muß das bestreiten. Die Uebertreibungen der Schule habe ich erkannt
und als solche dargestellt. Ihre Anhänger haben aber andererseits unbe=
streitbare Vorzüge, die selbst der großen realistischen Schule, der sie zu=
gehören, theils gar nicht, theils nicht in dem Maaße zu Gebote stehen.
Sie haben die Natur mit einer Schärfe beobachtet, wie nur je ein Künstler=
auge vor ihnen. Daß sie einen Halm, eine Blume mit einer Naturwahr=
heit zu malen verstehen, die spöttisch als die „Botanik in der Kunst" be=
zeichnet worden ist, will ich ihnen weder hoch in Rechnung stellen, noch
auch klein und lächerlich finden, wie vielfach geschehen. Bedeutendere
Gaben entfalten sich schon in der überraschenden Auffassung und Wieder=
gabe eines fast an die Minute gebundenen Luft= und Lichttons. Millais
und Wallis haben in den beiden Bildern „Herbstblätter" und der „Tod
Chattertons" eine Abend= und Morgendämmerung gemalt, wie ich mich
kaum entsinnen kann, Aehnliches an frappanter Wahrheit je zuvor gesehen
zu haben. Hier handelt es sich nicht mehr um ein mußevolles Kopiren der
Natur, sondern um das Festhalten im Geist eines ganz bestimmten Moments.
Das Ohngefähre hier zu treffen, ist nichts, aber der Schuß in den
einen Mittelpunkt der Scheibe ist eben der Meisterschuß. Die wahre
Bedeutung der Schule indeß liegt in dem, was ich lyrische Vertiefung
genannt habe. Es sind Poeten. Man hat ihnen das vorgeworfen, man
hat ihnen gesagt, daß sie Dinge zu malen strebten, die sich nicht malen
ließen. Das trifft gelegentlich zu; aber wer formt eine Regel nach den
Ausnahmen? So gewiß sich Zorn, Zuneigung, Angst, Verlegenheit malen
lassen, eben so gut auch die Wehmuth, jener fromme Schauer, der uns
ergreift, wenn das Herbstlaub still und todt von den Bäumen fällt. Die
Prä=Raphaeliten haben das Gebiet des malerischen Stoffs, des künst=
lerischen Vorwurfs eben so geschickt wie kühn zu erweitern und das alte
Material, wenigstens theilweise, tiefer aufzufassen gewußt. Da liegt ihr

mehr um der Versteigerung willen herbeigekommen waren, die seit acht oder vierzehn Tagen in der Nähe von Manchester stattfand und die Bilder und Kostbarkeiten des letzten Grafen von Shrewsbury unter den Hammer brachte. Ich hatte keine Berührungspunkte mehr mit dieser neuen Tisch=Gesellschaft und beschloß, mich ihr so rasch wie möglich zu entziehen. Noch einmal eine Omnibusfahrt durch die Straßen, noch einen Abschiedsblick in die langen, reichen, unvergeßlichen Säle dieser Ausstellung, dann fuhr ich der Victoriastation der großen Nordwestbahn zu, löste mein Billet und war, in wenig Minuten schon, auf dem Wege nach — Chester.

Chester ist ungefähr zehn deutsche Meilen von Manchester entfernt und hätt' ich es mir nie verzeihen können, so nah gewesen und doch einer abzustattenden Huldigung aus dem Wege gegangen zu sein. Ein Besuch in Chester erschien mir wie eine Pflicht der Pietät. Tagtäglich, seit Verlauf von Jahren, postirt der schwarzbefrackte Kellner das Riesen= viertel eines Chesterkäses vor mich hin und leitet durch diesen stillen Schlußakt seiner Thätigkeit die eigentliche Blüthezeit des Diners ein. Da steht der Käse vor einem, wie ein Bild der guten Zeit, fett, mild und mit der Farbe der Gesundheit. Sein bloßer Anblick erweckt Ge= müthlichkeit und verbreitet sie über den halben Tisch. Die Nachbarn von rechts und links, die bis dahin geschäftig auf ihren Tellern klapperten, neigen sich jetzt zu mir herüber und sprechen von Lord Palmerston oder dem heißen Wetter. Ich widerspreche und so macht sich die Conversation. In der rechten Hand die lange Selleriestaude, während die Finger der linken auf dem Rande des Portweinglases spielen, so fliegen die Worte hin und her und der Chesterkäse steht dabei, fest, sicher, unbeweglich, wie eine Wand, die gegen die Außenwelt abschließt, und zugleich wie ein Banner, um das alle Heiterkeit des Tisches sich schaart. Wem die Bedeutung des Chesterkäses in dieser Weise aufgegangen ist, der kann nicht an Chester vorbeifahren, ohne dem Platze seine Reverenz zu machen.

Es finden sich freilich allda noch andere Dinge, und wer die Pietät nicht gelten lassen will, die sich an Frühstücks= und Mittagstische knüpft, den mag es beruhigen, daß Chester als die interessanteste Stadt in ganz England gilt. Chester ist das englische Nürnberg. Man pflegt Nürnberg gewöhnlich mit Oxford zu vergleichen, was so unpassend ist wie möglich. Beides sind freilich mittelalterliche Städte, aber das eine von so entschieden aristokratischem Gepräge, daß es mit der deutschen Bürgerstadt kaum irgend welche Züge gemein hat. Orford ist eine Anhäufung von Kirchen, Klöstern und Palästen; Nürnberg ist eine Stadt wie andere Städte, eine Häuser-Stadt, so interessant die einzelnen Häuser auch sein mögen. An Orford hat der Reichthum eines reichen Landes gebaut, an Nürnberg die Liebe seiner Bewohner. Was Orford hat und ist, verdankt es England, was Nürnberg ist und hat, verdankt es sich selbst. Orford ist groß in Entfaltung des Großen, Nürnberg ist groß in Entfaltung des Details. Orford wurde gebaut, Nürnberg hat sich gebaut. Das Wesen zweier Nationen spricht sich in diesen beiden Städten aus: der äußere Reichthum hier, der innere dort; Glanz und Einförmigkeit auf der einen, Reiz und Mannigfaltigkeit auf der andern Seite. Auch in England hat es Nürnberg's gegeben; sie sind dahin. Chester ist ein Ueberbleibsel aus jener Zeit.

Es war gegen Mittag, als der Zug auf dem Bahnhofe der Stadt hielt. Ein riesiges Gebäude, das einem auf den ersten Blick begreiflich macht, daß hier sieben Bahnlinien zusammentreffen! Von Chester aus läuft dann, über Bangor, jene eine große Westbahn bis Holyhead, die, an der Menaystraße das Meer überspringend,*) einem Eisenarm gleicht, den England nach Irland hinüberstreckt. — Auf dem Wege zur Stadt, die einige hundert Schritt vom Bahnhofe entfernt liegt, laß ich mir erzählen von der Geschichte und den Wundern des alten Platzes, dem wir zuschreiten. Er soll nach einigen bis auf Magus, den Sohn Japhets, des Sohnes Noah, zurückreichen, eine Annahme, die begreiflicherweise nicht über die Thore von Chester hinausgeht. Es ist indeß, allen Ernstes, ein beglaubigt alter Platz; schon die Römer hatten hier eine Stadt und zu den Zeiten der Heptarchie war Chester bereits der Heer- und Waffenplatz, von wo aus die angelsächsischen Könige ihre Kriegszüge gegen Wales und die zurückgedrängten alten Briten unternahmen. Von allerhand Besuch in seinen Mauern will ich nicht sprechen, nicht von Richard II., der, als Gefangner Bolingbrokes, auf einer

---

*) Dies ist die berühmte Tubularbrücke, die von Wales nach der Insel Anglesea führt.

schlechten Mähre durch Thor und Straßen ritt, auch nicht von Heinrich
Percy, der hier sein letztes Nachtlager hatte, bevor der Tag von
Shrewsbury ihn ein für allemal zur Ruhe bettete. Es ist ein größeres
Jahrhundert, in das die eine Großthat Chesters fällt; — es nahm
rühmlich Theil an dem Kampf zwischen Königthum und Parlament.
Brauch' ich meinen Lesern noch zu sagen, auf welcher Seite es stand?
Eine Stadt, die so viele Könige in ihren Mauern gesehen und den
Sherry liebenden Kavalieren ihren Chesterkäse als natürliches Zubrod
geliefert hatte, mußte loyal sein vom Wirbel bis zur Zeh. Und so war
es auch. Drei Jahre lang lag das Parlamentsheer davor; man hatte
gehofft, es auszuhungern und ganz vergessen, daß Chester eben Chester
war. Man hungerte nicht in Chester. Endlich unterlag es doch. Vor
seinen Thoren wurden die Royalisten auf's Haupt geschlagen; von einem
der Mauerthürme aus sah König Karl die Niederlage der Seinen.
Weiterer Widerstand wäre nutzlos gewesen; der König selbst gab seine
Sanction und die Cromwell'schen Ironsides, die schon bei Marstonmoor
den Ausschlag gegeben hatten, zogen ein in das königliche Chester.
Mit dieser einen That beginnt und stirbt die Geschichte dieser Stadt.
Es ist ein einsamer Felsen in einer flachen Sandgegend. Die Geschichte
Chesters gleicht auf ein Haar der Geschichte jener alten Familien, die
sechszehn Generationen hindurch lauter Ehrenmänner, aber nur ein einziges Mal einen großen Mann hervorgebracht haben.

Chester hat eine sehr malerische Lage am Nordufer des Dee, der
hier durch Sandsteinfelsen bricht und der Südseite der Stadt eine
doppelte Festigkeit gibt. Die offenen Seiten sind durch eine hohe Mauer
eingefaßt, zu der der benachbarte rothe Sandstein ein bequemes und
treffliches Material lieferte. Wo die Felsenparthie beginnt, wird der
Felsen selbst zur Mauer. Das Terrain ist im Uebrigen völlig eben,
so daß man von keinem „Kessel" sprechen kann, in dem die Stadt gelegen sei; sie liegt vielmehr da, wie ein Kuchen in einer Tortenform.
Die Sandsteinmauer entspricht dem Blechrand, der den Inhalt überall
um ein Bedeutendes überragt. Nachdem ich so, in kulinarisch=anschaulicher Weise, ein Bild des Ganzen gegeben habe, wend' ich mich jetzt
einer Beschreibung der einzelnen Theile, zuerst des Randes und dann
des Inhalts, zu. Diese prächtige Sandsteinmauer, die im Zirkelschlag
die Stadt einschließt, wird zum größeren Theil den Römern zuge=

schrieben. Gleichviel wem; wie sie da ist, ist sie ein Unicum und vielleicht die größte Zierde der Stadt. Sie hat jetzt nichts mehr zu vertheidigen und ist zu einem Spaziergange hergerichtet. Einen schöneren sind meine Füße kaum je zuvor gewandelt. Auf der Höhe der etwa zwölf Fuß breiten Mauer hat man, nach außen und innen, ein halbmanneshohes Steingeländer errichtet und dadurch dem Ganzen den Charakter einer schmalen Brücke gegeben, über deren Einfassung hinweg man nach beiden Seiten hin einer freien Aussicht genießt. Zur Rechten die Stadt, zur Linken die Landschaft. Man kann kein bunteres, wechselvolleres Panorama sehen, als sich einem auf diesem Spaziergange darbietet. Beginnen wir von dem sogenannten „Wasserthor." Wir haben die Steintreppe erstiegen und sind oben. Links dehnen sich Weiden und Triften aus, die fetten Marschen der Grafschaft Chester, während zur Rechten die alten Gassen und Plätze sichtbar werden, darin das letzte Resultat dieses Triftenreichthums, rund und golden und mühlsteingroß, zu ganzen Bergen aufgespeichert liegt. Aber die Scene wechselt bald. Eben noch sahen wir das flache Land, hier und dort von Eisenlinien durchzogen, und folgten dem grauen Rauch der Lokomotive und siehe da, schon thürmt sich eine Felsenmasse vor uns auf, nur durch den schäumenden Dee von uns und unsrer Mauer getrennt. Auf der Höhe dem Felsen gegenüber ragt Chester-Castle. Wir schreiten weiter und haben wieder flaches Land um uns, weite Kornfelder zur Linken, umfriedete Gärten zur Rechten. Schon röthen sich die Aepfel an den Bäumen und die Pfirsichsträucher ranken sich die Wand des Hügels hinan, auf dessen Höhe die berühmte Kathedrale von Chester steht. Fast tausend Jahre vergingen, seit dort die ersten Christen vor dem Kreuze knieten. Unter dem Schall der Glocken, der eben von dort herüberklingt, setzen wir unsere Wanderung fort, bis wir uns aufgehalten sehn durch einen alten Mauerthurm, der plötzlich unsern Weg hemmt und unsere Beachtung erzwingt. Das ist der Phönixthurm; an seinem Fuße sitzt friedlich eine alte Frau und bietet die Früchte feil, die seit Mittag in der Sonne brieten, während wir, an der Mauerkrone oben, eine Tafel bemerken und folgende Inschrift lesen: „Auf diesem Thurme stand König Karl am 24. September 1645 und sah sein Heer vernichtet bei Rowton Moor." Bald rechts bald links die Stadt- und Landschaftbilder musternd, von Zeit zu Zeit durch ähnlich alte Thürme, den Water Tower, den Caesar Tower, in unserem Wege aufgehalten, vorüber endlich an Ruinen und der epheuübersponnenen Pracht der Trümmerkirche von St. John, so gelangen wir wieder zu lieblicheren Bildern, zum River Dee, der weithin Wassermühlen treibt, und zu dichten Lindengruppen, deren Blüthenwipfel über die Stadtmauer reichen. Wir pflücken uns einen Zweig und den Duft einsaugend, während das Sonnenlicht auf dem Flusse schimmernd liegt, nähern wir uns unserem Ausgangspunkte wieder und haben jetzt in lachendstem Grün jene Wiesenfläche vor uns, um welche sich die berühmte Chester-Rennbahn wie ein breiter, brauner Streifen zieht.

Unser Umgang ist geschehen und die Mauertreppe niedersteigend, treten wir jetzt durch dasselbe „Wasserthor," von dem wir ausgingen, in die eigentliche Stadt ein. Ueber den Charakter derselben habe ich bereits gesprochen: alte, bürgerliche Giebelhäuser, die sich von einem Thor zum anderen ziehen. Das erste Haus von Interesse, dem wir begegnen, heißt „Bishop Lloyd's house" und ist, trotz seiner 250 Jahre, wohlerhalten. Die großen Querbalken, die die Basis der Stockwerke bilden, sind in Felder getheilt und jedes Feld mit Schnitzwerk reichlich versehen. Gute und plumpe Ideen mischen sich durcheinander und das Ganze versetzt uns, wie auf Zauberschlag, in unsere liebe deutsche Heimath und läßt uns auf Augenblicke vergessen, daß wir in England sind, wo die uniformen Dutzend-Häuser der Spielzeugschachtel eines Riesenkindes entnommen und über das Land gestreut zu sein scheinen. Das Nachbarhaus des Bischofs Lloyd ist ähnlich alt und trägt die Inschrift: „God's Providence is my inheritance," ein hübsches Reimwort, das sich etwa mit

Gottes Gnade ist mein Erbe,
Stützt mich, daß ich nicht verderbe.

dem Sinne nach übersetzen ließe. Das ist nun freilich hübsch und fromm und alles was sich dagegen sagen läßt ist nur das Eine, daß die augenblicklichen Bewohner des Hauses, die „Stütze," von der die Rede ist, hausbacken-wörtlich statt christlich-symbolisch genommen zu haben scheinen. Das Haus war das einzige in der Stadt, das im Jahre 1652 von der Pest verschont wurde und erhielt um deßhalb seine fromme Inschrift. Sein gegenwärtiger Besitzer aber scheint gewillt, der Gnade Gottes das Höchste zuzumuthen und eine Stütze von oben auch da zu erwarten, wo eine Stütze von unten das Einfachere und Gerathenere wäre. Die krachenden Balken werden ihn bald belehren, daß es ein Gottvertrauen gibt, das wenig besser ist als Blasphemie und just die Gefahren heraufbeschwört, gegen die es glaubt gesichert zu sein.

Wenig Schritte weiter in die Stadt hinein beginnt, zu beiden Seiten, die eigentliche Sehenswürdigkeit derselben, die sogenannten Rows (Gänge). Diese sind es, die der Stadt Chester ihr eigenthümliches Gepräge leihen; es findet sich dergleichen an keinem andern Ort der Welt. Was sind Rows? Es sind die uralten Vorläufer der Arkaden, der Kolonnaden, der „Stechbahnen" und erinnern außerordentlich lebhaft an die alten, baufälligen Parthieen unseres Mühlendamms. Denke sich der Leser ganze Straßen, ja eine ganze Stadthälfte, in der Art und Weise dieser Mühlendamm-Parthie, so hat er, wenn er sich oben die nöthigen Giebeldächer und unten, innerhalb der Kolonnade, einen 8 Fuß hohen Quaderdamm hinzudenkt, ein völlig getreues Abbild der berühmten Chester'schen Rows. Woher und wie sie entstanden, weiß niemand, sie sind da, das genügt. Die archäologischen Vereine des Landes haben Preise auf eine erträglich gute Hypothese gesetzt; alles vergeblich, — die Rows von Chester bleiben ein ungelöstes Räthsel. Mögen sie entstanden sein, wie sie wollen; wie sie da sind, sind sie nicht nur eine Absonderlichkeit, sondern zugleich ein malerischer Reiz. Die Chester'schen Straßen bestehen mit Hülfe derselben aus zwei Etagen; auf ebener Erde fahren die Wagen, während der Bürgersteig, rechts und links, unter bedeckten Gängen hinläuft und vornehm, von seiner Anhöhe, auf die unten fahrenden Fuhrwerke hinabblickt. Der Bürgersteig und mit ihm das Bürgerthum hat es nie und nirgends zu einem vollständigeren Triumphe gebracht. Chester ist die einzige Stadt, wo der Fußgänger nicht umhin kann, den Reiter beständig über die Achseln anzusehen. Wer sich als Bürger und Fußgänger fühlen will, der ziehe nach Chester.

Ich könnte noch weiter plaudern über die Rows und ihre Wunder, über die Fleischer zum Beispiel, wie über die Lichtzieher und Seifensieder, die, den Felsen aushöhlend, sich unterhalb des Bürgersteiges eingenistet und, je nach Auffassung der Verhältnisse, entweder eine Keller- oder eine Parterre-Wohnung bezogen haben, während die Glas- und Porzellanhändler, die Apotheker und Galanteriearbeiter acht

Fuß höher in einer Art von Bel-Etage wohnen; doch ich hörte bereits die Eisenbahnglocke zum ersten Male läuten und ich habe den Cabkutscher zu höchster Eile anzutreiben, um den nächsten Zug, der mich in fünf Stunden nach London bringt, nicht zu versäumen. Wie abgepaßt husch' ich noch rechtzeitig in die offenstehende Waggonthür hinein und im nächsten Augenblick keucht der Zug, unter dem hohen Eisendach, in's Freie hinaus und beginnt seinen rasselnden Flug durch die schöne, reiche, aber ermüdende Landschaft. Schwatzend, lesend, schlafend, verbring' ich mühsam, nach altem Reisebrauch, die langen, nicht enden wollenden fünf Stunden, bis endlich der Zug hält und das halbverschlafene Auge in jenen rothdurchglühten Nebel starrt, der allnächtlich wie der Schein einer Riesenfeuersbrunst über dem Riesen London liegt.

Wenig Minuten später rollt' ich wieder den New-Road entlang und hörte jenen dumpfbrausenden, wunderbaren Ton der Weltstadt, der auf Dinge deutet, größer als alle Kunstschätze von Manchester und räthselhafter als die Chester'schen Rows.

Nachschrift.

Die vorstehenden Briefe, die sich's zur Aufgabe machten, anknüpfend an die Manchester-Ausstellung einen kurzen Abriß der Geschichte der englischen Malerei überhaupt zu geben, lassen manchen bedeutenden Namen, manche Bilder vermissen, die in London mit gutem Erfolg studirt werden können und verweilen anderseits ausführlich bei Kunstschätzen, die sich auf den Schlössern der Aristokratie befinden, oder in den großen Provinzialstädten, wo sie sich zumeist dem Auge der England-Besucher entziehen. Denn von 100 England-Besuchern (natürlich mit Ausschluß der Geschäftsleute) begnügen sich 99 damit, eine längere oder kürzere Zeit in London gewesen zu sein, und was ihnen die Hauptstadt des Landes nicht bietet, das bleibt ihnen überhaupt ungeboten.

Mit Rücksicht auf diese Thatsache, die ich im Lauf der Jahre genügend Gelegenheit gehabt habe, immer wieder zu beobachten, laß ich zu Nutz und Frommen aller England-, d. h. also aller London-Besucher hier eine Art Tabelle folgen, ein Verzeichniß, das, wie ich hoffe, übersichtlich angeordnet, dem Fremden in aller Kürze zeigen soll, was er, von allersehenswerthesten Bildern, in London und Umgebung finden kann. Ich habe die Eintheilung, mit allem Vorbedacht, nicht nach den Namen der zunächst zur Hand liegenden Gallerieen, sondern vielmehr anknüpfend an die Namen der Maler selbst gemacht. Ich habe diesen Weg eingeschlagen, da ich aus Erfahrung zu wissen glaube, daß der Mehrzahl der Touristen, die ja selten länger als zwei, drei Wochen in London zu verweilen pflegen, gemeinhin daran liegt, nur nach dieser oder jener speciellen Seite hin, nur mit Rücksicht auf diese oder jene specielle Künstler-Persönlichkeit ihre Anschauungen und ihre Kenntniß zu erweitern. Es wird vorkommen, daß jemanden nur darum zu thun ist, den Hogarth, den Landseer oder Wilkie kennen zu lernen, während ihm wenig daran liegt, durch West oder Reynolds oder Gainsborough seine Kenntnisse zu erweitern und umgelehrt. Von dieser Anschauung ausgehend, laß ich nunmehr in kurzen Kapiteln mit Namens-Ueberschrift ein Verzeichniß des Nächstliegenden und Sehenswerthesten folgen.

Hogarth.

Sein Portrait . . . . Vernon-Gallerie.
Le mariage à la mode (sechs Bilder) . . . Deßgleichen.

Der Lebenslauf eines Liederlichen:
   a) Er empfängt sein Erbe . . . . . .⎫
   b) Wird ein Stutzer . . . .⎪
   c) Besucht ein öffentliches Haus . . .⎪
   d) Wird verhaftet . . . . ⎬ Soane-Museum (Lincolns-Inn-Fields Nr. 13.
   e) Seine Hochzeit . . . . ⎪
   f) Am Spieltisch . . . .⎪
   g) Im Gefängniß . . . .⎪
   h) Im Irrenhaus . . . .⎭
Die Parlamentswahl: *)
   a) Die Bewirthung . . . .⎫
   b) Das Werben um Wahlstimmen . .⎬ Soane-Museum.
   c) Die Wahl (the Polling) . . . .⎪
   d) Die Ovation (the chairing) . . .⎭
Der Jahrmarkt in Southwark . . . . . . Herzog von New-Castle.
Der Marsch der Garden nach Finchley . . . Foundling-Hospital.

Reynolds.

Das Portrait Sir William Hamiltons (sehr schön) Vernon-Gallerie.
Das Portrait Lord Heathfields (früher George ⎫ Guildhall.
   Augustus Elliot; Vertheidiger von Gib- ⎬ Hampton-Court.
   raltar . . . . ⎭ Vernon-Gallerie.
Mrs. Siddons als tragische Muse . . . . Dulwich-Gallerie.
Der Tod der Dido . . . . Buckingham-Palace.
Engelköpfe . . . . Vernon-Gallerie.
Die Schlange im Grase, oder „Liebe den Gürtel
   der Schönheit lösend" (gewöhnlich als
   sein Meisterwerk angesehn) . . . Soane-Museum.
Puck; ein kleines Bildchen für 980 Guineen er-
   standen von . . . . Lord Fitzwilliam.

Gainsborough.

Der Marktkarren . . . . Vernon-Gallerie.
Deßgleichen   (größer und schöner) . . . Grosvenor-House.
Die Schwemme (the watering place) . . . Vernon-Gallerie.
Sonnenuntergang . . . . Deßgleichen.
The blue boy (sehr sehenswerth) . . . . . Grosvenor-House. **)
Gute Portraits . . . . Dulwich-Gallerie.

---

  *) Die acht Bilder „Lebenslauf eines Liederlichen" (the Rake's Progress) kaufte Sir John Soane für die ziemlich geringe Summe von 570 Guineen; für die vier Bilder der „Parlamentswahl" (the election) aber bezahlte er 1732 Lstr., also mit Rücksicht auf die Zahl, das Sechsfache von the Rake's Progress. Die vier Election-Bilder waren früher im Besitz Garricks gewesen, der sie von Hogarth selbst für 200 Lstr. erstanden hatte.
  **) Das Haus, richtiger der Palast, den der Marquis von Westminster bewohnt, wenn er in London ist, heißt „Grosvenor-House," weil der Familien-

Opie.

Sein Portrait	Dulwich-Gallerie.
Die Ermordung Rizzio's	Guildhall.
Alter und Kindheit	Royal-Academy.

Barry.

Die Orpheus-Sage	
Das Erntefest	
Der Sieg bei den olympischen Spielen . . .	Society of Arts.
Schifffahrt oder Triumph der Themse . . .	(John Street, Adelphi.)
Die Preisvertheilung in der Society of Arts .	
Elysium oder die endliche Vergeltung . . .	

Diese sechs großen Wandbilder im Sitzungssaale der Society of Arts (die beiden größten sind 42 Fuß lang) malte der geniale, vielverkannte und halb vergeßne James Barry von 1777—93. Sein Zweck und seine Aufgabe war, das beständige Fortschreiten in Kunst und Wissenschaft bildlich darzustellen.

Benjamin West.

Christus die Kranken im Tempel heilend . . .	Vernon-Gallerie.
Das Abendmahl	Chelseachurch.
Der Tod des General Wolfe	
Die Schlacht an der Boyne	
Cromwell löst das Parlament auf	Grosvenor-House.
Die Seeschlacht bei La Hogue	

Diese vier Bilder, das Beste, was West gemalt hat, sind sehr sehenswerth; eine gute Copie der „Seeschlacht von La Hogue" befindet sich in der Greenwich-Gallerie.

Copley.

Der Tod Lord Chatham's	Vernon-Gallerie.
The Tribute Money	Royal-Academy.
Der Tod des Majors Pierson bei der Invasion der Insel Jersey durch die Franzosen . . .	Lord Walsack.

Der alte Lord Chatham (angekleidet hinfallend) ist zu Seite von Pitts Sterbendem Sohne, des geneigten Sohnes Benjamin West.

Füßli.

Thor tödtet die Schlange von Midgard . . .	Royal-Academy.

Wilson.

Die Villa des Mäcenas	⎫
Drei italienische Landschaften	⎪
Italienische Ruinen	⎬ Vernon-Gallerie.
Der Golf von Neapel	⎪
Landschaft (die Geschichte der Niobe als Staffage; gilt als sein bestes Bild)	⎭
Die Villa des Mäcenas (noch einmal)	Dulwich-Gallerie.

Lawrence.

John Kemble als Hamlet	⎫
Benjamin West	⎬ Vernon-Gallerie.
Mrs. Siddons	⎭

Die beste Gelegenheit zum Studium des Thomas Lawrence bietet der Waterloo-Saal in Windsor-Castle. Er enthält 32 Portraits; 30 davon (darunter Wilhelm v. Humboldt, Graf Münster, Hardenberg, Friedrich Wilhelm III., Metternich, Wellington, Blücher, Schwarzenberg) rühren von der Hand Thomas Lawrence's her.

Willie.

Der blinde Fiedler	⎫
Das ländliche Fest (the village festival)	⎬ Vernon-Gallerie.
Der Sackpfeifer	⎭
Blindekuh (blindman's buff)	Privatbesitz der Königin.
Die Skizze zu „blindman's buff" (sehr schön)	Miß Bredell.
Das Innere einer Hochlandshütte	Graf Esser.
Der Büttel und die Zigeunerfamilie	Vernon-Gallerie.

Landseer.

Der Krieg	Vernon-Gallerie.
Der Frieden	Vernon-Gallerie.
Der Hochlandspfeifer	Deßgleichen.
Hundestücke:	
„Alexander und Diogenes"	Mr. Jacob Bell.
„Würde und Unverschämtheit"	Deßgleichen.
„Vornehm und Gering" (high-life and low-life)	Vernon-Gallerie.
Wachtelhunde	Deßgleichen.
Stag at bay („der Hirsch gestellt")	Marq. v. Breadalbane.
„There is life in the old dog yet" (der alte Hund lebt noch)	Mr. John Naylor.

Turner.

Joseph Mallard William Turner hat die große Mehrzahl seiner Bilder (über 100) der National-Gallerie unter der einen Bedingung vermacht, daß sie (die Bilder) in gesonderten, zweckentsprechenden Räumen als eine selbstständige Sammlung aufgestellt würden. Dem ist man, so gut es die beschränkten Localitäten erlaubten, nachgekommen und hat in den Zimmern des ersten Stocks von Marlborough-House (parterre befindet sich die Vernon-Gallerie) eine eigene „Turner-Collection," Oelbilder, Skizzen und Zeichnungen, etablirt. Kein englischer Maler kann, ohne besondere Mühe, in gleicher Vollständigkeit studirt werden wie Turner.

Stanfield.

Die Schlacht von Trafalgar	United Service Club.
(Eine Skizze davon in der Vernon-Gallerie.)	
Die Einfahrt in den Zuyder-See	Vernon-Gallerie.
Das Wrack	Thomas Birchall.
Das verlassene Schiff (sehr schön; vielleicht sein bestes)	Thomas Baring.

Leslie.

Onkel Toby und die französische Wittwe	Vernon-Gallerie.
(Ist ein unübertroffenes Genrebild; eine eigenhändige Leslie'sche Copie befindet sich in der Sammlung Jacob Bells.)	
Sancho und die Herzogin	Vernon-Gallerie.

Mulready.

Die Dorfschule	Vernon-Gallerie.
Die Furth	Deßgleichen.

Verschiedene Genrebilder in den Sammlungen von Thomas Baring und William Wells und im Kensington-Museum.

Webster.

Die Dorfschule	Vernon-Gallerie.
Die Schlittenbahn	Mrs. Gibbons.
Kinder in die Schule gehend	Thomas Baring.
Kinder aus der Schule kommend	Deßgleichen.

Maclise. Ward. Cope. Horsley.

Die Arbeiten dieser vier besten Historienmaler, die die Engländer in diesem Augenblicke besitzen, sieht man am besten in den Sälen und Corridoren (lobbies) des Parlamentshauses. — Genrebilder von Maclise und Ward befinden sich in der Vernon-Gallerie. — Einige der besten Ward'schen Arbeiten („Charlotte Corday; Ludwig XVI. und Marie Antoinette im Tempel" befinden sich in den Händen von N. Starkie und R. Newsham).

Die Londoner Wochenblätter.

Erstes Kapitel.

Allgemeines. Geschichte ꝛc.

In England wie überall hat das Zeitungswesen mit Wochenblättern begonnen. Das Wochenblatt ist die primitive Form. Die Neuigkeiten trafen spärlich und vor Allem selten ein; so ergab sich von selbst der Modus einer wöchentlichen oder gar monatlichen Publication.

Der „englische Merkur" (the english Mercury) hat lange Zeit als die älteste englische, ja sogar als die älteste europäische Zeitung gegolten. Mr. George Chalmers entdeckte um's Jahr 1794 einige Nummern desselben (vorgeblich dem Jahre 1588 angehörig) in den vergessensten Winkeln des britischen Museums und gab detaillirte Mittheilungen über diesen seinen Fund, die seitdem in fast alle Encyklopädieen Europa's übergegangen sind. Scharfsinnige Untersuchungen Thomas Watts indeß, eines Custos am britischen Museum, haben England um den Ruhm der ersten europäischen Zeitung gebracht, und ein an Antonio Panizzi, den gegenwärtigen Ober-Bibliothekar, gerichtetes Schreiben des eben genannten Herrn stellt die Beweise zusammen, die den „Englischen Merkur" von 1588 zu nichts als einer groben Fälschung machen. Die historische Seite seines Beweises ist mangelhaft oder wenigstens nicht frappant; auch über die Art der Typen und der Orthographie würde sich streiten lassen; was aber jeden Zweifel beseitigt, das ist der Umstand, daß das Wasserzeichen des Papiers eine Krone und darunter die Initialen G. R. (Georgius Rex) zeigt.

Nachdem der „Merkur" unter die Fabel-Könige verwiesen worden ist, beginnt das historische Zeitalter der englischen Presse nicht mit 1588, sondern erst um 1622. Das britische Museum besitzt einige Nummern der „Weekly News" (die Kürze vom 23. Mai 1622), deren Echtheit mit der des Buchhändlers Thomas Archer bekunden. Es fehlt übrigens nicht an Beweisen, daß um eben diese Zeit bereits eine Korrespondenz in London existirte, und eine Komödie Ben Jonsons *the Staple of News* (der Zeitungsschreiber), die 1625 zuerst aufgeführt wurde, geißelt bereits die ursprüngliche Unwahrheit und Geschwätzigkeit der englischen Korrespondenten. Der Redacteur der „Weekly News"*) war Nathaniel Butter, dessen Schwung und Feuer sich nicht über die Prosa seines Namens erhoben zu haben scheint.

Die Verhältnisse waren auch nicht dem angethan. Die Gährung war allgemein, aber eben so ausgesprochen das Bestreben, dieser Gährung Herr zu werden. Nathaniel Butter würde den Versuch, eine wirkliche Zeitung zu schreiben, schwerlich mit seinem Blatt und vielleicht mit seinem Kopf bezahlt haben.

Die Form, in der damals die Opposition vor das Volk trat, war ausschließlich die Flugschrift. Sie war der Sekretär der Zeitungs-Opposition, des Privatbrief-Raisonnements. „Prynn," „Heinrich," „Burton," „Naunton" und „Chastons" waren die Märtyrer ihrer Ueberzeugung, aber zugleich die Lehrmeister der Kontroverse. Freunde und Feinde lernten von ihnen, und als mit dem Tage von Edgehill eine 13jährige Periode mit eben so entarteter, aber thatsächlicher Preßfreiheit begann, fehlte es in beiden Lagern nicht an Leuten, die Gebrauch davon zu machen verstanden.

Die „Weekly News" entstanden 1622; zwanzig Jahre später erhielt England seine ersten politischen Blätter, sämmtlich Wochenblätter. Das Wort „Merkur" war damals Lieblingswort, und so gab es denn, ziemlich zu gleicher Zeit, einen „Mercurius Aulicus," „M. Britanicus," „M. Britannicus," „M. Pragmaticus," „M. Politicus," „M. Rusticus" und „M. Aulicus."

Britannicus, Pragmaticus und Politicus schrieben ein paar Worte. Sie wurden zu verschiedenen Zeiten (aber hintereinander) von demselben

---

*) Deutschland, das damals (1622) seinen dreißigjährigen Krieg anfing, besserte das meiste Korrespondenzmaterial. Der Graf Mansfeld hielt in den ersten Nummern eine Rolle.

Manne redigirt. Dieser Mann war Marchamont Nedham, genannt Captain*) Nedham von Grays Inn. Er ist dadurch interessant, daß man ihn den ersten europäischen Publicisten nennen kann. Er verband vielseitige Kenntniß mit großer Kraft und Lebendigkeit der Darstellung, war witzig, lebhaft und voll persönlichen Muths, aber zu gleicher Zeit unbeständig und doppelt bestechlich, durch Schmeichelei und Geld. Er hätte verdient, später zu leben. Er war, wie einer seiner Zeitgenossen sagt, „ein Goliath und seine Feder ein Webebaum." Jeder andere Schreiber blieb hinter ihm zurück. Er begann als guter Puritaner und edirte von 1643—47 den Mercurius Britannicus, worin er den König und die Kavaliere mit der ganzen Schärfe seines Witzes verfolgte. Dann schlug er um und gab von 1647—49, also bis kurz nach der Enthauptung des Königs, den „Mercurius Pragmaticus" heraus, der die Lüge und die Lächerlichkeit der puritanischen Wirthschaft auf's Einschneidendste geißelte. Man warf ihn endlich in's Gefängniß. Präsident Bradshaw aber, derselbe, der beim Prozeß des Königs präsidirte, war klug genug, einzusehen, daß es besser sei, Captain Nedham zum Freunde als zum Feinde zu haben, und verfuhr mit ersichtlicher Milde gegen ihn. Dies Verfahren führte ihn zum Puritanismus zurück, bei dem er nun ehrlich ausharrte. Von 1649—60 schrieb er den „Mercurius Politicus," der 11 Jahre lang als eine Staatszeitung der Republik gelten konnte, und verließ das Land bei der endlichen Restauration der Stuarts.

Mit der Rückkehr der Stuarts war es auf 30 Jahre mit der Preßfreiheit vorbei. Die Kontroverse hörte auf; eine Partei hatte das Wort, und eine förmliche Censur und Confiscation**) wurde gegen diejenigen geübt, die den Muth hatten, gegen den Strom zu schwimmen. Es verlohnt sich auch hier, einen Namen zu nennen. Wenn Captain Nedham der erste Zeitungsschreiber war, so war Roger l'Estrange der

---

*) Ich werde noch späterhin Gelegenheit finden (namentlich bei Besprechung der „Times") darauf aufmerksam zu machen, daß zu allen Zeiten die „Captains" und „Colonels" in der englischen Presse eine große Rolle gespielt haben. Nedham war eigentlich eine Mischung von Doktor, Apotheker und Alchymist, und seine Capitainschaft galt wohl nur seiner Stellung in der Miliz.

**) Allerdings ohne Erfolg. Alles Mißliebige wurde im Haag gedruckt in England heimlich verbreitet und nur desto begieriger gelesen.

erste Censor. Auch er war ein Mann von Geist; aber eine fanatische Anhänglichkeit an die Sache der Stuarts, die ihn gelegentlich mit der vollen Brutalität eines Jeffreys erscheinen ließ, haben seinen Charakter befleckt.

Roger l'Estrange war nicht nur Censor und ausführende Polizeibehörde, er war auch selber Publizist. Das Blatt, das er schuf, lebt bis auf den heutigen Tag und ist die „London Gazette." Es entstand in folgender Weise: Die Pest vertrieb 1665 den Hof von London nach Oxford. Der König sehnte sich nach Zerstreuung, nach Lektüre, und seinem Wunsche zu willfahren, wurde für die Tage dieses Exils eine Zeitung gegründet, unter dem Namen „Oxford Gazette." Bei der Rückkehr des Hofes nach London folgte die neue Zeitung ihrem Herrn, zu dessen Zerstreuung sie gegründet worden war, und nahm nun den Titel „London Gazette" an. Sie hatte immer einen Hofton und einen dienstlichen Charakter, und es mag keine Zeitung geben, die sich in nahezu 200 Jahren so wenig verändert hat. Sie erschien anfangs wöchentlich; dann wöchentlich zweimal, wie bis heutigen Tag. Das publizistische Talent ihres Gründers (der nur eine hübsche Einnahme und nichts weiter von diesem Blatte gehabt zu haben scheint) zeigte sich bei Arbeiten, die er in andere Blätter gab, von denen er einzelne (wie den „Observator") noch nebenher redigirte.

Eine Presse entstand erst wieder, als Jakob II. jenseits des Kanales und mit dem Erscheinen Wilhelms III. die Meinungsäußerung wieder frei geworden war. Nichtsdestoweniger war eine Blüthe, vielleicht die Blüthe aller Publizistik überhaupt, nicht seiner Regierung, sondern erst der Regierungszeit seiner Nachfolgerin vorbehalten. Die Zeit der Königin Anna heißt das goldene Zeitalter der englischen Literatur. Mit größerem Recht darf es das goldene Zeitalter der englischen Publizistik genannt werden. Die Kinderschuhe waren aus- und die bequemen Pantoffeln der Routine, des Nachsprechens und der Gedankenlosigkeit noch nicht angezogen. Charakter, politischer Feuereifer, ausgedehnte Sachkenntniß und feiner literarischer Takt, der sich in einer Abneigung gegen nutzlose Spaltenfüllerei kaum weniger als in der Kraft und Schönheit des Stils zu erkennen gab, — schufen damals eine Reihe von Blättern (sämmtlich Wochenschriften), die, wie in ihrem Werthe, so auch darin einzig dastehn, daß sie das gewöhnliche Schicksal aller Zeitungen,

„vergeſſen zu werden," nicht getheilt und ſich unter den klaſſiſchen Bü=
chern der engliſchen Literatur einen dauernden und unbeſtrittnen Platz
erobert haben. Die Preſſe iſt ſeitdem mächtiger geworden, ein vornehmer
Herr, aber ihre Hoheit hat ſie eingebüßt, und mehr noch, als ſie an
Länge und Breite gewonnen hat, hat ſie an Tiefe verloren.

Die Zeit der Königin Anna, wie ſie von Anfang bis Ende ein
erbitterter Kampf der beiden großen Parteien war, ſpiegelt dieſen Kampf
auch in den klaſſiſch gewordenen Wochenſchriften jener Epoche. Der
„Tatler" (1709), der „Spectator" (1711), der „Guardian" und der
„Engliſhman" (1713), und der „Freeholder" (1715) waren die Organe
der großen whiggiſtiſchen Partei und wurden durch Männer wie Ad=
diſon und Steele theils in's Daſein gerufen, theils durch laufende Bei=
träge unterſtützt.

Der Toryismus hatte wie die Löwin (um das Witzwort einer
ſpäteren Zeit zu gebrauchen) nur ein Junges, aber einen — Löwen.
Dies war der „Examiner." Swift und Bolingbroke fochten darin gegen
die Whigs.

Dieſe Blüthezeit war nur kurz. Sie mußte es ſein. Es zeigte ſich
ſchon damals, was ſich ſeitdem bewährt hat, daß nichts ſo ſchnell ver=
zehrt, wie die täglich wiederkehrende publiziſtiſche Kontroverſe. Große
politiſche Vorgänge kamen hinzu und änderten oder modifizirten die
Parteiſtellung. Das Haus Hannover war zur Regierung gekommen,
und die Stuarts hatten einen neuen Verſuch gemacht, ſich ſelbſt und die
römiſche Kirche auf dem engliſchen Throne zu retabliren. Die Kräfte,
die der Whiggismus hieraus zog, waren groß. Kaum darf man ſagen
der „Whiggismus." Die alten prinzipiellen Partei=Unterſchiede waren
völlig in den Hintergrund gedrängt; die Whigs, nach Etablirung des
Hauſes Hannover, hörten auf, die Vorkämpfer politiſchen Fortſchritts zu
ſein; ſie waren ſelber Hofpartei geworden; es lag ihnen nicht mehr
an Feſthaltung oder Erweiterung engliſcher Freiheit; ihr ganzes Streben
ging in dem einen auf: die proteſtantiſche Erbfolge und das Haus
Hannover, den katholiſchen Stuarts gegenüber, zu firiren. Im Uebrigen
tauſchten die beiden großen Parteien ihre Stellung und Prinzipien ge=
legentlich völlig aus, und die toryiſtiſche Oppoſition war oftmals whig=
giſtiſch=liberal, während die gouvernementalen Whigs immer mehr in den
Konſervatismus der Tories hineingedrängt wurden. Das Streitobjekt war

denschaftlichkeit des Publikums entgegenzustellen," das gilt noch vielmehr von den Wochenblättern. Die ganze Sache ist "Geschäft," und es handelt sich um das Abjagen und Erwerben möglichst vieler Kunden. Kein Kunde erträgt es, grob behandelt zu werden, er will geschmeichelt sein. So schmeichelt man ihm denn. Sämmtliche Wochenblätter behaupten, daß die Welt nie etwas Größeres gesehen habe, als das englische Volk, daß es braver, gottesfürchtiger, klüger, humaner, muthiger sei, als irgend ein anderes Volk der Welt, und daß, wenn dies und das nicht ganz so sei wie es sein solle, die Schuld nicht am Volk, sondern an der — Regierung liege. Dies ist das ganz einfache Recept, nach dem im Wesentlichen die Wochenblätter (und vor allem die reichsten und gelesensten) gemacht werden. Man erquickt den Leser dopvelt, durch Schmeichelei seiner selbst und durch Opposition gegen Andere. "Du Smith oder Jenkins bist ein Prachtmensch, und Dein Minister ist ein Lump oder ein Imbecile" — das ist der zwiefache Köder, den jedes Blatt an seine Angel hängt.

Von den 30 Wochenblättern schillern wenigstens 20 in den verschiednen Farben des Liberalismus, vom ministeriellen Whigblatt an bis zum chartistischen "the People." Man sollte aus dieser liberalen Farbe der großen Mehrheit der Blätter schließen, daß sie mit Lord Palmerston und der Regierung auf einem wenigstens relativ guten Fuße ständen; dies ist jedoch keineswegs der Fall. Der Schlüssel zu dieser überraschenden Erscheinung ist einfach der. Die große Mehrzahl der liberalen Blätter ist entweder aus Ueberzeugung, oder der Kundschaft halber, um vieles liberaler als das Ministerium. Das ergibt denn von selbst eine Opposition. Nun bleiben vielleicht noch ein vier oder fünf Organe, die sich geradezu whiggistisch nennen, oder anerkanntermaßen eine Politik verfechten, die nicht über das Niveau des Regierungs-Liberalismus hinausgeht. Man sollte meinen, diese Organe müßten zur Seite der Regierung stehen! Dem ist auch so, so lange es sich um Principien handelt. Sobald aber Personal- und Verwaltungsfragen diskutirt werden, sobald es sich darum handelt, eine Persönlichkeit in Schutz zu nehmen, die zur Regierung mittel- oder unmittelbar gehört, aber durch Unglück oder Unfähigkeit, oder auch keins von beiden, den Unwillen des Volkes auf sich gezogen hat, so mag die Regierung sicher sein, daß die Organe ihrer eigenen Partei ihr untreu werden und sich auf die Seite der

Opposition begeben. Dieser Abfall hat in zwei Dingen seinen Grund, von denen schwer zu sagen ist, welcher der gewichtigere ist. Zuerst in der Furcht, durch allzu entschiedenen Bruch mit der öffentlichen Meinung an Popularität und Abonnenten zu verlieren, dann aber zweitens darin, daß die englische Regierung selbst (wenigstens die gegenwärtige) das bunteste, widerspruchsvollste Ding ist, das man sich denken kann. Die whiggistischen Blätter (z. B. der „Examiner") haben die Pensionirungs-Bill der Bischöfe von Durham und London mit schneidender Schärfe angegriffen und sind über Lord Cardigan mit schlimmeren Waffen hergefallen, als die russischen Säbel von Balaklawa, aber das alles erklärt sich, wenn man das Eine in's Auge faßt, daß Lord Palmerston mit diesen Angriffen zweifellos ganz einverstanden war und sich freute über die äußerste Verhöhnung von Maßregeln, mit denen er selbst nicht umhin gekonnt hatte, vor dem Hause zu erscheinen.

Wenn das am grünen Holze geschieht, was soll am dürren geschehen? Der Liberalismus macht Opposition gegen eine liberale Regierung, wie dürfen wir uns wundern, wenn der Konservatismus ihn überbietet? Er thut in seiner Opposition nur, was ihm zukommt, was seine Pflicht ist.

So bleiben uns von jenen 30 Wochenblättern noch jene wenigen übrig, die sich die neutralen nennen. Aber auch sie gehen die große Straße, auch sie machen Opposition, halb im Widerspruch mit der Neutralitäts-Flagge, die sie aushängen. Sie treiben nicht große Politik, sie kümmern sich nicht um Kars, dringen nicht auf Abberufung Lord Stratford de Redcliffes, und zeigen die äußerste Indifferenz gegen die Erweiterung des Wahlrechts, aber ihre Quärulanten-Opposition ist vielleicht die lästigste von allen. Es ist die Opposition der Untergebenen gegen die Vorgesetzten. Wer jemals einen Steueraufseher, Posterpedienten, oder alten verheiratheten Unteroffizier in seinen schwachen Stunden belauscht hat, der weiß, was es mit dieser Unzufriedenheit auf sich hat. Die Regierung schleppt ihre malcontentesten Gegner, wie eine Kette am Bein, mit sich umher. Diese Unzufriedenheit, die bei uns nur knurrt oder Eingaben macht, hat hier ihre anerkannten Organe. Der Bureau-Schreiber, der mit 80 Pfd. St. sich durchschlagen muß, kann natürlich nicht begreifen, daß der Bischof von London, der alt und schwach ist und kaum noch Sherry vertragen kann, 6000 Pfd. St. und einen Palast zur Fristung seiner letzten Lebenstage gebraucht. Die „Civil Service Gazette" gibt ihm in ihren Spalten Gelegenheit, darüber seine Gedanken zu äußern, und da durch einen endesunterzeichneten Brutus oder Gracchus die Anonymität glücklich gewahrt ist, beweist er seiner eignen Regierung: daß ein solches Uebermaaß von Schnödigkeit (wie das Verhältniß zwischen 80 und 6000) in den drei Königreichen bis dato nicht existirt habe.

So vereinigt sich Alles, um die Organe der verschiedensten Parteien in sehr ähnlichem Gewande vor dem Publikum erscheinen zu lassen. Mögen sie unter einander im Kampf sein, das eine große Band der Gegnerschaft gegen die Regierung, selbst gegen eine liberale Regierung, umschließt sie alle, und während ein scharfes Auge dazu gehört, die Messerchen zu erkennen, die sie rundum am Gürtel tragen, um sich gegen die Nachbarn von rechts und links zu schützen, reicht der flüchtigste Blick aus, die Fechterparade wahrzunehmen, in der sie (mit wenigen Ausnahmen) dastehen, um gegen den gemeinschaftlichen Feind, „die Regierung," den Stoß zu führen. Der Eine legt sich aus, weil er malcontent, der Andere, weil er conservativ ist; der liberale stößt zu, weil ihm der Liberalismus der Regierung nicht genügt, oder weil er ihm mißtraut; unter allen Umständen aber wird zugestoßen, und die Regierung mag sehen, wie sie sich deckt. Zum Glück gleicht sie dem Bettler in der Robin=Hood=Ballade, der zwölf Mäntel und sechs Hüte trug, oder jenem bekannteren Ritter Ludwig Uhlands, „der sich nicht forcht." Lord Palmerston wenigstens weiß, wie er sich diesen Dingen gegenüber zu verhalten hat. Er ist ein Meister in der Kunst des Ignorirens. Schweigen, gewähren lassen und von Zeit zu Zeit eine Contremine — das genügt..

Der Ueberfichtlichkeit halber wird es gut sein, die 30 Wochenblätter, die ich länger oder kürzer zu besprechen gedenke, in folgende fünf Gruppen zu bringen:
I. Die neutralen Wochenblätter.
II. Die conservativen.
III. Die whiggistischen.
IV. Die radikalen.
V. Die illustrirten.

Zweites Kapitel.

Die neutralen Wochenblätter.

Wie in Vorstehendem bereits hervorgehoben, ist die Neutralität der Mehrzahl dieser Blätter mehr nominell als faktisch. Wer, gleichviel aus welchen Gründen, und wenn sie die unpolitischsten von der Welt wären, eine Whigmaßregel tadelt und ein Torygesetz anempfiehlt, begibt sich in dem Augenblick seiner Neutralität und ergreift Partei. Er mag die Parteien wechseln und bald auf der einen, bald auf der anderen Seite kämpfen. Aber diese Art politischer Unverläßlichkeit ist nicht das, was man mit „Neutralität" bezeichnen darf.

Es existiren übrigens wirklich neutrale Wochenblätter, solche, die einfach Thatsachen zur Kenntniß bringen, und solcher Organe gibt es zwei. Es sind dies „London Gazette" und das „Court Journal."

Die „London Gazette" entspricht dem amtlichen Theil des „Moniteur." Es ist (siehe in der Einleitung) die älteste englische Zeitung. Sie wurde 1665 durch Roger l'Estrange gegründet. Sie erscheint jetzt zweimal wöchentlich (Dienstag und Freitag). Preis wechselt, gemeinhin 1 Sh. Auflage 2200. Ueber ihren Inhalt ist nichts zu sagen; es sind eben solche Publicationen, wie sie jedes amtliche Organ zur Kenntniß des Landes bringt.

Das „Court Journal." Gegründet 1829. Preis 5 d. Auflage 588. Ein unbedeutendes Blatt, wie sich aus der geringen Zahl seiner Auflage ergibt. Es gibt nur Personalnotizen aus der Hofsphäre und den Kreisen der Aristokratie. Diese sind oft nicht ohne Interesse, und man läuft die Spalten dann und wann mit einer gewissen Befriedigung durch, endlich froh, hier kurzen Thatsachen statt langer Raisonnements zu begegnen. Aber nur ausnahmsweise sind diese Thatsachen Neuigkeiten; die Tagesblätter haben einen Vorsprung. Die Korrespondenzen, meist aus Paris, sind ein erbärmlicher Klatsch im antiquirtesten Feuilletonstil. Hierher gehört auch das „Court Circular," das darauf aus ist, dem Court Journal Concurrenz zu machen.

Die übrigen neutralen Blätter, denen nur sehr bedingungsweise ihr selbstgewähltes Prädikat zu lassen ist, sind folgende:

Das „Athenäum," gegründet 1828. Preis 4 d. Auflage 3244. Es ist ein vorwiegend, wenn nicht ausschließlich kritisches Blatt und vermeidet es ersichtlich, einen stark hervortretenden Parteistandpunkt einzunehmen. Dennoch ist das gelegentlich unmöglich. „Die englische Kavallerie in der Krim, Divisionsbefehle und Korrespondenzen des General-Lieutenants Graf Lucan" oder „die österreichischen Kerker in Italien, von Felice Orsini" — da muß ein Standpunkt eingenommen werden. In einer Kritik des Washington Irving'schen Buches: „the life of George Washington" heißt es wie folgt: „Beide Nationen (England und Amerika) haben gelernt, die Ursachen jenes Kampfes ruhig zu erwägen und zu besprechen. Wir haben die unglückselige Kolonialpolitik von damals längst aufgegeben, und die Amerikaner haben endlich erkannt, daß ein Unterschied zu machen ist zwischen dem englischen Volk auf der einen Seite und Georg III. und Lord North auf der andern. Wir haben uns nur zu wundern, daß wir damals bloß dreizehn Kolonieen und nicht unsere ganze Machtstellung in Europa verloren haben." Das trifft die Vergangenheit und heißt historische Kritik; gehört indeß das zu besprechende Objekt der Gegenwart an, so ist die Sprache dieselbe und ist dann eben, was man Politik nennt. Das Blatt widmet der deutschen Literatur viel Aufmerksamkeit.

Die „Civil Service Gazette." Gegründet 1853. Preis 5 d. Auflage 1960. Es ist das Organ aller Subaltern-Beamten (den höheren stehen einflußreichere Blätter zu Gebote) und wurde ausgesprochenermaßen zu diesem Zweck gegründet. Es enthält alle Vorkommnisse und Erlasse, die für den Civil-Beamten irgendwie von Interesse sein können. Vor Allem aber ficht es für die Interessen dieser Beamten, dringt auf Abstellung von Mißbräuchen und Ungehörigkeiten und proponirt Reformen. Daß dabei viel Kleinlichkeit, bewußte und unbewußte Verdrehung von Thatsachen, Cliquen=Engherzigkeit und neunmalweise Salbaderei mit drunterläuft, versteht sich von selbst. Ueber das Mißliche dieser Art von Organen hab' ich mich bereits weiter oben ausgesprochen. Um es für Unbetheiligte lesbarer zu machen, ist eine Wochenschau beigegeben, welche die politischen Vorkommnisse der Woche resumirt.

Die „Naval and Military Gazette." Gegründet 1833. Preis 6 d. Auflage 1282. Ist das soldatische Seitenstück zum vorigen und nennt, wie es sich selber ausdrückt, „die Dinge nicht nur beim rechten Namen," sondern hat auch den Muth, auszusprechen, „wie die Dinge sein sollten." Es schrickt nicht vor Tagesbefehlen und kriegsgerichtlichen Aussprüchen zurück, sondern kritisirt Alles mit jener Meinungsfreiheit, die das Kennzeichen und der Stolz der englischen Presse ist. (Dies sind Worte der Zeitung selbst.) Einige Spalten gehören den Vorgängen in Ostindien und in den Kolonieen überhaupt. Auch der Literatur und insonderheit dem Theater ist einigermaßen Raum gegönnt, denn der Lieutenant aller Länder und Armeen hat, wie viele andere Eigenschaften, auch die Vorliebe für Theater und — Ballet mit einander gemein.

Die „United Service Gazette." Gegründet 1833. Preis 6 d. Auflage 2000. Ist der „Naval and Military Gazette" sehr ähnlich, aber vermuthlich mit größern Mitteln begründet und deßhalb besser redigirt. Der Krieg, der darin geführt wird, hat' einen nobleren Charakter. Man ficht mehr um die Sache, als um das eigene Ich. In seinem Eifer für das Soldatische als solches, erinnert das Blatt an unsere ehemalige „Wehrzeitung." Der Soldat über alles. Die Frage, ob Royalist oder Republikaner, ob Tory oder Whig, steht erst in zweiter Linie. Alle guten Soldaten haben darin etwas von einem leidenschaftlichen Spieler oder Tänzer. Ihr Interesse haftet an gutem Spiel und gutem Tanz, die Personalfrage tritt in den Hintergrund. Mit jenem franken Wesen, das den Soldaten so wohl kleidet, sprechen sie gern vom Feind, und lassen ihm Gerechtigkeit widerfahren. Stand ein Meister an seiner Spitze, so wird er nicht bekritelt, sondern ohne Weiteres als Vorbild acceptirt. Das Alles gilt auch von der „United Service Gazette." Cromwell ist ihr so gut eine Autorität, wie der whiggistische Marlborough und Marlborough so gut, wie der toryisti=

es, daß von den vier Wochenblättern, die sich als konservativ bezeichnen, zwei lediglich durch ihre stark hervortretende kirchliche Seite gehalten werden. Ohne diese würden wir nur zwei toryistische Wochen-Organe zu mustern haben, von denen nur eines diesen Namen beanspruchen kann, während das andere eine ganz aparte Erscheinung ist und durch alles Andere eher gehalten wird, als durch einen betonten Konservatismus.

Die beiden konservativen Wochenblätter, deren Hoch-Kirchenthum wo nicht die Ursache ihres Entstehens, so doch jedenfalls die Ursache ihres Fortbestehens ist, sind „The Sentinel" und die „Britannia." Beide unterscheiden sich eigentlich nur in Bezug auf ihren Absatz und ihre Verbreitung. „The Sentinel," das nur eine Auflage von 300 hat, erschien früher (1853 gegründet) in Dublin, wo es die Interessen der Anglikaner verfocht; im Anfang des Jahres 1856 indeß wurde es nach London verlegt. Die „Britannia" ist ein älteres Organ, schon 1839 gegründet und ziemlich verbreitet. Seine Auflage ist 1280. Besonders charakteristische Züge fehlen beiden Blättern in gleichem Maaße.

„John Bull," gegründet 1820. Preis 5 d. Auflage 1620. Der Titel ist gut gewählt. Einem englischen Blatt entnehme ich folgende Charakteristik des „John Bull:" „Ein ehrliches, mannhaftes Blatt, das nicht blöde ist und den Nagel auf den Kopf zu treffen versteht. Echter, alt-englischer Patriotismus ficht darin für die traditionellen Anschauungen von Kirche und Staat, bleibt sich selber treu und bequemt sich nie zu Konzessionen an neue Schulen und deren Richtungen. Es führt die Sprache der Landedelleute von altem Schrot und Korn und zieht die soliden Seiten der Politik den Künsten des Styls und geistreichen Einfällen vor. Subtilitäten und Sarkasmen sind ihm verhaßt, aber in frank und freier Aeußerung, in Deutlichkeit und Derbheit thut es ihm Keiner zuvor." Diese Schilderung ist im Wesentlichen richtig. Doch ist die unbestreitbare Grobheit des Blattes keineswegs von jener liebenswürdigen Sorte, die grob ist, weil sie's gut meint und nicht anders kann, sondern die Grobheit ist bei ihm eine Art Geschäftssache geworden, wie bei den Tyrolern, die jeden mit „Du" anreden und ihm einen Schlag auf die Schulter geben. Was nicht Geschäftssache ist, ist stylistische Gewohnheit und allerdings auch — natürliche Begabung. Es kommt dem „John Bull" unzweifelhaft aus dem Herzen, wenn er den

eignisse von Woche zu Woche verfolgen, später einmal als ein werth=
voller Beitrag zur Geschichte unserer Zeit benutzt werden können. Diese
Lieder halten den toryistischen Partei-Standpunkt des Blattes viel ent=
schiedener fest, als der übrige Inhalt, was nicht wundern darf, da jedes
Gedicht, wenn es wirken will, mit einer gewissen Ganzheit der Empfin=
dung und Anschauung, um nicht zu sagen mit dem Extrem derselben
auftreten muß.

Leser im Volk hat es wohl wenige; ebensowenig werden sich die
alten Tories, die Spooners und Alisons daran erquicken. Es wird von
allen Leuten von Geist gelesen, gleichviel welcher Farbe sie angehören.

Nachschrift. So war die „Preß" bis zum Sommer 1857, wo
Mr. Coulton, der Redakteur des bis dahin vortrefflichen, höchst unter=
haltenden Blattes starb. Es hörte noch im Lauf desselben Jahres auf,
das Organ Mr. Disraelis zu sein und ging in die Hände der höchst
respektablen, aber ziemlich geist= und witzlosen Alt=Tories über (Mr.
Spooner, Mr. Newdegate ꝛc.). Das Blatt hat seitdem seine frühere
Bedeutung eingebüßt.

Viertes Kapitel.

Die whiggistischen Wochenblätter.

Der „Examiner." Whig=Blatt par excellence; nach allgemeiner
Annahme ein Organ Lord John Russells. Gegründet 1808. Preis
5 d. Auflage 5080.

Der alte „Examiner," gegründet 1710 durch Bolingbroke und
Swift, war zur Zeit der Königin Anna das eigentliche Tory=Organ.
Es hielt sich, wie all die glänzenden Blätter jener Epoche, nur wenige
Jahre.

Der neue, der whiggistische „Examiner" ist eine Schöpfung
Leigh Hunt's. Leigh Hunt ging damals weiter als die Whigs. Er
gehörte (wie Southey und Coleridge) jener ziemlich excentrischen Schule
an, die unter dem Einfluß der französischen Revolutions=Ideen

in England entstand. Er war für Reform im großen Styl und be=
kämpfte Personen und Zustände mit gleicher Leidenschaftlichkeit. In einer
30 Jahre später geschriebenen Selbstbiographie bespricht er jene Epoche
seines Lebens und sagt: „Ich glaube, was ich damals glaubte, aber
während ich um kein Haar breit milder geworden bin gegen die Zu=
stände, hab' ich die Menschen, die diese Zustände machen, aber noch
viel mehr von ihnen gemacht werden, toleriren gelernt."

Seit wann der „Examiner," an Stelle seines Radikalismus, einfach
whiggistisch geworden ist, vermag ich nicht mit Bestimmtheit zu sagen,
vermuthlich seit den Tagen der Reformbill. So weit hinauf wenigstens
werden sich Lord John Russells Beziehungen zu dem Blatte verfolgen
lassen. Es steht an allgemeiner Schätzung, wenn auch nicht an Abon=
nentenzahl, unter den Wochenblättern obenan. Es ist in der That mit
Sachkenntniß, Witz und Geist geschrieben und kommt hierin der „Preß"
am nächsten. Die Mehrzahl englischer Leser würde, wenn sie sich zwi=
schen den beiden Blättern entscheiden sollten, nicht lange zweifelhaft sein,
wem der Vorzug gebühre. Unbedingt dem „Examiner." Fremde werden
dies Urtheil schwerlich unterschreiben. An Talent, Schärfe und Rück=
sichtslosigkeit gegen den Gegner stehen sich beide Blätter ziemlich gleich,
aber während der „Examiner" gewisse englische Vorurtheile schont, hat
die „Preß" dieselben überwunden. So ist die Bewegung der letztern
freier und ihr Urtheil in großen Fragen (wo das Persönliche aufhört
eine Rolle zu spielen) gerechter. Man kann zuletzt sagen, der Unter=
schied zwischen den beiden Blättern ist derselbe, wie zwischen Lord John
und Mr. Disraeli. Der letztere ist jedenfalls frischer und originaler.
Lord John hat die große politische Erbschaft des Hauses Bedford ange=
treten und hat mit dem Kapitale auf vorgeschriebenen Wegen weiter ge=
wirthschaftet. Mr. Disraeli ist der Gründer einer neuen Firma.

Was ihre Organe angeht, so ist die „Preß" auch dadurch im Vortheil,
daß sie aus einem Gusse ist. Es weht derselbe Geist in ihr von An=
fang bis zu Ende. Mr. Disraeli hat eine Schule von kleinen Disraeli's
um sich her, die in seinem Sinne und seinem Geiste zu schreiben ver=
stehen. Diese Uebereinstimmung kann der „Examiner" durchaus nicht
für sich in Anspruch nehmen. Die „Preß" schreibt, wie Mr. Disraeli
spricht; aber der „Examiner," anstatt zu schreiben, wie Lord John
spricht, schreibt den Styl und die Sprache der „Preß" und Mr. Dis=

raeli's. Das steigert den Reiz, vermindert aber ein nachhaltiges Interesse. „Eines schickt sich nicht für Alle." Jeder in seiner Weise. (Wie das Verhältniß Mr. Disraelis zur „Preß" gelöst ist, so scheinen auch die vieljährigen Beziehungen Lord John Russels zum Examiner nicht mehr zu existiren. Schon 1857, in der chinesischen Frage, war der Examiner ganz auf Seiten Lord Palmerstons, während Lord John bekanntlich unter den Angreifern des Premiers und in Gefahr war, sein City-Mandat zu verlieren.)

Der „Observer." Mit Ausnahme der „London Gazette," die als politisches Organ nicht in Betracht kommt, das älteste unter den Wochenblättern. Gegründet 1792. Preis 5 d. Auflage 8560. Es erscheint Sonntag früh, doch werden die in die Provinzen gehenden Exemplare schon am Sonnabend befördert. Der „Montag-Observer" ist eine Art Supplement und wird Montag Nachmittag 3 Uhr ausgegeben. Er enthält in aller Kürze die neuesten politischen und Börsen-Nachrichten.

Der „Observer" ist ein sehr gutes Blatt und unter allen Wochenblättern das einzige, das neben den Eigenschaften einer Revue auch ganz besonders den Charakter einer Zeitung hat. Es resumirt und raisonnirt so kurz wie möglich und füllt seine Spalten am liebsten mit wirklichen Neuigkeiten. Seine nahen Beziehungen zum Ministerium befähigen es vollständig dazu. Es gilt (neben „Morning Post") als das Organ Lord Palmerstons. Ich habe keinen Zweifel an der Richtigkeit dieser Annahme; wie dem auch sei, jedenfalls besitzt es viel von den besonderen Vorzügen des Premier. Ich möchte lobend hinzusetzen, „ohne seine Schwächen zu theilen." Vielleicht hat es auch diese Schwächen; aber es ist ein ander Ding, ob eine Zeitung oder ein Premier-Minister zu Suffisance und Witzeleien seine Zuflucht nimmt. Man hat Lord Palmerston den Typus eines modernen Engländers und speziell eines Cockney genannt und daraus seine Popularität (denn er ist in der That populär, auch bei seinen Gegnern) zu erklären gesucht. Eine National-Eigenschaft hat er gewiß in besonderem Maaße: „common sense," gesunden Menschenverstand. Die Nation hat mehr davon als die Wochenblätter, die im Allgemeinen durch Verbreitung von Vorurtheilen und durch kümmerliche Kannegießerei den „common sense"*)

---

*) Eine Bemerkung über den viel gerühmten common-sense sei hier gestattet. Was man von dem „gesunden Menschenverstand" überhaupt gesagt hat,

untergraben. Eine glänzende Ausnahme ist der „Observer." Er ist darin seines Herrn und Meisters würdig. Er hat die Gabe, durch den Nebel stundenlangen Geschwätzes hindurch, die Sachlage so zu erkennen, wie sie ist. So viel ich weiß, war er unter allen Wochenblättern das einzige, das in der Bischofs=Pensionirungsfrage einfach folgendermaßen deducirte: Sagt ihr „nein," so erhält der Bischof von London nach wie vor 18,000 Pfd. jährlich und sitzt auf seinem Sorgenstuhle, ohne sich zu rühren, noch so viele Jahre lang, wie Gott ihn leben läßt. Sagt ihr „ja," so erhält der alte Bischof 6000 Pfd. Pension, und für den Rest von 12,000 Pfd. könnt ihr euch einen neuen besorgen, von dem ihr wenigstens etwas habt." Ich citire diesen Fall, weil er besonders frappant ist. Alle andern Wochenblätter (selbst der „Examiner") kamen über die Betrachtung nicht hinaus, daß 6000 Pfd. unsagbar viel Geld sei. Es ist dahin gekommen, daß der bloße gesunde Menschenverstand und seine ehrliche Anwendung zu den besonderen Tugenden eines Blattes gehört.

Von derselben Firma (W. Clement, 170 Strand) wird auch „Bells Life in London" herausgegeben, ein weit verbreitetes sehr populäres Blatt, das man am besten als das Organ des Sport, d. h. also des Schnelllaufens, Borens, Cricket=Spiels, Segelns, Ruderns, Wettrennens, der Jagd ꝛc. bezeichnen kann. Es hat auch liberal gehaltene und gut geschriebene Leitartikel, die aber Nebensache sind, ganz besonders in

---

daß er nicht überall ausreicht und daß er nur dann vortrefflich ist, wenn er sich zu bescheiden weiß, das gilt ganz besonders von dem englischen common-sense. Ohne gleichzeitige wahre Bildung des Herzens und Geistes, ist es mindestens mißlich, ihm zu viel Spielraum zu gönnen. Diese Bildung fehlt in England ungemein oft. Unkenntniß und Egoismus berauben den englischen common-sense seiner natürlichen Fähigkeit. Der Shopkeeper, alle jene Leute, die etwa unsern kleineren Kaufleuten entsprechen, werden als Jury-Männer oder bei Meetings, wo ihre Angelegenheiten besprochen werden, durchaus am Platze sein und durch etwas Schlagendes in ihrer Beweisführung überraschen; wenn es aber gilt, irgend einen Vorgang draußen in der Welt vorurtheilsfrei und einfach=verständig zu kritisiren, so sind sie dazu unfähiger, als vielleicht irgend eine andere Nation. Sie bilden sich ein, mit common-sense zu verfahren, und merken nicht, daß er ihnen unter den Händen zu einer bloßen Mischung von Unkenntniß und beschränkter Selbstsucht geworden ist.

[...] uns, je eher, je lieber, los zu sein wünschen. Aber das gehört ihm nicht: wir sollen sie aufgeben unter entehrenden Bedingungen, das ist sein Plan. Dadurch hört die Sache auf, eine Bagatelle zu sein; es handelt sich nicht mehr um ein werthloses Stück Land, sondern um den Preis unserer Ehre." Diese Sprache ist bemerkenswerth in einem Handelsblatt. Alle Welt weiß, daß die City von London (wenigstens in ihrer ungeheuren Mehrheit) jene Art von Nachgiebigkeit verlangte, nur um ihren nächstliegenden Vortheil gewahrt zu sehn. Der „Economist" ist speziell das Organ Mr. Wilson's, des ersten Secretairs im Schatzamt und, wie ich vernehme, durch Umsicht, Thätigkeit und Sachkenntniß die Seele desselben.

Der „Mark Lane Expreß." Gegründet 1832. Preis 7 d. Auflage 5520. Ist dem „Economist" sehr ähnlich. Der Politik ist noch weniger Raum gegönnt; dem Handel, speziell dem Kornhandel, desto mehr. Seine wöchentlichen Handelsübersichten sind in der ganzen Welt von den Betheiligten gelesen und geschätzt.

Die „Saturday Review" ist eins der neuesten unter den Wochen=

blättern. Die erste Nummer erschien am 3. November 1855. Da um diese Zeit der Stempelzwang nicht mehr existirte, so fällt die Möglichkeit fort, die Stärke der jedesmaligen Auflage zu berechnen. Das Blatt, das brillant geschriebene Artikel bringt, viel gelesen wird und nicht ohne Einfluß ist, ist schwer zu charakterisiren. Die verschiedensten politischen Namen werden genannt, zu denen es Beziehungen unterhalten soll. Eine Zeitlang galt es als Organ des Herzogs von Newcastle (Peelit), dann als Organ Lord Clarendons. Vielleicht ist es nutzlos, nach einem leitenden Faden zu suchen, weil solcher möglicherweise gar nicht existirt. Im Großen und Ganzen aber pflegt es freilich mehr whiggistische als toryistische Maßregeln zu unterstützen. Die Annahme dürfte richtig sein, daß das Blatt überwiegend von literarischen amateurs geschrieben wird, die mehr durch Eleganz des Styls fesseln, als Propaganda für diese oder jene Ansicht machen wollen. So ist denn jeder oder doch fast jeder Artikel willkommen, der sich, rein belletristisch, durch Geist und Talent empfiehlt.

Fünftes Kapitel.

Die radikalen Wochenblätter.

Der „Spectator," gegründet 1828. Preis 8 d. Auflage 2600. Der hervortretendste Zug des sehr harmlos radikalisirenden Blattes ist sein Anti-Whiggismus. Dies darf nicht überraschen; es ist die alte Erfahrung, daß sich das Näherstehende und Verwandtere oft hartnäckiger bekämpft, als die wirklichen Extreme. Lutherthum und Calvinismus haben sich zu Zeiten feindlicher gegenübergestanden, als das eine oder andere dem Papstthum, und unsre Demokraten haben vielfach eine größere Abneigung gegen die Gothaner gezeigt als gegen die äußerste Rechte. (Jetzt nicht mehr; kann aber wiederkommen.) Der „Spectator" ist nicht ausschließlich antiwhiggistisch, aber so weit er es ist, ist er das Gegenstück zum whiggistischen „Examiner." Es ist interessant, daß diese beiden Namen, die zu Anfang des vorigen Jahrhunderts die

Bannerworte der Whigs und Tories waren, seitdem ihre Bedeutung nahezu getauscht haben. Der neue „Examiner" steht so entschieden zu den Whigs, wie der alte zu den Tories stand, und der neue „Spectator" ist so sicher antiwhiggistisch, wie der „Spectator" Addisons das Whigblatt par excellence war. Als Probe für den antiwhiggistischen Radikalismus des Blattes diene Folgendes: „Eine Session ist wieder zu Ende, und das Parlament hat wieder seine Ohnmacht dargethan, auf unsere auswärtige Politik bestimmend einzuwirken, oder auch nur gewisser Garantieen sich für die Zukunft zu versichern. Es ist überaus bedauerlich, daß ein Staatsmann wie Lord Palmerston — der, um das Geringste zu sagen, durch eine eigenthümliche Fähigkeit, unsere Beziehungen zu andern Ländern zu verwirren, ohne dadurch der Sache der Freiheit und des konstitutionellen Regiments einen nennenswerthen Dienst geleistet zu haben, mehr bekannt als berühmt geworden ist — wir sagen, es ist bedauerlich, daß solch ein Staatsmann das Recht haben soll, uns jede Auskunft zu verweigern und uns völlig im Dunkeln darüber zu lassen, in welcher Weise er unsere Beziehungen zu Nordamerika, zu Italien ꝛc. zu ordnen gedenkt. Es ist unglaublich, ein wie simples Verfahren seinerseits angewandt wird, um vor Parlament und Land im einen Fall seine eigentlichen Intentionen zu verbergen und im andern Fall jede Anklage, auch die berechtigste, niederzuschlagen. Auf die Interpellation: was gedenkt die Regierung zu thun? lautet die stehende Antwort: „es ist noch zu früh," und auf die Interpellation: warum hat die Regierung das gethan? erfolgt der achselzuckende Bescheid: „es ist nun zu spät." Das Parlament soll die Exekutivgewalt nicht hindern und hemmen auf Schritt und Tritt, aber es soll in großen Zügen die Richtung bestimmen, welche die Exekutive innezuhalten hat." Der „Spectator" scheint zu vergessen, daß es einmal eine Minister-Verantwortlichkeit in England gibt, und daß es zweitens, wenigstens durch den Usus, in die Hand des Parlaments gegeben ist, Ministerien aus jedem beliebigen Grunde, und wenn es nur der der Schweigsamkeit wäre, zu stürzen. Es bedarf dazu nur einer Majorität; fehlt diese, so fehlt der gute Wille des Parlaments, die Sache zu ändern.

Das Auftreten des „Spectators" als eines politischen Reformers ist, meinem Dafürhalten nach, weder im Kleinen noch Großen ein glückliches zu nennen. Den Antrag: „kein Redner solle länger als eine Stunde sprechen," bekämpft der „Spectator" und schlägt statt dessen vor: „jeder Redner, der ein im Lauf der Debatte schon dagewesenes Argument wiederhole, solle in Geldstrafe genommen werden." Ist es möglich, einen unpraktischeren Vorschlag zu machen? Bedeutsamer, aber nicht besser ist es, wenn er als Rettungsmittel gegen die wachsende Masse der parlamentarischen Arbeit die Etablirung von Grafschafts-Parlamenten proponirt. Das gebe dann völlig das, was wir haben: Provinzial-Landtage und einen Allgemeinen Landtag. Der Unterschied ist nur der, daß wir aus dem Einen in's Andere hineingewachsen sind, es war ein natürlicher Prozeß; was der „Spectator" vorschlägt, ist ein Zurückwachsen in die Jugend.

Im Allgemeinen glaube ich sagen zu dürfen, daß man den Werth und die Bedeutung dieses Blattes überschätzt. Vielleicht, daß es zu jenen Firmen gehört, die nach zehn und zwanzig Jahren von ihrem alten Ruhme zehren, auch wenn die Ursachen desselben nicht mehr da sind; vielleicht auch, daß man über den Werth des bloßen politischen Experimentirens jetzt anders denkt, als vor dem Jahre 1848. Man ist gleichgültig oder mißtrauisch geworden gegen alle Neuerungs-Versuche in's Blaue hinein. Der „Spectator" leidet noch hieran.

Der „Leader." Gegründet 1850. Preis 5 d. Auflage 1600. Er ist am besten charakterisirt, wenn ich ihn einen „Spectator" nenne, der seine Antipathieen nicht auf die Whigs beschränkt und seinen theoretisirenden Radikalismus offen und mit Selbstbewußtsein an der Stirn trägt. Deutschland hat die Ehre, das Motto-Bedürfniß dieses Blattes befriedigt zu haben. Dem Haupttitel reihen sich unmittelbar folgende, dem Humboldt'schen Kosmos entlehnte Worte an: „Die eine Idee, die die Geschichte immer mehr und mehr entfaltet, ist die Idee der Humanität, das noble Streben, die Scheidewände niederzureißen, die Vorurtheil und Einseitigkeit zwischen den Menschen errichtet haben, und, mit Beseitigung aller jener aus Religion, Vaterland und Farbe hergeleiteten Unterschiede, die Menschheit zu einer Brüderschaft zu machen, unter Verfolgung jenes einen großen Ziels — Entwicklung unsrer geistigen Natur." Diesem folgt als Ueberschrift des eigentlich politischen Theils, ein zweites Motto, das dahin lautet: „Es gibt nichts Revolutionäreres, weil nichts Naturwidrigeres, als das Bestreben, die Dinge fixiren zu wollen, denn das

Schöpfungsgesetz involvirt einen ewigen Fortschritt." Diese zwei Citate charakterisiren die Richtung des Blattes ziemlich gut. Mr. G. H. Lewes, der ausgezeichnete Biograph Goethe's, war Editor des Leader von dessen Begründung an bis 1854.

Der „Atlas". Gegründet 1826, Preis 5 d. Auflage 1620. Ein gut geschriebenes Blatt, unter kenntnißreicher und konsequenter Leitung. Es hat durch die längere Mitarbeiterschaft Ludwig Kossuths eine gewisse Celebrität erlangt, und wiewohl seit beinah Jahresfrist die Kossuth'schen Beiträge aufgehört haben, sind doch die persönlichen Beziehungen der Redaction zu der gesammten Flüchtlings-Aristokratie dieselben geblieben. Diese Beziehungen sichern dem Blatt auch jetzt noch eine gewisse Bedeutung, und es existirt vielleicht kein zweites Organ, das in gleichem Maaße als Barometer aller jener Flüchtlings-Hoffnungen und Befürchtungen angesehen werden könnte. Es ist ein Sprechsaal für Alle, aber das ungarische Element scheint zu prävaliren und läßt einen bitteren Haß gegen Oesterreich als hervorstechendsten Zug des Blattes erscheinen. Die ganze Scala wird durchgespielt, vom pathetischen Donnerwort bis zum schneidenden Hohn. Die Veranlassung dazu findet sich immer, und wäre es die Besprechung eines Reise-Handbuches durch Tirol, oder sonst dergleichen. Der Redacteur ist ein Engländer und ein Mann von Gaben; aber, wie es scheint, in voller geistiger Abhängigkeit von Kossuth. Ich hörte ihn im Lauf des Sommers eine Klubrede halten; es war über Schweiz und Schweizer. „O, ich liebe diese Schweizer, wär' es auch nur, weil sie der österreichischen Geschichte zu einem einzigen interessanten Kapitel verholfen haben, sicherlich zu dem einzigen, das ich mit Vergnügen lese." In solchen Sätzen ging es weiter. Dieser Haß ist zu einer Art fixen Idee geworden, und wer ihn theilt, der lese den „Atlas." *)

„Leader" und „Atlas" wenden sich an bestimmte Kreise, an die Aristokratie unter den Demokraten; die vier radikalen Blätter, die uns noch bleiben, wenden sich an die große Masse des Volks.

Die „Sunday Times." Gegründet 1822. Preis 5 d. Auflage 6270. Sie erscheint in drei Editionen (Sonnabend früh die erste und Sonntag früh die dritte Ausgabe) und hat unter dem Namen „Sporting und

---

*) Seitdem in andere Hände übergegangen und in Form und Inhalt wesentlich verändert. Die Beziehungen zur Flüchtlings-Aristokratie scheinen aufgehoben.

Agricultural Supplement" ein Beiblatt, das darauf aus ist, mit der eigentlichen Sport=Zeitung, „Bells Life in London," zu konkurriren und der „Sunday Times" bei der ländlichen Bevölkerung Eingang zu verschaffen.

Die „Weekly Dispatch." Gegründet 1801. Preis 5 d. Auflage 40,098.

Die „Weekly Times." Gegründet 1847. Preis 2 d. Auflage 76,686.

„Lloyd's Weekly Newspaper." Gegründet 1842. Preis 2 d. Auflage 96,826. Redacteur (der sich ausnahmsweise auf dem Titelblatte nennt) Douglas Jerrold.

Die vorstehenden Namen und Zahlen drücken durchaus die wesentlichen, um nicht zu sagen die einzigen Unterschiede aus, die zwischen den vier radikalen Blättern obwalten. Form, Druck, Preis, Auflage sind verschieden; im Uebrigen könnte man, wie bei Ländern, die keine natürlichen Grenzen haben, aus einem Blatt in das andere hinübergehen, ohne im geringsten zu bemerken, daß man sich auf neuem Terrain befindet. Das politische Glaubensbekenntniß aller dieser Blätter ist dasselbe, und nur in Personalfragen weichen sie gelegentlich von einander ab. Dieser letztere Umstand erklärt sich sehr gut. Die radikalen Prinzipien, die sie vertreten, weisen ihnen eine Position außerhalb der herrschenden Parteien an; sie haben nichts zu schaffen, weder mit Whigs, noch Tories, noch Peeliten, noch den City=Lords, aber wiewohl immer außerhalb dieses Zirkels stehend und darin sich gleich, sind sie doch in ihrer Außenstellung zu der Peripherie dieses Kreises sich ungleich. Die einen stehen links, die andern rechts vom Zirkel und werden mehr oder minder beeinflußt von jenen Persönlichkeiten innerhalb des Kreises selbst, die ihnen durch Wahl oder Zufall die nächsten sind. So hat die „Sunday Times" eine Position in ziemlicher Nähe der gouvernementalen Partei, während „Weekly Dispatch" und „Lloyd's Weekly Newspaper" am entgegengesetzten Ende und zwar in weiter Ferne stehen. Das letztere Blatt hat noch darin ein Unterscheidungsmerkmal, daß es mit einem nicht unbedeutenden Aufwand von Esprit und guter Laune geschrieben ist. Der als Mann von Witz und Geist anerkannte Redacteur, Douglas Jerrold (seitdem gestorben), dessen Name nicht ohne Grund an der Spitze des Blattes zu finden ist, geht leider mit seiner Gottesgabe etwas zu verschwenderisch um und verkehrt dadurch zum Nachtheil, was eine Zierde des Blattes werden könnte. Er fragt sich nie, „ob die Dinge diesen Ton vertragen können oder nicht," er weiß nur, daß er als eine Art Komiker engagirt ist und eine gewisse Verpflichtung hat, ihn allsonnabendlich zu spielen. Daß die Leser des Blatts (dessen 2 d. Preis schon andeutet, an welche Schichten es sich wendet) mit diesem Tone durchaus einverstanden sind, unterliegt keinem Zweifel und wird durch die Zahl der Auflage (beinah hunderttausend) am besten bewiesen.

Hierher gehört auch das unter allen Blättern vielleicht am meisten verbreitete, republikanische Volks- und Wochenblatt „Reynolds Newspaper." — Die chartistische Presse war und ist ohne Bedeutung. Bis 1858 gab es zwei ihr zugehörige Blätter: the People (4 d.) und the London News (1 d.); beide wurden von dem bekannten Chartistenführer Ernest Jones redigirt. In Folge schlechter Finanzen und relativen Aussterbens des Chartismus aber sind beide Blätter in die Hände der „Political Reform League" (General Thompson M. P.) übergegangen. Der Unterschied zwischen der „League" und dem „Chartismus" ist der, daß der letztere tabula rasa (also zunächst Beseitigung der Constitution) verlangt, um von Grund aus neu aufzubauen, während die League das Bestehende anerkennt und es nur in ihrem Sinne (d. h. freilich sehr weit) erweitert haben will.

In ihrer Stellung zur auswärtigen englischen Politik und in dem Kurse, den sie seitens derselben eingeschlagen zu sehen wünschten, sind die radikalen Blätter einig, wie fast in allen politischen Fragen. Sie sind die beständigen Anwalte Nord-Amerika's und die eben so beharrlichen Verächter des außerenglischen Europa, das ihnen als Rattenkönig von zehn oder zwölf mit einanander fest verwachsenen Despotieen erscheint. Sie weichen davon ab, wenn etwa ein Bündniß eine andere Sprache erheischt, und sind dann in ihrem Lobe eben so phrasenhaft, wie vorher in ihrem Tadel. Sie wissen nichts von den Dingen, wollen nichts davon wissen, und sind also darauf angewiesen, mit Allgemeinheiten, wie sie gerade passen, um die Sache herumzugehen. — Für Amerika haben sie eine blinde Vorliebe und opfern dieser Neigung selbst das oft gepriesene und nicht wegzustreitende englische Nationalgefühl. Ob alte und neue Blutsverwandtschaft diese Vorliebe diktirt, ob sie in der kommerziellen Erwägung liegt, daß England ohne die Vereinigten Staaten nicht existiren könne, oder ob endlich der englische Radikalismus in den Zuständen Nordamerika's das Ideal seiner Wünsche verwirklicht sieht — mag dahingestellt bleiben, ein Faktum ist es, daß in allen Streitfragen zwischen England und den Vereinigten Staaten der englische Radikalismus auf die Seite der letztern tritt. Vielleicht nur, so lange der Streit ein Wortstreit ist. Das englische „Volk" würde sehr bald kein Blatt mehr lesen wollen, das fortfahren wollte, im Kriege mit Nordamerika den Advokaten des letzteren zu machen.

Sechstes Kapitel.
Die illustrirten Wochenblätter.

"Illustrated London News." Gegründet 1842. Preis 5 d. (steigt aber, durch Beilagen, bis auf 10 d.). Auflage 130,506. Von dieser enormen Zahl gehen einige wenige Exemplare nach Deutschland, die indeß, meist an öffentlichen Orten ausliegend, das Blatt auch bei uns bekannt gemacht haben. Unter den verwandten Unternehmungen aller Länder hat keines, auch nur annähernd, einen ähnlichen Erfolg gehabt, wie "Illustrated London News." Auch seinem publizistischen Theil nach geschickt und mit Umsicht redigirt, ist derselbe doch verhältnißmäßig Nebensache. Alles freut sich über die hübschen Bilder; das gilt hier wie bei uns. Das Blatt gibt vor, neutral zu sein, rechtfertigt dadurch indeß nur jene Bemerkungen, die ich früher über die durchgehends oppositionelle Haltung aller Wochenblätter, gleichviel wie sie sich nennen mögen, gemacht habe. Es kommt freilich vor, daß "Illustrated London News" einige verzwickte Carmina zu Ehren der Prinzeß Royal und ihres Verlobten bringt, aber das schließt einen Artikel über die "Ungebühr des deutschen Einflusses" (bekanntlich ein Lieblingsthema, das den Engländern immer willkommen ist) und über die Unzulänglichkeit von Regierung, Parlament und Adel nicht aus. Diese Dinge gehören einmal zum Sermon, wie Amen in der Kirche. Sie regen Niemanden auf, aber man will sie hören und sehen. Man schläft dabei wie in der Mühle und wacht nur auf, wenn das Geklapper schweigt. Einer der Editoren von "Illustrated London News" ist John Timbs, der sich durch sein umfangreiches Werk: "Curiosities of London" ein bleibendes Verdienst erworben hat.

"Illustrated Times." Gegründet 1855. Preis 2 d. Auflage nicht genau zu bestimmen, da die erste Nummer des Blattes nicht vor dem 9. Juni 1855 erschien und der Stempel-Ausweis bereits mit dem 1. Juli desselben Jahres schließt. Bis dahin waren (in 4 Wochen) 37,500 Stempel verbraucht, was eine Auflage von 9375 ergeben würde. Das Blatt wurde gegründet, um den "Illustrated London News" Konkurrenz zu machen. Der reiche Eigenthümer (wenn ich nicht irre, Mr. Ingram) des letztern Blattes indeß wußte sich zu helfen und brachte einen großen Theil der Actien von „Illustrated Times" in seinen Besitz. Er kaufte sie, wie sie damals standen. Hebt sich „Illustrated Times" auf Kosten von „Illustrated London News," so gewinnt er an jenem Blatt, was er an diesem verliert, und macht „Illustrated Times" bankerott, so fallen die sämmtlichen Abonnenten desselben dem älteren Unternehmen wieder zu. Ueber die Haltung des Blattes ist wenig zu sagen. Es müht sich, unpolitischer zu sein als der ältere Rival. Seine Illustrationen sind der Zahl wie dem Werthe nach (letzteres jedoch nicht immer) geringer. — Hierher gehören auch die seit Neujahr 1858 erscheinenden mit schönen Stahlstichen (Portraits) gezierten „Illustrated News of the World." Politische Partheinahme vermeiden sie so viel wie möglich.

„Punch" oder „London-Charivari."   Gegründet 1841. Preis 3 d. Auflage 8300. Seines Humors und seines Witzes freut sich Jeder, der englisch versteht, und seiner Illustrationen freut sich die halbe Welt. Die besten Köpfe der neuen englischen Literatur sind entweder noch jetzt im Dienst desselben oder haben sich ihre Sporen in den Spalten dieses Blattes verdient. Tom Taylor, Charles Dickens, Henry Mayhew, James Hannay, John Leech (der Zeichner), Mark Lemon (der gegenwärtige Redakteur), und vor Allen — Thackeray, dessen im „Punch" erscheinende Naturgeschichte der „Snobs" zuerst die allgemeine Aufmerksamkeit auf dieses große humoristische Talent hinlenkte. — „Punch" ist ein Bedürfniß der Nation geworden, wie die „Times," und hat seine schwachen und bedenklichen Seiten, wie diese. Man soll mit dem Witz nicht rechten und ihm was durch die Finger sehen, aber man muß einräumen, daß „Punch" von diesem Vorrecht einen etwas weitgehenden Gebrauch macht. Eine englische Kritik bemerkt darüber: „Nichts ist vollkommen, und so hat selbst Mr. „Punch" seine Fehler. Seine Witze, in Wort und Bild, gehen gelegentlich über das rechte Maaß hinaus und machen Dinge und Personen zum Gegenstand der Verachtung, die uns ehrenwerth und selbst heilig sein sollten." Das ist in der That so; er ist nicht frei von dem, was ich die Gesinnungslosigkeit des Witzes nennen möchte. Der Witz selbst hat darunter zu leiden. Wir lachen nur, so lange er trifft, oder so lange wir glauben, daß er trifft; wissen wir aber, daß er in's Blaue schießt, nothwendig schießen muß, weil die Lächerlichkeit oder Thorheit gar nicht

heit, vor Allem jener Dünkel, der zu Allem, was über ihm steht, mit einem: „wo Du stehst, kann ich auch stehen," hinaufblickt, dieser Dünkel, sage ich, existirt hier nicht. Das Volk ist unendlich harmlos und hat einen unerheuchelten Respekt vor Rang und Reichthum, wie ihn Frankreich und Deutschland nicht mehr kennen. Wollte man das Volk quälen, so würde dieser Respekt vielleicht verschwinden; aber man quält es nicht. Man thut herzlich wenig für seine moralische und geistige Bildung, man räumt ihm keine politischen Rechte ein, man läßt es wild aufwachsen, aber — man quält es nicht. Bei aller Noth und allem Elend im Einzelnen geht ein ungeheurer Zug des Behagens durch das Ganze. Die persönliche Freiheit ist groß und als ein Theil dieser Freiheit wird das Recht betrachtet, klagen und schimpfen zu können. Aber auch durchaus nicht mehr.

Wenn bei uns geklagt wird, so hat man ein Ziel im Auge, und wenn dies Ziel nicht erreicht wird, so wächst und steigt die Bitterkeit. Nicht so hier. Das Klagen selbst ist Zweck. Es genügt den Leuten, dreißig Jahre lang behaupten zu können, daß Lord Palmerston der größte Humbug der Neuzeit sei, aber sie erwarten nicht, ja sie haben kaum den Wunsch, daß durch diese ihre Ansicht irgend etwas geändert werde. Die freie Meinungsäußerung, die in Frankreich (ich mag es nicht bestreiten) der Inbegriff aller Gefahr ist, ist hier das Sicherheitsventil.

So viel über den Charakter und das Bedürfniß des Volks. Behaglich wie es sich fühlt, würd' es unter allen Umständen schwer sein, es aufzustacheln. Aber diese Absicht hat niemand, am allerwenigsten die radikale Presse. Im Volk fehlen die Pulverfässer und in der Presse fehlen — die Blitze. Es liegt durchaus nichts Zündendes in diesen fulminanten Artikeln; es sind kalte Schläge, und es sollen kalte Schläge sein. Die Redacteure sind im großen Ganzen eben so harmlos, wie das Volk selbst. Die deutschen radikalen Blätter des Jahres 1848 wollten etwas, sie waren im Dienst einer Idee, gleichviel, ob einer guten oder schlechten, aber die radikalen englischen Wochenblätter wollen nur Abonnenten, wollen dem Volk gefallen, aber es nicht verführen.

Das Vorstehende würde völlig ausreichen, die relative politische Einflußlosigkeit dieser geharnischten Leitartikel zu erklären, deren Kraftsprache den Freunden is zu interessiren pflegt. Aber außer jenen innerlichen Gründen, die ich zur Erklärung dieser Thatsache beigebracht habe, giebt es noch einen rein äußerlichen Grund, der schließlich noch weiter schwer in die Wage fällt. Er ist der, daß diese Commentare des Radikalismus sichtlich in den meisten Fällen gar nicht gelesen werden. Die relative Reichhaltigkeit des Blattes ist so groß, daß die Behandlung der meisten Fragen sie nicht interessiren kann, weil sie nicht das geringste daran verstehen. Was diese Räthe sind aus dem Göthe'schen Satz: „Wer vieles bringt, wird jedem etwas bringen," erklärt und es würde ein Irrthum sein, sich einzubilden, daß der relative Theil der gelesene sei. „Bombardirte Rettung und Lebensgefahr." „Großes Feuer in der City; 13 Kutschen verbrannt." „Unmenschliche That einer Mutter in Bermondsey." „Neue Eisenbahn-Verwirrungen in Leeds." Provinzserien, gerichtliche Entscheide, Prozeßverhandlungen, Polizeiberichte — das ist es, was gelesen wird.

Daß der englische Radikalismus anders ist wie der kontinentale, ist ein Satz von allgemeiner Gültigkeit und Bedeutung; aber seine äußere Harmlosigkeit ist weder gekannt noch gewürdigt. Die Gründe sind klar — das Volk ist glücklich.

Die Londoner Tagespresse.

Erstes Kapitel.

Allgemeines: Zahl, Name, Farbe; Preßprozesse; Redaktionslokale; Personal und Kosten; Geldverhältnisse; Bestechlichkeit und Unbestechlichkeit.

Die Zahl täglich (gleichviel, ob Morgens oder Abends) erscheinender Londoner Zeitungen beläuft sich auf elf. Morgenblätter: „Times," „Morning Chronicle," „Morning Post," „Morning Herald," „Morning Advertiser" und „Daily News." Abendblätter: „Globe" und „Sun." Pennyblätter: der „Daily Telegraph," der „Star" (Morning und Evening) und der „Standard." Diese Angaben sind nicht ganz exakt, kommen aber dem, was uns als Wahrheit gelten muß, näher, als eine peinlich-richtige Aufzählung. Es existirt nämlich noch ein „Public Ledger" (gegründet 1759), dem sogar die Ehre zufällt, das älteste Londoner Tagesblatt zu sein; er ist aber von ausschließlich kommerziellem Charakter und gehört deßhalb nicht unter die eigentlichen Zeitungen. Außerdem wäre noch, bei Gelegenheit der Abendblätter, der „Expreß" und die „Shipping und Mercantile Gazette" aufzuzählen gewesen; die letztere aber, wiewohl gelegentlich wichtige politische Nachrichten bringend, ist im Wesentlichen kommerziell wie der „Public Ledger," während der „Expreß" einer bloßen Abend-Ausgabe der „Daily News" gleicht und nicht mehr Anspruch hat, als besonderes Blatt aufgeführt zu werden, wie der „Evening Herald" oder der „Evening Star."

Die Blätter nach ihrer politischen Farbe zu gruppiren, ist nicht möglich. Besser wäre es schon, statt der üblichen Partei-Namen, die Namen der politischen Führer als unterscheidende Bezeichnungen zu adoptiren. Die Neigung der deutschen Presse, noch immer von dem „großen City-Organ," oder vom peelitischen „Chronicle," oder von der toryistischen „Morning Post" zu sprechen, hat viel Verwirrung angerichtet. Viele dieser Bezeichnungen sind im Laufe der Zeit geradezu falsch geworden, andere sind halbrichtig und bedürfen einer Erklärung oder Einschränkung. Die „Times" sträubt sich gegen jede Rubrizirung; sie hat bestimmte Sympathieen und Antipathieen, ficht für einzelne Persönlichkeiten und bekämpft andere; Licht und Klarheit aber in dies scheinbare Chaos zu tragen und die Gesetze der Konsequenz im äußerlich Widerspruchsvollen nachzuweisen, dazu bedarf es einer eingehenden Analyse, und kein einzelnes Beiwort, wie lang und gut gewählt es sein mag, ist im Stande, die Sache auch nur annähernd zu bezeichnen. Dasselbe gilt vom „Chronicle," freilich aus ganz anderen Gründen, die weiter unten, bei eingehender Besprechung des Blattes, wenigstens angedeutet werden sollen. Die „Morning Post" ist aristokratisch-palmerstonisch-imperialistisch, der „Advertiser" radikal-palmerstonisch-flüchtlingsfreundlich. Der „Herald" ficht für Lord Derby und die Alt-Tories, der „Standard" für Disraeli, Lord Stanley und die Jung-Tories. Der „Globe" ist whiggistisch-palmerstonisch, der „Sun" radikal-torystisch, der „Daily Telegraph" radikal-palmerstonisch-sardinisch. „Daily News" sind das Organ der liberalen Reformer und „Morning" und „Evening Star" vertreten die Manchester-Partei, ihre Interessen und Sympathieen.

Bevor ich zur Besprechung der einzelnen Blätter übergehe, sei es mir gestattet, einige allgemeine Bemerkungen in bunter Reihenfolge vorauszuschicken. Zuerst ein paar Worte über die unabhängige Position der englischen Presse dem Gouvernement gegenüber. Die Sache selbst ist ein unbestrittbares Faktum; das aber wäre ein Irrthum, wenn man glauben wollte, die Dinge seien hier zu Lande immer so gewesen, oder die gegenwärtige englische Presse verführe mit einem Takt und bei aller freien Bewegung zugleich mit einer Delikatesse, die jeder Anklage den Boden unter den Füßen raubte. Wer das letztere behaupten wollte, würde nur den Beweis führen, mit der zahlreichsten, wenn auch freilich nicht respektabelsten Klasse der englischen Zeitungen (meist billige Wochenblätter) nie in Berührung gekommen zu sein. Auch die „Times" erlaubt sich keineswegs durch billige Rücksichtnahme auf Personen und Verhältnisse und nimmt nie Anstand, einem politischen Wanderer Takt und unter Umständen selbst guten Grund aus Ohr zu bringen. Daß wir noch länger mehr den englischen Leitartiklen lesen, hat seinen Grund freilich darin, daß die Gewohnheit, so zu sagen die Erwachsene der englischen Redaktion jede Anklage derselben unmöglich machte, sondern liegt einfach daran, daß die Regierungen, Whigs und Tories, in ihrem eigenen Interesse es aufgegeben haben, die Macht des Gesetzes gegen ebenso häufige, wie oft schwer zu beweisende Uebertretungen desselben aufzubieten. Der Usus hat das Gesetz in halbe Vergessenheit gebracht, es ist stumpf und rostig geworden und würde den Dienst versagen, wenn man es wieder hervorsuchen wollte.

Aber es war nicht immer so. Dies laissez-faire ist von verhältnißmäßig neuem Datum; noch in den dreißiger Jahren kamen mehrfache Anklagen auf „Libel" (Schmähschrift) vor und der siebzig Jahre umfassende Zeitraum von 1760 bis 1830 weist eine lange Reihe von dahin einschlagenden Prozessen auf. Die nachstehende Tafel, welche nur ein Dutzend Jahre umfaßt, mag zeigen, wie wenig der gegenwärtige Zustand der Dinge für frühere Zeiten maßgebend ist.

	Name der Verurtheilten.	Motiv.	Strafmaß an Zeit.	an Geld.	Polizeiliche Aufsicht.
1808	Francis B. Wright	Libel	6 Monat		
	George Beaumont	„	2 Jahr	50 Lstr.	3 Jahr
	William Cobbett	„	2 Jahr	1000 Lstr.	7 Jahr
1809	Thomas C. Hansard	„	3 Monat		3 Jahr
	Richard Bagshaw	„	2 Monat		
	Th. Harvey u. J. Fischer	„	12 Monat		
1810	Daniel Lovel	„	12 Monat		3 Jahr
	Eugenius Roche	„	12 Monat		
	John Drakard	„	18 Monat	200 Lstr.	
1812	John Hunt u. Leigh Hunt	„	2 Jahr	500 Lstr.	5 Jahr
1814	Charles Sutton	„	12 Monat		3 Jahr
1817	James Williams	„	8 Monat	1000 Lstr.	5 Jahr
	Christopher Harris	„	7 Wochen Correctionshaus		3 Jahr
	William Watling	„	6 Wochen „		3 Jahr
	Thomas Whithorn	„	4 Wochen „		3 Jahr
	John Cahuac	„	4 Wochen „		3 Jahr
	Philipp Francis	„	4 Wochen „		3 Jahr
1819	Robert Shorter	„	6 Wochen „		3 Jahr
	Sir Francis Burdett	„	3 Monat	2000 Lstr.	
	Joseph Russel	„	8 Monat		3 Jahr
	John Osborne	„	12 Monat Correctionshaus		
	Joseph Haynes Brandis	„	6 Monat „		3 Jahr
	George Ragg	„	12 Monat „		
	William G. Lewis	„	2 Jahr	50 Lstr.	5 Jahr
1820	Charles Whitworth	„	6 Monat		3 Jahr
	Henry Hunt	„	2 Jahr 6 Monat		5 Jahr
	Jane Carlile	„	2 Jahr		3 Jahr

Alles in allem, die Provinzen mit eingerechnet, hatten von 1808 bis 1820 hundert und ein Preßprozeſſe stattgefunden. Vier und neunzig Perſonen (darunter zwölf zu ſieben Jahr Transportation) waren verurtheilt und nur ſieben freigeſprochen worden. Von da ab zeigt sich eine raſche Abnahme, ſo daß die Geſammtzahl der Verurtheilten von 1821 — 1833 nur neunzehn beträgt. Seitdem scheint die Regierung (Privatperſonen erheben öfters Anklagen) alle Bekämpfung der Preſſe mit Hülfe des Geſetzes aufgegeben zu haben.

Zunächſt will ich nun Einiges über die Lokalitäten bemerken, aus denen die Londoner Preſſe tagtäglich in Hunderttauſenden von Exemplaren hervorgeht. Wie ſich der eigentliche Buchhandel in Paternoster-Row und die entartete Tochter deſſelben: die Unzuchts-Literatur, in Holywell-Street konzentrirt, ſo hat ſich Alles, was zum Zeitungsweſen gehört, auf die verhältnißmäßig kurze Strecke zwiſchen Charing-Croſs und Blackfriars zuſammengedrängt. Wenig Redactions-Lokale, die nicht am Strand oder in Fleet-Street zu finden wären, und dieſe wenigen haben ſich in die nachbarlichen Höfe und Seitengaſſen zurückgezogen. Nach einer ungefähren Schätzung befinden ſich in den genannten beiden Straßen hundert und fünfzig Zeitungs-Lokalitäten. Von den Redactionen der elf großen Tagesblätter begegnen wir fünf am Strand („Globe," „Sun," „Daily Telegraph," „Morning Chronicle" und „Morning Post") und fünf in Fleet-Street („Morning Advertiser," „Morning Herald," „Standard," „Morning Star" und „Daily News"). Die Baulichkeiten der „Times," auf dem benachbarten und ziemlich hoch gelegenen Printing House Square, erheben ſich wie ein Caſtell, das auch äußerlich die ganze Situation beherrſcht. Die einzelnen Lokale, mit Ausnahme der „Times" und vielleicht der „Morning Post," namentlich auch des „Star," bieten wenig Bemerkenswerthes. Sie fallen mehr auf durch das, was ihnen fehlt, als durch das, was ſie haben. Von geräumigen Zimmern, von Eleganz und Comfort keine Spur; von Luft, Licht und Sauberkeit herzlich wenig. Wie von den Siegern von Aspromonte heißt es von ihnen: „Krieger für den Werktag." Am interessanteſten in der Mehrzahl dieſer Lokale iſt die geheime Bewegung des Raums. In einem vier Fenſter breiten und drei Stock hohen Hauſe und gewöhnlich die ganze Zeitung von Anfang bis Ende genannt. Im Souterrain (oder in einem Hintergebäude) befindet ſich die

Druckerei; Parterre die Expedition; ein und zwei Treppen hoch die Redactionszimmer und drei Treppen hoch die Räumlichkeiten für die Setzer. Bei der außerordentlichen Stoffmenge, die jede englische Zeitung gebunden ist, tagtäglich zu bringen (ich nenne nur die drei oder vier Leitartikel), würden die wenigen Redactionszimmer für die Zahl der Mitarbeiter nicht ausreichen, wenn es nicht im Lauf der letzten Decennien allgemeine Sitte geworden wäre, die eigentliche schriftstellerische Arbeit in die Privatwohnung der Leitartikelschreiber 2c. zu verlegen und das Redactionszimmer zu einem bloßen Geschäftslokale zu machen, in dem die Befehle vom Chef-Editor ertheilt und die ausgeführten Ordres von Sub-Editoren zurückerwartet werden. So kommt es, daß sich eine englische Zeitung über Nacht in einer halb mysteriösen Weise auferbaut und am andern Morgen auf dem Frühstückstisch des Chef-Redacteurs mit vier Leitartikeln liegt, zu denen er im günstigsten Fall die Ideen gegeben hat, während der in einer der Vorstädte wohnende Mitarbeiter die Zeitung wie ein fremdes Blatt in die Hand nimmt, nicht einmal sicher, seinem eigenen Artikel darin zu begegnen.

Ueber das Personal, das zur Herstellung einer großen Londoner Zeitung nöthig ist, brauche ich an dieser Stelle nicht eigens zu sprechen; es ergibt sich das am besten und ganz von selbst bei Aufzählung der Kosten, die durch Edirung eines täglich erscheinenden Blattes veranlaßt werden. Ich entnehme die betreffenden Zahlen zwei verschiedenen, völlig von einander unabhängigen Quellen, was als Beweis gelten mag, daß die Angaben der Wahrheit ziemlich nahe kommen. Mir sind sie ein wenig zu hoch gegriffen erschienen; wogegen ich von anderer Seite höre, daß die genannten Zahlen in der That nur Durchschnittspreise sind, die eben so oft überschritten, wie in andern Fällen nicht ganz erreicht werden.

Mr. William Skeen, ein Publizist, der seit länger als zwölf Jahren in der Londoner Presse als Editor und „Manager" thätig gewesen ist, macht hinsichtlich der Kosten folgende Angaben:

einem kontinentalen Leser erscheinen müssen, so würde doch ein Absatz von 10,000 Exemplaren und eine, keineswegs hoch veranschlagte Tageseinnahme von 96 Lstr. Annoncen nicht nur alle diese Kosten decken, sondern noch einen bedeutenden Gewinn abwerfen. Das Exempel macht sich leicht. Die einzelne Zeitungs-Nummer kostet vier Pence, wovon zwei Pence sofort abgehen, nämlich ein Penny für den Bogen Papier und ein Penny für den Distributeur. Die tägliche Einnahme beträgt also nach diesen Abzügen zwanzigtausend Pence (2 mal 10,000) und 96 Pfd. für Annoncen. Zwanzigtausend Pence sind in runder Summe 84 Pfd. Dies ergibt eine Jahres-Einnahme, das Zeitungsjahr zu 313 Tagen gerechnet, von 96 + 84 Pfd. mal 313 = 56,340 Pfd. Davon die oben spezifizirten Kosten mit ungefähr 34,000 Pfd. ab, würde dem Unternehmen immer noch einen Gewinn von über 22,000 Pfd. sichern. Diese Zahlen stehen keineswegs blos auf dem Papier. Seit Einführung der Penny-Blätter würd' es zwar durchaus unthunlich sein, mit einem neuen Four-penny-Blatt vor dem Publikum erscheinen und einen täglichen Absatz von 10,000 Exemplaren ohne Weiteres gewärtigen zu wollen, unter den alten Four-penny-Blättern sind aber zwei (der „Times" ganz zu geschweigen, bei der jedoch andere Dinge in Betracht zu ziehen sind), die einigermaßen die Richtigkeit dieser Zahlen und des angestellten Exempels beweisen können. Am besten vielleicht der „Morning Advertiser." Seine Auflage beträgt 7000 Exemplare und der Tagesertrag seiner Annoncen wird sich auf etwa 60 Pfd. belaufen. Das ergäbe nach oben angestellter Rechnung eine Jahreseinnahme von 37,000 Pfd. Da seine Ausgaben schwerlich 27,000 Pfd. übersteigen, wahrscheinlich nicht einmal erreichen, so würde das einem jährlichen Gewinn von 10,000 Pfd. gleichkommen, was auch der allgemeinen Annahme (siehe weiterhin bei Besprechung des „Morning Advertiser") entspricht. Das andere Blatt, um das es sich hier handeln kann, sind die „Daily News." Ihre Auflage geht wenig über 5000 hinaus, die Annoncen werden täglich 50 Pfd. *) bringen. Das ergibt eine Jahres-Einnahme

---

*) Wie sich von selbst versteht, entspricht die Zahl der Annoncen einigermaßen der Stärke der Auflage. Das bloße Berechnen der mit Annoncen bedeckten Kolumnen gibt niemals ein richtiges Resultat, nicht einmal bei der „Times," deren Anzeigen wenigstens ächt und alle bezahlt sind, wenn auch

von etwa 28,000 Pfd. Da es von den „Daily News" bekannt ist, daß sie, ohne vorwärts zu kommen, wenigstens in Balance zu bleiben wissen, so deutet das von selbst auf eine Kostensumme, die jenen 28,000 Pfd. wenigstens nahe kommt. — Eine andere Autorität, die mir über denselben Gegenstand vorliegt, setzt die Ausgaben einer großen Zeitung nur auf 25,000 Pfd. fest. Aber dieser letztere Bericht datirt aus dem Jahre 1850 und die Preise sind seitdem nicht dieselben geblieben. Gute Leitartikel werden jetzt in der That mit zwei, drei und vier Guineen bezahlt, während noch im Jahre 1850 eine Guinee als Regel feststand; nur die „Times" pflegte damals diese Summe zu überschreiten. Da jede große Zeitung im Laufe eines Jahres zwölfhundert Leitartikel bringt, so ergibt dies allein — den einzelnen Artikel jetzt zu zwei Guineen gerechnet — eine Differenz von 1200 Pfd. Auch in Bezug auf die „Korrespondenzen" scheint Mr. William Steen die Sätze zu hoch gegriffen und namentlich Orte namhaft gemacht zu haben, wo notorisch die Mehrzahl der Blätter keine Korrespondenten, wenigstens keine regelmäßigen, unterhält. Aber so leicht es ist, derartige Irrthümer im Einzelnen aufzudecken und z. B. nachzuweisen, daß in diesem Augenblicke keine Londoner Zeitung einen Berliner*) oder Petersburger Berichterstatter besitzt, eben so schwer und mißlich würde es sein, daraus herleiten zu wollen, daß die für das gesammte Korrespondenzwesen festgesetzte Totalsumme von 5500 Pfd. St. eine bloße Uebertreibung sei. Ohne mich in Details über diesen Gegenstand einlassen zu wollen, verweise ich einfach nur auf die Krim und auf Indien, die nicht bloß das Korrespondenz-Budget der „Times," sondern das jeder andern großen Zeitung mit in die Tausende gehenden Extra-Summen belastet haben. Solche Extra-Ausgaben kommen den schlechter gestellten Blättern natürlich sehr unbequem, sie müssen aber dem Wege folgen, den die „Times" ihnen vorzeichnet, müssen es, um im täglichen Wettlauf mit dem „leitenden

---

bezahlt nach verschiedenen Sätzen. Ich komme bei Besprechung der „Times" auf diesen wichtigen Gegenstand zurück.

*) Seitdem dies geschrieben wurde, bringen „Times" und „Daily Telegraph" regelmäßige Korrespondenzen aus Berlin; „Daily News" gelegentliche, aber ziemlich häufig. Diese Dinge wechseln oft.

Journal" nicht noch mehr überflügelt zu werden, als es ohnehin schon der Fall ist.

Das Sprechen über die Kosten, die durch Herausgabe einer großen Londoner Zeitung veranlaßt werden, hat mich bereits an mehr denn einer Stelle auf die Geldverhältnisse der gegenwärtig existirenden Blätter geführt. Ich komme später ausführlicher auf diesen Punkt zurück; hier nur so viel, daß nach allgemeiner Annahme die „Times" ein **reicher** und der „Advertiser" ein **wohlhabender** Mann ist, während die „Daily News" sich ehrlich und anständig durchzuschlagen verstehen. Alle anderen Blätter stehen unter Balance und leben von Zuschuß oder von — Schulden.

Dies führt mich auf eine andere Frage, auf die Frage hinsichtlich der **Bestechlichkeit** englischer Blätter. Es ist schwer, wo nicht unmöglich, über diesen Punkt irgend etwas wie Gewißheit zu erhalten, andererseits sind die Dinge wiederum nicht in so absolutes Dunkel gehüllt, daß man gebunden wäre, darüber zu schweigen. Es ist damit wie mit dem guten oder schlechten Rufe einer Frau; Niemand kann etwas beweisen, aber die öffentliche Meinung wird selten fehlgehen und ihr Urtheil darf im Wesentlichen als maßgebend gelten. Vielleicht daß ich dennoch Anstand nehmen würde, einen so delikaten Punkt, wie den vorliegenden, zu berühren, wenn das, was ich darüber zu sagen habe, nicht im großen Ganzen zu Gunsten der Londoner Tagespresse lautete. Die Frage, die ich zuerst und vor allem aufzuwerfen habe, ist die: was ist Bestechung? Versteht man darunter eine Einladung nach Broadlands oder nach Cambridge-House, die Erfüllung eines geäußerten Wunsches, die Anstellung eines Neffen oder Bruders u. dgl. m., so wird Bestechung versucht und acceptirt. Man erzählt sich eine seltsame, vielleicht erfundene Geschichte von einem Paar gestickter Pantoffeln, die einen demokratischen Redacteur für immer an das Haus Palmerston gefesselt hätten. Man erzählt sich ferner von exquisiten Champagner-Diner's, die der Repräsentant eines kleinen nordischen Königreichs zu geben und dadurch der Haltung eines gewissen Blattes in einer gewissen Frage den letzten Stempel aufzudrücken verstand. Man fügt hinzu, daß unter den Servietten der Dessertteller Eintritts- oder Empfehlungskarten gelegen hätten, die einem Schlüssel zu den Boudoirs heiterer und schöner Damen gleichgekommen wären. Man erzählt sich vieles der

… und arbeitet noch. Aber ist des Druckens? Die Verhältnisse einer englischen Zeitung sind mir bekannt genug, um Dingen der Art, wenn sie vorkommen, ihren Namen geben zu dürfen. Niemand wird glauben, einen Drucker durch ein paar Verbieter oder eine große Anzahl bestechen zu können. Abhängig ist von der Verwaltung so mancher Drucker, wie es eine Londoner Zeitung ist. Die Engländer, wenn ich nicht irre, haben einen sehr bezeichnenden Ausdruck für diese Art von „Druck", sie nennen es: „einen guten Willen wach rufen, oder zu besserer Bethätigung erheben." Das ist es in der That. Bei Transaktionen der Art handelt es sich nie um absolute Bestechung, um das Bestechen eines Gegners und Uebergehen in das andere; — von Verrath und Treubruch keine Rede. — Die Uebereinstimmung der Ansichten wird in allen wesentlichen Punkten vorausgesetzt und der Drucker oder Reiz wirkt nur ergänzend, um den „guten Willen," der bei dabei eine latente Kraft ist, voller in Fluß zu bringen. Geb' ich ein Beispiel. Jeder weiß, wie die „Times" über Preußen und Schleswig-Holstein denkt; den „Times"-Redakteur würde sich je veranlaßt fühlen, irgend einem Diner der Welt zu Liebe, die Rechtsansprüche der beiden Herzogthümer, geschweige eine preußische Uebelnahme derselben, zu vertheidigen; umgekehrt aber, wenn Dänemark zu Gaste ladet, darf solche Einladung in Ehren angenommen werden und der Knall der Champagnerpfropfen hat keinen andern Zweck, als den bereits vorhandenen „guten Willen" doppelt munter und thätig zu machen. Wem dies mit Rücksicht (in Einzelfällen auch leichte „Rücksichtigkeiten" zugegeben) als Bestechung erscheint, dem baut sich die ganze Welt aus nichts wie Rücksichtigkeiten Motiven auf. Solche Dinge wirken mit, aber sie machen's nicht, geben nicht den Ausschlag.

Was ist nun aber Bestechung oder, um die Frage noch schärfer zu stellen: was verdient die öffentliche Moral dieses Landes als Bestechung? Die Antwort darauf ist kurz: die schwere und rücksichtslose Käuflichkeit, das Jedermieten, die Dirnerischkeit. Existirt auch diese Art von Bestechung? Ja; aber (ich spreche nur von der Tagespresse) vielleicht nur in einem einzigen Falle. Wie sie außerdem noch vorkommen mag (wir schweben zwei untergeordnetere Blätter dabei vor, denen man, wohl nicht ohne Grund, Aehnliches nachsagt), tritt sie wenigstens besonnen und immer verborgen auf. Die Londoner Tagespresse als ein

Ganzes genommen ist unbestechlich. Wenn man trotzdem auf „foreigners" stößt, die einem lachend und mit ziemlich unkleidsamer Siegermiene versichern, daß sie mit Hülfe von 50 Pfd. jeden beliebigen Auslands-Artikel in jedes beliebige Blatt bringen könnten, so ist das zur größern Hälfte Renommisterei und zur kleineren ein Faktum, das bei genauerer Prüfung aufhört, ein Faktum zu sein. Was ich damit meine, ist das: daß diese Dinge, selbst wenn sie vorkommen, durchaus nicht das beweisen, was sie beweisen wollen, d. h. die Bestechlichkeit der Blätter, der Redactionen. Was vorkommen kann, ist die Bestechung eines einzelnen, in loser oder meinetwegen auch in intimerer Beziehung zur Redaction stehenden Individuums. Die große Armee der hiesigen Publizisten besteht aus unbemittelten Leuten, wie überall. Es ist möglich, daß sie dem Knistern von zehn Fünfpfundnoten nicht immer widerstehen können. Schleichen sich dabei Gewissensbisse mit ein, so werden dieselben durch die Vorstellung beschwichtigt, daß alles, was der Artikel für 50 Pfd. vertritt, eigentlich das Richtige sei, oder zweitens nicht gelesen oder drittens nicht verstanden werde. Dies letztere ist die Hauptsache und involvirt zu gleicher Zeit die Möglichkeit der Einschmuggelung, d. h. die Möglichkeit der Dupirung oder Beschwatzung des eigentlichen Redacteurs. In die Hand des letztern, wie sich von selbst versteht, ist es ausschließlich gelegt, ob er den Artikel bringen will oder nicht; da er indessen von der Frage, um die es sich handelt, gerade so viel versteht, wie seine Leser, nämlich nichts, so ist es ihm ziemlich gleichgültig, welche Seite ergriffen, welche Partei vertreten wird, und auf die Autorität seines Mitarbeiters hin, bringt er eine Sache, die ihm ebenso unbekannt, wie interesselos ist. Ich habe hier einen schlimmsten Fall abgeschildert, nur als eine erläuternde Replik auf die Versicherung solcher, die da glauben, mit einer größeren oder geringeren Summe die Organe der englischen Presse kaufen zu können. Ich habe mich zu zeigen bemüht, daß Bestechungen vorkommen können, nicht aber direkt dem Blatt und seinen Vertretern gegenüber, und daß, wenn letztere in die Falle gehen, Unkenntniß und Indifferenz den Ausschlag geben, nicht aber — Geld. Es ist nicht schwer, die Probe auf dies Exempel zu machen. Man warte einen Zeitpunkt ab, wo, auch in außerbritischen Angelegenheiten, das englische Volk bestimmt Partei ergreift, und man versuche dann mit einer gegnerischen Ansicht in den greifen Organen der Tagespresse gehört zu werden; — man wird scheitern. Möglich, daß die Bestechung des Individuums glückt, von einer Tarirung des Redacteurs aber ist nicht länger mehr die Rede und unter dem Einfluß einer öffentlichen Meinung, die er sich auch aus pekuniären Gründen hüten muß, zu beleidigen, weist er nunmehr unbedingt zurück, was er zu anderen Zeiten als einen bloßen Spaltenfüller vielleicht gebracht hätte.

Denn trotz alledem das Märchen von der Bestechlichkeit englischer Blätter immer wieder auftaucht, so, glaub' ich, hat das seinen Grund in Folgendem. Die Mehrzahl der Blätter (eigentlich alle) sind Actien-Unternehmungen; wenn nicht als solche begonnen, so doch geworden. Diese Actien circuliren, oder sind wenigstens unter Umständen zu kaufen, wie andere Werthpapiere. Diese Umstände können verschiedenster Natur sein. In einem Fall entäußert sich der Inhaber seiner Actien, weil er's satt hat, bald werthlose Papiere zu besitzen, die immer neue Zuschüsse nöthig machen; im anderen Fall verkauft er, „weil sie doch stehen" und er am Horizont des Blättchens zu bemerken glaubt, das Sturm androht und den endlichen Untergang einer 50 Jahre geübten Herrschaft verkündet; — noch andere verkaufen, bloß um zu wechseln, oder weil sie der Lockung eines hohen Angebots nicht widerstehen können. Bin ich gewandt genug, einen geeigneten Zeitpunkt wahrzunehmen oder reich genug, jedes Angebot, und das höchste, zu machen, so bring' ich die Majorität der Actien mählich in meine Hand, werde in Verwaltungssachen des Blattes sofort das entscheidende Wort und gebe demselben, unbekümmert um die politische Richtung, die es gestern noch einschlug, heute die meinige. Es liegt auf der Hand, daß es das Interesse des neuen Actien-Inhabers mit sich bringt, diese Uebergänge allmälig stattfinden zu lassen, um sich so wenig wie möglich um den Leserkreis zu bringen, den er mit übernommen hat. Nun erzählt sich, daß in den letzten Jahren viele derartige Transactionen stattgefunden haben. Das Haus Orleans — so heißt es — hat sich einen entscheidenden Einfluß bei der „Times," das Haus Bonaparte bei der „Post" zu sichern gewußt, während Baron Rothschild durch Einkäufe hier und dort bemüht gewesen ist, an verschiedenen Stellen zu gleicher Zeit, wenn auch an jeder Stelle nur leise, sich hörbar zu machen. Es versteht sich von selbst, daß es schwer ist, in Dingen und Fragen völlig klar zu sehen, deren möglichste Unaufgehelltheit im Interesse der Betheiligten liegt. Dennoch bedarf es nur eines beständigen Achthabens auf den täglichen Gesammtinhalt der Londoner Presse, um schließlich dennoch zu Resultaten zu gelangen, die schwerlich weit von der Wahrheit entfernt sind. Im Allgemeinen bringt es, wie zwischen Doktoren, der gute Ton mit sich, die Schwächen oder Geheimnisse der Kollegenschaft nicht ohne Noth an's Tageslicht zu ziehen; bekanntlich spottet die Leidenschaft aber aller Regeln des Anstandes, und so kommt immer einmal die Stunde, wo Maria Stuart und Königin Elisabeth ihren Dialog vorführen. Wer da lauscht, ist orientirt für alle Zeit. Um ein Beispiel zu geben, laß ich hier ein paar Sentenzen folgen, die ich einem Artikel der napoleonistischen „Post" vom 9. Januar 1858 entnehme. Die „Post" schreibt: „die Times ist orleanistisch. Sie bekämpfte von Anfang an, und zwar mit den giftigsten Waffen, die Machtstellung Louis Napoleons; sie bekämpfte ihn als Präsidenten und — als Kaiser. Sie hat ihr Aeußerstes gethan, die französisch-englische Allianz unmöglich zu machen. .... Sie arbeitet jetzt auf's Neue und in Verkennung ihrer Macht und ihres Einflusses am Sturze Louis Napoleons und glaubt, daß das sicherste Mittel zur Erreichung ihres Zweckes in Lockerung und Lösung der Allianz besteht. Demgemäß ist die orleanistische „Times" in ihren Leitartikeln unablässig thätig. Was sie über die Vorgänge in Paris schreibt, ist Irrthum und Lüge von Anfang bis zu Ende, nichts wie maliciöses Geklatsch eines orleanistischen Organs, das vor allen Dingen Zwietracht zwischen den beiden Ländern säen möchte 2c."

Wenn ihrerseits die „Times" auf diesen Artikel nicht geantwortet und die Stellung der „Post" nicht weiter abgezeichnet hat, so hat sie nur unterlassen, was zu thun nicht nöthig war. Die „Post" gibt sich kaum irgend welche Mühe, ihre nahen Beziehungen zum kaiserlichen Frankreich zu verbergen.

Dies alles mag mißfallen; aber es ist, wie sich schwer leugnen läßt, im besten Einklang mit allem, was Handel und Wandel heutzutage als natürliche Folge mit sich bringen, und selbst wer streng darüber denkt, hat kein Recht, das, was vorliegt, als „Bestechung" zu bezeichnen. Die Ansichten über die Moralität oder Unmoralität solcher „Geschäfte" werden freilich auseinandergehen, und sie thun's. Was mich persönlich angeht, so halte ich diesen Zustand der Dinge nicht eben für wünschenswerth, vermag aber andererseits nichts direkt Unsittliches oder Unerlaubtes darin zu erkennen. In England weniger noch, als irgend wo anders. Die Zeitungen sind ihren Lesern gegenüber nicht bestimmte Verpflichtungen eingegangen; es ist ein Verhältniß, das jeden Tag gelöst werden kann. Wenn ich die „Post" zu imperialistisch finde, so kann ich sie aufgeben und mir ein Blatt wählen, das meinem Geschmacke mehr entspricht; jedenfalls hat mir die „Post" nirgends das Versprechen geleistet, nicht imperialistisch sein zu wollen. Will man von dem „guten Glauben" der Leser, von der Unbefangenheit und politischen Unschuld derselben sprechen, so ist das solchem Blatte gegenüber einfach ridikül. Wer die „Post" liest, überhaupt wer in England Fourpence für seine Zeitung bezahlen kann, der hat das Paradies hinter sich.

Noch etwas bleibt übrig. Ich habe von der „Times" und „Post" gesprochen und von den Beziehungen beider Blätter zu den Orleans und Napoleons, also von ihrer Stellung zu zwei ausländischen Parteien. Es mag sich freilich fragen, ob das gestattet ist, und ob nicht jegliche Zeitung die Pflicht hat, ihre Geld= und Actien=Verhältnisse in solcher Weise zu arrangiren, daß wenigstens jede dauernde Abhängigkeit von fremden Höfen und fremder Politik vermieden wird. Ist nicht jedes Abweichen von solcher Pflicht eine Art Hochverrath, kann es wenigstens nicht jeden Augenblick dahin führen? Es ist dies ein schwieriger Punkt. Die Dinge aber haben gemeinhin ihr Corrigens in sich selbst, und wenn dies von irgend was in der Welt gilt, so gewiß von einer freien Presse. Es ist, praktisch genommen, ziemlich, wo nicht absolut gleichgültig, ob ein englisches Blatt dem französischen Imperialismus dient oder nicht. Was immer ein derartiges Blatt sagen und zur Unterstützung dieser oder jener Prinzipien beibringen mag, es kann nichts vertheidigen oder verwerfen, was nicht von einem größeren oder kleineren Bruchtheil der englischen Presse aus freien Stücken ebenfalls vertheidigt oder verworfen würde. Jede Auffassung, jedes pro und contra wird, unter gewöhnlichen Umständen, ganz von selbst seinen Ausdruck finden. Das ist das Wesen einer freien, reichgegliederten, hundertfach nuancirten Presse. Ich sprach von „unter gewöhnlichen Umständen." Diese Umstände können außergewöhnlichen Platz machen, es können Zeiten kommen, wo man im gesammten Volke keine Pro's für Frankreich oder

Oesterreich oder Preußen länger ertragen will, und wo keine Zeitung — deren erstes und natürliches Bestreben doch immer nach Lesern und Abonnenten geht — länger den Muth besitzen darf, stroman zu schwimmen. Solche Zeiten können kommen, wie sie dagewesen sind. Wenn aber der eine oder andere glauben möchte, daß **das** alsdann der eigentliche Zeitpunkt sein würde zum Hervortreten, zur Action einer fremden Interessen dienenden englischen Zeitung, der würde nur beweisen, daß er England nicht kennt. Geld und Mühe würde fortgeworfen sein, und selbst die geschickteste Advocatur ungehört verhallen, wie eine Stimme in der Wüste. Kurz: in gewöhnlichen Zeiten ist eine Vertheidigung des Fremden und Gegnerischen kaum **nöthig**, in außergewöhnlichen Zeiten — kaum **möglich**.

Dies würde einen guten Uebergang bilden, um über den Einfluß der englischen Presse überhaupt zu sprechen. Ich habe indessen vor, diese ebenso schwierige wie wichtige Frage erst am Schluß dieser Aufsätze (bei Gelegenheit der „Times") ausführlicher zu besprechen und eine Antwort zu versuchen. Nur stehe schon hier der allgemeine Satz: die Londoner Presse erscheint mir wichtiger als **Ausdruck** vorhandener Ansichten, wie durch den **Einfluß**, den sie auf Ansichten übt.

Zweites Kapitel.

Morning-Chronicle.

Ist das älteste unter den großen Tagesblättern. Die erste Nummer erschien 1769. Mr. Woodfall, der sich schon als Herausgeber des „Public Ledger" (gegründet 1760) ausgezeichnet hatte, trat an die Spitze dieses neuen Unternehmens. Die Prinzipien, die vertreten wurden, waren **whiggistisch**. Die Aufnahme, die das Blatt fand, war eine außerordentlich günstige, ein Umstand, der in der Thätigkeit und Umsicht, noch mehr aber in dem brillanten Gedächtniß des Herausgebers seinen Grund hatte. Mr. Woodfall besaß nämlich in hohem

Maaße die Gabe, durch die sich Dr. Johnson seiner Zeit bereits ausgezeichnet hatte, die Gabe, den Parlaments-Debatten folgen und ohne irgendwelche Verwirrung oder Entstellung den Hauptinhalt der verschiedenen Reden mit rascher Feder wiedergeben zu können. Mit Hülfe dieses Talents überflügelte er alle anderen, damals konkurrirenden Tagesblätter, die mit Wiedergabe der Parlaments-Debatten stets im Rückstand waren und die Reden oft um acht Tage später brachten, als sie gehalten waren.

1789 beschloß Mr. Woodfall in einer unglücklichen Stunde den „Chronicle" aufzugeben und seine Thätigkeit einem neu zu gründenden Blatte („The Diary") zuzuwenden. Er verkaufte den „Chronicle" in andere Hände und James Perry wurde zunächst der „Editor," später auch der Mitbesitzer des Blattes.

Mit diesem Manne beginnt ein neuer Abschnitt nicht nur in der Leitung des „Chronicle," sondern eine bedeutsame Reform in der englischen Presse überhaupt. Woodfall war ein Talent gewesen, aber James Perry war ein gelehrter. Er war ein Organisator wie John Walter von der „Times." Beide fanden nie ein Genüge daran, die Dinge im alten Gleise gehen zu lassen, sondern beobachteten verwegen die Unregelmäßigkeit und Verwerflichkeit derer, was da war, und suchten an Stelle des alten Baues ein neues Gebäude zu errichten. James Perry's erste Reuerung war aber an gedeihende Presse und materiell, im Lager des Woodfall, zum Abbruch des eigenen. Dieser war der, in seinem neuen Blatte „The Diary" die Parlaments-Stenogramme kurz und nicht wiederzugeben. James Perry war an, daß er nunmehr erkennen wolle, um es den verdorbenen Schlager seines Vorreiter und Namensvorgangs anzuvertrauen. Die Auskost war daß gewohnt. Sein Verfahren des weiteren Kampfe zu rufen, organisirte er sich selbst. Die Reden der ... Stenographirt und dafür in der Redaction Abende im Parlamente. Diese Instrumente erhielten unterwegs der Vertreterschaft und nach der erhaltenen Zeit in eine erweitertem Zeiten, wie zu Drucke. Jedes Jahre waren verlassen. Jedem war in Stuß und Beordnen angewiesen und, die Beamten unterrieb die rechte Seiten zu tragen. Sechstes der Aufsatz. Frevliche lieb die Hauptausgaben, die erwarteten Drud aus der Eingabe unterrieb die Bestimmung bygenich gegen, die in vorhandenem gesteuert mit, als

jene Kriegführung selber, mit Ungeduld hatte das Publikum der jedes=
maligen Berichterstattung entgegengesehen und doch war keiner unter den
Herausgebern auf eine scheinbar so einfache Lösung täglich sich darbie=
tender und täglich gefühlter Schwierigkeiten gekommen. Erst Perry stellte
das Ei ohne Weiteres auf den Tisch. Der Erfolg war glänzend;
Woodfall und sein Gedächtniß unterlagen den unausbleiblichen Konse=
quenzen eines glücklichen Einfalls.

Perry besaß eine Menge Eigenschaften, die ihn besonders geeignet
machten, einem Unternehmen, wie dem seinigen, vorzustehen. Ich lasse
deßhalb an dieser Stelle eine kurze Charakteristik folgen, die einer seiner
Zeitgenossen von ihm entworfen hat: „Unter allen Persönlichkeiten, die
jemals eine dauernde Beziehung zur englischen Presse gehabt haben, hat
vielleicht keiner auch nur den zehnten Theil jener Popularität genossen,
deren sich Perry andauernd erfreute. Er war zunächst brav und ehren=
haft durch und durch; ein in ihn gesetztes Vertrauen wurde nie miß=
braucht. Er verstand die Kunst der Discretion, und wiewohl einge=
weiht in die Geheimnisse hoher und höchster Personen, hat er diesen
Umstand nie zu seinem Vortheil ausgebeutet. Er war außerordentlich
generös und stets bereit, mit seiner Börse zu helfen. Von männlich=
offenem und zugleich herzlichem Wesen, war er der liebenswürdigste Vor=
gesetzte von der Welt. Dazu gastfrei und der Veranstalter ausgezeich=
neter Diners, wie einige sagen, „der besten," die damals in London
gegeben wurden. Tiefes Denken war nicht seine Sache, aber er war
rasch, gewandt und verstand es, den Dingen ein Ansehen zu geben.
Gesunder Menschenverstand ging ihm über Gelehrsamkeit und Spitzfindig=
keit. Epigramme und Alles was dahin einschlägt, liebte er außer=
ordentlich. Er sprach besser als er schrieb und seine Reden würden Auf=
sehen gemacht haben, wenn man sie hätte als Leitartikel bringen können.
Er erinnerte sehr an jene liebenswürdigen, englischen Charaktere, wie
sie Walter Scott so oft gezeichnet hat und wie sie leider mehr und mehr
aus unserem Lande verschwinden. John Walter von der „Times" war
ein besserer Geschäftsmann und Daniel Stuart von der „Morning Post"
scharrte mehr Geld zusammen, aber an ächter Gentlemanschaft war
James Perry beiden überlegen. In seinen politischen Grundsätzen hielt
er unwandelbar aus. Mehrmals bot sich ihm eine Gelegenheit, in's

Haus der Gemeinen einzutreten, er wies es aber ab und zog das Leben eines Journalisten jedem anderen vor."

Perry blieb außerordentlich lange an der Spitze des Blattes, von 1789 bis 1821. Die ganze „große Zeit" fällt in diese 32 Jahre. In der ersten Hälfte dieses langen Zeitabschnitts redigirte er selbst; später war er nur Vorstand des Unternehmens, der sich um die täglich wiederkehrenden Details nicht kümmerte. Mr. Robert Spankie wurde Redacteur, blieb aber in allen wesentlichen Dingen abhängig von den Entschließungen seines Chefs. Mitarbeiter von Bedeutung um dieselbe Zeit waren: Mr. Gray (ein Freund und Anverwandter Perry's), der sich durch seine Leitartikel auszeichnete; John Black, der später an die Spitze des Blattes trat; der jetzige Lord Campbell (damals Mr. Campbell), der bis zum Jahre 1810 hin die täglichen Theater-Kritiken schrieb, und Thomas Campbell, der Dichter und Verfasser des auch in Deutschland bekannt gewordenen Gedichtes: „Die Schlacht bei Hohenlinden." Die politischen Beiträge des letzteren (ums Jahr 1803) waren jedoch von keiner Bedeutung, da er in derselben Weise wie Coleridge (von dem wir bei Gelegenheit der „Morning Post" hören werden) ebenfalls der Gabe schneller Auffassung und Darstellung entbehrte.

James Perry starb 1821 und der „Chronicle" wurde nunmehr für 42,000 Pfd. St. verkauft. Als Redacteur (nicht als Eigenthümer) folgte John Black, der bereits 1810 bei der Zeitung eingetreten, hinreichende Proben seiner Tüchtigkeit gegeben hatte. Auch er stand ungewöhnlich lange dem Unternehmen vor (bis 1843), so daß uns drei Namen durch einen Zeitraum von mehr denn sechszig Jahren begleiten: Woodfall, Perry, Black. Black war ein Mann von großem Wissen und fast noch größerer Gewissenhaftigkeit, scheint es aber niemals zu voller Selbstständigkeit gebracht zu haben. Er stand unter dem Einfluß Mr. Mill's, eines Schotten von außerordentlichem Ansehen und großer geistiger Bedeutung, dessen strenge Sittlichkeit auch in politischen Dingen, mehr der Respektabilität als dem Absatz des Blattes günstig gewesen sein soll. Der „Chronicle" galt damals für das unbestechlichste, in seinen Motiven wie seiner Handlungsweise honnetteste aller Blätter. Es blieb whiggistisch mit einer Neigung zum Radikalismus hin, und sah eine kurze Zeit hindurch sein Ausharren bei liberalen, anti-toryistischen Prinzipien auch von äußerlichem Erfolg begleitet. Als 1835 die „Times" auf die Seite Sir Robert Peels, damals noch eines straffen Tory, trat, büßte sie das mit einer großen Anzahl von Lesern, die nun zum „Chronicle" übergingen. Dieser Sieg war indeß von kurzer Dauer. Die Ansichten, die damals von Black und Mill vertreten wurden, waren der Hauptsache nach die folgenden: Schwächung der Oligarchie, Aufhebung der Primogenitur, Uebertragung eines Theils der politischen Macht des großen Grundbesitzes auf die Mittelklassen und Abschaffung der unbezahlten Magistrate.

Der Nachfolger John Blacks war Mr. Doyle, der bis dahin den auswärtigen Artikel am „Chronicle" redigirt hatte. Unter seiner Redaction erhob sich das Blatt noch einmal zu ungewöhnlicher Bedeutung. *Es gab seinen Whiggismus auf und wurde peelitisches Organ.* Beinah gleichzeitig wandten sich ihm neue Kräfte von mehr allgemein literarischer als politischer Bedeutung zu, und wie einst zehn Jahre früher die ersten Skizzen von Charles Dickens in den Spalten des Chronicle erschienen waren, so jetzt eine Reihenfolge von Aufsätzen aus der Feder Henry Mayhew's, die später unter dem Namen „London Labour and London Poor" bekannt und berühmt geworden sind.

Von 1848 ab sank das Blatt, das beinahe 80 Jahre lang einen ehrenvollen Platz behauptet und fast ebenso lange bei seinen anfänglichen Prinzipien ausgehalten hatte. In raschen Verfall aber gerieth es, als es im Jahre 1854 in die Hände zweier Irländer überging. Beide (der eine ein Publizist ohne Bedeutung, der andere ein Advokat ohne Praxis) waren nicht geeignet, dem Blatte, das bereits kränkelte, als es von ihnen gekauft wurde, zu Kraft und Gesundheit wieder zu verhelfen. Die Abonnentenzahl verringerte sich täglich, und während sich dieselbe im Jahre 1854 noch auf 2570 belaufen hatte, wird dieselbe jetzt übereinstimmend auf höchstens 800 angegeben. Die neuen Besitzer (wenn sie es jetzt noch sind) sind unter diesen Umständen, wie verlautet, eifrig bemüht, mit Hülfe allerhand anderer Mittel ihr Blatt zu halten. Ich würde es vorziehen, über diesen Punkt zu schweigen, wenn die Geld- und Redactions-Verhältnisse des Chronicle nicht ein öffentliches Geheimniß wären. Jeder übrigens, der englisch versteht und sich der Mühe unterziehen will, acht Tage lang den Chronicle zu lesen, wird in diesen Dingen vollständig klar sehn. Das Blatt selbst gibt Aufschluß über seine Geschichte. Ich will aufzählen, was man ziemlich sicher sein darf in jeder einzelnen Nummer zu finden; der Leser mag seine Schlüsse daraus ziehn. Der erste Leitartikel (gemeinhin gut geschrieben) hat die Aufgabe, den früheren politischen Standpunkt des Blattes festzuhalten und Aus- und Inland nach Kräften glauben zu machen, daß die alten Beziehungen zwischen der Schule Sir Roberts und dem „Chronicle" noch in vollem Schwunge seien. Es wird dadurch wenigstens so viel erreicht, daß man noch jeden Tag in deutschen Blättern lesen kann: „Das peelitische „Morning Chronicle" sagt; ꝛc." Dem so zu sagen Reputations-Leitartikel, der nebenher die Aufgabe hat, das Land vor Palmerston, dem „Diktator," zu warnen, folgt ein zweiter, der, wenn sich irgend die Gelegenheit dazu bietet, eine immer neue Variation des alten Themas ist: „they manage these things better in France." Man kann nicht leugnen, daß die Abfassung auch dieser Artikel mit vielem Talent geschieht, insofern dieselben jede Wendung vermeiden, die angethan sein könnte, das englische Nationalgefühl gröblich zu beleidigen. Viele sind der Meinung, daß die gegenwärtigen Besitzer in direkten Beziehungen zur französischen Regierung stehen, doch ist es wahrscheinlicher, daß sie den Gründern und Direktoren des Credit Mobilier zu Danke verpflichtet sind und nur mittelbar an dem Fortbestand des kaiserlichen Frankreichs ein Interesse haben. (Der unzweideutige Uebergang in's imperialistische Lager ist seitdem erfolgt.)

Diesen zwei Leitartikeln folgen einige kürzere Ansprachen, die sich gewöhnlich durch große Ueberschriften und schlechte Schreibart auszeichnen. Sie pflegen aus der Feder der beiden Brüder selber herzurühren und besprechen Dinge, deren Besprechung in einem vertraulichen und Muth machenden Briefe gewünscht worden ist. Dann kommen telegraphische Depeschen, die das Wunderbarste sind, was man lesen kann, und bezüglich Deutschlands z. B. Nachrichten bringen, die man am Tage vorher in ausführlichen Briefen der „Times" bereits gelesen hat. Hinter diesen Depeschen öffnet sich der weite „Sprechsaal" des „Chronicle." Wer nirgends gehört wird, hat immer noch Aussicht, hier seine Stimme erheben zu können. Jeder Ex-Präsident südamerikanischer Freistaaten, der sich rechtfertigen, jeder indische Fürst, der protestiren, jeder Lesseps, der eine Landenge durchgraben oder eine Meerenge zuschütten will, ist sicher, im großen Sprechsaal des „Chronicle" sich vernehmlich machen zu dürfen. Ueber die Entréebedingungen weichen die Ansichten von einander ab, aber mehr hinsichtlich des Maaßes, als der Art. Genug davon. Daß ich diese Dinge überhaupt berührt habe, hat seinen Grund in zwei Erwägungen. Zunächst darin, daß ich deutschen Lesern gern anschaulich machen möchte, wie viel oder wie wenig es mit der Autorität und Bedeutung der englischen Presse auf sich hat. Diese Bedeutung ist da, aber doch nur theilweis und bis zu einem gewissen Grade. Es wird Zeit, daß man bei uns über das wirkliche Gewicht der englischen Preßstimmen in's Klare kommt und das imposante „der peelitische ‚Chronicle' sagt" nicht höher in Anschlag bringt, als es verdient. Die andere Erwägung, warum ich nicht Abstand genommen habe, diese Dinge zu berühren, ist die, daß man hier zu Lande in allen solchen Fragen weit weniger dünnhäutig*) ist als bei uns und durch Besprechung ohnehin bekannter Thatsachen weder der Presse im Allgemeinen noch dem einzelnen Blatt, kaum der einzelnen Persönlichkeit, einen nachhaltigen Schaden zufügt, d. h. einen Schaden, der länger dauert, als das Unrecht und das Ungeschick, woraus er resultirt. Fast alle Londoner Tagesblätter (wie bereits früher hervorgehoben) stehen unter Balance und werden durch Zuschüsse künstlich gehalten. Man weiß, daß jedes für seine Existenz ficht, und ist mild oder indifferent hinsichtlich aller möglichen Geld-Transactionen, ohne die es nun einmal nicht geht. Der „Morning Chronicle" steht in diesem Augenblick sehr niedrig in der öffentlichen Meinung, wenn aber morgen bekannt würde, daß er in die Hände eines reichen und geschickten Mannes, gleichviel welcher Farbe, übergegangen sei, so wäre das jetzige Interregnum auf der Stelle vergessen und von dem schlechten Ruf, der vier oder fünf Jahre lang dies Blatt begleitete, würde auch nicht der kleinste Fleck in

---

*) Als Beweis dafür, daß man in England über diese und ähnliche Dinge minder streng denkt, als auf dem Kontinent, mag die Thatsache dienen, daß bis ganz vor Kurzem das Unterhaus reich an dem Advokatenstande zugehörigen Mitgliedern war, die ein frappant hohes Honorar von ihren Klienten empfingen, augenscheinlich nicht um an der Barre, sondern vielmehr Angesichts des „speakers" zu plaidiren. Lord Hothams Resolution (im Lauf der Sitzung von 1858 trachtete danach, diesem Mißbrauch ein Ende zu machen. Ob er reüssiren wird, ist die Frage. Man hofft, daß der bloße Hinweis auf eine unleugbare Ungehörigkeit von einer Praxis abschrecken werde, die — wie Mr. Labouchère bemerkte — bereits anfing, für erlaubt zu gelten.

ben neuen Lebenslauf mit hinübergenommen. Bei uns braucht eine Firma Zeit, sich zu erholen; nicht hier; man mache morgen ein schlechtes Blatt gut und es wird binnen Kurzem wieder die Erfolge haben, die ihm gebühren.

Drittes Kapitel.

Die Morning Post.

Die Morning Post, gegründet 1772, ist das zweitälteste unter den großen Tagesblättern. Sein ursprünglicher Titel war „the Morning Post and Daily Advertiser." Die ersten zwanzig Jahre des Blattes sind hinsichtlich der Besitzer, Redacteure und Mitarbeiter desselben in ziemliches Dunkel gehüllt. Alles was man darüber weiß, ist das Folgende. Der Gründer des Blattes war Mr. John Bell. Schon 1775 ging es in andere Hände über und ein Geistlicher („der mehr zu leben als zu predigen liebte"), der Rev. Henry Bate, trat an die Spitze des Unternehmens. Er verblieb dabei bis 1780. Dann schied er, in Folge von Streitigkeiten, aus und gründete den „M. Herald," über den ich weiterhin zu sprechen haben werde. Die „Post" zählte damals zu den unbedeutenderen Blättern, hatte weder Ansehen noch Abonnenten und wechselte häufig ihre Besitzer sowohl wie ihre Redacteure. Erst um 1795, also 23 Jahre nach Begründung des Blattes, nahmen die Dinge eine glücklichere Wendung. In diesem Jahre ging das Blatt in die Hände Daniel Stuarts über, der für die „Post" alsbald dasjenige wurde, was Perry für den „Chronicle" war. Die politischen Prinzipien, die er verfocht, waren im Wesentlichen dieselben, wie die des „Chronicle:" Whiggismus mit einer Hinneigung zum Radikalismus. Doch hielt die „Post" bei diesen Prinzipien nicht aus und nahm unmittelbar nach dem Rücktritt Daniel Stuarts (1803) eine Haltung an, die mit den Hauptzügen des Blattes noch jetzt im Einklang ist. Mr. Stuart stand nur acht Jahre an der Spitze der „Post." Diese kurze

Zeit aber bildet den bei weitem interessantesten Abschnitt in dem 80jährigen Leben des Blattes, und es muß als ein glücklicher Zufall angesehen werden, daß eine in späteren Jahren von Mr. Stuart herausgegebene Biographie das englische Publikum in den Stand gesetzt hat, über die Preßverhältnisse jener Zeit im Allgemeinen und über die der „Post" in's Besondere sich ausreichend zu unterrichten. Ich entnehme dieser Biographie Folgendes. „Die Annoncen-Verhältnisse waren damals (1802) ganz eigenthümlicher Art. Mir persönlich schufen sie Aerger und Unannehmlichkeiten und führten eine Zeit lang, von Seiten meiner Gegner, zu Schritten und Versuchen, die auf dem Punkt standen, meine Existenz zu gefährden. Jedes Blatt hatte damals seine besonderen Annoncen, d. h. eine Art von Domaine innerhalb der Dinge, die gemeinhin annoncirt zu werden pflegen. „Morning Herald" und „Times" brachten Auctions-Anzeigen, der „Public Ledger" allerhand Anzeigen über die Abfahrt und Ankunft von Schiffen und über den Engros-Verkauf von Schiffsladungen; die „Morning Post" annoncirte Pferde und Wagen und der „Morning Chronicle" Bücher. Diese Bücher-Annoncen gaben dem „Chronicle" ein sehr stolzes Ansehen, und um so mehr, als man damals anfing, die Annoncen nach einem gewissen klug berechneten System in die Zeitungen zu bringen. Man hatte erprobt, daß einzelne verzettelte Anzeigen, wenn auch häufig wiederholt, von untergeordneter Bedeutung seien, und daß, wie auf dem Schlachtfelde, der Sieg immer dahin fallen müsse, wo man mit imposanten Massen zu erscheinen und Nachdruck zu geben verstehe. Die Buchhändler erkannten dies zuerst. Sie hielten eine Woche lang mit ihren Anzeigen geflissentlich zurück, um dann am achten oder neunten Tage, sechszig oder siebenzig Annoncen stark, in die geöffneten Spalten des „Chronicle" einzurücken. Die Buchhändler sowohl wie Mr. Perry (der Besitzer des „Chronicle") zogen aus diesem Manöver einen entschiedenen Vortheil. Es war unmöglich, diese Fülle von Anzeigen zu übersehen. Welche noblen Firmen diese Longmann's oder diese Cadell's! so riefen die einen; welche respektable Zeitung dieser „Chronicle," so riefen die andern. Die „Post" indeß (aus Gründen, die verschieden angegeben werden) überflügelte um eben diese Zeit alle übrigen, konkurrirenden Tagesblätter, und stellte durch ihren täglich wachsenden Absatz selbst den „Chronicle" in den Schatten. Dies richtete natürlich die Aufmerksamkeit aller derer auf mein Blatt, die ihren Anzeigen den größtmöglichen Leserkreis wünschten, und so kam es, daß die großen Buchhändler-Firmen Miene machten, den „Chronicle" seines Privilegiums zu berauben, und ihre wöchentliche Annoncen-Armee auch in die Spalten der „Post" einrücken zu lassen. Mir kam das unbequem. Eine selbstverständliche Bedingung war das Erscheinen dieser Anzeigen auf der ersten, d. h. der Titel-Seite der Zeitung; diesen Platz aber gab ich höchst ungern dazu her, da er ein für allemal für Tagesneuigkeiten, Anekdoten und Miscellen, überhaupt für solche Notizen bestimmt war, die nicht einen Theil des Publikums, sondern das ganze Publikum interessiren mußten. Es ist, wenn eine Zeitung in Folge vereinter Anstrengungen sich hebt, außerordentlich schwer, zu einem sichern Urtheil darüber zu gelangen: welche Eigenthümlichkeit des Blattes den Ausschlag gegeben und die günstigen Resultate vorzugsweise geschaffen hat. Nach meiner besten Erfahrung aber bestand die blühende Gesundheit, deren sich die „Post" unter meiner Redaction erfreute, vorzugsweise in der Aufrechthaltung jenes erprobten Rezepts, nach welchem Tag für Tag die erste Seite der Zeitung angefertigt wurde.*) Von diesem Geheimmittel, dem ich alle meine Erfolge

---

*) Charles Lamb hat in einem seiner Bücher, das unter dem Titel: „Unsere Zeitungen vor 35 Jahren" veröffentlicht wurde, sich des Weiteren über jene „kurzen Notizen" verbreitet, die Daniel Stuart so hoch hielt und als den gelesensten, gewinnbringendsten und deßhalb wichtigsten Theil einer Zeitung ansah. Er schreibt darüber: Der feststehende Preis für „solche Notiz" war ein Sixpence (5 Sgr.). Kleine Tagesneuigkeiten, Stadtgespräch, Chronique scandaleuse und neue Moden bildeten den gewöhnlichen Inhalt. Keine Notiz durfte über sieben Zeilen lang sein, wohl aber drunter. Eben so hoch wie die „Notiz" stand der Witz, die Schnurre, das Wortspiel im Preise; Stück für Stück 5 Sgr. Oft saßen wir Abends beim Biere und ergrübelten Witze für den nächsten Morgen. Je ergiebiger die Stunde war, desto besser für den Wirth, an dessen Tisch wir saßen. London besaß damals mehr als ein Dutzend Leute, die überwiegend vom Details-Verkauf ihrer Einfälle lebten. Einer, entsinn' ich mich, hatte ein tragi-komisches Schicksal. Seine stehende Aushelfe-Notiz, wenn er den Sixpence brauchte und den nöthigen Witz nicht finden konnte, war die folgende: „Wenige unserer Leser werden damit vertraut sein, woher sich die wohlbekannten drei Kugeln schreiben, die wir gewohnt sind, an den Pfandleih-Instituten unserer Hauptstadt zu erblicken. Drei Kugeln bilden das lombardische Wappen und Lombarden waren es, die zuerst als Geld-

verdankte, sollte ich plötzlich abgehen und zwar der Eitelkeit und dem Vortheil jener Buchhändler zu Liebe, die bis dahin im „Chronicle" ein freies Schalten und Walten gehabt hatten. Ich war entschlossen, dieser Zumuthung nicht nachzukommen und meine „erste Seite" in aller Unverfälschtheit aufrecht zu erhalten. Der Krieg mit den Buchhändlern kam mir höchst ungelegen, aber ich konnte ihn nicht vermeiden. Zu einer direkten Ablehnung konnt' ich und wollt' ich nicht schreiten und so versucht' ich zunächst, was ich durch Verdreifachung und selbst Versechsfachung der Insertionsgebühren erreichen würde. Ich hoffte sie abzuschrecken. Aber vergeblich. Die Annoncen wurden immer zahlreicher, und so sah ich mich endlich zu der Erklärung gezwungen, daß meine „erste Seite" zu bloßen Anzeigen nicht zu haben sei und daß jeder Buchhändler, der in der „Post" annonciren wolle, sich die Gesellschaft der Auctions-Kommissarien auf der letzten Seite des Blattes gefallen lassen müsse. Diese Erklärung rief einen Sturm der Entrüstung hervor und man entschloß sich auf frischer That, ein Abendblatt zu gründen, das den Doppelzweck verfolgte: die Annoncen zu bringen und — die „Post" zu vernichten. So entstand der „Globe."

„Um meine Niederlage rascher und sicherer zu erreichen," so fährt Daniel Stuart fort, „kam man überein, denjenigen unter meinen Mitarbeitern in's gegnerische Lager zu verlocken, den man einstimmig für den Talentvollsten und Brauchbarsten hielt. Dies war Mr. George Lane. „Haben wir den George Lane, so haben wir auch die Morning Post," so jubelte man damals. Die Folge hat gelehrt, daß man seine Wirksamkeit überschätzte und meine eigne geringer tarirte, als nöthig gewesen wäre. Nichtsdestoweniger bin ich ihm die Erklärung schuldig, daß er ein Mann von wirklichen Fähigkeiten und durch seine besonderen Talente, namentlich für die „Post," beinah unschätzbar war. Ich konnte seinen Verlust überdauern, aber er traf mich empfindlich. George Lane

---

wechsler auftraten und durch ganz Europa hin ihre Geschäfte machten."* An dieser Notiz war unser Freund so sicher kenntlich, wie wenn sie seine Namens-Chiffre getragen hätte. Wir konnten mit Hülfe derselben wahrnehmen, wie der ehemalige Genosse von Stufe zu Stufe sank, so daß seine Sixpence-Beschäftigung, die bei der „Post" begonnen hatte, schließlich nur noch ausreichte für die — Winkelblätter.

wurde von mir genommen; aber niemand von der gegnerischen Seite machte Miene, Coleridge zu engagiren, um auch diesen von der „Post," für die er damals schrieb, in's Lager des „Globe" hinüberzuziehen. Dies führt mich auf eine ganze Reihe von Fabeln, die hinsichtlich Coleridge's und seiner Bedeutung für mich und die „Post" in's Publikum gedrungen sind. Ich bin in der üblen Lage, aus bester Kenntniß all den Erzählungen widersprechen zu müssen, die die Biographen Coleridge's über diesen Gegenstand in Umlauf gesetzt haben. Gewöhnlich heißt es, daß die „Post" der Mitarbeiterschaft des letzteren ihre ganze Bedeutung zu danken habe. Er habe das Blatt aus dem Nichts gehoben und zum ersten Blatte Englands gemacht; die Zahl der Abonnenten sei, in Folge seiner Beiträge, von 700 auf 5000 und zu Zeiten sogar auf 7000 gestiegen und trotz alledem und alledem hätte ich ihm mit Undank gelohnt, nichts für ihn gethan und seine Arbeiten in kläglicher Weise honorirt. Dergleichen klingt recht schön in der Lebensbeschreibung eines dichterischen Genius, wie es Coleridge unzweifelhaft war, aber es verliert an Wohlklang in den Ohren dessen, der das Falsche, Schiefe und Ungerechte solchen Urtheils aus eigener Erfahrung kennt. Die schlagendste Antwort darauf ist das oben berichtete Verfahren der mir feindlich gesinnten Buchhändler, als sie den „Globe" zu gründen und die „Post" zu vernichten dachten. Man nahm mir den George Lane, aber man ließ mir den Coleridge. Coleridge war ein Dichter und ein ausgezeichnet geistreicher Mann, aber für das Zeitungswesen war er verdorben. Ihn bei Tisch über einen beliebigen Gegenstand, der ihn interessirte, sprechen zu hören, war ein Genuß, und mehr als einmal wurde halb scherz- halb ernsthaft der Vorschlag gemacht, ihn als buchhändlerischen Tischgenossen zu engagiren und das Beste, Witzigste, Geistvollste, dessen er fähig war: Bonmots, Aperçus, Kritiken und Epigramme, ihm gleichsam vom Munde wegzustehlen. In der Gesellschaft, angeregt durch andere, war er stets ausgiebig; auf seine Feder aber war nicht der geringste Verlaß und jede Zeitung wäre verloren gewesen, die auf die Regelmäßigkeit seiner Beiträge zu bauen gehabt hätte. Namentlich war es ihm unmöglich, unter irgend welchem Zwang und Drang zu arbeiten. Ein Artikel, den er unter gewöhnlichen Umständen in zehn Minuten auf's Papier geworfen hätte, beraubte ihn sofort aller seiner Fähigkeiten, wenn es darauf ankam, die Sache in zehn oder fünfzehn Minuten wirklich niederzuschreiben. Das Blut stieg ihm zu Kopf, verwirrte ihn und machte ihn unfähig zu jeder geistigen Arbeit. Ich habe viele Leute von Geist gekannt, die aus demselben Grunde zu jeglicher Verwendung in der Tagespresse ungeeignet waren. **Er konnte Bücher schreiben, aber keine Zeitung.**

1803 verkaufte Mr. Stuart die „Post." Sie hatte damals einen Absatz von 4500 Exemplaren, was für außerordentlich galt, da kein anderes Blatt über 3000 Abonnenten zählte. Unter den Mitarbeitern der „Post" waren viele Leute von Talent. Robert Southey schrieb gelegentlich an Stelle des saumseligen Coleridge. Wordsworth scheint sich fern gehalten zu haben. Aber Charles Lamb und James Macintosh, besonders der erstere, waren mit unter denen, deren Zusammenwirken damals die „Post" zum angesehensten Organ der englischen Presse machte.

Mit dem Rücktritt Daniel Stuarts von der „Post" verlor dieselbe sofort an Werth und Bedeutung. Die Zeit kam immer näher, in der es der „Times" vorbehalten war, alle andern Blätter zu überflügeln. Auch der „Morning Advertiser," der um eben diese Zeit gegründet wurde, fing an, den ältern Blättern Abbruch zu thun. Die Redacteure der „Post" wechselten oft, bis im Jahre 1813 Mr. Eugenius Roche an die Spitze des Blattes trat. Er leitete vierzehn Jahre lang das Unternehmen. Unter seinen Nachfolgern war Mackworth Praed, ein Schotte, der talentvollste; er starb jedoch frühzeitig. Der gegenwärtige Redacteur, der, wenn ich nicht irre, bereits zu Anfang der dreißiger Jahre bei der „Post" eintrat, ist Mr. Macintosh.*) Er zählt zu den „Seniors" unter den Londoner Publizisten.

Das Ausscheiden Daniel Stuarts hatte nicht nur eine Abnahme der Bedeutung des Blattes, sondern auch eine Veränderung seiner Prinzipien im Geleite. Es hörte auf liberal zu sein und wurde Organ der Tories und der Aristokratie. Dies ist so zu verstehn, daß es **politisch** zu den Tories hielt, **gesellschaftlich** aber alle Partei-Unterschiede bei Seite ließ und der Aristokratie als einem ungetheilten Ganzen diente. Diese letztere Eigenschaft wurde schließlich sein charakteristischer Zug, während der Toryismus des Blattes immer mehr und mehr verblaßte.

---

*) Jetzt ist Mr. Borthwick Chef-Redacteur der „Post."

Nahe Beziehungen zu Lord Palmerston machten neuerdings die Verwirrung noch vollständiger und zwangen das seinsollende Tory-Blatt gelegentlich zur Vertheidigung whiggistischer Maßregeln und Persönlichkeiten. Niemand indessen gab sich die Mühe, diesem Räthsel nachzuspüren und Dinge lösen zu wollen, die für Außenstehende nicht lösbar waren. Man ließ es gehen wie es ging und sah in der „Post" nichts mehr und nichts minder, als ein sogenanntes high life-Organ, in dem man sicher sein durfte, den ausführlichsten und gewissenhaftesten Schilderungen jeder stattgehabten „Assemblée" zu begegnen. Das Blatt gefiel sich darin, der gehorsame Diener der vornehmen Welt und der Historiograph ihrer Festlichkeiten zu sein; wo immer feierlich dinirt oder getanzt wurde, erschien „Mr. Jenkins" (wie Dickens den Elegant der „Post" getauft hat) wie selbstverständlich unter den Gästen, um am andern Tage seine stereotype Bewunderung „über die getroffenen Arrangements" auszusprechen. Seinem scharfen Auge entging nichts und neue Vergoldungen oder Plüsch-Ueberzüge waren sicher, ihre ehrenvolle Erwähnung zu finden. Novellisten der Zukunft, die um die Details englischer Salons jemals in Verlegenheit sein sollten, werden in der „Morning Post" der letzten 30 Jahre eine unschätzbare Quelle für ihre Arbeiten finden.

„High life" ist auch in diesem Augenblick noch das Steckenpferd und — die milchende Kuh der „Post;" nichtsdestoweniger darf ich das Faktum nicht unerwähnt lassen, daß sie seit fünf oder sechs Jahren eine politische Bedeutung wiedergewonnen und vollen Anspruch auf unsere Beachtung hat. Sie ist nämlich entschieden napoleonisches Organ. Es ist sehr wahrscheinlich, daß sich die Dinge in folgender Weise machten. Die „Times," wie bekannt, verurtheilte den Staatsstreich vom 2. Dezember und „donnerte" gegen Louis Napoleon. Eine Art Gegengewicht mußte geschaffen werden. Ob schon damals Schritte geschahen, die in ihren Geldverhältnissen etwas brouillirte und keiner Partei direkt zugehörige „Post" auf die Seite des kaiserlichen Frankreichs zu ziehen, vermag ich nicht zu sagen. Es ist wahrscheinlich, daß die dahin führenden Einleitungen erst erfolgten, als Graf Persigny nach London kam. Er war, aus mehr als einem Grunde, der geeignete Mann, solche Dinge zu einem raschen Abschluß zu bringen. Die Actien der „Post," die nicht besonders standen, wurden ganz oder doch zum größten Theile aufgekauft und dadurch der Einfluß des französischen

Gouvernements auf die Haltung des Blattes gesichert. Von einem solchen Einfluß zu sprechen, ist — wo jede Nummer des Blattes so deutlich redet — kaum noch gewagt zu nennen. Wahrscheinlichkeit, öffentliche Meinung und Inhalt — Alles fällt zusammen und deckt und unterstützt sich gegenseitig. Während des orientalischen Krieges, als es sich darum handelte, Preußen zum westmächtlichen Bündniß zu drängen, brachte die „Post" einzelne Droh-Artikel, in denen Sprachkundige noch die französischen Wendungen und Constructionen entdecken wollten. Es hieß damals, die Kraftstellen dieser Artikel seien nur flüchtige Uebersetzungen aus dem Persigny'schen in's Englische. Als Frankreich des Krieges müde war, sprach die „Post" in diesem Sinne. Die Ereignisse des 14. Januar (Orsini und Pierri) wurden nirgends härter verurtheilt, als in den Spalten der „Post," und die „Post" war es, die zuerst und in voller Ausführlichkeit die Entrüstungsrede brachte, mit der Persigny, bei Gelegenheit desselben Attentats, die Ansprache der City-Deputation erwiderte. Aber es ist unnöthig, markante Einzelnheiten aufzuzählen. Der flüchtigste Einblick in das Blatt genügt, um dieselbe Wahrnehmung zu machen. Wenn die letzten Monate etwas darin geändert haben sollten, so liegt das einfach daran, daß die Leitung dieser und ähnlicher Angelegenheiten zu den Zeiten Persigny's in gewandteren, mit der Sache vertrauteren Händen war, als gegenwärtig, wo der „tapfere Herzog" vollauf zu thun hat, sich im Sattel der Diplomatie zurecht zu rücken, und muthmaßlich weder Lust noch Muße übrig behält, sich auch als „Herr von der Feder" siegreich zu bewähren. (Die Wieder-Anwesenheit Persigny's in London hat auch das alte Verhältniß wieder hergestellt.)

Ueber den täglichen Absatz der „Post" läßt sich zur Zeit nichts Bestimmtes sagen; im Jahre 1855 (also während des Krieges) waren es täglich 3000 Exemplare.

Viertes Kapitel.

Morning Herald.

Der Reverend Henry Bate zog sich (wie bereits hervorgehoben) 1780 von der „Post" zurück, um ein neues Blatt zu gründen; dies war der „Morning Herald." Wenn wir in Perry einen „perfekten englischen Gentleman," in Daniel Stuart einen praktischen Geschäftsmann kennen lernten, so haben wir im Reverend Henry Bate eine dritte Figur, die originellste von allen, die in ihrer Mischung von kirchlicher Würde und weltlicher Schlagfertigkeit an jene deutschen Bischöfe des Mittelalters erinnert, denen wohler in der Bresche als in der Kirche war. Schon als Editor der „Morning Post" hatte er drei Duelle, von denen das eine so viele liebenswürdig-komische Elemente enthält, daß ich nicht Anstand nehme, den Hergang in aller Kürze zu erzählen. Mr. Bate hatte in einer Nummer seiner Zeitung einen Artikel veröffentlicht, der allerhand kleine Anzüglichkeiten gegen Lady Strathmore enthielt. Capitain Stoney liebte diese Dame und forderte von Mr. Bate entweder den Namen des Verfassers oder — ein Duell. Mr. Bate sprach schriftlich sein Bedauern über den Vorfall aus, versicherte auf Ehrenwort, daß er von der Publizirung des Artikels nichts gewußt habe, weigerte sich aber, den Namen des Verfassers zu nennen. Ein oder zwei Tage später begegneten sich beide Gentlemen auf der Straße. Capitain Stoney drückte seine Freude über diese Begegnung aus, erklärte dem Reverend, daß das Duell auf der Stelle vor sich gehen müsse, und erhielt zur Antwort: „nun, wenn es durchaus sein soll, wohlan denn!" Man trat in's Adelphi Hotel, vor dem man sich gerade befand, forderte ein Zimmer, schloß die Thür und wechselte a tempo ein paar Kugeln. Niemand war getroffen. Im selben Augenblick wurden die Degen gezogen; man drang auf einander ein und verwundete sich mehrfach. Captain Stoney blutete aus Arm und Brust, während dem Reverend das Rappier des Gegners durch den Schenkel gefahren war. Die Wunden aber waren nicht bedeutend und man fuhr fort. Die Klinge Henry Bate's traf das Brustbein des Captains und bog sich. Bate sah, daß er unter diesen Umständen den Kampf nicht fortsetzen könne, und zeigte seinem Gegner die unbrauchbar gewordene Klinge. „Bieg sie wieder grade," rief dieser und trat an die andere Seite des Zimmers, um seinem Gegner Zeit und Ruhe zu gönnen. Dieser schickte sich eben an, den Degen wieder brauchbar zu machen, als die verriegelte Thür aufgestoßen und dem Kampfe ein Ende gemacht wurde. Drei Tage später trat Captain Stoney mit Lady Strathmore vor den Altar. Er hatte sich die Dame erstritten. Der ganze Vorgang ist interessant durch das Licht, das er auf die damaligen Gesellschaftszustände und die gäng und geben Anschauungen jener Epoche wirft. Wie vieles hat sich seitdem in diesem Lande verändert! Das Duell ist der Macht der öffentlichen Meinung unterlegen und fast zu einer Unmöglichkeit geworden, sicherlich ein solches.

Auch der „Herald" begann seine Laufbahn als liberales Blatt. Henry Bate schrieb in der ersten Nummer (am 1. November 1780) wie folgt: „Es wird kaum nöthig sein, für ein Blatt um Nachsicht zu bitten, das fest entschlossen ist, gesunde und liberale Prinzipien mit Nachdruck zu vertreten. Läg' es umgekehrt in der Absicht des „Herald," einen entgegengesetzten Kurs inne zu halten, so würde der Herausgeber wissen, daß er keinen Anspruch darauf habe, die Unterstützung des Publikums zu erwarten ꝛc." Einige Zeilen am Schluß der Ansprache scheinen sich auf jene oben erwähnten Vorfälle zu beziehen, die ihn, als Redacteur der „Post," in allerhand Streitigkeiten und Duelle verwickelt hatten: „Aller Anonymität abhold — so heißt es daselbst — wird der Redacteur des „Herald" nicht nur keinen Anstand nehmen, sich zu jeder Zeile zu bekennen, die er geschrieben hat, sondern auch stets bereit sein, die Verantwortlichkeit dafür zu übernehmen. Sollte andererseits durch Unachtsamkeit, Druckfehler oder aber auch durch die versteckte Malice eines Verleumders der Ehre von irgend Jemand zu nah getreten sein, so wird der Redacteur nie mit einer Erklärung zurückhalten, von der er hofft, daß sie versöhnen und zufriedenstellen soll."

Nicht nur der Reverend Henry Bate, sondern auch die Editoren, die ihm unmittelbar folgten, scheinen der obigen „Ansprache" während eines Zeitraums von 30 Jahren nachgekommen zu sein.

Der Uebergang des „Herald" in's toryistische Lager machte sich sehr allmälig und durchaus natürlich. Henry Bate war mit Sheridan persönlich befreundet und wurde durch diesen der Partei des Prinzen von Wales, des späteren Georgs IV., zugeführt. Dieser, in ziemlich offenkundiger Feindschaft mit dem Könige, dem Hof und den Tories, war damals der Mittelpunkt der whiggistischen Opposition, die ihre Hoffnungen auf ihn setzte und nicht wahrnehmen wollte, daß nur persönliche Aigrirtheit und eine lange Reihe egoistischer Motive, nicht aber liberalere politische Anschauungen, ihn in ihre Mitte geführt hatten. Unter den tapfersten Kämpfern für den Prinzen — dessen Extravaganzen und Thorheiten jede Vertheidigung doppelt schwer machten — war Henry Bate und der „Herald." Der erstere zog wesentlichen Gewinn aus seiner Advokatur. 1805 gelangte er durch den Einfluß des Prinzen in Besitz einer reichdotirten Pfründe und 1812 (nachdem der Prinz inzwischen zum Prinz-Regenten geworden war) erfolgte seine Ernennung zum Baronet. Als solcher — in der Nähe von Ely — fand er noch einmal Gelegenheit, den persönlichen Muth zu beweisen, von dem er volle 40 Jahre vorher so mannigfache Proben abgelegt hatte. Diesmal nicht gegen das Gesetz, sondern im Dienste desselben. Mit wenigen, rasch gesammelten Landmilizen schlug er (1816) einen Haufen Aufständischer in die Flucht, die damals überall im Lande sich erhoben, wie Waldbrände, wenn der Boden zu heiß geworden ist.

1810, nach harten Kämpfen und beinahe widerwillig, wurde die Regentschaft des Prinzen durchgesetzt. Die Whigs jubelten; sie wähnten, ihre Zeit sei gekommen. Ihre Hoffnungen erwiesen sich als Täuschung. Der Prinz-Regent gab die alten Freunde auf und schloß sich den Tory's an. Liverpool und Castlereagh blieben im Amt, die Whigs — in der Opposition. Es scheint, daß der „Herald" nicht Anstand nahm, die Schwenkung seines obersten Herrn und Meisters damals mitzumachen. Zunächst, aller Wahrscheinlichkeit nach, war es nur ein Ausharren bei der Person, der man so lange und in so schwierigen Kämpfen erfolgreich sekundirt hatte; bald aber mußte selbstverständlich ein Systemwechsel folgen, wenn die alten persönlichen Beziehungen sich nicht lösen sollten.

Der jetzige „Herald" ist altertümliches Blatt und hat den Rest seiner Jugend längst vergessen und vergessen machen. Wie es uns schwer wird, uns den „Alten Fritz" als einen jungen Mann zu denken, als sei er eben immer der Alte Fritz gewesen, so giebt es gewiß Tausende von Personen in London, die ungläubig, um nicht zu sagen entrüstet, den Kopf schütteln würden, wenn man ihnen heimlich in's Ohr flüstern wollte: der „Herald" war einmal „whiggistisch."

Die äußeren Verhältnisse dieses Blattes sind nicht glänzend; es hängt dies möglicher=, wo nicht wahrscheinlicherweise mit der Zerbröckelung und dem Verfall der Tory=Partei zusammen. Die Partei selbst macht jetzt Miene, sich zu regeneriren, frische Elemente in sich aufzunehmen und alte, abgefallene Kräfte sich auf's Neue einzuverleiben. Möglich, daß diese Bestrebungen über kurz oder lang auch dem „Herald" zu gute kommen werden. Gegenwärtig krankt er noch an dem harten Schlage, den der politische Abfall Sir Robert Peel's und seiner Anhänger den Tory's und mittelbar auch dem „Herald" zufügte. Dies Ausscheiden der Peeliten war nicht blos ein numerischer Verlust, es war vor allem eine Einbuße an Talent; man fing an, ohne Offiziere zu kämpfen. Der „Herald" macht noch jetzt den Eindruck davon. Seine Artikel sind mittelmäßig, sicherlich ohne Geist und Witz, und oft sogar jener Klarheit und publizistischen Routine entbehrend, die man gewohnt ist, bei englischen Leitartikeln als selbstverständlich vorauszusetzen. Ich glaube nicht zu irren, wenn ich die Vermuthung ausspreche, daß die eine Hälfte der Artikel von ängstlichen, armen Literaten, die andere Hälfte von alt und grau gewordenen Gentlemen herrührt, welche letztere ihre Muße im Clubhause dazu verwenden, aus Reminiscenzen der Parlaments=Debatte vom Abend vorher und aus gemünzten Schlagwörtern ihrer Partei einen „Leader" für die nächste Nummer des „Herald" zusammenzustellen. Fast alle Blätter, bewußt oder unbewußt, haben etwas von der Schreibart der „Times" angenommen; nicht so der „Herald." Man könnte diese Festigkeit im Widerstehen preisen, wenn man nicht ein Gefühl davon hätte, daß sie mehr im Unvermögen als in einem starken Willen wurzelt. Ich sprach oben die Ansicht aus, daß der bedeutungsvolle Sieg, den die Tories in dieser letzten Session errungen haben, möglicherweise auch zu einer Neubelebung ihres ältesten und bewährtesten Organes führen könnte. Möglich ist diese Neubelebung allerdings, aber zunächst nicht wahrscheinlich. Das Hinderniß liegt vielleicht etwas in dem Führer selbst. Lord Derby kämpft, siegt oder siegt nicht, und läßt im einen wie im anderen Falle die Dinge gehen, wie sie gehen wollen. Sein laissez faire ist liebenswürdig und schafft die reizendsten wie die innigsten Beziehungen und Verhältnisse; überall

Poesie und freie Neigung, nirgends prosaischer Zwang und nüchterne Pflicht. Aber diese Anarchie, unbeschadet ihrer Liebenswürdigkeit, ist ein Leidwesen für alle Dinge, die sich nun einmal nicht von selber machen und einer bestimmten Organisation, eines festen Indiehand= nehmens bedürfen. Ein solches Ding ist eine Zeitung. Sie erfordert, wie alle Welt weiß, Geld, Arbeit, Talent. Aber was ist eine Zeitung für Lord Derby? Er hat nichts dagegen, daß es Zeitungen gibt; er will auch ihren Einfluß weder bestreiten, noch ihre Freiheiten verküm= mern, aber man soll von ihm nicht verlangen, daß er sich für Zeitungen interessirt. Es liegt auf der Hand, daß der „Herald" unter diesen Anschauungen des Toryführers zu leiden gehabt hat und noch leidet. Möglich, daß Lord Derby sein eigenes Organ nicht einmal liest, weil es ihm zu langweilig ist. Wenn Zuschüsse nöthig werden, so wird er sie zahlen und mit Rücksicht auf seine Stellung vielleicht mehr, als seine Quote beträgt, aber er wird nie ernstlich die Frage in Erwägung ziehen: was zu thun sei, um ein tüchtiges Toryblatt tagtäglich in die Welt zu schicken. Die Partei hält das Blatt und wird es ferner halten, aber zu wahrer Bedeutung kann es erst dann wieder gelangen, wenn die Indifferenz der Parteileiter demselben gegenüber ein Ende nimmt.

Der Absatz des „Herald" war 1854 zwischen 3= und 4000 Exem= plare. Ich glaube nicht, daß sich der Verkauf seitdem gesteigert hat. Vor ungefähr Jahresfrist machte der damalige Besitzer, Mr. Baldwin, Bankrott. Hauptgläubiger war ein Mr. Johnston. Das Blatt ging an diesen über und gilt derselbe seitdem als Eigenthümer und Leiter des Unternehmens. Die Beziehungen des Blattes zu den Tories, besonders zu den Alt=Tories (Mr. Spooner, Mr. Newdegate rc.), haben durch dies Uebergehen aus einer Hand in die andere keine Aenderung erlitten. Zu gleicher Zeit ist es wahrscheinlich, daß die Partei gewisse Zusagen gegen den neuen Besitzer gemacht und sich bereit erklärt hat, die beinah unausbleiblichen Ausfälle zu decken. So lange die Tories im Amte sind und den „Herald" zu einer Art ministeriellem Organ erheben, werden diese Zuschüsse vielleicht aus Gouvernementsmitteln gezahlt, in dem Augenblick indeß, wo sie zugleich mit den Schatzkammer=Bänken auch die Schatzkammer selbst wieder aufzugeben haben, fällt dem Carlton= Club auf's Neue die Verpflichtung zu, aus seiner Mitte und seinen Mitteln das Defizit seines anerkannten Organs zu decken. (Seit dem

Sommer 1859 hat der „Herald" sehr an Ansehn und Bedeutung gewonnen; er tritt konsequent und ehrlich, wenigstens mit Rücksicht auf die auswärtige Politik, für die alten Tory=Prinzipien ein und mit dem Ernst und dem Segen, den ein bestimmtes Wollen verleiht, ist auch sein Stil und seine Sprache wieder nerviger und straffer geworden.)

Fünftes Kapitel.

Der Morning Advertiser

wurde im Jahre 1794 gegründet, um dem damals blühenden „Daily Advertiser" Konkurrenz zu machen. Diese Konkurrenz war eine so glückliche, daß sich das ältere Blatt in Kurzem völlig überflügelt sah; ein Sieg indessen, der von Seiten des „Morning Advertiser" weniger durch besondere publizistische Verdienste als vielmehr dadurch errungen wurde, daß er sich zu einem Partei=Blatt ganz eigenthümlicher Art zu machen und die große und besitzende Klasse der „licensed victuallers" oder der sogenannten „publicans" auf seine Seite zu ziehen wußte. Er focht für die Interessen dieser „Destillateure," wie wir sie etwa nennen würden, und wurde dadurch ihr Organ. Er ist jetzt völlig und seit lange in Händen dieser Gesellschaftsklasse, die in der einfachsten Weise von der Welt das Unternehmen aufrecht hält und sogar ergiebig macht. Jeder publican in London nämlich (derer in den Provinzen zu geschweigen) ist Abonnent und zahlt als solcher die übliche Zeitungs=Abonnements=Summe von 5 Pfd. und 4 Sh. Dadurch wird Jahr für Jahr, mit Einschluß der Annoncen, eine Kapitals=Summe zusammengebracht*), die nicht nur groß genug ist, die Unterhaltungskosten

---

*) Natürlich ist der Verkauf des Blattes nicht auf publicans beschränkt, doch mag sein anderweitiger Absatz ein paar hundert Exemplare nicht übersteigen. Die eigentlichen politischen Parteien haben, ganz abgesehen von einer gewissen, alle Annäherung verbietenden „Unrespektabilität" des Destillateur-Blattes, ihre eigenen Organe und das Volk begnügt sich mit Penny- und Wochenblättern.

des Blattes zu decken, sondern sogar ausreicht, alljährlich 8000 Pfd. an die Verwaltung zweier milder Stiftungen, des „Licensed Victuallers Asylum" und der „Licensed Victuallers School" abzuliefern. Außerdem wird eine Art von Dividende (jährlich eine Guinee) an jeden Abonnenten, vorausgesetzt, daß er ein publican, zurückgezahlt. Alle diese Dinge zusammengenommen bilden die beste Garantie für das Fortbestehen des Blattes. Selbst diejenigen unter den publicans, die sich um eine Vertretung ihrer Standes-Interessen nicht kümmern und gleichgültig gegen den Fortbestand der obengenannten milden Stiftungen sind, selbst diese werden durch die Guinea-Dividende bei der Fahne gehalten und legen ein Blatt auf die Bierbank, das sie um 20 Prozent billiger haben können, als jedes andere.

Der zeitige Redacteur des „Advertiser" ist Mr. James Grant, einer der begeistertsten Schleppenträger Lord Palmerstons und als solcher in letzten Jahren oftmals genannt. Ueber die Wurzelfäserchen dieser Begeisterung existiren allerhand kleine Anekdoten, die jedoch zu unverbürgter Natur sind, um hier erzählt zu werden. Die äußeren Verhältnisse des Blattes selbst haben unter der Leitung Mr. Grants jedenfalls gewonnen und seine schon vorher gute Position noch verbessert. Das Mittel, mit dessen Hülfe diese günstigen Resultate erreicht werden, ist das altbewährte: nicht wesentlich klüger sein zu wollen, als die Leser. Logik und Konsequenz sind verpönt, fast so verpönt wie Gelehrsamkeit. Drei Dinge sind es, für die der „Advertiser" ausgesprochenermaßen ficht. Da haben wir zuerst, wie sich von selbst versteht, die Interessen der Destillateure, dann die Doktrinen der low-church-Männer und endlich die Grundsätze eines poltronisirenden, zahmen Radikalismus. Dieser letztere ist dem Blatte erst neuerdings eingeimpft worden; der alte „Advertiser" (bis zum Jahre 1848) focht für public-house und lowchurch und pflegte kurz dahin charakterisirt zu werden: dealing with spirits and spirituals. Sein Einstehen für die Lehren der low-church, wie sein gleichzeitiges heftiges Ankämpfen gegen „popery and tractadianism" (Rom und Puseyismus) wird übrigens allgemein als ehrlich und aus dem Herzen kommend angesehen und bildet, wenn auch die oft angegriffenste, so doch jedenfalls die respektabelste Seite des Blattes. Sein Radikalismus ist albern. Es ist wahr (wie bei Gelegenheit des Bernard'schen Prozesses oft hervorgehoben und schließlich faktisch bewiesen wurde), daß ein demokratisch-republikanisches Element, ein Ueberbleibsel aus Cromwells Tagen her, in den untern (nicht untersten) Schichten des englischen Bürgerstandes heimisch ist, aber diese Gesinnung, die sich wenigstens auf Traditionen stützen kann, wenn sie über Krone und Adel im eignen Lande zu Gerichte sitzt, wird zu barer Faselei, wenn sie über England hinausblickt und Miene macht, vom Standpunkt eines liberalisirenden Kannegießerthums, die Karte von Europa zu revidiren. Kenntniß des Auslands und seiner Angelegenheiten ist überhaupt nicht die starke Seite der englischen Presse, aber sicherlich nicht des Organs der „licensed victuallers." In früheren Zeiten verzichteten Blätter wie der „Advertiser" auf die Besprechung auswärtiger Fragen überhaupt; sie warteten, bis die Frage eine Gestalt angenommen hatte, wo sie England direkt zu berühren begann, und äußerten dann ihre Meinung nicht mit Rücksicht auf Recht oder Unrecht der streitenden Parteien, sondern lediglich in Erwägung des Nutzens oder Schadens, den England davon zu erwarten habe. Sie prätendirten weiter nichts zu wissen und zu kennen, als ihren eignen Vortheil. Das ist jetzt anders geworden; man hofmeistert jetzt. Die hier lebenden Flüchtlinge haben sich, wie man erwarten durfte, vielfach mit englischen Publizisten zweiten und dritten Ranges in Verbindung gesetzt und, theils in Debattir-Clubs, theils am Biertisch, ihre heimischen Angelegenheiten zum Gegenstand langer und kurzer Vorträge gemacht. Solchen Vorträgen lauscht nun der befreundete, englische Leitartikelschreiber, und halbverstandene Urtheile über allerhand fremdländische Vorgänge mit nach Hause nehmend, erklärt er am anderen Morgen dem gesammten Kontinent, „daß er (der Schreiber) an ihm verzweifle" und daß es nur zwei Rettungsmittel gebe: Lord Palmerston und — british constitution. Es soll nicht geleugnet werden, daß bei dieser Gelegenheit auch Gutes und Wahres mit drunterläuft. Einer der talentvolleren Mitarbeiter des „Advertiser," ein Mr. Richards, unterhält vielfache Verbindungen mit der Flüchtlings-Aristokratie, namentlich mit den Franzosen, und sieht sich mit Hülfe derselben von Zeit zu Zeit in den Stand gesetzt, Thatsachen zu veröffentlichen, deren Bedeutung nun einmal nicht weggeleugnet werden kann; aber diese vereinzelten Fruchthalme in einem Bunde Stroh können den Charakter des Ganzen nicht ändern und der „Advertiser" bleibt, was er ist. Im Großen und Ganzen herrscht ein unglaubliches Phrasenwesen vor, das durch ein Beispiel charakterisirt werden mag. Die Nummer vom 7. Juli d. J. bespricht die europäische Lage und schließt, wie folgt: „Warum legt Deutschland die Hände in den Schooß? warum keine Rührigkeit im Lager der Freien? Wohl ist es wahr, daß Säbel, Kutte und Gensdarmenthum mit schnöder Omnipotenz im Lande herrschen, aber zugleich wissen wir auch, daß noch ein paar Oasen der Freiheit — Städte wie Hamburg — übrig geblieben sind, wo es den Liberalen aller deutschen Länder möglich sein würde, sich zu vereinigen und ihre Gedanken über nationale Freiheit und Einigkeit auszutauschen." Das also ist Deutschland und — Hamburg im Jahre 1858.

Neben der obengenannten Dreiheit (Destillateurthum, low-church und Radikalismus), die der „Advertiser" vertritt, wendet er seine Aufmerksamkeit auch vorzugsweise der „sporting intelligence" zu. Wettrennen, Themse-Regattas und Cricketspiel finden darin ihre ausführliche Besprechung. Diese Vorliebe für alle Gattungen des „sport" indeß hindert den „Advertiser" keineswegs daran, Lord Derby um seiner Sportmannschaft willen anzugreifen, und entrüstet darüber zu sein, daß ein Premier von England ein beinahe größeres Interesse an dem Siege seines Lieblingspferdes, als an dem Siege seiner selbst und seiner politischen Freunde zu nehmen scheine. Wäre Lord Derby der Anhänger statt der Gegner Lord Palmerstons, so würde gerade diese „chevalereske" Seite seines Charakters, ein für allemal zu Gunsten desselben entscheiden. Bei niemand mehr, als beim „Advertiser."

Eine besondere Art von Berühmtheit hat sich der „Advertiser" durch seine canards zu verschaffen gewußt; er ist mit Rücksicht darauf ein wahrer Ententeich. Einige sehen darin Unkenntniß und Ungeschick von Seiten der Redaction; ich meinerseits, bin der Meinung, daß diese unverbürgten Gerüchte, die gemeinhin mit der ernsten Miene von Thatsachen auftreten, mit zu jenen wohlberechneten Mitteln zählen, die die äußerlichen Erfolge des Blattes herbeigeführt haben. In politisch-gebildeten Kreisen kann sich ein Blatt nicht halten, das Tag um Tag seine Leser düpirt und unablässig „Thatsachen" bringt, die nie Thatsachen waren und wenig Aussicht haben, es je zu werden. Der „Advertiser" aber wird für das Bierhaus geschrieben. Der Kannegießer, mit der Thonpfeife im Munde und dem Zinnkruge vor sich, ist überall

derselbe in der Welt. Er verlangt keine Wahrheit, wenigstens nicht in
erster Reihe, und was er mehr schätzt als wirklich Geschehenes, das sind
verbürgte oder unverbürgte Nachrichten, über die er streiten und konjek=
turiren kann. Der Abschluß eines Postvertrags oder die Einweihung
eines Wohlthätigkeits=Instituts, vielleicht in einer Stadt, deren Namen
er niemals gehört hat, wird selten einen dankbaren Stoff für seine Nei=
gungen bieten, aber ein gestorbener oder ermordeter Kaiser wird ihm
immer wieder willkommen sein, auch wenn eine 50malige Enttäuschung
längst zur Vorsicht gemahnt haben sollte.

Die tägliche Auflage des „Advertiser" war im Jahre 1855 nah
an 7000. Es ist wahrscheinlich, daß sich der Absatz seit jener Zeit
eher gehoben als vermindert hat.

Sechstes Kapitel.

Die Daily-News

wurde 1846 gegründet und ist das einzige Londoner Morgenblatt dieses
Jahrhunderts (mit Ausnahme der Penny=Blätter), das sich Terrain
erobert und bei Leben und Gesundheit erhalten hat. Die Zeit seiner
Gründung begünstigte diese guten Erfolge. Die Manchestermänner, die
in der Freihandelsfrage soeben einen glänzenden Sieg errungen hatten,
beschlossen zur Unterstützung ihrer parlamentarischen Thätigkeit, eine
Zeitung in's Leben zu rufen und die Popularität, die sich damals an
die Namen Cobden's und seiner Freunde knüpfte, war nicht nur eine
Garantie für die rasche Aufbringung der erforderlichen Geldmittel, son=
dern auch die beste Bürgschaft für eine allgemeine Verbreitung des Blattes
selbst.*) Binnen Kurzem waren die erforderlichen Summen, so viel ich

---

*) Nach einer mir später zugehenden Mittheilung waren es die Anstren=
gungen einer anderen Partei, und zwar der sogenannten Radikalen (Mr.
Joseph Hume, Sir Joshua Walmsley, vielleicht auch Sir William Molesworth

zustellen war und man sah sich gezwungen, den Preis auf 3 Pce. zu erhöhen. Auch dies reichte nicht aus und man kehrte endlich zu den ursprünglichen 5 Pce. zurück. Nur ein Blatt, das eine so frische, opferbereite Partei und in Folge davon so bedeutende Geldmittel hinter sich hatte, konnte alle diese Stürme und Schwankungen glücklich überstehen. Charles Dickens trat schon nach verhältnißmäßig kurzer Zeit von der Redaction zurück, die ihm viel Sorge und wenig Freude gemacht hatte; vielleicht war er auch, bei seinem vorherrschend novellistischen Talent, nicht die geeignetste Persönlichkeit, einem großen politischen Tagesblatte vorzustehen. Ihm folgte, ebenfalls nur auf kurze Zeit, Mr. John Forster (jetzt Redacteur des „Examiner"), der um's Jahr 1850 durch den inzwischen verstorbenen Mr. F. K. Hunt abgelöst wurde. Der gegenwärtige chief-editor der „Daily=News" ist Mr. Weir,*), ein Schotte, der, ohne ein Mann von hervorragenden Talenten zu sein, dem Blatte eine nunmehr gesicherte Existenz erobert hat, ohne das Ansehen und die Unabhängigkeit desselben irgendwie zu beeinträchtigen. Es gilt unter allen Londoner Tagesblättern für das prinzipiellste, gewissenhafteste, anständigste; Form und Gesinnung (gleichviel ob man sie theilen mag oder nicht) sind respektabel. Die Geldverhältnisse haben längst aufgehört, glänzend zu sein, aber sie sind geordnet. Ausgaben und Einnahmen decken einander.

Unter den besten und regelmäßigen Mitarbeitern der „Daily News" befindet sich Miß Martineau, die national=ökonomische Schriftstellerin par excellence und Verfasserin des bekannten Geschichtswerks: „Geschichte Englands während des dreißigjährigen Friedens." Viele Leitartikel, besonders aber längere und kürzere Aufsätze (in der ihr eigenthümlichen Form) über national=ökonomische Fragen, stammen aus ihrer Feder.

Die Prinzipien, für die die „Daily News" fechten, sind bekannt: Freihandel, parlamentarische, finanzielle und administrative Reform. Alle Persönlichkeiten, die sich im Laufe der letzten 10 Jahre in Vertheidigung dieser Prinzipien hervorgethan haben, sind auch mit wenigen Ausnahmen unter den Mitarbeitern der „Daily News" gewesen. Trotz alledem fehlt es dem Blatte, wenigstens in seiner gegenwärtigen Haltung, an

---

*) Gestorben im September d. J.; sein Nachfolger mir noch nicht bekannt.

der nöthigen Entfaltung von Frische, Leben, Talent. Es ist reich an Anstand, aber arm an Esprit. Ein einschläfernder, philiströser Zug — derselbe Zug, der die „respektablen" englischen Mittelklassen charakterisirt — zieht sich durch das Ganze. Ich leugne nicht, daß ich schlechtere Blätter lieber lese, als die untadligen „Daily News." Der „Advertiser" mit seinem Entenreich ist unendlich ergötzlicher und anregender. Als bezeichnend für die Schreibart der „Daily News" diene folgende Stelle aus einem Leitartikel vom 27. August v. J.: „Delhi muß aufhören zu existiren. Nur einen Granitblock in der Mauer wollen wir stehen lassen, die Stelle zu zeigen, wo Delhi war. Vor allem aber muß die Kapelle Aurungzebs zerstört werden, versteht sich, nachdem sie zuvor photographirt worden ist." Welche unendliche Kleinheit seinwollender Leidenschaft spricht sich in diesem vorsorglichen „versteht sich" aus. Mahnt es nicht an jenen Berliner Freiwilligen, der begeistert in den Krieg zog und einen Hausschlüssel mitnahm, für den Fall, daß er Nachts nach Hause komme? Ich habe übrigens jene wenigen Worte der „Daily News" keineswegs als ein besondres publizistisches Verbrechen citirt, wohl wissend, daß jede Zeitung in jeder Woche ähnliche oder noch größere Verstöße gegen den guten Geschmack begeht, ich habe jene Worte nur citirt, um mit Hülfe derselben den philiströsen, beinahe ellenreiterhaften Geist zu charakterisiren, der sich durch das ganze Blatt zieht und überall, selbst in den bestgeschriebensten Leitartikeln, wie eine Schlafmütze aus einem Kanonenmund heraussieht. Der Absatz des Blattes betrug im Jahre 1855 etwas über 5000 Exemplare. Ich bezweifle, daß er wesentlich gewachsen ist.

Siebentes Kapitel.

Die Pennyblätter. Ueber den Zeitungsstempel und seine Abschaffung. Daily Telegraph, Morning Star, Standard.

Diese Blätter existiren erst seit dem 1. Juli 1855 oder, was dasselbe sagen will, seit völliger Aufhebung des Zeitungsstempels (stamp). Ich knüpfe hieran eine kurze, historische Darstellung der englischen Zeitungssteuer. Wo irgend thunlich, werde ich das kurze Wort „stamp" statt Zeitungsstempel gebrauchen.

Die Zeitungssteuer geht in England sehr weit zurück und datirt bereits vom Jahre 1712. Einige whiggistische Blätter wurden damals dem Tory-Ministerium unbequem und Abhülfe sollte geschafft werden. Haus und Regierung, nachdem eine lebhafte Debatte stattgefunden hatte, kamen überein, eine Steuer einzuführen, derzufolge jedes Zeitungsblatt nunmehr gestempelt werden mußte. Dieser Stempel war verschieden, je nach dem Umfang des Blattes. Ein halber Bogen bezahlte einen halben Penny (5 Pfennige) Steuer, ein ganzer Bogen einen ganzen Penny. Die Bogen, wie sich von selbst versteht, waren damals klein, so daß, da das Gesetz unter „Bogen" nichts Willkürliches, sondern einen bestimmten Flächenraum verstand, mit dem Größerwerden der Bogen auch die Steuer wachsen mußte. In den zwanziger Jahren dieses Jahrhunderts (vielleicht auch früher schon) betrug die Steuer für jedes einzelne Blatt 4 d. (3 Sgr. 4 Pf.).

So kam das Jahr 30 und mit ihm die Reformbewegung; endlich die Reformbill selbst. Bis dahin war das Zeitungslesen in England eine Art Luxus gewesen. Die Wohlhabenden wurden durch die Steuer nicht gedrückt. Die große, alle Schichten der Gesellschaft durchdringende Aufregung, die mit den Bestrebungen der Reformpartei Hand in Hand gegangen war, hatte plötzlich diesem patriarchalischen Zustand ein Ende gemacht: der Löwe „Volk" hatte Blut geleckt und verlangte mehr. Einmal mit in die politische Bewegung hineingezogen, war der Zustand früherer Indifferenz, der wenigstens in allen Fragen der Repräsentation und der Verwaltung geherrscht hatte, nicht mehr herzustellen. Das

Zeitungs-Bedürfniß war im Volke erwacht, und da es an den theuren Blättern seinen Appetit nicht stillen konnte, so mußten billige geschafft werden. Aber wie? Die Erträge des Zeitungsstempels waren bedeutend und die Regierung schien durchaus nicht geneigt, einen nach Millionen zählenden Posten aus ihrem Einnahme-Budget streichen zu wollen. Während die Frage, zunächst noch ohne Leidenschaft, in einzelnen Kreisen diskutirt wurde, geschahen von Seiten unbemittelter aber unternehmungslustiger Buchhändler bereits allerhand Schritte, den Streitpunkt praktisch zu lösen. Der eingeschlagene Weg war nicht legal, hatte aber das Gute, eine legale Lösung der Frage schneller herbeizuführen. Jene Buchhändler nämlich begannen, allerhand kleine und große Volksblätter ohne Stamp zu drucken und zu verkaufen. Der rührigste unter ihnen war Mr. Hetherington, der zunächst öffentlich, später heimlich, ein ultrademokratisches Blatt „the Poor Man's Guardian" ohne Stempel verbreiten ließ. Das Recht zum Verkauf dieser ungestempelten Zeitung konnte dem Herausgeber nicht völlig bestritten werden, da es eine längst eingerissene Sitte war, in belletristischen Unterhaltungs-Blättern, die ausgesprochenermaßen keinen Stamp zu haben brauchten, gelegentlich auch eine politische Neuigkeit zu bringen und eine Meinung über dieselbe zu äußern. Auf solche Präcendenzfälle stützte sich jetzt Mr. Hetherington und bewies nicht ohne Geschick, daß sein Blatt mehr um der geäußerten politischen Ansichten als um des fehlenden Stamps willen verfolgt werde. „Das arme Volk," so schloß er seine Auslassungen, „könne keinen Stamp bezahlen und so werde er fortfahren, wie er begonnen habe." Stempelamt, Richter und Polizei indeß dachten anders darüber wie Mr. Hetherington und so drängten sich die gewöhnlichen, übrigens völlig legalen Maßregeln: Confiscation der Blätter, Geldstrafen, Verhaftung der Distributeure und, so oft man seiner habhaft werden konnte, Verhaftung Hetheringtons selbst. Die Häkeleien nahmen kein Ende und die Aufregung wuchs. Hetherington, wie David Wilkes 70 Jahre früher, wurde mit Volk und Freiheit identifizirt und Bevölkerungsklassen fingen an sich an dem Streit zu betheiligen, denen ein gewöhnlicher Preßprozeß die gleichgültigste Sache von der Welt gewesen wäre. Dabei drang die Regierung nirgends durch. Trotz Verfolgungen und Strafen entstanden immer neue Blätter und man setzte den gesammten Wochenverkauf derselben bereits auf 150,000 Exemplare fest. Regierung und

Presse — das heißt die alten respektabeln Organe derselben, die ihren Fourpenny-Stempel ehrlich auf der Brust trugen — waren gleich verlegen. Die Regierung, weil sie die Verbreitung unsinnig-demokratischen Geschreibsels oder für den Fall energischen Einschreitens einen Aufstand fürchtete; die Presse, weil sie durch die Albernheiten ihrer ungestempelten Kollegin jeden Tag in Verlegenheit gebracht wurde und von etwaigen allgemein abgefaßten Präventivmaßregeln in ihrer eigenen Freiheit mitgetroffen werden konnte.

So standen die Dinge, als Edward Lytton Bulwer sich zum Sprecher der in fast allen Klassen vorherrschenden Ansicht machte und am 15. Juni 1832 im Parlament eine glänzende Rede hielt, worin er auf Abschaffung des ganzen Zeitungsstempels drang. Alle Parteien waren im Wesentlichen derselben Meinung; da man aber nicht wußte, was man zur Ausfüllung eines unausbleiblichen, wenn auch vorübergehenden Deficits festsetzen sollte, so erklärte Lord Althorp im Namen des Gouvernements, daß die Session bereits zu weit vorgeschritten sei, um noch in einer so wichtigen Frage eine ausreichende Diskussion zu gestatten.

Wieder vergingen vier Jahre. Die Aufregung in den untern Volksklassen hatte vielleicht nachgelassen, aber innerhalb der eigentlichen politischen Parteien und Körperschaften hatte sich die Vorstellung mehr und mehr festgesetzt, daß der „stamp" fallen müsse.

Am 11. Februar 1836 erschien, unter Vortritt Dr. Birkbecks, eine Deputation bei Lord Melbourne, die demgemäße Anträge stellte. Die Deputation war zahlreich; dreißig Parlaments-Mitglieder hatten sich ihr angeschlossen, darunter: Joseph Hume, George Grote, John Bowring, John Roebuck, Sir W. Molesworth und Daniel O'Connel. Dr. Birkbeck hielt eine lange Ansprache, besonders Gewicht darauf legend, daß eine theilweise Aufhebung des Stamp, die, wie er höre, beabsichtigt werde, zu nichts führen könne; ganz müsse die Steuer fallen. Nach ihm ergriff Joseph Hume das Wort. Er sprach vorzugsweise über den Rechtspunkt und hob hervor, daß die gegenwärtige Handhabung des Gesetzes — wegen Mangelhaftigkeit der Gesetze selbst — durchaus den Eindruck der Willkür mache. So viel er wisse, existirten neunzehn, theils ganze, theils halbe Gesetze, mit deren Hülfe man den Kampf gegen die „Ungestempelten" geführt habe, neunzehn Gesetze, die wiederum neunzehn verschiedener Deutungen und Auslegungen fähig wären. Daher sei es gekommen, daß die Strafen so auffällig unter einander abwichen. In einem Falle genüge die Beschlagnahme des Blattes, im andern Falle werde eine Geldstrafe erhoben, die wieder beliebig schwanke zwischen 5 und 20 Pfd. St. An einigen Orten habe der Friedensrichter den Strafälligen zu 7 Tagen Gefängniß verurtheilt, an anderen habe man, für genau dasselbe Vergehen, ein Strafmaß von 6 Monaten verhängt. Gründlich müsse dem abgeholfen werden, und das einzige wahre Heilmittel sei — Beseitigung des Stamp überhaupt. Lord Melbourne gab eine glatte, aber ausweichende Antwort. Die Deputation erreichte indeß das Wesentliche, was sie sich versprochen hatte. Die Debatten im Parlament begannen auf's Neue und am 15. September 1836 wurde ein Gesetz publicirt, das die Zeitungsstener von 4 Pce. (3 Sgr. 4 Pf.) auf 1 Pce. (10 Pf.) herabsetzte. Da dieser eine Penny zugleich das Recht einschloß, die Zeitung portofrei durch alle drei Königreiche zu senden, so war der Zweck der Anti-Stamp-League, wenn auch nicht völlig, so doch annähernder erreicht, als sie selbst erwartet haben werden. Die Ausfälle, die die Staatseinnahme in den ersten Jahren dadurch erlitt, waren nicht unbedeutend, bald aber glichen dieselbe, weil die Herabsetzung des hohen Portosatzes hier wie überall zur Folge hatte: die alten Einnahmen wurden nicht nur binnen Kurzem erreicht, sondern bei Weitem überstiegen.

Es existirte denn also nur noch der Penny-Stamp; jedes einzelne Exemplar bezahlte 10 (preuß.) Pfennige Steuer. Dies war ein großer Gewinn gegen früher, aber doch nicht völlig das, was Zeit und Presse peremtorisch heischten. Die Losung wurde wieder: der Stamp muß fallen. Nach beinahe 20 Jahren drang man mit dieser Forderung durch: am 1. Juli 1855 fiel der Stamp wirklich. Da die Agitation dagegen in den letzten Jahren keine heftige gewesen war und jedenfalls mehr en passant als ausdrücklich betrieben wurde, so ist die Annahme durchaus berechtigt, daß schließlich Rücksicht und Einsichtlich, nicht aber eine Humanitäts-Idee, den Ausschlag gegeben habe. Den Herren Mr. Brights und Mr. Milner Gibsons, die schließlich im Parlament auf völlige Beseitigung der Zeitungssteuer antrugen, wird, was nicht geleugnet werden soll, nichtsdestoweniger ein redliches Recht an den Sturz

Sie hatten schwerlich die Absicht, irgend einer Persönlichkeit oder Redaction durch ihre jährlich wiederholten Anträge direkten Schaden zufügen zu wollen, und alles, was sie erstrebten, war die möglichste Verbreitung ihrer Parteiansichten. Die seit 1846 existirenden „Daily News" drangen nicht tief genug. Man wollte in den unteren Schichten des Volkes Terrain gewinnen; dazu bedurfte es einer billigeren Presse. „Pennyblätter," so hieß es in ihrem Programm, „Pennyblätter, wie sie Amerika hat." So lange der bloße stamp indeß einen Penny kostete, war an Pennyblätter nicht zu denken. Dies wird genügen, die Agitation der Manchesterpartei zu erklären.

Aber fraglich bleibt es allerdings, ob und wann diese Agitation reüssirt hätte, wenn nicht, während des Krim-Krieges, die damals am Ruder befindlichen Whigs und Peeliten die lange schwebende Frage selbst in die Hand genommen und aus Motiven, die nur errathen werden können, die Abschaffung des stamp proponirt hätten. Mr. Gladstone, damals Finanzminister, brachte eine derartige Bill vor das Haus, die — ohne im Verlauf der Debatte oder durch das Ausscheiden der Peeliten aus dem Kabinet eine wesentliche Veränderung erlitten zu haben — endlich durchging und vor Schluß der Session zum Gesetz erhoben wurde. Der stamp war abgeschafft, die Presse ihrer letzten Beschränkung enthoben. Es hieß damals, daß Neid, Aerger und Eifersüchtelei gegen die „Times" einzig und allein die englische Regierung bestimmt hätten, nicht nur dem Drängen der Manchesterpartei nachzugeben, sondern selbst die Initiative zu ergreifen. Wenn man die Leitartikel der damaligen „Times" liest (von der man annehmen darf, daß sie in Dingen, die sie so nah angingen, bestens unterrichtet war), so bleibt einem allerdings kaum ein Zweifel übrig, daß das Ministerium, namentlich Mr. Gladstone über Mittel und Wege nachgedacht hatte, den immer mächtiger werdenden Einfluß der „Times" nach Kräften zu paralysiren. Mittel, wie sie andern Regierungen zu Gebote stehen, waren in England unthunlich, und so blieb nichts Anderes übrig, als durch den Versuch einer möglichsten Schädigung ihrer Geldinteressen der immer unbequemer werdenden „Welt-Zeitung" entgegenzutreten.

Den Zusammenhang zwischen einem solchen Versuch und der Aufhebung des Zeitungsstempels zu verstehen, ist es nöthig, in meiner Darstellung etwas zurückzugreifen. Die Abschaffung des Stamp war freilich ein Vortheil für die Presse im Allgemeinen, aber, aller Wahrscheinlichkeit nach, ein Nachtheil für die „Times." Man wird sich erinnern, daß ich weiter oben hervorgehoben habe, wie der Penny-Stamp zugleich als Frankir-Marke wirkte und der Zeitung, während voller vierzehn Tage, das Recht freier Beförderung auf allen englischen Posten verlieh. Das kleinste Blatt und die 96 Spalten zählende „Times" rangirten gleich; sie hatten denselben Stamp und dasselbe Recht. Jetzt fiel der Stamp, aber die Post legte sich in's Mittel. Sie erklärte: Wir befördern Zeitungen, die unter vier Unzen wiegen, pro einen Penny; Blätter aber, die mehr wiegen, zahlen nach Verhältniß mehr. Hic haeret. Alle englischen Zeitungen, mit Ausnahme der „Times," wiegen unter 4 Unzen; die „Times" aber, in Folge ihres Supplements, wiegt zwischen 5 und 6 Unzen und bedarf um deßhalb, so weit sie per Post befördert werden will, eines Poststamps (nicht Zeitungs-Stamps) von 1½ Penny. Da täglich von den 40- bis 50,000 „Times-"Exemplaren die große Hälfte per Post expedirt wird, so hoffte man, daß eine Majorität der auswärtigen „Times-" Leser unzufrieden werden würde, jede Nummer mit einem halben Penny mehr bezahlen zu müssen als früher und knüpfte hieran die Hoffnung, daß viele Leser die „Times" aufgeben und ein Blatt zum alten Preise anschaffen würden. Die „Times," in einer Art von Bescheidenheit, fürchtete viel von dieser Maßregel. Aber, wie sich seitdem gezeigt hat, völlig ohne Grund. Ihr Absatz hat sich nicht vermindert, sondern ist gestiegen, wenigstens wenn die Angaben richtig sind, die sie selber vor wenigen Wochen und zwar bei Gelegenheit der Papiersteuer, über ihren Papierverbrauch veröffentlicht hat. Die Feinde von Printing-House-Square, die von Einführung der neuen Verordnungen einen wesentlichen Einfluß auf den Absatz der Times erwarteten, hatten die eine Thatsache außer Acht gelassen, daß die Times das eigentliche „Gentlemans-Blatt" durch alle drei Königreiche ist und fast ausnahmelos von Personen gelesen wird, denen es gleichgültig ist, ob sie einen halben Penny mehr oder weniger für ihre tägliche Lektüre zu zahlen haben.

Der Stamp also war gefallen. Die Arrières-Pensées, die Mr. Gladstone gehegt haben mochte, als er sich zum Advokaten der Stempelfreiheit machte, hatten sich als irrig erwiesen; nicht so die Hoffnungen, die die Manchester-Partei an den endlichen Wegfall des Penny-Stamps geknüpft hatte. **Pennyblätter schossen auf.** Die Provinzen, so viel ich weiß, sind reich daran; London besitzt ihrer drei: den Daily-Telegraph, den Morning-Star und den Standard.

Daily-Telegraph

wurde unmittelbar nach Erlaß des neuen Gesetzes (Aufhebung des Stempelzwangs) durch Oberst Sleigh, einen Mann von etwas zweifelhaftem Rufe, gegründet. Seine Mittel waren gering, so daß er Actien ausgab und in der That Käufer für dieselben fand. Das Unternehmen schlug aber nicht ein und der „Colonel" sah sich genöthigt, bei seinen Partnern — den Inhabern der Actien — um neue Summen nachzusuchen. Als diese abgeneigt waren, neue Einzahlungen zu machen, proponirte er ihnen: Rückverkauf ihrer Actien an ihn selbst, versteht sich gegen Empfang einer äußerst kleinen Summe in baar. Die Actionaire, froh, einen Theil sonst sicher verlorenen Geldes retten zu können, gingen rasch auf diesen Vorschlag ein. Actien, die der Colonel für 100 Pfd. verkauft hatte, kaufte er jetzt für 5 Pfd. zurück. Er war nun wieder alleiniger Eigenthümer, freilich ohne Geld. Die natürliche Folge war, daß das alte Spiel von Neuem begann, wenigstens beginnen sollte. Abermals wurden Theilnehmer gesucht. Ein Mr. Lewy kaufte wirklich die Mehrzahl der Actien. Da es dem „Obersten" indeß mißlich erscheinen mochte, sein früheres Actienmanöver nochmals zu wiederholen, der Name „Lewy" auch wenig Chance für das Gelingen eines Coup, vielmehr die Bürgschaft energischen Widerstandes bot, so entschloß er sich, seinerseits das Feld zu räumen und verkaufte demgemäß seinen Antheil für eine nicht näher bekannte Summe. Dies geschah 1856, ungefähr ein Jahr nach Gründung des Blatts. Seitdem ist Mr. Lewy der Eigenthümer desselben. Es besteht aus einem großen Doppelbogen im „Times:"Format, bringt eine bedeutende Zahl bezahlter Annoncen, publicirt in den ersten Stunden des Nachmittags eine second edition und ist ausgezeichnet durch die stylistische Gewandtheit, den Witz und die Leichtigkeit seiner Leitartikel. Es steht in dieser Beziehung (wiewohl nur ein Penny=Blatt) der „Times" am nächsten. Seine leader, meist drei, oft vier, sind unverhältnißmäßig pikanter und lesbarer (um nicht zu sagen besser) als die aller übrigen Tagesblätter. Hierauf gründete

Mr. Lewy seine Speculation; er hatte eine Ahnung davon, worauf die Erfolge der „Times" beruhten und noch beruhen, und beschloß überall zu sparen (Papier und Typen z. B. sind schlecht), aber bei Heranziehung publizistischer Kräfte mit lockender Splendidität zu verfahren. Diesem glücklichen Kalkül verdankt er die Resultate, die vorliegen. Der Absatz des Blattes ist sehr bedeutend und seine Geldverhältnisse sollen jetzt gut sein.

Die Leitartikel des „Daily-Telegraph" zeichneten sich schon durch Leichtigkeit und Pikanterie aus, als Oberst Sleigh noch an der Spitze des Unternehmens stand. Der „Colonel" selbst — was immer seine sonstigen Fehler sein mochten — führte wenigstens eine gute Feder. Um Recht und Unrecht kümmerte er sich nicht viel.

Die jetzigen Leitartikel des „Daily-Telegraph" rühren zum größeren Theil aus der Feder der „St. Johns." Dies ist eine aus drei oder vier Brüdern bestehende Literaten-Familie, die sich auf Publizistik ähnlich gut versteht, wie die drei Schwestern Charlotte, Anna und Emilie Bronte auf Novellstik. Sie theilen auch das mit den Bronte's, daß man stets in Zweifel bleibt, wer denn der eigentliche Verfasser sei. Daher der Umstand, daß man nicht von diesem und jenem Bruder, sondern von den St. Johns im Allgemeinen spricht. Sie theilen alles brüderlich: Ehre und Unehre, Vortheil und Verlust. Die Prinzipien, die der „Daily-Telegraph" vertritt, sind im Wesentlichen die des Radikalismus. Ein Zug aber, der frappanter hervortritt, ist sein unbedingtes Einstehen für Lord Palmerston. Ein abermaliges Beispiel, daß die gut geschriebenen, mit Talent redigirten Blätter meist palmerstonisch sind.

Morning-Star.

„Daily-News," wie bereits hervorgehoben, vertraten, von dem Augenblick ihrer Gründung an, Handelsfreiheit, Liberalismus und Dissenterthum; „kein Monopol," war das Grundprinzip, für das sie kämpften; aber wie bedeutend die Resultate sein mochten, die in beinah zehnjähriger Wirksamkeit errungen waren, die Manchestermänner, die immer nur in mittelbarer und halb zufälliger Beziehung zu dem genannten Blatte gestanden hatten, waren durch diese Erfolge nicht befriedigt und strebten, den Kreis ihrer Wirksamkeit rasch und bestimmt zu erweitern. Die „Daily=News," schon um ihres Preises willen, drangen nicht tief genug in's Volk, das war eins; vor allem aber war es ein immer wachsender Wunsch der „Friedenspartei," ein eignes selbstgegründetes, von der Partei direkt abhängiges Organ zu haben, um in Zukunft der Unterstützung eines Blattes entbehren zu können, das, bei Uebereinstim= mung in vielen Punkten, doch in Einzelfragen abwich und seinen eignen Weg verfolgte.

Der Stamp war gefallen und dieser Augenblick schien geeignet, an die Ausführung jenes lang gehegten Planes zu gehn. Die Gründung eines großen Penny=Blattes wurde beschlossen; Anhänger der Manchester= partei, vielleicht auch einzelne hervorragende Mitglieder der schottischen Kirche, zeichneten bedeutende Summen und Anfang 1856 erschien die erste Nummer des „Star." Er erhob sich rasch zu einer gewissen Be= deutung und soll es im Laufe des vorigen Jahres häufig zu einem Absatz von über 30,000 Exemplaren gebracht haben. Seitdem hat er wesentlich eingebüßt, ganz besonders, seitdem der „Standard" ebenfalls zu einem Pennyblatte geworden ist und die bis dahin alleinige Konkurrenz des „Daily=Telegraph" mehr denn verdoppelt hat.

Der „Star" ist das Cobdenitenblatt par excellence. Ebendeßhalb zeigt er häufig, wie die Partei selbst, jenes Doppel=Element, das im Lager derselben thätig ist. Wir haben uns daran gewöhnt, die Namen Cobden, Bright und Milner Gibson als eine zusammengehörige Dreiheit zu denken; es finden aber sehr wesentliche Unterschiede zwischen ihnen statt. Es ist das religiöse Element, was den Unterschied macht. Cobden und Bright sind Freihandelsmänner und die bekannten Elihu Burritts im Heerlager des waffenklirrenden Europa; diese Ueber= einstimmung der Ansichten hat sie zusammengeführt. Aber die Friedens= apostelschaft Cobdens ist nur der erste Paragraph eines Handels=Coder, das Produkt einer ziemlich nüchternen, durchaus auf Nützlichkeit gestellten Seele, während im Herzen John Bright's wirklich ein Funke vom apo= stolischen Feuer glüht und die Nützlichkeitsfrage für ihn in der Frage nach Recht, Humanität und Christlichkeit untergeht. Weil er begeistert ist, vermag er zu begeistern; selbst der palmerstonische Spott wagt sich nur scheu an ihn heran und geht dem „Prediger in der Wüste" lieber aus dem Wege, als daß er ihn aufsucht und bekämpft.

Man verzeihe diese Abschweifung; sie war nöthig. Eine derartig ausgeprägte Verschiedenheit, wie sie zwischen den Trägern der Partei herrscht, herrscht auch zwischen jenen Delegirten, die mit der Leitung des Partei-Organs betraut sind und nunmehr als Redacteure an der Spitze des Blattes stehen. Die Einen sind Freihandelsleute und weiter nichts, aller Kirchlichkeit eher abhold als zugethan und jedenfalls gleichgültig dagegen, ob die Zukunft Englands dem Anglikanismus oder Calvinismus gehört; die Anderen, Schotten aus der Schule des John Knor, feurig, eigensinnig, fast ascetisch, Puritaner, in der traditionellen Engherzigkeit ihrer Sekte befangen, aber, wohl oder übel, im ernsten Dienst einer Idee. Das ganze Blatt redigirt von schwärmerischen Handelsleuten und nüchternen, geschäftsstrengen Schwärmern. Es versteht sich von selbst, daß Rücksicht auf das Publikum und das unvermeidliche Theilnehmen an den Streitigkeiten des Tages die Grundprinzipien des „Star" nicht immer scharf hervortreten läßt. Sie sind aber nicht aufgegeben und bethätigen sich stets im rechten Moment. Der hervortretendste Zug des Blattes ist in diesem Augenblick seine entschiedene Feindschaft gegen Lord Palmerston und die Unterstützung des Derby-Kabinets. Um die Politik des „Star" nach dieser Seite hin zu verstehen und nicht zu mißdeuten, ist es nur nöthig, den Weg zu verfolgen, den John Bright während der letzten Session eingeschlagen hat. Die Cobdeniten sahen schließlich klar, daß sie für ihre Ansichten von keiner Seite her weniger Unterstützung zu erwarten hatten, als von Lord Palmerston. Das Programm des letzteren stellte sich ihnen immer bestimmter als eine bloße Variation des alten Spruches heraus: „Streit nach außen, schafft Frieden im Innern und — vertagt die Reform." Dieser Satz aber war gerade der letzte, dem John Bright sich gemüßigt fühlen konnte seine Zustimmung zu geben. Was er wollte, war genau das Umgekehrte: Kein Krieg, aber Reform und Frieden. An die Acceptirung dieses Satzes knüpfte er seinen Beistand. Er sah entweder die Tories geneigt, in aller Aufrichtigkeit ihm zuzustimmen, oder die offenkundige Schwäche derselben machte sie schließlich geneigt, jedes Bündniß zu schließen und jedes Zugeständniß einzugehen. Gleichviel, die Thatsache bleibt dieselbe: die Manchestermänner traten auf die Seite der Tories und — Palmerston fiel, zwei Tage nach einem Siege, der ihn in falsche Sicherheit gewiegt hatte. Diesem Gange der Politik ist der „Star" gefolgt; sein Stehen zu den Tories erklärt sich aus der augenblicklichen Stellung seiner Partei überhaupt. Diese Stellung wird nicht dieselbe bleiben; wie ein Condottiero aus der alten Schule wird John Bright seine Hülfe stets an Bedingungen knüpfen, wird bald auf dieser, bald auf jener Seite fechten und während er abwechselnd Whigs und Tories den Sieg zuträgt, hofft er zuletzt der einzige Sieger zu sein. Ob zum Segen des Landes? Schwerlich. England scheint mir nicht angethan, den Prozeß der Amerikanisirung glücklich durchzumachen.

Der „Star," wie hervorgehoben, ist ein Actien-Unternehmen. Ein Comité regelt die Geld- und Geschäftsverhältnisse. Im Auftrage dieses Comité's ist ein sogenannter „manager" (Betriebs-Direktor) thätig: Mr. John Barter Langley. Das Blatt hat vier Redacteure, von denen Mr. Hamilton, ein strenger Puritaner, gemeinhin als Chef-Redacteur betrachtet wird. Der „Star" erscheint bekanntlich als Morgen- und Abendblatt: „Morning Star" und „Evening Star." Die vier Redacteure theilen sich in ihre Arbeit derart, daß zwei (darunter Mr. Hamilton) den „Morning Star" ediren, zwei andere (darunter Dr. F. aus Berlin) den „Evening Star." Diese Verwendung eines deutschen Publizisten in der englischen Presse ist ein Unicum. Gelegentlich wird einem zwar von diesem und jenem Anglophoben versichert, daß die besten Leitartikel der „Times" „notorisch" von Deutschen geschrieben würden, es hat aber damit etwa eben so viel auf sich, wie wenn einem versichert würde, daß die besten Messineser Apfelsinen aus den Potsdamer Orangerieen kämen. Man wird einer fremden Sprache niemals insoweit mächtig, um einen „besten" „Times-"Artikel darin schreiben zu können.

Der Absatz des „Star," wie bereits hervorgehoben, ist nicht mehr so bedeutend, als vor 12 und 18 Monaten. Die daraus resultirenden minder günstigen Geldverhältnisse des Blattes sind aber vorläufig gleichgültig und ohne allen Einfluß auf das Fortbestehen desselben. Der letzte große Sieg der Manchestermänner 1858 (denn die Tories siegten nur durch John Bright und seine Freunde) hat neues Leben in die Partei gebracht, große, wenn auch vielleicht verschiedene Hoffnungen geweckt und eine allgemeine Geneigtheit zu jedem Geldopfer, wenn nöthig, hervorgerufen. Diese Geneigtheit wird mindestens so lange dauern, wie die Partei das bleibt, was sie an Macht und Bedeutung in diesem Augenblicke ist.

Der Standard

nur früher das Abendblatt des „Morning Herald" und verhielt sich zu demselben etwa wie der „Examiner" zu den „Daily News." Er theilte in seinen alten Tagen all die Schwächen des „Herald." Beide pflegten (namentlich im „Punch") als zwei alte Klatschschwestern abgebildet zu werden, grämlich, hinterlistig, langweilig. „Mrs. Harris" und „Mrs. Gamp" waren populäre Figuren, genau (ohne im Uebrigen eine Parallele ziehen zu wollen) wie „Onkel Spener" und „Tante Voß."

Im Februar dieses Jahres indeß, während „Mrs. Harris" nur etwas eleganter in ihrer Matronen-Toilette wurde, wurde „Mrs. Gamp" ohne Weiteres zu der bekannten Mühle geschickt und kam jung und frisch von ihrem Ausflug zurück. Der „Standard" ist nicht mehr „Mrs. Gamp," sondern einfach — der „Standard," der, wenn er einen neuen Beinamen führen soll, sich diesen erst erwerben muß.

In der gesammten Tory-Presse haben im Laufe dieses Jahres große Umwälzungen stattgefunden. Es scheint mir nicht ungeeignet, an dieser Stelle eine kurze Darstellung derselben zu geben. Als im Laufe des Februars die Tories in's Amt kamen, mußten sich auch die intelligenteren unter ihnen überzeugen, daß es mit ihren alten Preß-Organen in der hergebracht-schläfrigen Weise nicht weiterginge und daß Reformen unerläßlich seien, wenn man den gegnerischen Blättern einigermaßen gewachsen sein wolle. Die Tory-Presse bis dahin hatte eigentlich aus nicht mehr als zwei Organen bestanden, aus einem Tages- und einem Wochenblatt. Das Tagesblatt war der „Herald" (dessen Abend-Ausgabe der „Standard" hieß), das Wochenblatt war die „Preß." Die alten Tories hatten zum „Herald," die Jung-Tories zur „Preß" gehalten. Im Februar d. J. traten die Tories in's Amt. John Bright hatte ihnen zum Siege verholfen und seine Hülfe an bestimmte Bedingungen geknüpft. Sollten diese Bedingungen wirklich erfüllt und die guten Beziehungen zu den Manchestermännern aufrecht erhalten werden, so mußte das Alt-Toryhum als solches sich aufgeben oder sich wenigstens zurückziehen, um dem Jung-Toryhum die vorderen Plätze einzuräumen. Das Letztere geschah. Die alten Tories (Spooner, Newdegate) kauften die bis dahin jung-toryistische „Preß," während die Jung-Tories (Disraeli und Lord Stanley) im Redactionslokal des bis dahin alt-toryistischen „Standard" ihren Einzug hielten. Dieser Tausch war wesentlich: die Alt=Tories mit ihrer Klage über den Verfall des Torythums und die Unnatürlichkeit geschlossener Bündnisse waren nunmehr auf die Wochenblatts=Ration gesetzt, während das bis dahin in wochenblättlicher Verborgenheit blühende Jung=Torythum ein Tagesblatt gewonnen hatte und die Wochenklage der „alten Herren" tagtäglich bekämpfen und belachen konnte:

Die Jung=Tories hatten also den „Standard" und beschlossen sofort aus dem Abendblatt ein Morgenblatt, und zwar eine Penny=Zeitung, zu machen. Der Gedanke scheint ein glücklicher gewesen zu sein und fast unerwartet glänzende Erfolge nach sich gezogen zu haben. Man spricht von 40,000 Exemplaren, die der „Standard" täglich absetze. Die Zahl seiner Annoncen ist groß und wächst täglich. Nach Angaben Anderer sind diese Erfolge allerdings vorhanden, aber doch nicht ausreichend, das Blatt ohne Subvention existiren zu lassen. Sein nomineller oder wirklicher Eigenthümer ist Mr. Johnston, derselbe, der nach dem Bankrutt Mr. Baldwins (des früheren Besitzers der beiden Schwesterblätter) auch den „Herald" an sich brachte. Er leitet, wie es heißt, die Geldverhältnisse seiner beiden Blätter selbstständig, legt Rechnung ab und empfängt die nöthigen Zuschüsse. Die Ansichten darüber sind getheilt, ob diese Summen aus Regierungsfonds gezahlt oder von hervorragenden Mitgliedern der Tory=Partei aufgebracht werden. Das letztere ist fast wahrscheinlicher.

Noch einmal: innerhalb der toryistischen Presse hat eine neue Gruppirung stattgefunden; wenig Neues ist an Kräften hinzugetreten, aber die Kräfte selbst haben ihre Rollen und Aufgaben getauscht. Wir haben jetzt vier Organe zu unterscheiden: den „Herald," die „Presse," den „Standard" und die „Constitutional Preß." Der „Herald" ist im Wesentlichen der Alte geblieben. Die „Preß," wie bereits hervorgehoben, hat ihre jung=toryistischen Kräfte abgegeben und ist alt=toryistisch geworden. Die dadurch vakant gewordenen Jung=Tories von der „Preß" haben sich in zwei Gruppen getheilt; die Jüngsten der Jungen ediren seitdem die „Constitutional Preß" und schreiben dieselbe ausschließlich in jenem Uebermuths=Styl, der früher nicht der einzige aber allerdings ein wesentlicher Zug der alten „Preß" war; die mehr ausgegohrenen Elemente der letztern haben sich hingegen dem „Standard" zugewandt und machen diesen zu dem gegenwärtig besten und einflußreichsten Tory=

Blatte. Neue Ideen werden mit Kraft, Talent, Lebhaftigkeit vertreten, ohne den Prinzipienkampf, durch beständige Auftischung gehässiger Persönlichkeiten, allzusehr zu bloßer Phrase und Karrikatur seiner selbst zu machen. Der „Standard" war für Zulassung der Juden in's Parlament, für Abschaffung der church rates und Aufgebung der property qualification als Wahl-Erforderniß. Die alten Tories, wie sich denken läßt, haben Verrath über solche Neuerungen geschrieen. Der „Standard" schlägt die Brücke zwischen dem Derby-Kabinet und John Bright. (Die muthmaßlich veränderte Haltung des Blatts, seit Lösung des Bündnisses, habe ich nicht verfolgen können.)

Achtes Kapitel.

Die Abendblätter. Sun. Globe.

Die Abendblätter rivalisirten früher an Zahl, Absatz und Einfluß mit den Morgenblättern. Das ist nicht mehr der Fall; sie sind jetzt von verhältnißmäßiger Unbedeutendheit. Der Grund dafür liegt wohl erstens darin, daß Stenographie, Dampfpresse und Nachtdienst es möglich gemacht haben, die Parlamentsverhandlungen vom Abend vorher schon am nächsten Morgen in aller Vollständigkeit zu bringen, zweitens aber und kaum weniger in dem begleitenden Umstande, daß das Erscheinen der sogenannten „second editions," die um die Mittagsstunde den Inhalt der Morgens eingetroffenen Kontinentalpost bringen, bei allen Morgenblättern allgemein geworden ist. So kommt es, daß für die Abend-Zeitungen wenig besondere Neuigkeiten übrig bleiben. Mit den Parlamentsverhandlungen vom Tage vorher kommen sie um beinahe zwölf, mit den Nachrichten der Kontinentalpost um beinahe sechs Stunden später, als die Morgenblätter, und alles, was ihnen als Neuigkeitslese bleibt, beschränkt sich auf einige Lokalvorkommnisse (selten von Belang), auf interessante Gerichtsverhandlungen vom Tage selbst (wie während des Palmer'schen und Bernard'schen Prozesses) und auf die stenographi=

schen Berichte jener Mittagssitzungen, die das Parlament zweimal wöchentlich zu halten pflegt.

Schon 1727 gab es eine „London Evening Post;" zu ihr gesellten sich in längeren und kürzeren Zwischenräumen: die „General Evening Post," „Lloyd's Evening Post," „St. James Evening Post" und mehrere andere noch, die — in Uebereinstimmung mit den Morgenblättern jener Epoche — nicht täglich, sondern nur dreimal wöchentlich erschienen.

Zu Anfang dieses Jahrhunderts gab es bereits täglich erscheinende „Evening Papers," und dem von Daniel Stuart 1803, nach seinem Rücktritt von der Post, gegründeten Abendblatt „the Courier" war es vorbehalten, auf länger denn ein Jahrzehnt die Erfolge aller damaligen Morgenblätter zu überflügeln. Wie wir gesehen haben, ging selbst der Absatz der „Post" — damals das gelesenste Morgenblatt — nicht über 4500 hinaus, der „Courier" aber verkaufte, während der Kriegsjahre, durchschnittlich 8000 Exemplare, eine kurze Zeit hindurch sogar 10,000. An der Spitze des Blattes stand damals Mr. Street, ein umsichtiger, gewandter Publizist, der von Daniel Stuart mit der Leitung des Ganzen betraut worden war. Mr. Street war es, der zu Gunsten des „Courier" die „second editions" einführte, ein seitdem bewährtes Hülfsmittel zur Steigerung des Absatzes, das man bis dahin nicht gekannt hatte. Diese ursprünglichen „zweiten Ausgaben" waren freilich nichts, das sich mit den second editions der gegenwärtigen „Times" vergleichen ließe. Das Hinzugefügte bestand oft aus wenigen Zeilen nur und hatte nichts gemein mit jener spaltenfüllenden Kontinentalpost, deren Neuigkeiten jetzt eine second edition auszumachen pflegen. Viele Personen entsinnen sich noch, wie vor ungefähr 50 Jahren, nach von Daniel Stuart herrührenden Anweisungen, die „zweiten Ausgaben" eingeführt wurden. Eine Art von Fußpostillonen, bunt gekleidet und auf verstimmten Jagdhörnern blasend, liefen durch die Straßen und schrieen: Neuigkeiten, „Courier," zweite Ausgabe, große Neuigkeiten ec. Der Absatz war in der Regel sehr groß, hatte man sich aber verrechnet und drohten tausend Exemplare unverkauft auf dem Lager zu bleiben, so hieß es plötzlich, nach Verlauf einer halben Stunde: Neuigkeiten, „Courier," dritte Ausgabe, große Neuigkeiten. Zu oft durfte dies nicht gewagt werden, um die Nachsicht der Käufer auf keine allzuharte Probe zu stellen; die wenigen Male aber, daß es überhaupt vorkam, war das Publikum durchaus befriedigt, und nahm keinen Anstoß daran, daß die „dritte Ausgabe" bei ihrem ersten Debüt z. B. nichts weiter brachte, als das Folgende: „Der Schurke Bellingham, der, wie unsere Leser wissen, morgen früh gehenkt werden soll, hat es refüsirt, sich den Bart abnehmen zu lassen." Diese Notiz genügte vollkommen; es war, bei dem Interesse, das der Mörder Bellingham an jenem Tage einflößte, Keinem auffällig erschienen, für obige, etwas magere Mittheilung einen 6 Pce. (5 Sgr.) zahlen zu müssen. Später gab der „Courier" seine Whig-Prinzipien auf und wurde toryistisch. Dies entschied über ihn; die Tories waren damals unpopulär (zur Zeit der Reformbewegung) und das Blatt ging zu Grunde.

Was die gegenwärtigen Abendblätter angeht, so ist zunächst schwer zu sagen, wie viel es deren gibt. Jede Morgenzeitung besitzt nämlich in diesem Augenblick irgend ein korrespondirendes Mittags=, Nachmittags= oder Abendblatt, das sich theils „zweite Ausgabe" nennt, theils einen neuen Titel annimmt. Die „Times" veröffentlicht um 12, an manchen Tagen auch erst um 2, eine second edition. Dasselbe gilt von „Post," „Chronicle" und „Advertiser." Der „Morning Herald" publizirt zwischen 4 und 5 einen „Evening Herald" und die „Daily News" ediren, ungefähr um dieselbe Stunde, das Abendblatt „Expreß." Alle diese hier angeführten Mittags=, Nachmittags= und Abendblätter sind nichts Anderes, wie die entsprechenden Morgenblätter unter vorzugsweiser Hinzufügung jener Neuigkeiten, die die Kontinentalpost (namentlich Pariser Briefe) im Laufe des Vormittags brachte.

Nur zwei Blätter sind ausschließlich Abendblätter, d. h. Abends oder Nachmittags erscheinende Zeitungen, die in gar keiner Beziehung zu den Redactionen der Morgenblätter stehen. Diese beiden sind der „Globe" und der „Sun," beide Nachbarn am Strand, aber sehr verschieden an Werth und Bedeutung. Der „Sun" ist ein sehr mittelmäßiges Blatt. Er erscheint eine Stunde früher als der „Globe," gewöhnlich gleich nach 3, und weiß sich durch dies „früher auf dem Platze sein" einigermaßen zu halten. Seine Geldverhältnisse gelten für ungünstig. Als Besitzer wird Mr. Murdo Young genannt. Die Prinzipien, die er (der Sun) verficht, sind die des Radikalismus. Dagegen wäre nichts einzuwenden, wenn nur die Art des Kampfes mehr Takt und Talent verriethe. Seitdem die Tories wieder am Ruder sind, steht der „Sun" auf Seiten Lord Derbys. Die Motive dieser Advokatur sind unbekannt, werden aber vermuthet.

Ein gutes Blatt (wiewohl so unpreußisch wie möglich) ist der „Globe." Er zeichnet sich, wie fast alle whiggistisch=palmerston'schen Blätter, durch publizistisches Geschick vor den Blättern der Tories und der Radikalen aus. Mag man über Lord Palmerston denken wie man will, seine Presse wenigstens ist gut im Stande. Die zu ihm halten, wissen fast immer, knapp, witzig und ungeziert zu schreiben. Das gilt im Wesentlichen auch vom „Globe." Der erste Redacteur desselben (bei seiner Gründung 1803; siehe oben bei Gelegenheit der „M.=Post") war George Lane, einer der Unter=Redacteure Daniel Stuarts. Das Blatt verfocht damals whiggistische Prinzipien und verficht sie noch. Unter den Mitarbeitern des „Globe" haben sich, im Laufe von 50 Jahren, besonders zwei ausgezeichnet: Mr. Gibbons Merle und Oberst Torrens. Der letztere ist einer jener vielen Captains und „Colonels," die von Anfang an — seit den Tagen Captain Redhams 1640 — in der englischen Publizistik eine so große Rolle gespielt haben. Colonel Torrens schrieb tapfer, wie er seiner Zeit tapfer gefochten hatte. Gegen die Dänen hielt er aus, die ihn 1811 mit überlegener Macht angriffen und im spanischen Kriege, unter Wellington, avancirte er mit 29 Jahren zum Colonel. Der alte Herr, nunmehr 75 Jahre alt, gilt als einer der Besitzer des „Globe," der, wie die meisten englischen Blätter, ein Actien=Unternehmen ist.

Da der „Sun," namentlich was politische Neuigkeiten angeht, von gar keinem Belang ist, so darf man zur Zeit den „Globe" das Abendblatt par excellence nennen. Ueber die Geschicklichkeit, womit er geschrieben und redigirt wird, hab' ich bereits gesprochen. Dies Geschick indeß (das übrigens viele Mängel, namentlich eine fast zu weit gehende stylistische Nonchalance nicht ausschließt) würde kaum genügen, den Fortbestand des Blattes zu sichern, wenn nicht seine bekannten Beziehungen zu den Whigs es wirklich zu einem politischen Neuigkeitsblatte machten. Auch in den kurzen Intervallen, wo, wie jetzt, die Whigs auf den Oppositionsbänken sitzen, behält es — bei der Gutunterrichtetheit der Partei, auch wenn außerhalb des Amtes — diesen Charakter bei, während es sich, so lange die Whigs am Ruder sind (und sie sind es fast immer seit 1830), durchaus von selbst versteht, gewissen Mit=

theilungen aus der Mitte des Ministerrathes zuerst im „Globe" zu begegnen.

Er (der Globe) veröffentlicht gemeinhin zwei Auflagen, oft auch noch eine dritte; freilich die letztere dann um wenig reicher ausgestattet, als jene oben erwähnte **dritte Auflage** des „Courier," aus der London erfuhr, daß Bellingham, der Mörder, abgelehnt habe, sich rasiren zu lassen.

Neuntes Kapitel.
Die Times.

Die Geschichte der „Times," wenn man darunter eine Aufzählung offenkundiger Fakten versteht, ist bereits mehrfach geschrieben worden, und Conversations-Lexika, englische wie deutsche, geben darüber eine genügende Auskunft. Ich halte es daher für angemessen, aus jener Geschichte voll Offenkundigkeit hier nur Einzelnes einzustreuen und bloß so viel zu wiederholen als nöthig ist, dem Leser einen Ueberblick zu geben oder Namen und Daten in seinem Gedächtniß neu zu beleben. Meine Haupt-Aufgabe wird die sein, auf das hinzuweisen, was eine mehrjährige persönliche Bekanntschaft mit der englischen Presse mich theils mittel- theils unmittelbar auch über die ungeschriebenen Geschichtskapitel der „Times" hat erfahren lassen.

Die erste Nummer der „Times" erschien am Neujahrstage 1785; der damalige Titel des Blattes war „The Daily Universal Register," eine Name, der jedoch schon nach drei Jahren aufgegeben und durch den der „Times" ersetzt wurde. Das Blatt ist somit 73 Jahre alt und an Alter das vierte in der Reihe der Londoner Morgenblätter; „Chronicle," „Post" und „Herald" gingen ihm voraus, „Advertiser" und „Daily News" folgten in großen Zwischenräumen. Während der 73 Jahre, die zwischen heut und der Gründung des Blattes liegen, ist dasselbe beständig in den Händen derselben Familie geblieben oder, wenn man den Ausdruck gestatten will, von derselben Dynastie beherrscht worden. Ich wähle diesen Ausdruck nicht blos Scherzes halber. Wenn man seiner Zeit den „Rheinischen Merkur" eine sechste Großmacht genannt hat, ein

hübsches Wort, dem jedenfalls ein gut Theil schmeichelhafter Ueber=
schätzung zu Grunde lag, so hat die „Times" vollen Anspruch auf solche
Bezeichnung. Der Leser wird im Verlauf dieses Aufsatzes Gelegenheit
finden, sich zu überzeugen, daß ich weit ab davon bin, die innerliche,
aus Ueberzeugung kommende und Ueberzeugung gebende Kraft dieses
Blattes ein= für allemal anzuerkennen oder gar zu überschätzen, aber
ganz in ähnlicher Weise, wie von Vierteljahrhundert zu Vierteljahrhun=
dert große und kleine Umstände zusammenwirken, die uns abwechselnd
an die Machtfülle und Unbesiegbarkeit dieses oder jenes Mannes, dieses
oder jenes Landes glauben machen, ganz in ähnlicher Weise, sag' ich,
ist die Macht der „Times" etablirt und, ohne viel politische Freunde zu
haben, ohne unwandelbar über die Herzen zu disponiren, hat sie seit
dreißig Jahren neben ihrer eigenen unleugbaren Kraft vor Allem noch
über jene Riesenmacht verfügt, womit die Laune, die Pophanssucht, das
mysteriöse Bedürfniß der Menschen sie freiwillig ausgestattet haben. Die
Versuche Einzelner, hiergegen anzukämpfen, sind meist gescheitert; auch
solche Dinge wollen ihre Zeit haben und die Menschen lieben es nicht,
ein liebgewordenes Gespenst eher bei Seite zu thun, bis es sich ver=
braucht hat und völlig unhaltbar geworden ist. Wie in Allem, so
herrscht auch hierin eine Mode.

Die Dynastie der „Times" ist das Haus John Walter; wir haben
einen ersten, zweiten, dritten. John Walter III. ist der jetzt regierende
Herr. Geboren 1818, folgte er 1847 seinem Vater in der Herrschaft.
Er ist Parlamentsmitglied für Nottingham, außerdem ein Magister
Artium, so daß er, nach englischer Sitte, eine Menge großer Buchstaben
seinem ohnehin vollgültigen Namen hinzufügen kann. Was die drei
John Walter's (Großvater, Sohn und Enkel) in ihrem Verhältniß zu
einander angeht, so bemerkt man an ihnen dieselbe Entwickelung, die=
selbe aufsteigende, den Höhenpunkt erreichende und dann auf dem Plateau
sich gleichmäßig fortbewegende Linie, die man in der Geschichte junger
Staaten und neuer Geschlechter so oft wahrzunehmen vermag. Der
erste schafft eine Armee, der zweite schlägt die Schlachten und gründet
das Reich, der dritte erbt die Schöpfung seiner Väter, wird luxuriös
und human und freut sich an Tanz und Zitherspiel, während die Mi=
nister das Land regieren und thun und lassen, was ihnen beliebt. E=

hängt dann Alles von den Traditionen ab, die im Lande mächtig sind, oder von der Gesundheit jenes ersten Keimes, der die ganze Schöpfung in's Leben rief. Ist dieser Keim kräftig, wurzeln die Traditionen in einem räthselvollen Weisheitsspruch, so führt die immer mächtiger werdende Schöpfung ein gesetztes Wunderleben; eine Fee ist da, die Alles gelingen läßt, Alles zum Guten kehrt, und die besten und glücklichsten Gedanken kommen wie von selbst, wie die Unausbleiblichkeiten eines ersten glücklichen Gedankenpaares. John Walter ruht auf den Lorbeeren seiner Väter, und das Land, das er beherrscht, wird mühvoll im Einzelnen, aber ohne Kopfzerbrechen im Großen und Ganzen regiert.

Die wichtigsten Fakten und Zahlen seit 1785 stellen sich ungefähr so. Der erste John Walter von 1785 — 1803. Ueber die Redacteure und Mitarbeiter während dieser ersten, ziemlich dunklen Epoche des Blattes ist wenig oder nichts bekannt. Nach meiner Kenntniß der Sache stehen zum Studium jener Epoche keine anderen Quellen zu Gebot, als die betreffenden Jahrgänge des Blattes selbst. Jede Zeitung aber verbreitet sich über alles mögliche in der Welt, nur nicht über sich selbst. Uebrigens steht so viel fest, daß allem Eifer und Talent John Walters zum Trotz die politische Bedeutung der „Times" unter diesem ihrem Gründer nur zweiten Ranges war. Die große Zeit der „Times" beginnt mit dem zweiten John Walter von 1803 — 1847. Er ist es, der der Schöpfung seines Vaters zu dem stolzen Namen „the leading journal of the world" verholfen hat. In seine Regierungszeit fallen, wie alle großen Ereignisse, so auch die hervorragendsten jener Editoren und Mitarbeiter, die ihren eignen Namen an den der „Times" geknüpft haben. Auffallend ist zunächst auch hier die Erscheinung, daß wir in einem Zeitraum von mehr denn 50 Jahren nur über drei Chef-Redacteure zu berichten haben. Der erste war Dr. Stoddart, ein gelehrter, gewissenhafter und geachteter Mann. Sein fanatischer Haß gegen Napoleon indeß führte schließlich zu einer Entzweiung mit dem versöhnlicher gesinnten John Walter, und ungefähr um 1810 löste sich das Verhältniß. Stoddarts Nachfolger war Mr. Thomas Barnes von 1810 — 1841. In Erwägung seiner 31jährigen, glänzenden Wirksamkeit hat er vollen Anspruch darauf, als der „Times="Redacteur par excellence betrachtet zu werden. Er selbst schrieb wenig; Scharfsinn und richtiger Takt aber, die ihn, in glücklichem Verein, ebenso rasch ein publizistisches

Talent erkennen, wie die etwaigen Auswüchse desselben wegschneiden ließen, befähigten ihn durchaus zu einer hervorragenden Stellung innerhalb der politischen Presse. In die Zeit seiner Vorstandschaft fällt auch die Hauptthätigkeit Captain Stirlings, des sogenannten „Donnerers" der „Times." Dieser „Donnerer," der fast so mythisch geworden ist, wie Jupiter selbst, ist keine bloße Erfindung derer, die nicht müde werden, die „Times" abwechselnd mit Wunder- und Schreckens-Attributen auszurüsten, sondern hat wirklich existirt. Er lebte in Brompton (jetzt eine Vorstadt Londons), erschien selten in Printing House Square und erfreute sich seines Jahrgehalts von 2000 Pfund Sterling fast wie einer Sinekure. Nur bei besonders wichtigen Gelegenheiten wurde er citirt. Dann erschien er und hatte lange Unterredungen mit John Walter selbst, die vor jedermann geheim gehalten wurden. Am andern Morgen stand ein „Donnerer" an der Spitze der üblichen vier Leitartikel. Man erzählt sich, daß Captain Stirling, wenn nicht geradezu ungebildet, so doch wenigstens jeder politischen Kenntniß bar und bloß gewesen sei, zugleich aber in merkwürdigem Grade die Gabe besessen habe, ein ihm beliebig überliefertes Material in solche Formen zu kleiden, daß die Kraft und Schönheit derselben für jedermann hinreißend gewesen sei.

Thomas Barnes starb 1841. Seit dieser Zeit, oder doch wenigstens seit 1847, wo der dritte John Walter seinem Vater in der Regierung folgte, steht Mr. John Delane als Chef-Redacteur an der Spitze des Blattes. Neben ihm ist Mr. Mowbray Morris als erster Betriebs-Direktor zu nennen. Genau anzugeben, wo die Thätigkeiten beider Herren zusammenfallen und wo sie sich scheiden, ist für den Außenstehenden unmöglich. Ohnehin sind beide verschwägert und werden auf streitigem Feld nicht ängstlich um den Vorrang geizen. Ueber die Neben- und Sub-Editoren, deren eine verhältnißmäßig große Zahl existirt, verlautet nichts Bestimmtes. Ebenso ist wenig darüber bekannt, welche Persönlichkeiten die Leitartikel schreiben. Während der Parlamentssitzungen werden jene leader, die direkt an die Sitzung vom Abend vorher anknüpfen, von diesem oder jenem „wachthabenden Editor" nach vorher empfangener Parole rasch auf's Papier geworfen, und auch in Zeiten, wo beide Häuser nicht beisammen sind, kommen natürlich telegraphisch gemeldete Ereignisse vor, die auf der Stelle ihren obligaten Leitartikel, wohl oder übel, finden müssen. Dies vorausgeschickt, bleibt es doch als Regel bestehen, daß die bei weitem größte Zahl der Leitartikel und sicherlich die besten unter denselben bereits im Lauf des Tages vorher, also mit verhältnißmäßiger Muße, von außerhalb wohnenden, nicht direkt zum Stab der „Times" gehörenden Gentlemen geschrieben werden. Die Zahl und die Namen derselben festzustellen, ist, bei der Geflissentlichkeit, mit der diese Dinge in tiefstes Geheimniß gehüllt werden, fast unmöglich. Männer, die Jahre lang der englischen Presse angehören, wissen darüber eben so wenig, wie der draußenstehende Fremde. Man hört einige Namen: Gilbert, A'Beckett (jetzt todt), Mr. Robert Lowe, Mr. Dallas, Rev. Mr. Marchmont, auch wohl dann und wann einen Oxford- oder Cambridge-Professor nennen; man weiß, daß Albert Smith und William Russel von Zeit zu Zeit eine Leader-Spalte füllen, wenn jenen die Lust und Laune dazu anwandelt und dieser nicht zufällig in der Krim oder in Indien etwas Besseres zu thun hat; man weiß, daß der pseudonyme „Mercator" niemand anders, wie Lord Overstone ist, und vermuthet, daß die Artikel eines „Westend-Geistlichen" aus der Feder des Rev. Mr. Mozley fließen. Mr. Macdonald, der, während des Krimfeldzuges, den „Times-"Unterstützungsfonds in Scutari verwaltete, ist zweiter Betriebs-Direktor, unmittelbar unter Mr. Mowbray Morris. Mr. Ruskin war, bis vor Jahresfrist, der Kunstreferent der „Times;" Mr. John Orenford schreibt die Kritiken über musikalische Aufführungen; Mr. Sampson ist der sogenannte City-Editor (d. h. derjenige, der den City-Artikel schreibt) und Mr. O'Meagher ist „the Paris Correspondent." Aber das Aufzählen dieses halben Dutzend Namen beweist nur, jenen 1200 Leitartikeln gegenüber, die alljährlich geschrieben werden, wie wenig man weiß! Auf der andern Seite ist bei der Raschheit, Gewandtheit, Emsigkeit und — um eine Hauptsache nicht zu vergessen — bei der Rücksichtslosigkeit, mit der englische Publizisten zu arbeiten verstehen, die Zahl der Mitarbeiter schwerlich so groß, wie deutsche Leser geneigt sein möchten zu glauben. Es gibt in der That Leute, die ohne die geringste Anstrengung jeden Tag ihren Leitartikel produziren, und von Gilbert A'Beckett hieß es sogar, wenn auch sicherlich übertrieben, daß er oftmals alle vier Times-Leader hinter einander fort geschrieben habe.

Nach Erörterung dieser Personalfragen sei noch zunächst der Lokalität gedacht, drin das „Weltblatt" tagtäglich in 50 oder 60,000 Exem-

plaren geboren wird. Zwischen der St. Paulskirche und der Blackfriars-
Brücke befindet sich ein kleiner, aber mit Häusern dichtbesetzter Stadttheil,
der nach Norden hin von Ludgate Hill, nach Süden hin von der Themse
selbst begrenzt wird und nach einem Dominikaner- oder Blackfriars-Kloster,
das früher hier stand, der Stadttheil von Blackfriars genannt wird.
Genau im Centrum dieses Stadttheils liegt Printing-House-Square,
d. h. Buchdruckerei-Platz, ein kleines, kiesbestreutes Viereck, das überwiegend von den der Times-Redaction zugehörigen Lokalitäten gebildet
wird. Der Grund und Boden, auf dem sich alle diese Baulichkeiten
erheben, ist klassisch genug; hier zog sich vor 16 oder 1700 Jahren schon
die von den Römern herrührende Citymauer entlang und die Ueberreste
derselben dienten dem Blackfriars-Kloster als Unterbau, das 1275 hier
errichtet wurde. Das große Feuer von 1666, dem die ganze City zum
Opfer fiel, zerstörte auch das Kloster, das hier stand, aber der alte
Unterbau blieb, und wurde 100 Jahre später zum Fundament für das
Times-Redactions-Lokal, das sich noch jetzt an selbiger Stelle erhebt.
Welche Begegnungen hier im Laufe der Jahrhunderte! Das Rom der
Cäsaren und der Päpste und nun die Times, als glänzendster Reprä-
sentant einer neugeborenen Macht.

Man würde aber irren, wenn man aus der Klassicität des Grund
und Bodens den Schluß ziehen wollte, daß sich, um Printing-House-
Square herum, alles Bauwerk etwa römisch-Colosseum-artig gruppire.
Die Gassen und Aufgänge sind schmal, düster und ärmlich fast, und die
unmittelbar zur Times-Redaction gehörigen Häuser entbehren mindestens
aller Stattlichkeit; das Ganze verräth noch die kleinen Anfänge, aus
denen die Times erst nach und nach erwuchs und die Hof-, Hinter- und
Seitengebäude, die, überall wo ein Plätzchen war, dem ursprünglichen
Kerne angefügt worden sind, bringen diesen Häusercomplex völlig um
den Eindruck einer großartigen Anlage. Die Sache selbst (wie so oft
ein englischer Geschäftsbetrieb) ist großartig genug, aber — es sieht
nicht darnach aus.

Jeder Fremde, der nach London kommt, wird natürlich Veranlassung
nehmen, dem Times-Lokal einen Besuch zu machen. Es hat dies auch
weiter keine Schwierigkeiten. Man erbittet sich eine Karte und erhält
sie. Sie lautet gemeinhin auf 11 Uhr Vormittags, wo man dann
Gelegenheit hat, die zweite Ausgabe, die sogenannte second edition,

drucken zu sehn. Man verspreche sich aber von diesem Besuche nicht zu viel. Es ist genau so, wie wenn man Festungen, Kriegslaboratorien und Gewehrfabriken besucht; mit großer Artigkeit wird man an alle möglichen Punkte geführt, nur nicht an die rechten, um derentwillen man eigentlich gekommen ist; das worauf es ankommt, bleibt einem völlig ein Geheimniß und muß anderweitig erobert werden. Man sieht den Webstuhl arbeiten und die reizendsten Muster entstehen, aber wie das alles geschieht, bleibt dem Beschauer zunächst in Dunkel gehüllt.

Als die große Sehenswürdigkeit des Platzes gilt die Druckmaschine, eine Vereinigung von acht großen Dampfpressen. Eine solche Maschine in Worten zu beschreiben ist sehr schwer, wenn nicht geradezu unmöglich. Aber eine ungefähres Bild will ich wenigstens zu geben versuchen. Es ist ein eisernes Ungeheuer, das mit sechszehn weiten Oeffnungen ausgestattet, an acht Stellen weiße Papierbogen einnimmt und an acht andern Stellen bedruckte Papierbogen herausschleudert. Immer in vier Sekunden acht Bogen. Keine andere Druckmaschine kann das leisten. Dies glänzende Resultat wird durch Adoptirung des Vertical=Systems an Stelle des Horizontal=Systems erreicht. Die Gesammtheit der Typen, der sogenannte Satz, bildet nicht länger mehr eine Fläche, sondern einen Cylinder, so daß der fix und fertige Satz, in dem Moment, wo der Druck beginnen soll, nicht mehr wie eine Tischplatte daliegt, sondern wie eine Trommel, etwa wie eine verkürzte Litfaß'sche Säule dasteht, deren Wände man sich, als aus lauter Typen bestehend, zu denken hat. Um diese Typensäule werden die weißen Bogen mit Rapidität herumgesetzt und nach allen Seiten hin als Zeitungsblätter herausgeschleudert. Weiter in die Details zu gehn, vermeid ich, weil es das Bild nur verwirren würde.

Wir wenden uns nun dem Inhalt des Blattes zu und zwar zunächst seiner so oft getadelten Prinziplosigkeit. Die Sache selbst, in dem Sinne wenigstens, in dem sie getadelt wird, ist ein Faktum, über das es nutzlos wäre, hier weitere Worte verlieren zu wollen. Eben so wenig möchte ich hier den alten Streit aufnehmen, ob es für eine Zeitung gerathener und ehrenhafter sei, ein Prinzip in aller Intaktheit aufrecht zu erhalten, oder ob es ihr besser kleide und mehr zum Verdienst gereiche, sich den unerbittlichen Thatsachen gegenüber zu akkommodiren. Diese Frage mag immerhin in suspenso bleiben; ihre allgemeine Beant=

wortung, so oder so, würde doch keinen Maßstab für die Beurtheilung der „Times" abgeben. Die „Times" ist nun mal kein Blatt wie andere Blätter. Wie es eine Zeit gab, wo man von „Ausnahmemenschen" zu sprechen liebte, so ist sie das Ausnahmeblatt. Sie hat Anspruch darauf, mit ihrer eigenen Elle gemessen zu werden. Ob ihr Ruf und Ruhm ein künstlich unterhaltener ist, ist gleichgültig; so lange er da ist, ist er ein Faktum und hat genau so viel Macht und Stärke, wie der Glaube stark ist, der freiwillig eine räthselhafte Machtfülle auf sie überträgt. Diese Machtfülle erhebt die „Times" nicht nur weit über andere Blätter, sondern schafft einen anderen Sitten=Codex für dieselbe. Sie hat die Macht, den Einfluß, die Bedeutung eines Staats, und jede Art freier Action, die Staaten für sich in Anspruch nehmen, bildet ebenso ein natürliches Vorrecht der „Times." Das Blatt fühlt seine Kraft und handelt danach. Einer Redaction, um deren Gunst und Bündniß sich die größten Staaten beworben haben, wie man sich seiner Zeit um die Gunst des ersten Napoleon bewarb, ist kein Vorwurf daraus zu machen, wenn sie sich schließlich selber als Großmacht fühlen lernt und Politik macht nicht nach einem Partei=Programm, nicht diesem oder jenem Prinzip zu liebe, sondern mit alleiniger Rücksicht auf das, was sie als ihr eigenes und als das allgemeine Wohl zu erkennen glaubt. Daher die immer wieder und wieder gerügten Inconsequenzen, daher das im Stichelassen alter Freunde, um sich im selben Augenblicke mit denen zu verbinden, die sie noch eben auf's Bitterste bekämpfte. Jeder, der die „Times" liest, wird bemerkt haben, daß sich ihre Leitartikel nicht die geringste Mühe geben, solche Uebergänge aus einem Lager in das andere zu vermitteln. Man will nichts cachiren und operirt prunghaft und rücksichtslos, weil man das Recht in sich fühlt, so zu thun. Wer Anstoß daran nimmt, hat sich nie klar gemacht, was die „Times" ist und nicht ist. Gemäß ihrer Machtstellung schließt sie Allianzen und läßt sie; politische Raison ist ihr Gesetz und ihre Moral. Wenn man diesem allem gegenüber hervorheben will, daß jeder Staat, aller freien Wahl und Bewegung zum Trotz, doch schließlich instinktiv ein bestimmtes Prinzip vertreten muß, wenn er nicht über kurz oder lang zu Grunde gehen will, so darf man mit gutem Gewissen behaupten, daß es an einem solchen letzten unverrückbaren Fundament auch der „Times" nicht gebricht. Man hat von ihr gesagt: „sie glaube an gar nichts, als an die Macht des Geldes." Das ist einfach nicht wahr, weil es nicht wahr sein kann. Jedermann weiß es, daß es noch andere Mächte gibt. Die „Times" glaubt an Freiheit und Fortschritt. Wenn sie aus der Vertheidigung beider vor allem auch ein Geschäft macht, so beweist das nicht das Geringste gegen die Aufrichtigkeit ihrer Advokatur. Wenn hundert und aberhundert Einzelfälle dagegen sprechen, so vergesse man nicht, daß das Papstthum die Türken und Richelieu die Protestanten unterstützt hat. Daß Transactionen (nach außen hin) von bedenklichem Charakter vorkommen, ist möglich, aber kaum wahrscheinlich und jedenfalls nicht erwiesen. Sollte es aber der Fall sein, so würde das in das Kapitel jener halben, schwankenden Beeinflussungen gehören, die zwar zu allen Zeiten stattgefunden und dem Beeinflußten niemals Ehre gebracht haben, zugleich aber den Geschichtsforscher in Zweifel darüber lassen, ob nicht mehr eine Düpirung des Einfluß Uebenden als ein Verrath des Beeinflußten an den Interessen seines Landes vorliege.

Dies führt mich, wenigstens mittelbar, auf die Actien=Verhältnisse der „Times," worüber ich mir bereits in dem Eingangs=Kapitel zu diesen Aufsätzen einige Bemerkungen erlaubt habe.

Die „Times," gleichviel was sie in alten Tagen gewesen sein mag, ist jetzt ein Actien=Unternehmen. Darüber werden, so viel ich weiß, keine Zweifel unterhalten. Aber über die Zahl und die Vertheilung der Actien weichen die Meinungen wesentlich von einander ab. Die einen sprechen von nur zwölf, die andern von sechszig und noch mehr Actien. Lassen wir indessen Zahl und Vertheilung, wenigstens die exakte Feststellung beider, auf sich beruhen, und begnügen wir uns mit der Notiznahme, daß, einer ziemlich allgemeinen Ansicht nach, John Walter, die Orleans (der Herzog von Aumale) und Baron Rothschild als die vorzüglichsten, wenn nicht als die alleinigen Actien=Inhaber gelten. Einige nehmen dabei an, daß die Walters immer eine Actien=Majorität, wenn auch eine schwache nur, in ihren Händen festzuhalten suchten, um sich auf die Weise leicht und natürlich den entscheidenden Einfluß zu sichern; andere hingegen sind der Meinung, daß seit Einführung und wachsender Verbreitung der Pennyblätter der gegenwärtige John Walter selbst diese schwache Majorität aufgegeben, aber Arrangements getroffen habe, um trotz alledem, frei und unbeeinflußt, den politischen Cours des Blattes bestimmen zu können. Man hat aus der anti-imperialistischen Haltung der „Times" schließen wollen, daß sich dieselbe mit Rücksicht auf den starken Actientheil der Orleans habe verleiten lassen, ihr selbstständiges Urtheil, ihre freie Bewegung aufzugeben; man ist weiter gegangen und hat aus diesem falschen Zug auf dem politischen Schachbrett das Erlöschen eines früheren richtigen Instinkts beweisen und den unausbleiblichen Sturz vorhersagen wollen. Gewiß mit Unrecht. Wenn es wirklich der Einfluß der Orleans oder mit anderen Worten eine bloße Geschäfts-Rücksicht wäre, die der „Times" seit dem 2. Dezember 1851 ihre politischen Züge und insonderheit ihre Haltung gegen das imperialistische Frankreich vorgeschrieben hat, so würde sich die „Times" bei diesem Einfluß aufrichtigst zu bedanken haben. Meine Meinung von der Sache ist, daß die „Times" in ihrer Opposition gegen das kaiserliche Frankreich, wenn nicht bona fide (was ich fast bezweifle), so doch nach Klugheitsregeln handelt, die mit den zufälligen und vielleicht vorübergehenden Beziehungen zu den Orleans herzlich wenig zu schaffen haben.

Werfen wir jetzt zunächst einen Blick auf das Aussehen und den Inhalt einer einzelnen „Times-"Nummer. Jeder meiner Leser hat einmal das Riesenblatt in Händen gehabt, aber ob er sich einigermaßen gut darin zurechtzufinden wußte, ist eine andere Frage. Andere englische Zeitungen lesen sich leichter, sind übersichtlicher und zum Theil eleganter in Erscheinung. Was der „Times" fehlt, ist „Anordnung," aber diese ist nicht möglich; die Zeit ist zu kurz und der Stoff zu reich; Nacht für Nacht ein embarras de richesse. Nur eine Seite, wenn nicht die wichtigste, so doch jedenfalls die gelesenste, erfreut sich einer gewissen Gleichmäßigkeit in der Anordnung, ich meine die Leitartikel-Seite. Hier drängen sich die wichtigsten Annoncen, die Theater-Anzeigen, die Auszüge aus den Parlaments-Verhandlungen, die drei oder vier Leitartikel, die telegraphischen Depeschen und die wichtigsten Lokalvorkommnisse (gewöhnlich nur zwei, drei Notizen) auf verhältnißmäßig kleinem Raum zusammen. Das Blatt muß so gefaltet sein, daß einem diese Seite zuerst in die Augen fällt; viele Tausende von „Times-"Lesern sehen nie eine andere; die Leitartikel haben eine Art Pflicht übernommen, zugleich ein Resumé des Wichtigsten zu sein, was in den letzten 24 Stunden vorgekommen ist. Diese Praxis ist eine sehr bedenkliche geworden; man liest nicht mehr die sachlichen Berichte, sondern das, was der Leitartikel-Schreiber, oft in höchster Hast und Flüchtigkeit, oft absichtlich verfälschend, aus denselben gemacht hat. Ja man geht noch weiter, man versagt Dingen einen Leitartikel, Dingen, die spaltenlang an einer andern Stelle der Zeitung stehen, und schweigt sie dadurch todt. Der jedesmalige Inhalt der Leitartikel hängt natürlich von der Art und Wichtigkeit des Materials ab, das der vorhergehende Tag gebracht hat. So kommt es nicht nur vor, daß sich alle vier Leitartikel mit Fragen beschäftigen, die am Abend vorher im Ober- und Unterhause diskutirt wurden, sondern in Einzelfällen erscheinen sogar Doppel-Leitartikel über dieselbe Sache, zwei Beleuchtungen nicht von entgegengesetzten, aber doch von verschiedenen Standpunkten aus. Zu andern Zeiten nehmen die auswärtigen Angelegenheiten allen Leitartikel-Raum in Anspruch, und gleichzeitig eintreffende Nachrichten aus Belgrad, Mailand, Petersburg und Paris machen eben so viele Paraphrasen eines simplen Faktums nöthig. Alle diese Fälle aber sind Ausnahmefälle; im großen Ganzen herrscht ein Gesetz, eine bestimmte, praktisch befundene Regel vor, nach der die Stoffvertheilung erfolgt. Ein Leader über die letzte Parlaments-debatte eröffnet den Reigen, dann folgen Artikel über Fragen der äußern und innern Politik, den Beschluß machen Lokalangelegenheiten. Dieser Schlußartikel pflegt, namentlich für den, der die „Times" jahrelang ununterbrochen liest, der lehrreichste und interessanteste zu sein. Ich spreche deßhalb eingehender über denselben. Wenn ein großer Bankrutt die City, oder Mord, Vergiftung, irgend eine moralische Ungeheuerlich-keit die ganze Stadt in Aufregung gebracht hat, so schürt oder dämpft — je nach Umständen — dieser letzte Leitartikel das herrschende Feuer. Hier werden die Aufsichts-Behörden gegeißelt oder ermahnt, wenn Brücken- und Häuser-Einstürze ein Dutzend Menschenleben gekostet haben, hier wird der Schleier zuweilen gelüftet von den Geheimnissen der englischen Familie, und wie geführt von der Hand jenes Diable boiteux, der die Dächer abdeckte und den jungen Studenten Einblick gewinnen ließ in flug-verborgene Dinge, so erschließt sich hier dem England-Studirenden allmälig eine Fülle von Sonderleben und Details. Aber nicht jeder darf diesen letzten Leitartikel lesen; wer ihn befangen in Vorurtheil oder ohne Lust ernstlicher Erwägung liest, der liest ihn nicht ungestraft. Er lernt Einzelfälle kennen und erweitert äußerlich das Maaß seiner Kennt-niß, aber nur „um weiter abzukommen vom Ziel," wie es im Liede heißt. Selbstverständlich entrollt sich in diesem Lokal- und Schluß-Artikel die kranke Seite des englischen Lebens; die Presse tadelt, warnt, geißelt überall mehr als sie lobt, die Negation ist ihr Element. Wer da glaubt, daß sich ihm in diesen Spalten das gesammte, oder wenn das nicht, so doch das eigentliche englische Leben erschließt, der wird so gewiß irre geführt, wie jemand, der aus dem neuen Pitaval oder aus irgend einer Gerichtszeitung die allgemeinen europäischen Sittenzustände kennen lernen wollte. Thorheit, Eigensinn, Willkür, Selbstsucht, Heuchelei — ziehen hier in immer wechselnder Gestalt an uns vorüber, aber wir haben uns schlechterdings vor dem Fehler zu hüten, der diesen Enthüllungen gegenüber von Fremden so tausendfältig gemacht worden ist, diese Nachtseite des Lebens als das Leben selber zu nehmen und davon auszugehen, daß London eine Mordgrube oder ein Sodom sei, blos weil Dinge vorkommen, wie der „Rumpf im Reisesack auf Waterloo-Bridge" oder jeder Tag ähnliche Prozesse bringt wie die, die sich an die Namen Madeleine Smith, Dyce Sombre und Mrs. Robinson knüpfen.

Ich wende mich nun der oft aufgeworfenen und in der That interessanten Frage zu: was sind bei der „Times" die Ursachen ihres Erfolgs und ihrer Herrschaft? Ich habe, ganz abgesehn von eigener, jahrelanger und, wie ich sagen darf, gewissenhafter Erwägung der Sache, diese Frage viele, viele Male mit Fremden und Engländern durchgesprochen und die Resultate, zu denen ich gekommen bin, sind im Wesentlichen die folgenden. Die Erfolge wurzeln:

1) im Aufrechthalten eines gewissen Mysteriums,
2) in der Vermeidung geschäftlichen Schlendrians,
3) in dem klugen Belauschen der öffentlichen Meinung, und
4) in dem Styl und der Art ihrer Leitartikel.

Es wird nöthig sein, über jeden einzelnen der vier Punkte ein Wort zu sagen.

Zuerst das Aufrechthalten eines gewissen Mysteriums. Seit länger als einem Menschenalter versteht es die „Times," die Macht des Unbestimmten und Geheimnißvollen in wunderbarer Weise für sich auszubeuten. Um das zu können, war natürlich ein bestimmtes Maaß wirklicher Kraft von nöthen; Thaten, Siege mußten da sein, auf die hinverwiesen werden konnte. Nachdem aber die Kraft selbst keinem Zweifel mehr unterlag, hat man einen Schleier vor dieselbe gezogen und überläßt es nunmehr der Phantasie des Publikums, sich auszumalen, welche neue, natürlich immer wachsende Großthaten hinter dem Vorhang geboren werden. Die „Times" hat bei 100 siegreichen Tournieren ihr Visir so ausnahmelos geschlossen gehalten, daß man, mit scheuem Blick auf die Abakadabra-Schrift ihres Wappenschildes, sich daran gewöhnt hat, diesen Kämpfer für einen nahen Verwandten jenes „schwarzen Ritters" zu halten, gegen den es doch am Ende nutzlos sei zu fechten. „Sich nicht sehen lassen; Schleier tragen; schweigen" — die Größe von sehr Vielem in der Welt beruht bekanntlich auf diesem Kunstgriff und alles, was die „Times" als eine Besonderheit für sich in Anspruch nehmen kann, ist das, daß sie das Geheimhalten in ein System gebracht hat, wie es bei der heiligen Vehme oder dem ägyptischen Priesterthum nicht besser im Schwange gewesen sein kann. Die „Times" hat viel von der Organisation einer Regierung, aber während über die Kräfte, womit eine Regierung arbeitet, jedes Staatshandbuch die gewissenhafteste Aufklärung gibt, hüllt sich Printinghouse-Square in eine undurchdringliche Wolke. John Walter ist ein bloßer Name; die wenigsten haben ihn je gesehen. Wie anders, wie vertraulich-menschlicher eine Regierung! Ihre Organe sind faßbar, allerhand Gestalten von Fleisch und Blut gehören ihr zu; die Möglichkeit einer Annäherung ist gegeben; wir kennen diesen, jenen und können uns mit Bitte oder Beschwerde stufenweis der obersten Leitersprosse nähern. Nicht so bei diesem Blatt. Es existirt ein grauer, gestalt- und namenloser „Editor of the Times," an den man sich brieflich wendet, als schriebe man an sein Schicksal. Alle Mittelglieder fehlen; eine unsichtbare, oberste Gewalt ist da, die sich niemals selber, sondern immer nur in ihren Werken offenbart. Wir fragen wie billig, wodurch wird dies Mysterium, dieser Nimbus gewahrt? Durch das einfachste Mittel von der Welt: Geld. Aber wenn das Mittel nicht neu ist, dessen man sich bedient, so ist es doch seine Applizirung. Man begnügt sich keineswegs damit, Leuten die Taschen mit Gold zu füllen, ja man vermeidet klüglich, zu diesem bequemsten Mittel seine Zuflucht zu nehmen, weil man weiß, daß es nichts hilft. Das Geld wird ausgegeben, neues gefordert, und wenn es ausbleibt, ist die Feindschaft etablirt. Die „Times" bezahlt gut, aber wodurch sie vorzugsweise wirkt und jeden englischen Schriftsteller wenigstens zu ihrem stillen Verehrer macht, das ist das Pensionirungs-System, das sie eingeführt hat. Die

Details, die Paragraphen desselben kennt niemand; aber die Sache selbst existirt. Man pensionirt nicht nur, man pensionirt gut, ausreichend, standesgemäß, und diese Pension, deren erste und unerläßlichste Bedingung das Schweigen ist, ist es, die der Indiscretion selber den Mund verschließt. Es ist mit diesem Pensionsfonds, wie mit dem Schatz im Märchen: er verschwindet, so wie man spricht.

Eine zweite Ursache der großen Erfolge der „Times" habe ich in der Vermeidung des geschäftlichen Schlendrians gefunden. Menschen und Institutionen haben eine Neigung, auf ihren Lorbeeren auszuruhen. Nicht so die „Times." Sie sagt nicht: „weil ich stark bin, kann ich nicht mehr stärker werden," sondern umgekehrt, „weil ich so stark geworden bin, werd' ich auch noch stärker werden können." Seit den Tagen des ersten John Walter zeigt die Geschichte der „Times" ein beständiges Bestreben, das Gute nie als ein Bestes anzusehen, vielmehr kritisch an jede traditionelle Vortrefflichkeits-Schablone heranzutreten. Inwieweit die Geschäfts-Neuerungen, die jetzt bei der „Times" vorkommen, sich von denen unterscheiden, die während der beiden ersten John Walters theils versucht, theils dauernd eingeführt wurden, werden wir gleich sehen. Die beiden älteren John Walters waren persönlich erfindungsreiche Köpfe, und was sie in's Dasein riefen, war das Resultat eigenen, sorglichen Nachdenkens und langen Kopfzerbrechens. So begann der erste John Walter mit Wort-Typen statt mit Buchstaben-Typen zu drucken (was er später wieder aufgab), während der zweite John Walter, im Kampf gegen die damals übermächtige Regierung, eine Paketschifffahrt auf eigene Rechnung organisirte und zehn Jahre später die Dampfpresse in seiner Druckerei einführte. Seitdem hat sich Manches geändert, aber der alte, traditionelle Geist ist mächtig geblieben. Der jetzige John Walter erfindet nichts mehr und verbringt keine sorgenvollen Nächte unter Berechnungen und neuen Plänen. Das Regieren ist ihm bequemer gemacht. Aber wenn er auch das Neue nicht sucht, so ist er doch bereit, es zu nehmen, überall, wo er es findet. Und auch das ist ein Lob, und zwar ein größeres, als es auf den ersten Blick erscheinen mag. Der Schlendrian erfindet nicht nur nichts, sondern wendet sich auch apathisch-hochmüthig von dem Erfundenen ab. Er will nicht gestört sein im Glauben an sich selbst; das ist Alles. Von alle dem findet sich nichts bei der „Times." Sie ist nicht mehr der Poet, der sich schöpferisch zergrübelt, aber sie ist der Kritiker voll feinen Sinns, der alles zu prüfen und das Beste zu behalten versteht. Zwei Dinge der letzten Jahre sind es ganz besonders, die ich dabei im Auge habe: die Sendung William Russels (nach der Krim und nach Indien) und die Benutzung des telegraphischen Drahts im großen Styl. Gleichviel wer diese Dinge zuerst angeregt haben mag, das große Verdienst bleibt der obersten Leitung, daß sie zu acceptiren weiß, was sich ihr bietet. Solche Dinge erscheinen hinterher äußerst simpel und selbstverständlich, aber sie sind es keineswegs. Ein Zeitungs-Berichterstatter im Hauptquartier war eine schwierigere Sache als es jetzt manchem dünken mag, und dem „Schlendrian" wär' es nie eingefallen, mit diesen Schwierigkeiten in Kampf zu treten. Was die Benutzung des telegraphischen Drahts angeht, so entsinne ich mich sehr wohl noch meines ehrlichen Erstaunens, als ich vor ungefähr sechs Wochen die Rede, die John Bright am Abend vorher in Manchester gehalten hatte, am andern Morgen auf sechs „Times"-Spalten in extenso vor mir sah. Der Redner hatte zwei Stunden gesprochen; während er noch sprach, waren die Telegraphendrähte bereits in Bewegung, und drei Stunden später lag die fast 1200 Zeilen lange Rede auf den Redactionstischen der „Times." — Eine andere Sache noch gehört hierher, die unter der geschickten „Times"-Praxis zu den Erfolgen derselben nicht wenig beigetragen hat. Ich meine jene eingesandten Briefe, die unter der Ueberschrift „to the Editor of the Times" in der ganzen Welt eine Art Notorität erlangt haben. Das bloße Abdrucken dieser Briefe, ebensowenig wie ein kritisches und taktvolles Auswahltreffen unter denselben, würde natürlich noch keinen Anspruch darauf haben, als etwas Wesentliches an dieser Stelle hervorgehoben zu werden. Der unmittelbare Einfluß dieser „Eingesandts" ist allerdings groß genug und hat in vergangenen Jahrzehnten nicht wenig dazu beigetragen, die „Times" als ein Medium zur Veröffentlichung jeder Unbill, jedes Unrechts im Kleinen und Großen, populär zu machen; aber der wesentliche Vortheil, den die „Times" daraus gezogen, ist doch ein anderer. Sie richtete nämlich ihr Hauptaugenmerk weniger auf das Geschriebene als auf die Schreiber und ließ kein Mittel unversucht, sich mit den letztern in Verbindung zu setzen, sobald sie in dem ihr vorliegenden Briefe einem ausgezeichneten Darstellungs-Talent oder einer besonderen Vertrautheit mit der eben angeregten Frage zu begegnen glaubte. Sie verfuhr dabei so systematisch, daß man bis auf diesen Tag die Schreiber jener „Eingesandts" einer Miliz oder Reserve=Truppe vergleichen kann, aus der es dem Hauptquartier in Printing=house=Square vorbehalten bleibt, zu jeder ihm passenden Zeit die Ersatzmänner in die alte Garde der Mitarbeiter eintreten zu lassen. Dies Verfahren, Hand in Hand gehend mit dem bereits geschilderten Pensionirungs=System, hat die „Times" in den Stand gesetzt, immer mit frischen Kräften in's Feld zu rücken und sich vor der bedenklichsten aller Zeitungs=Eigenschaften zu bewahren, vor Langweiligkeit, Verarmtheit und Mangel an Abwechslung und Esprit. „Wechselt oft, wenn nicht mit den Personen, so doch mit den Aufgaben für dieselben, denn jeder Zeitungsschreiber, dem ihr nicht neue Fragen und Ziele gebt, schreibt sich binnen Kurzem in einen undurchdringlichen Nebel hinein." So lautete einer der letzten Rathschläge Thomas Barnes, der in 30jähriger Praxis die beste Gelegenheit gehabt hatte, zu einem Lehr= und Grundsatz über diese und ähnliche Angelegenheiten zu gelangen. Die „Times" ist seinem Rathe gefolgt bis auf diesen Tag.

Ich komme nun zu dem dritten unter jenen vier Punkten, die meines Erachtens nach die besonderen Erfolge der „Times" erklären. Dieser dritte Punkt ist das kluge Belauschen der öffentlichen Meinung. Wie es in England zwei Parteien gibt, die sich, je nachdem sie das Ei am Ober= oder Unter=Ende aufklopfen, die Ober- und Unter=Endigen nennen, so zerfällt auch das „Times="lesende Publikum in zwei Heerlager, von denen die einen sagen: „Die Times leitet die öffentliche Meinung," während die andern behaupten: „Die Times folgt ihr nur." Es ist nutzlos, hierüber zu streiten. Beide haben Recht, aber die letztere Ansicht ist doch die richtigere von beiden. Es gibt eine Menge Fragen, worüber der Engländer gar nicht prätendirt, irgend etwas zu wissen, Fragen, hinsichtlich derer er stets bereit ist, sich zu Gutem und Schlechtem hin leiten zu lassen. Man kann sogar zugeben, daß die Zahl dieser Fragen, die meistentheils der auswärtigen Politik angehören, eine sehr große sei. Aber es wird dadurch der Satz nicht aufgehoben, daß die „Times" der öffentlichen Meinung mehr folgt, als dieselbe leitet und bestimmt. Wenn man von einem „Machen der öffentlichen Meinung" spricht, so kann man speziell diesen Ausdruck allerdings gelten lassen, ja man kann ihn zutreffend und erschöpfend finden. Dingen gegenüber nämlich, die zu dunkel oder zu indifferent sind, um gleich bei ihrem Erscheinen vor dem Publikum von einer öffentlichen Meinung begleitet zu werden, solchen Fragen und Ereignissen gegenüber läßt sich eine öffentliche Meinung machen, weil eben noch keine da ist; wo aber eine öffentliche Meinung bereits Leben hat, da wird sie von der „Times" respektirt und nach einigen vorsichtig ausgestreckten Fühlern, die das Terrain nochmals rekognosziren sollen, zieht sie sich in ihr Haus zurück, um dann, wenn sie sich im Gegensatz zu derselben befand, in rascherer oder kürzerer Zeit, nach entgegengesetzter Richtung hin einzulenken. Nochmals, die „Times" folgt der öffentlichen Meinung und ihre Klugheit besteht in dem richtigen Erkennen, wohin denn eigentlich, der Zahl oder der Bedeutung nach, die Majorität der Stimmen neige. Sie beobachtet scharf das Züngelchen der Wage und hängt sich dann unweigerlich an jene Schale, die ohnehin die meisten und schwersten Gewichte trägt. Das Verfahren selbst ist einfach genug, aber aus einer Reihe oft widersprechender Erscheinungen mit Sicherheit herzuleiten, wohin denn eigentlich die Wage neigt; diese vorgängige Beobachtung ist schwer und in der Richtigkeit der Beobachtung liegt das Verdienst der „Times." Man hat ihr in neuerer Zeit allerhand Rechenfehler nachweisen wollen, aber, meiner besten Ueberzeugung nach, mit völligem Unrecht. Man hat auf ihre antinapoleonische Haltung hingewiesen und die Bemerkung daran geknüpft, diese Haltung sei unklug und gegen die Wünsche und Interessen des englischen Volks. Man hat hinzugefügt, daß sie (die „Times") diese Haltung bereits mit Mangel an Einfluß und Einbuße an Lesern bezahlt habe. Ich glaube weder an das Eine, noch an das Andere. Sie wird nach wie vor in 50,000 Exemplaren gelesen, und wenn irgend etwas, und zwar in nächster Zeit schon, im Stande sein könnte, diesen Absatz zu vermindern, so würde es gerade das Einlenken auf eine Bahn sein, deren Vermeidung der „Times" als ein Klugheitsfehler angerechnet wird. (Sie hat in neuester Zeit zuviel eingelenkt, aber die Ereignisse werden bald zeigen, wie wenig Gewicht auf solche vorübergehenden Manöver zu legen ist.)

Der vierte Punkt, den ich unter den Hauptursachen für die großen Erfolge der „Times" aufgezählt habe, ist der Styl und die Art ihrer Leitartikel. Ueber den Inhalt derselben habe ich bereits in der ersten Hälfte dieses Aufsatzes gesprochen; was ich hier aber, und zwar als das Wichtigere, hervorzuheben und zu betonen gedenke, bezieht sich lediglich auf die Form derselben. Der „Times="Leitartikel ist der völlige Sieg des Feuilleton=Styls über die letzten Reste des Kanzlei= Styls und ähnlicher mißgestalteter Söhne und Töchter lateinischer Klas= ficität. Lange Perioden sind verpönt; rasch hintereinander, wie Revol= verschüsse, folgen die Sätze. Der Schreiber, wenn er ausnahmsweise gründliche Kenntniß hat, ist strikte gebunden, seinen Schatz zu vergraben und höchstens anzudeuten, daß er ihn überhaupt besitzt. Wissen und Details dürfen sich nicht breit machen. Der gut geschriebene „Times=" Artikel ist eine Arabeske, die sich graziös um die Frage schlingt, ein Zierrath, eine geistreiche Illustration; er ist kokett und will gefallen, fesseln, bezwingen, aber es fällt ihm nicht ein, auf alle Zeit hin über= zeugen zu wollen. Er übt kein Richteramt, auch wenn er sich gelegent= lich die Miene gibt; er ist ein Advokat und ficht weniger für die Wahr= heit, als für seinen Clienten. Daß er die Miene der Unfehlbarkeit annimmt, beweist nur, wie wenig sicher er sich fühlt. Er will nichts erschöpfen, er will nur anregen; er wendet sich an die bestechliche Ein= bildungskraft, nicht an den nüchternen Verstand. Witz und Pathos sind seine liebsten Waffen und lösen sich untereinander ab. Aristophanisch zu sein, ist sein Stolz und sein Bestreben. Wie Voltaire hält er nur eines für verpönt — die Langeweile. Elegant, blendend, pointirt; kein Gericht, das nährt, aber eine Sauce, die schmeckt.

Es braucht wohl nicht hervorgehoben zu werden, daß die vor= stehende Charakterisirung nicht auf jeden Leitartikel des Blattes paßt. Jene zahlreichen Leader, die während der Parlamentszeit, unmittelbar nach Schluß der Sitzung, oft in einer einzigen Stunde geschrieben wer= den, können natürlich nur ausnahmsweise jene glänzenden Züge zur Schau tragen, die ich so eben zu schildern versucht habe. Wenn aber diese flüchtig geschriebenen Mitternachts=Artikel hinter dem Durchschnitts= werth der „Times="Leitartikel zurückbleiben, so gibt es noch eine ziemlich eben so zahlreiche Klasse, die wiederum den Durchschnitts=Artikel mit seinem üblichen Quantum von Witz, Esprit und stylistischer Grazie übertreffen. Diese Matadors bilden den eigentlichsten „Times="Leitartikel, gleichsam seine höchste Potenz, und haben neben den Eigenschaften, die

die ganze Gattung charakterisiren, noch einen Sonderzug, eine aparte
Qualität, die man vielleicht am besten bezeichnet, wenn man sie eine
geniale Neubelebung des alten in Mißkredit gekommenen „haec fabula
docet" nennt. Diese „Eigentlichen" beginnen nämlich stets mit einer
Geschichte, deren Erzählung oft die Hälfte des ganzen Artikels aus-
macht. Der Inhalt dieser Geschichte ist so mannigfach, wie Geschichten
nur sein können: Historie, Fabel, Märchen, Anekdote, Alles ist willkommen, Alles ist gleichberechtigt, nur pikant muß der Bissen sein und
jenen Gerichten zugehörig, die, während sie selber schon dem Gaumen
wohlthun, doch vor Allem den Appetit reizen und begierig machen auf
das, was da kommt. In diesen Einleitungshälften handelt es sich recht
eigentlich um Feuilleton=Talent und novellistisches Interesse. Wie es
zahllose „Times"=Leser gibt, die sich damit begnügen, die vier Leitartikel durchzustudiren und weiter nichts, so gibt es eine andere zahlreiche
Klasse, die blos die Anfänge, die Einleitungen lesen. Diese Anfänge
sind wieder Geschichten für sich, und wer sich der Mühe unterziehen
wollte, aus einem einzigen Jahrgang diese Introductions=Anekdoten zu
extrahiren, der würde am Schluß des Jahres ein reizendes Unterhal-
tungsbuch in Händen haben. Man hat oft das Gefühl, daß diese
Einleitungen zu lang sind und räumlich in keinem richtigen Verhältniß
zu der politischen Nutzanwendung stehen, aber auf ein richtiges Verhältniß kommt es dabei auch gar nicht an; diese Geschichtchen sind vielmehr um ihrer selbst willen da, sind in vielen Fällen gelesener und
deßhalb wichtiger als das Raisonnement, das schließlich folgt. Wer
alle Tage die „Times" liest, ist bei dem Umfang und der Reichhaltigkeit des gebotenen Materials schließlich gezwungen, eine Art Methode
auszubilden, wie und was er eigentlich lesen will. Alle Tage, neben
der Masse des andern Stoffs, vier Leitartikel lesen, ist unmöglich; ich
kam deßhalb schließlich zu einem Verfahren, das aller Wahrscheinlichkeit
nach von sehr vielen andern Lesern innegehalten wird. Den rasch geschriebenen, blos paraphrasirenden Leitartikel liest man gar nicht, höchstens den Schlußsatz, der die Meinung enthält; die eigentlichen Leader
aber, die das Produkt reiferer Ueberlegung, größerer Sorglichkeit und
größeren Talentes sind, behandelt man wie verschiedene Arten Fisch,
von denen man, je nach der Art, das Kopf= oder Schwanzstück bevorzugt. Ist die politische Frage, woran der Artikel anknüpft, von wirk-

lichem Belang, so leistet man auf die Eingangs-Anekdote Verzicht; umgekehrten Falles hört man zu lesen auf, so wie die Anekdote ihr letztes Wort gesprochen hat. Daß diese Anekdoten immer neu sein müssen, versteht sich von selbst. Jahrelang hab' ich diese ganze Schreibart aufrichtig bewundert und die unbekannten Talente angestaunt, die solche Fülle reizender Geschichten, allen Punkten und Literaturen der Welt entlehnt, beständig zur Hand zu haben scheinen. Aber es ist mit diesen Dingen wie mit einem prächtigen Teppich, der uns ein Wunder scheint, bis wir am Webstuhl gestanden und wahrgenommen haben, daß sich das alles ziemlich einfach und natürlich macht. Die Leitartikelschreiber haben diese Anekdoten keineswegs in unerschöpflicher Fülle zur Hand, sondern sie haben ein paar Kästchen, in denen sie auf gut Glück hin reizende, sicher einmal zu brauchende Anekdoten sammeln. Haben sie erst ein Dutzend, so ist ihnen geholfen. Wie ich in drei gegebene Reimpaare, und wenn sie noch so toll gewählt wären, doch schließlich den Gedanken hineinlegen kann, den ich hineinzulegen wünsche, so läßt sich jede gute Anekdote schließlich für die Politik verwenden; gewisse Vergleichspunkte werden sich immer finden und es gehört nur ein bestimmtes, noch dazu ziemlich bescheidenes Quantum Witz dazu, diese Vergleichspunkte zu entdecken. Ein Bekannter von mir verglich diese Anekdotenbenutzer der „Times" mit dem Mottosucher des Cotta'schen Morgenblatts und fügte trocken hinzu, daß er das Geschäft des letzteren für schwieriger und seine literarische Kenntniß für größer halte. Wie dem aber auch sei, die Sache selbst bleibt ein Reiz und darf, im Zusammenhang mit der Adoptirung des Feuilletonstyls überhaupt, getrost mit zu jenen Motiven gerechnet werden, die ich als entscheidend für die großen Erfolge der „Times" hervorgehoben habe.

Ich komme nun zum Schluß meines Aufsatzes nochmals auf die Frage hinsichtlich der Machtstellung der „Times" zurück. In dem Einleitungs-Kapitel, das dieser ganzen Reihe von Artikeln über die Londoner Tagespresse vorausging, sprach ich mich ungefähr dahin aus, daß jedes der zehn oder elf großen Organe der Londoner Presse bedeutsamer sei als Ausdruck bereits vorhandener Meinungen, wie durch den Einfluß, den es auf die öffentliche Meinung übe. Dieser Satz scheint mir auch jetzt noch richtig. Wie stellt sich nun die „Times" zu demselben? Was von den übrigen Blättern gilt, gilt freilich bedin-

eine Stimme aus ihm, wie die Zeiten in dieser oder jener Frage hoben, und das kann niemals ganz bedeutungslos sein. Die „Times" können repräsentirt keine Partei. Es kann ihr deßhalb nützen und schadet ihr sehr oft, daß sie mit ihrem Lob oder Tadel völlig in der Luft steht, daß der leitschriftliebende Artikel, den jeder mit Vergnügen liest, nicht schwerer wiegt als ein Strohhalm und, politisch betrachtet, hinter dem armseligsten Leader einer Partei-Zeitung zurückbleibt. Aber diese Schwäche, die aus der Nicht-Parteizugehörigkeit für sie resultirt, ist doch auch wiederum die Wurzel ihrer Kraft. Von dem Augenblick an, wo sie den Ton trifft, der in der einen oder andern Frage das englische Volk durchklingt, wo also das, was sie sagt, zum Ausdruck des Volkes, statt der Partei wird, überragt sie alle übrigen Blätter um eben so viel an Macht und Bedeutung, wie das Ganze stärker ist, als die einzelnen Theile. Ihre Stimme kann dann unter Umständen die Bedeutung von ganz England haben; aber man glaube in solchem Fall doch ja nicht, daß die „Times" der Gott sei, der in den Erdkloß England den lebendigen Odem eines Leitartikels geblasen und das Lehmbild dadurch belebt habe; nur die Tuba ist sie, durch die dann das eigenste Fühlen der Nation laut und vernehmlich spricht. Der Einfluß der „Times" reicht nur so weit, wie sie, bewußt oder unbewußt, unter dem Einfluß des nationalen Geistes steht. Von dem Moment ab, wo sie verblendet oder eigensinnig die eigenen Wege wandelt, sind ihr die Locken ihrer Kraft genommen. Sie schreibt unzählige Artikel, die dieses Zusammenwirkens entbehren und deßhalb, politisch betrachtet, gleichgültig sind. Hier in England weiß man das und trotz der Freude und dem Interesse, mit dem Jeder nach dem Blatte greift, sichtet man doch den Inhalt, zumal in Fragen innerer Politik, und ist weit ab davon, in verba magistri zu schwören. Nur auf dem Kontinent ist man noch immer geneigt, die „Times" mit Wunderkräften auszustatten und durch Unterwerfung unter ihre Macht eine Macht zu festigen oder neu zu etabliren, die in solchem Sinne und solcher Umfassendheit nicht da ist. Die „Times," als gelegentliches Organ der öffentlichen Meinung Englands, hat vielfach Proben ihrer Macht gegeben, weil die Macht Englands ungerufen hinter ihr stand, aber es ist ein großer und selbst bedenklicher Irrthum, aus dieser gelegentlichen Machtstellung des Blattes eine konstante, immer gleiche Bedeutung desselben herleiten zu wollen. Sie ist schwach und stark, gewichtig und ungewichtig, je nachdem. Festzustellen, wann sie das eine ist und wann das andere, ist unmöglich; wechselndes, immer neugestaltiges Leben läßt sich nicht in Formeln bringen. Ebensowenig ist es, vom Kontinent aus, möglich, durch bloße Lektüre des Blattes ein bestimmtes Erkennungs-Vermögen auszubilden und scharf unterscheiden zu lernen, wo die „Times" nur sie selbst und wo sie England ist. Um das zu unterscheiden, bedarf es des fortgesetzten Lebens im Lande selbst, der leiblichen Berührung, der „Fühlung," wie die Soldaten sagen. Kein Konstruiren hilft; es heißt auch da: „grau, theurer Freund, ist alle Theorie, doch grün des Lebens goldner Baum."

Inhalt.

	Seite
Vorwort	V
Die Londoner Theater	1
Aus Manchester	103
Die Londoner Wochenblätter	209
Die Londoner Tagespresse	245